Friedrich Krotz

Mediatisierung

Medien – Kultur – Kommunikation

Herausgegeben von
Andreas Hepp und
Waldemar Vogelgesang

Kulturen sind heute nicht mehr jenseits von Medien vorstellbar: Ob wir an unsere eigene Kultur oder ‚fremde' Kulturen denken, diese sind umfassend mit Prozessen der Medienkommunikation durchdrungen. Doch welchem Wandel sind Kulturen damit ausgesetzt? In welcher Beziehung stehen verschiedene Medien wie Film, Fernsehen, das Internet oder die Mobilkommunikation zu unterschiedlichen kulturellen Formen? Wie verändert sich Alltag unter dem Einfluss einer zunehmend globalisierten Medienkommunikation? Welche Medienkompetenzen sind notwendig, um sich in Gesellschaften zurecht zu finden, die von Medien durchdrungen sind? Es sind solche auf medialen und kulturellen Wandel und damit verbundene Herausforderungen und Konflikte bezogene Fragen, mit denen sich die Bände der Reihe „Medien – Kultur – Kommunikation" auseinander setzen wollen. Dieses Themenfeld überschreitet dabei die Grenzen verschiedener sozial- und kulturwissenschaftlicher Disziplinen wie der Kommunikations- und Medienwissenschaft, der Soziologie, der Politikwissenschaft, der Anthropologie und der Sprach- und Literaturwissenschaften. Die verschiedenen Bände der Reihe zielen darauf, ausgehend von unterschiedlichen theoretischen und empirischen Zugängen, das komplexe Interdependenzverhältnis von Medien, Kultur und Kommunikation in einer breiten sozialwissenschaftlichen Perspektive zu fassen. Dabei soll die Reihe sowohl aktuelle Forschungen als auch Überblicksdarstellungen in diesem Bereich zugänglich machen.

Friedrich Krotz

Mediatisierung:

Fallstudien zum Wandel
von Kommunikation

VS VERLAG FÜR SOZIALWISSENSCHAFTEN

Bibliografische Information Der Deutschen Nationalbibliothek
Die Deutsche Nationalbibliothek verzeichnet diese Publikation in der
Deutschen Nationalbibliografie; detaillierte bibliografische Daten sind im Internet über
<http://dnb.d-nb.de> abrufbar.

1. Auflage Mai 2007

Alle Rechte vorbehalten
© VS Verlag für Sozialwissenschaften | GWV Fachverlage GmbH, Wiesbaden 2007

Lektorat: Barbara Emig-Roller

Der VS Verlag für Sozialwissenschaften ist ein Unternehmen von Springer Science+Business Media.
www.vs-verlag.de

Umschlaggestaltung: KünkelLopka Medienentwicklung, Heidelberg
Satz: Anke Vogel, Ober-Olm
Druck und buchbinderische Verarbeitung: Krips b.v., Meppel
Gedruckt auf säurefreiem und chlorfrei gebleichtem Papier
Printed in the Netherlands

ISBN 978-3-531-15073-4

Inhalt

Einleitung

Der Rahmen einer Theorie der Mediatisierung lässt sich mit den folgenden zwölf Grundannahmen beschreiben.

1. Der Mensch ist dadurch charakterisiert, dass er – als einziges Wesen – über hoch komplexe Kommunikationsformen verfügt, aber auch darauf angewiesen ist. Kommunikation für ihn als Individuum wie für die Gattung insgesamt grundlegend und unverzichtbar. Kommunikation ist deshalb der zentrale Basisbegriff der Kommunikationswissenschaft, Kommunikation ist zugleich aber auch Basisbegriff jeder Wissenschaft vom Menschen, soweit sie ihn nicht nur als Tier behandelt.

2. Grundform des Kommunizierens ist das in einer gemeinsamen Situation stattfindende wechselseitige Gespräch von Menschen unter Einbezug von Gesten, Mimik etc. – alle anderen Kommunikationsformen sind, wie wir argumentieren werden, davon abgeleitet. Medien sind mit Kommunikation untrennbar verbunden, sie dienen der Modifizierung von Kommunikation, oft um in veränderten Bedingungen Kommunikation zu ermöglichen, aber auch, um andere Kommunikationsbedingungen zu schaffen. Die sich in Bezug auf Medien wandelnden Kommunikationsformen sind ihrerseits die Basis für die kulturellen und sozialen Veränderungen, die „Mediatisierung" theoretisch fassen will.

3. Wir leben heute in einem dramatischen Wandel, der auch dadurch zustande kommt, dass sich Medien und Kommunikation wandeln. Um diesen Prozess theoretisch und empirisch fassen zu können, kann man nicht mehr von stabilen Verhältnissen (Mediengesellschaft ist Gesellschaft mit Medien) oder gar von schemenhaften Zukunftsvisionen wie Medien-, Wissens- oder Informationsgesellschaft ausgehen. Stattdessen ist es notwendig, eine Theorie der Bedeutung von Kommunikation und Medien für Mensch, Kultur und Gesellschaft als Prozess zu konzeptualisieren – deswegen ist *Mediatisierung* als Prozessbegriff gesetzt und nicht als Struktur- oder Systembegriff.

4. Mediatisierung bezeichnet dann einen *Metaprozess* sozialen und kulturellen Wandels von heute. Der Begriff „Prozess" wird in den Sozialwissenschaften für eine räumlich und zeitlich umgrenzte Entwicklung mit einem klaren Anfangs- und Endpunkt und im Großen und Ganzen unstrittigen Veränderungen verwendet. Deshalb ist er für die Theoretisierung des medialen und kul-

turellen Wandels von heute nicht tauglich. „Metaprozess" meint demgegenüber, dass Mediatisierung weder räumlich noch zeitlich noch in seinen sozialen und kulturellen Folgen begrenzt ist und dass auch die Konsequenzen
dieser Entwicklung nicht als getrennt zu untersuchende Folge verstanden
werden können, sondern einen konstitutiver Teil von Mediatisierung ausmachen – ebenso, wie der Metaprozess Globalisierung nicht auf einzelne
Ursachen reduziert werden kann, sondern aus Ursachen und Wechselwir-
kungen besteht.

5. Mediatisierung als Metaprozess sozialen und kulturellen Wandels beinhaltet
    eine Vielfalt von übergreifenden, zum Teil bereits Jahrhunderte dauernden
    Entwicklungen, die schon vor der Erfindung der Schrift begonnen haben
    und mit der Erfindung der heute vorhandenen Medien noch lange nicht be-
    endet sind. Seine Konsequenzen berühren den Menschen als Individuum in
    Alltag, Identität und Beziehungen, aber auch Kultur und Gesellschaft. Wenn
    wir von Folgen und Konsequenzen sprechen, so meinen wir prinzipiell nicht
    umstandslose Folgen von Technik. Vielmehr kommen Folgen darüber zu-
    stande, dass Menschen sich Medien und allgemeine Technik aneignen und
    in ihren Alltag integrieren und darüber ihr Umfeld und sich selbst verän-
    dern. Mediatisierung ist damit ein Konstrukt, unter dem wir diese Vielfalt
    von Phänomenen zusammenfassen, um uns die Welt zu erklären, und von
    der wir verschiedene Teile empirisch untersuchen können – ebenso, wie es
    bei Individualisierung, Globalisierung oder sonstigen Metaprozessen der
    Fall ist.

6. Die Theorie der Mediatisierung will Antwort auf die Frage geben, warum
    und wie sich Medien und Kommunikation entwickeln und weiter entwi-
    ckeln werden und welche Folgen das für Mensch und Identität, Kultur und
    die Formen des menschlichen Zusammenlebens hat. Sie teilt deshalb mit
    der so genannten Mediumstheorie die These, dass (Kommunikations-)Me-
    dien nicht so sehr über ihre Inhalte auf die Menschen wirken, sondern als
    Kommunikationspotenziale die menschliche Kommunikation strukturell
    und inhaltsübergreifend beeinflussen. Diese Beeinflussung ist bedeutsam,
    weil die Bedeutung kommunikativen Handelns für den Menschen grundle-
    gend ist und dementsprechend der Wandel von Kommunikation auch ande-
    re Formen von Alltag, sozialen Beziehungen und Identität, von Kultur und
    Gesellschaft generiert.

7. Im Gegensatz zur Mediumstheorie geht die These der Mediatisierung also
    insbesondere nicht von einem technizistischen Grundkonzept aus wie es et-
    wa in den Ansätzen von Harold Innis oder Marshall McLuhan der Fall ist.
    Relevant ist vielmehr die wechselseitig aufeinander bezogene Kommunika-
    tion der Menschen als Form sozialen Handelns. Zudem ist wichtig, dass

Mediatisierung von einem nicht substitutiven Wandel der Medien ausgeht; d. h. neue Medien sorgen nicht für ein Verschwinden der alten, sondern für eine zunehmende Komplexität der Medienumgebungen der Menschen und für eine Ausdifferenzierung medienvermittelter Kommunikation.

8. Über die so entstehenden unterschiedlichen Kommunikationsumgebungen und damit verbundenen Kommunikationspraktiken entstehen für die Menschen zunehmend unterschiedliche Zugänge zu Kommunikationsräumen und darüber vermittelten Beziehungsnetzen, die in ihrer vielfältigen Form Basis für eine Netzwerkgesellschaft sind und in denen zumindest wesentliche Strukturen zukünftiger Gesellschaftsformen beschrieben werden.

9. Die bisherige Entwicklung und Ausdifferenzierung von Medien und Kommunikation im Rahmen von Mediatisierung hat zu drei Arten von Kommunikation geführt: mediatisierte interpersonale Kommunikation, interaktive Kommunikation verstanden als Kommunikation zwischen Mensch und einem „intelligenten" Hardware/Software-System sowie das, was früher Massenkommunikation genannt wurde, aber eigentlich Produktion und Rezeption von standardisierten und allgemein adressierten Kommunikaten genannt werden muss. Jede dieser Kommunikationsarten ist eine eigenständige Modifikation von Face-to-Face-Kommunikation und muss auf eigenständige Art beschrieben werden.

10. Empirische Untersuchungen können und müssen an mikro-, meso- und makrosozialen Fragestellungen ansetzen – am Handeln der Menschen, an der internen und externen Kommunikation von Parteien, Organisation, Unternehmen, Gruppen und sozialen Aggregaten etc. sowie am Wandel von Kultur und Gesellschaft insgesamt.

11. Heute ist die Medienentwicklung und von daher das, was die Mediatisierungstheorie fassen will, eng an die dynamische Entwicklung der Digitalisierung gebunden, die die alten Medien revolutionierte, insofern diese neu erfunden und zum Teil simuliert werden, und die neue Medien möglich machte. Zum derzeitigen Entwicklungsstand kann man sagen, dass diese Entwicklung auf drei relevanten Ebenen verläuft: Erstens entsteht ein umfassendes und komplexes Netzwerk aus Internet, Handy, Fernsehen, Telefon, Radio sowie aus den sonstigen medialen Netzwerken. Dieses Netzwerk ist nur zu einem geringen Teil direkt an Menschen gerichtet, es entwickelt sich zunehmend zu einem Netzwerk, in dem Maschinen miteinander kommunizieren. Zweitens wird die Welt interaktiv belebt durch „intelligente Bausteine" in immer mehr Artefakten sowie durch eine parallele Realitätsebene im Netz, über die sich Geräte miteinander verständigen, über die aber auch interaktive Mensch-Maschine-Kommunikation stattfindet. Zum dritten wird die Welt in dieses Netz hinein abgebildet, arrangiert und inszeniert –

dieses Netz besteht auch aus inszenierten Abbildern aller möglichen Geschichten und Situationen sowie aus Abbildern aller möglicher Menschen,
wobei Abbilder nicht als bewegungs- und handlungsunfähige Bilder verstanden werden können.
12. Die Folgen sind beträchtlich und immer noch nicht überschaubar.

Auf dieser Basis lassen sich nun theoretische und empirische Bausteine einer
Theorie der Mediatisierung bilden. Das ist Thema des vorliegenden Buches, das
quasi als zweiter, im wesentlichen neu geschriebener Band an meiner 2001 er-
schienenen, mittlerweile vergriffenen Habilitationsschrift mit dem Titel „Die
Mediatisierung kommunikativen Handelns: Der Wandel von Alltag und sozialen
Beziehungen, Kultur und Gesellschaft durch die Medien" anknüpft und den dort
begründeten Theorieansatz „Mediatisierung" fortentwickelt.

Mit diesem Fortsetzungsband möchte ich den theoretischen Ansatz einer
Beschreibung des derzeitigen medialen, kulturellen und sozialen Wandels als
„Mediatisierung", der in den letzten Jahren viel Beachtung gefunden hat, im
Gespräch halten und weiter entwickeln. Im Folgenden werde ich in dieser Einleitung den Zweck dieser Begriffsbildung und den Zweck dieses Buches über die
oben formulierten zwölf Thesen hinaus begründen und dann einen genaueren
Überblick über seinen Inhalt geben, damit Leserin und Leser wissen, was sie
erwarten können. Dabei werden hier eine Reihe von Überlegungen vorgetragen,
für deren genauere Begründung ich auf den eigentlichen Text verweise.

Es gehört heute zu den Gewissheiten der meisten Menschen, dass sich die Gesellschaft durch die zunehmende Bedeutung von immer mehr Kommunikationsmedien verändert. Eine gängige Chiffre dafür ist, dass wir in eine „Informations-,
Medien- oder Wissensgesellschaft" (oder wie immer man sie nennen will) hi-
neinwachsen. Hier wird stattdessen der Begriff der ‚Mediatisierung' von Alltag
und sozialen Beziehungen, von Kultur und Gesellschaft vorgeschlagen. Damit
bezeichnen wir eine empirisch feststellbare Entwicklung aus dem Gegenstandsbereich der Medien- und Kommunikationswissenschaft und deren kulturelle und
soziale Konsequenzen. Diese Entwicklung wird in dem vorliegenden Buch auf
empirischer Basis in einzelnen Dimensionen beschrieben und konzeptionell
entwickelt. Der Vorteil einer derartigen prozessualen Begrifflichkeit „Mediatisierung" liegt insbesondere darin, *dass damit eine zentrale und erfahrbare Dimension des sozialen und kommunikativen Wandels benannt ist* und im Mittelpunkt
der Untersuchungen und der Theoriebildung steht, und nicht eine Vorher-
Nachher-Dichotomie wie „Informationsgesellschaft" und ihr Gegenteil, was
immer das sein soll. Über zukünftige Gesellschaftsformen kann man nur spekulieren – Entwicklungsprozesse von heute aber empirisch untersuchen. Auch ist es

konzeptionell möglich, *dass man verschiedene Grade und auch verschiedene Pfade von Mediatisierung definiert, was hier aber nicht geschehen soll.* Dabei wird *Mediatisierung als ein Metaprozess sozialen Wandels* verstanden. Mit dem Begriff „Metaprozess", den wir in Kapitel 1 genauer einführen werden, meinen wir breit angelegte, über lange Zeit verlaufende, eigentlich relativ ungenau charakterisierte Entwicklungen. Andere Metaprozesse, die heute in den Sozialwissenschaften und auch in der Öffentlichkeit diskutiert werden, sind etwa Individualisierung oder Globalisierung. Sie fassen eine Reihe von unterschiedlichen, aber als zusammenhängend gedachten Sachverhalten zusammen: einzelne Entwicklungen und Veränderungen, die aber auf ganz unterschiedlichen Feldern in ganz verschiedenen Regionen und zu unterschiedlichen Zeiten stattfinden können, darauf bezogene empirische Ergebnisse, Teiltheorien oder Theorien mittlerer Reichweite. Metaprozesse dienen so gesehen der Integration von einzelnen Sachverhalten und damit der Orientierung bei empirischer Forschung und Theoriebildung, und insbesondere wissenschaftlicher wie öffentlicher Verständigung. Die einzelnen, den Metaprozess konstituierenden Entwicklungsebenen, die empirisch beobachtbaren Teilprozesse und die aus theoretischen Einsichten ableitbaren Annahmen über Gründe und Bedingungen, Funktionen und Auswirkungen lassen sich diskursiv ausarbeiten und weiterentwickeln, theoretisch ausdifferenzieren und präzisieren und auch in Teilen bzw. in abgeleiteten Hypothesen empirisch überprüfen – wobei die Widerlegung einer einzelnen Hypothese natürlich nicht zu dem Schluss verführen sollte, dass der gesamte Metaprozess nicht existiert.

Mit dem Metaprozess der Mediatisierung kommunikativen Handelns und allem, was damit zusammenhängt, setzt sich der vorliegende Band auseinander – soweit dies in einer Monographie möglich ist, denn eigentlich handelt es sich dabei um ein Projekt einer breit angelegten Kommunikations- und Medienwissenschaft. Dazu ist es *zunächst vor allem notwendig, diese Entwicklung als eigenständigen Metaprozess in seinen Dimensionen zu beschreiben und theoretisch zu konzeptualisieren. Im Zusammenhang damit ist nach den Konsequenzen für Alltag, Kultur und Gesellschaft sowie nach den Auswirkungen auf die Menschen und den Formen ihres Zusammenlebens, also nach der gesellschaftlichen und kulturellen Bedeutung dieser Entwicklungen zu fragen und Antworten auch empirisch zu begründen bzw. empirisch zu unterfüttern.*

Damit sind die wesentlichen Themen der vorliegenden Publikation benannt. Sie befasst sich mit menschlicher Kommunikation mit und mittels Medien, insbesondere den audiovisuellen, im Hinblick auf den Mediatisierungsprozess, wie er sich heute darstellt. Dabei gehen wir von einem Block „alter" Medien aus – zu dem die heute noch wichtigsten Medien wie Telefon, Fernsehen, Radio sowie Buch und Zeitung gehören. Die Medien dieses Blocks werden aber einerseits selber digitalisiert und verändern dabei ihren Charakter. Zudem werden sie durch die „neuen", computervermittelten Medien ergänzt, zum Teil substituiert, insofern früher von einem Medium übernommene Funktionen von einem anderen übernommen werden, gelegentlich simuliert (wie das Internetfernsehen eine Simulation von Fernsehen ist), aber auch erweitert – Internetradio oder Fernsehen per Internet sind anders als traditionelles Radio oder Fernsehen auf einem klassischen Fernsehgerät, und auch der Kleincomputer „handy" und seine Nutzung unterscheiden sich vom Festnetztelefon und dem Telefonieren, wie man es früher tat. Hinzu kommen neue Medien wie etwa Computerspiele oder Roboter, mit denen Menschen kommunizieren.

Die neuen Fragen im Hinblick auf die digitalen Medien werfen übrigens auch die Frage danach auf, ob das Instrumentarium der Kommunikationswissenschaft und vor allem ihr Kommunikationsbegriff denn auch dafür brauchbar sind. Denn wenn sich die Medien und die Kommunikation in Gesellschaft und Alltag verändern, muss natürlich auch die Kommunikationswissenschaft ihre Konzeptionen überprüfen. Die „alte" Kommunikationswissenschaft war eine Wissenschaft der Massenmedien und der Massenkommunikation, in deren Zentrum Publizistik und Öffentlichkeit standen. Die „neue" Kommunikations- und Medienwissenschaft, die die digitalen Medien einbezieht, muss allein schon deshalb breiter werden, weil hier zwischen Massen- und Individualkommunikation faktisch nicht zu differenzieren ist, und weil auch völlig neue Kommunikationsweisen möglich werden. Dafür stehen zum Beispiel das Tamagotchi oder eben Computerspiele, mit denen bzw. in denen die Menschen heute kommunizieren.

Das alte Verständnis von Kommunikation als Informationstransport, das die auf Massenkommunikation ausgerichtete Kommunikationswissenschaft liebte, war schon immer viel zu undifferenziert und eigentlich auch verkehrt – weder sind Medien Kanäle, noch ist Kommunikation vor allem Transport, und selbst wenn es Transport wäre, so wäre der eigentliche Prozess des Verstehens damit völlig ignoriert. Zudem fallen aber heute auch unter „Medienkommunikation" ganz unterschiedliche Kommunikationstypen, die auch für sich untersucht werden müssen, wie noch zu begründen sein wird. Auch hat sich der Begriff der Massenkommunikation überlebt, wenn auch nicht die damit bezeichnete Kommunikationsart. Denn das Lesen einer Website, auf der nur alle 1000 Tage jemand vorbeikommt, kann man kaum als Massenkommunikation bezeichnen – zwar gibt es noch Massenkommunikation, aber für die meisten Kommunikate im Internet, für die meisten Bücher und die meisten Radiosendungen, auch für viele Fernsehsendungen stimmt das kaum noch. Allgemeiner muss man in einer kommunikationswissenschaftlichen Perspektive neben der quasi natürlich gegebenen, den Menschen definierenden Face-to-Face-Kommunikation heute das Vorhandensein von prinzipiell drei Typen medienbezogener Kommunikation unterscheiden:

- Kommunikation mit Medien, genauer, mit standardisierten, allgemein adressierten Inhalten wie beim Fernsehen oder Lesen,
- Kommunikation mit anderen Menschen mittels Medien wie per Brief, Telefon oder im Chat,
- und interaktive Kommunikation mit Robotern oder Computerspielen.

Wir werden diese Unterscheidung noch genauer begründen und deutlich machen, dass es sich dabei um eine für Kommunikation grundlegende Typenbildung handelt: Natürlich sind alle drei Typen aber Modifikationen von einem Face-to-Face-Gespräch zwischen Menschen, das die wichtigste Urform von Kommunikation ist und die beim Aufwachsen der Menschen zunächst erlernt werden muss. Zwar unterscheidet sich auch das Bücher Lesen vom Lesen einer Website oder das Kommunizieren per Brief von dem per Handy, dennoch haben Website und ein Buch lesen bzw. per Brief und per Handy kommunizieren jeweils mehr gemeinsam als etwa Briefschreiben und Website lesen. Es handelt sich dabei offensichtlich um eine Unterscheidung danach, mit wem oder was man kommuniziert, und damit um eine kommunikationswissenschaftlich brauchbare Differenzierung nach der Art des Gegenübers. Derartige Unterscheidungen ermöglichen dann grundlegende Typologien.

Die Fallstudien in Teil II des vorliegenden Buches werden den Sinn dieser Unterscheidung deutlich machen; dazu sind sie in entsprechende Typen eingeteilt. Wie immer man Medien definiert – wenn man von „Kommunikation" und damit von Mensch und Gesellschaft statt von Wahrnehmungskanälen und Technik ausgeht, so verlangt jeder dieser Typen von Kommunikation gesonderte Untersuchungen.

Im vorliegenden Text sollen also grundlegende Bausteine einer Theorie der zunehmenden Mediatisierung weiter entwickelt werden. Dabei wird Medienkommunikation (also Kommunikation mit und mittels Medien) als basaler Prozess in Gesellschaft und Kultur, aber auch als basaler Prozess im Alltag und als Bedingung für die Konstitution des Individuums und seiner Identität sowie seiner von ihm konstruierten und interpretierten Welt und Wirklichkeit begriffen. Dabei wird *in einer handlungstheoretischen Perspektive* argumentiert, die an den Alltagspraktiken der Menschen ansetzt. Damit steht insbesondere im Vordergrund, dass der Mensch sich als Ich in seinem Gewordensein, seinem Alltag und seinem Umfeld, als Gegenüber der anderen und als Teil von gesellschaftlichen und kulturellen Entitäten erlebt und darüber existiert: *Wichtigstes Beziehung stiftendes Mittel für dieses Erleben, über das sich, etwa in der Sozialisation, aber auch im*

Alltagsleben der Menschen, Menschsein erst herstellt, ist das kommunikative Handeln, und zwar mit anderen und mit sich selbst: Mit anderen als Kommunizieren, was immer wieder ein Nachdenken und Einstimmen auf den anderen, also innere, nicht beobachtbare Aktivitäten verlangt, und mit sich selbst als Denken und Reflektieren in Form innerer Dialoge. Erst darüber bildet sich das Ich als Teil von Kultur und Gesellschaft aus, das gleichzeitig sich selbst gegenübertreten und erleben kann – wir werden uns damit noch beschäftigen.

In der Durchführung dieses Programms – die Beschreibung und theoretische Entwicklung des Metaprozesses Mediatisierung sowie der Diskussion von empirischen Ergebnissen einzelner Fallstudien – *wird in der vorliegenden Arbeit einerseits auf kommunikationswissenschaftliches Wissen, andererseits auf zwei umfassendere sozialwissenschaftliche Grundlagentheorien zurückgegriffen: auf den Symbolischen Interaktionismus in Anlehnung an G. H. Mead und auf die unter anderem in der Semiotik wurzelnden Vorstellungen der Cultural Studies, die als komplementär begriffen werden (vgl. Krotz 1998d, 2002). Weniger zentral, aber ebenfalls immer wieder wird auch auf den „menschenkundlichen" integrativen Ansatz Norbert Elias' Bezug genommen.*

Damit sind die Hauptbezüge dieser Arbeit zwar abgesteckt, aber es werden natürlich darüber hinaus vielfältige weitere Theorieansätze und empirische Studien herangezogen. Leitfaden dabei ist nicht die Orientierung an einer theoretischen Linie, die dann andere Einsichten entweder subsumieren oder vernachlässigen muss, sondern die *Frage, was für eine Theorie der (Medien-)Kommunikation unter den Bedingungen des heutigen Mediatisierungsschubs brauchbar erscheint und welche theoretischen Elemente in einer solchen Perspektive zusammenpassen, sich wechselseitig stützen und ergänzen und für die Beantwortung der aufkommenden neuen Fragen hilfreich sind.* Die Absicht der vorliegenden Arbeit ist also pragmatisch, ihr Schwerpunkt liegt dementsprechend nicht darin, allgemeine sozialwissenschaftliche Theorieansätze weiterzuentwickeln und zu integrieren, sondern darin, sie für eine kommunikationswissenschaftliche Analyse medienbezogenen Handelns und des Metaprozesses Mediatisierung aufzubereiten und fruchtbar zu machen. Dies schließt Weiterentwicklungen, Präzisierungen und allgemein Verbesserungen im Hinblick auf kommunikations- und sozialwissenschaftlich eigenständige Teiltheorien nicht aus.

Dabei entsteht beim derzeitigen Wissensstand allerdings kein geschlossenes und endgültiges Konzept, sondern eine Sammlung aufeinander bezogener Bausteine, deren Wurzeln in verschiedenen Paradigmen noch kenntlich bleiben, aber doch insgesamt auch ein Gerüst, das die Brauchbarkeit der noch zu entwickelnden Denkumgebung hoffentlich immerhin ahnen lässt. Diese Unabgeschlossenheit liegt einmal am Stand des kommunikationswissenschaftlichen Wissens, zum anderen daran, dass die Entwicklung der Medien in der Gesellschaft dynamisch weiter geht[1].

Ich skizziere abschließend, was der Leser von der vorliegenden Monographie zu erwarten hat und damit auch, was sich im Vergleich zu meiner 2001 publizierten Habilitationsschrift (die im Folgenden als Krotz 2001 zitiert wird) im vorliegenden Text verändert hat.

Der Band ist in zwei Teile unterteilt. Teil I hat einen allgemein begründenden und Voraussetzungen klärenden Charakter. Das heißt, dort wird das Konzept der Mediatisierung illustriert und definiert und das vertretene Verständnis von Kommunikation, Medien und weiteren zentralen Begriffen begründet. Dieser Teil ist im Vergleich zu Krotz (2001) kürzer und prägnanter geworden, er ist gleichzeitig weiter entwickelt – aufgrund eigener Forschung und Theoriebildung, aber auch, weil sich das Konzept der Mediatisierung in der Zwischenzeit in viele Richtungen verbreitet hat – viele Forscherinnen und Forscher haben dazu Überlegungen und Arbeit beigesteuert.

- Kapitel 1 begründet vor allem, warum die Kommunikationswissenschaft ein neues theoretisches und empirisch brauchbares Konzept wie „Mediatisierung" benötigt. Damit habe ich mir in der früheren Version von 2001 viel Mühe gegeben, weil das Thema damals neu war und seine Relevanz nur von einigen gesehen wurde. Heute ist die Motivation weniger notwendig – wir nutzen dieses Kapitel deswegen auch, um Bezüge zu anderen Metaprozessen wie Globalisierung und Individualisierung aufzugreifen.
- Kapitel 2 – im Wesentlichen unverändert – begründet eine spezifische theoretische, am menschlichen Handeln ansetzende Form der Kommunikationswissenschaft. Dazu wird ein symbolisch-interaktionistischer Kommunikationsbegriff entwickelt, der sich auf Medienkommunikation generalisieren lässt und sehr viel differenzierter nutzbar ist als die bisher in der Kommunikationswissenschaft verwendeten Kommunikationsbegriffe. Für die hier vertretenen Zwecke einer Auseinandersetzung mit dem Metaprozess Mediatisierung ist dieses Kapitel in seiner vorliegenden Form ausreichend[2].
- Kapitel 3 überträgt dieses Kommunikationsverständnis auf die heute existierenden Formen von Medienkommunikation und erläutert einige sich daraus ergebende Grundüberlegungen, die sich aus der immer größeren Bedeutung

---

[1] Eine weitere Einschränkung der vorliegenden Arbeit besteht darin, dass auf wissenschaftstheoretische und methodologische Fragen nur am Rand eingegangen wird.

[2] Eine ausführlichere Begründung wird in einem weiteren Buch publiziert werden, an dem ich arbeite.

von mediatisierter (oder synonym: medienbezogener) Kommunikation ergeben.

Teil II war in Krotz 2001 empirischen Fragen gewidmet. Dort wurden aber ausschließlich die Ergebnisse des Deutsch-US-Amerikanischen Projekts „Fernsehen
im öffentlichen Raum" im Detail vorgestellt. Dieses Thema stand beispielhaft für
den Wandel von öffentlichen Räumen und Medien durch Mediatisierung – und
zwar ganz ohne jede Digitalisierung: nicht die Technik verändert, sondern die
sozialen und kulturellen Prozesse, die hier wie so oft durch ökonomische Interessen in Gang gebracht worden sind.

In dem vorliegenden Band beinhaltet dieser zweite Teil, der wesentlich länger geworden ist, die Fallstudien, die im Titel dieses Bandes angekündigt sind.
Dabei sind diese Fallstudien nach Kommunikationstypen sortiert:

- Kapitel 4 befasst sich mit Fallstudien zur interaktiven Kommunikation, ein
  Thema, das in dieser Art überhaupt noch nicht publiziert worden ist. Interaktive Medien haben lange auf sich warten lassen – als interaktives Fernsehen waren sie uns immer versprochen worden, jetzt dringen sie in immer
  neuen Formen in den Alltag der Menschen vor. Vor allem Kinder und Jugendliche haben sich zunächst darauf eingelassen – auf Tamagotchis und
  Computerspiele beispielsweise. Jetzt bekommen aber auch die Erwachsenen
  ihre GPS-Systeme, und immer mehr „intelligente" Medien oder Gegenstände, die mit reduzierter Kommunikationsfähigkeit ausgerüstet sind, bevölkern die sozialen Handlungsräume der Menschen. Insofern ist es Zeit, sich
  mit diesem Typus von Kommunikation genauer zu beschäftigen.
- Kapitel 5 befasst sich mit dem Wandel interpersonaler mediatisierter Kommunikation, bei der sich vielfältige Entwicklungen zeigen. Während einerseits Briefe immer seltener geschrieben werden, haben E-Mail und SMS
  unglaublich zugenommen, und sowohl zuhause als auch an allen denkbaren
  und undenkbaren Orten wird heute telefoniert. Auch durch das Hybridmedium Internet haben die interpersonalen Kommunikationsmöglichkeiten, sei
  es im Chat, sei es beim Spielen oder sonst wo, zugenommen. Die Frage ist
  also, welche Bedeutung die mediatisierte interpersonale Kommunikation in
  einer individualisierten, globalisierten Gesellschaft hat – für Beziehungssys-
  teme, Gruppenzuordnungen und dergleichen – darum geht es.
- Kapitel 6 schließlich befasst sich mit dem Wandel dessen, was früher unter
  dem Titel der Massenkommunikation Hauptthema der Kommunikationswissenschaft gewesen ist. Die Ausgangsthese hier ist, dass nicht das verschwindet oder verschwunden ist, was damit bezeichnet worden ist, dass
  aber der Begriff der Massenkommunikation in der neuen digitalen Medien-

vielfalt seine Berechtigung verloren hat. Denn die darin mitschwingenden Konnotationen sind angesichts der heutigen medialen Bedingungen irreführend. Wir benutzen stattdessen den Begriff der Kommunikation mit oder der Rezeption von allgemein adressierten, standardisierten Kommunikaten.

- Kapitel 7 schließlich beschäftigt sich mit dem Forschungsansatz der digitalen Spaltung – er wird dargestellt und kritisiert: Denn dieser Ansatz greift konzeptionell, empirisch und theoretisch zu kurz und ist deswegen auch für Überlegungen zu praktischen Konsequenzen nicht hilfreich. Stattdessen wird vorgeschlagen, sich mit den Bourdieuschen Begriffen des sozialen und kulturellen Kapitals auseinander zu setzen, um hier ein angemesseneres, nicht modernisierungstheoretisch verkürztes Konzept entwickeln zu können.

- Kapitel 8 verweist für alle, die meine Habilitationsschrift nicht gelesen haben, auf einige interessante, dort zu findende Inhalte, ohne sie genauer ausführen; er hat damit Servicecharakter.

Auch in diesem Text gilt wieder: Nicht alles ist neu, was hier zu lesen ist. Viele Details, manchmal ganze Abschnitte habe ich bereits früher als Aufsätze oder Diskussionsbeiträge publiziert, auch wenn sie für den vorliegenden Text überarbeitet wurden. Darauf ist im Literaturverzeichnis hingewiesen. Die meisten hier wieder abgedruckten Texte sind aber verdichtet und genauer auf den Punkt gebracht. Obendrein erscheinen sie hier in einem neuen und breiten Zusammenhang, und in der dadurch möglichen Zusammenschau entsteht eine neue, umfassendere Perspektive, in der theoretische Teiltheorien und empirische Einsichten hoffentlich aufs Neue fruchtbar werden.

TEIL I: Mensch, Kommunikation, Medien:
Der gesellschaftliche Metaprozess ‚Mediatisierung'

Teil 1 der vorliegenden Arbeit dient einer fundierten Einführung in das Thema „Mediatisierung", in dem die wichtigen Basisbegriffe und grundlegenden Überlegungen vorgestellt werden. In Kapitel 1 wird dazu der mediale Wandel skizziert, Begriffe wie Metaprozess und Mediatisierung definiert und begründet, warum die Kommunikationswissenschaft sich mit Konzepten wie „Mediatisierung" beschäftigen muss: um den sozialen, kulturellen, medialen und kommunikativen Wandel und seine Konsequenzen als Ganzes empirisch und theoretisch erfassen zu können.

Im zweiten Kapitel werden dann die handlungstheoretisch begründeten Konzepte entwickelt und diskutiert, mit deren Hilfe man „Mediatisierung" empirisch und theoretisch fassen kann. Dabei beziehen wir uns vor allem auf den Symbolischen Interaktionismus und dessen Kommunikationsverständnis, das einen der wesentlichen theoretischen Ansatzpunkte der vorliegenden handlungstheoretisch/kulturwissenschaftlichen Arbeit ausmacht. Auf Grund seiner Flexibilität und Allgemeinheit ist dieses Konzept für das Verständnis der zunehmenden Bedeutung von mediatisierter Kommunikation besonders angemessen. Das Kapitel ist insbesondere dafür wichtig, die Bedeutung von Kommunikation für Kultur und Gesellschaft, für Alltag, Face-to-Face-Kommunikation, soziale Beziehungen und Identität der Menschen heraus zu arbeiten und so ein Kriterienraster für die Beurteilung von Theorien, Methoden, empirischen Ergebnissen etc. zu gewinnen.

Und schließlich ist auch das dritte Kapitel ein zuführender Abschnitt. Er dient insbesondere dazu, die auf Face-to-Face-Kommunikation abgestellten Überlegungen des Kapitels 2 auf Medienkommunikation zu übertragen und sie im Zusammenhang mit dem in Kapitel 1 definierten Begriff Mediatisierung zu sehen und weiter zu entwickeln. Dabei werden typische Gemeinsamkeiten und wesentliche Unterschiede von Face-to-Face-Kommunikation einerseits und den verschiedenen Formen von Medienkommunikation andererseits deutlich werden. Bei diesen theoretischen und exemplarisch verdeutlichten Überlegungen, die sich insbesondere auch auf die neuen Mediatisierungsformen der computervermittelte Kommunikation beziehen, wird an manchen Stellen auch herausgearbeitet, wie der Prozess der ‚Mediatisierung' Alltag, soziale Beziehungen und Identität der Menschen, Kultur und Gesellschaft verändert.

1 Gesellschaftlicher und kultureller Wandel und Mediatisierung: Grundlegende Konzepte

Ziel dieses einführenden Kapitels ist es, die Notwendigkeit eines theoretischen Ansatzes der Mediatisierung zu begründen und die entsprechenden Begriffe einzuführen. Dementsprechend werden der mediale Wandel skizziert, Begriffe wie Metaprozess und Mediatisierung definiert und begründet, warum die Kommunikationswissenschaft sich mit Konzepten wie „Mediatisierung" beschäftigen muss: um den sozialen, kulturellen, medialen und kommunikativen Wandel und seine Konsequenzen als Ganzes empirisch und theoretisch erfassen zu können. Dazu werden in den einzelnen Teilkapiteln verschieden Perspektiven auf den Medienwandel eingenommen.

In Absatz 1.1 wird zunächst das Konzept des Metaprozesses eingeführt, um allgemeine, aber thematisch gerichtete Wandlungstendenzen in Kultur und Gesellschaft zu beschreiben – Konzepte wie Globalisierung, Individualisierung und eben Mediatisierung sind derartige Metaprozesse. Abschnitt 1.2 stellt dann eine Reihe von jeder Kommunikations- und MedienwissenschaftlerIn vertrauten Beobachtungen zusammen, die die Notwendigkeit eines darauf bezogenen, genuin kommunikationswissenschaftlichen Konzepts begründen. In 1.3 werden daraus einige Konsequenzen gezogen, die in 1.4 zu einer ersten Definition von „Mediatisierung" führen. Absatz 1.5 stellt dann eine Beziehung zur so genannten Mediumstheorie her und erläutert, warum heute Medienwandel als Mediatisierung verstanden werden muss. In Teilkapitel 1.6 wird schließlich dargelegt, warum es sich bei den damit angesprochenen Fragen um ein Thema handelt, mit dem sich die bisher auf Massenkommunikation konzentrierten Kommunikations- und Medienwissenschaft beschäftigen muss.

1.1 Metaprozesse sozialen und kulturellen Wandels und der Wandel von Medien und Kommunikation

Im Vergleich zu früheren Gesellschaftsformationen kann man heute sagen, dass sich Kultur und Gesellschaft in einem rapiden Wandel befinden. Es ist zwar nichts Neues, dass sich Gesellschaften wandeln, nicht zuletzt auch deswegen, weil sie durch menschliches Handeln konstituierte und damit immer neu hergestellte „Erzeugnisse" sind (auch wenn wir nicht wissen, wie wir das eigentlich machen). Jede fixe Form von Gesellschaft, wie sie die Soziologen untersuchen, war insofern immer schon eine Abstraktion, die nur für einen historischen Augenblick tatsächlich so existierte, wie sie beschrieben wurde – und diese Augenblicke werden gewissermaßen immer kürzer.

Die Soziologie hat sich trotz ihres Wissens darum allerdings so recht nicht darauf einigen können, in welchen Begriffen sie Wandel und Entwicklungen beschreiben will. Exakt definiert wurde bisher nur der Begriff des Prozesses, und zwar so, dass Prozesse empirisch messbar sind: Man geht dazu von einer vermuteten Ursache sowie einem eindeutig definierten räumlichen und sozialen Bereich aus und definiert Variable, deren Ausprägungen sich im Laufe der Zeit verändern und die den Ablauf des Prozesses beschreiben sollen. Stellt man nun fest, welche Werte die Variablen zu unterschiedlichen Zeitpunkten annehmen, so erhält man eine Beschreibung dieses Prozesses – d.h. die Veränderungen werden im Sinne der vermuteten Ursache interpretiert. Ein der Kommunikationswissenschaft vertrautes Beispiel dafür ist der Prozess der Diffusion von Innovationen (Rogers 1995a), den wir in Kapitel 7 noch genauer behandeln werden.

So angemessen ein derartiges Vorgehen gelegentlich sein kann – es liegt auf der Hand, dass keineswegs alle Entwicklungen so beschrieben werden können. „Globalisierung" oder „Individualisierung" sind keine solchen Prozesse, wie wir noch sehen werden, weil sie über lange und unbestimmte Zeiträume hinweg stattfinden, weil ihr räumlicher und sozialer Bezug sich verändern kann und weil es bei vielen einzelnen empirischen Phänomenen gar nicht klar ist, ob sie als Teil von Globalisierung oder Individualisierung richtig beschrieben sind. Alphabetisierung oder Christianisierung, aber auch der Jahrhunderte dauernde Prozess der Modernisierung Europas lassen sich nicht durch solche Variable beschreiben. Oder nehmen wir die Aufklärung, in deren Verlauf sich unser Wissenschaftsverständnis ausgebildet hat, später aber auch deutlich wurde, dass manche „Wissenschaften" wie die Astrologie keine Wissenschaften sein können: wer versuchte, wissenschaftlich Astrologie zu betreiben oder „Gold zu machen", war bis im 16. Jahrhundert auf der Seite der Aufklärung, ist aber heute eher ein Agent der Volksverdummung: was eine langfristige Entwicklung weiter treibt, hängt auch davon ab, wann es geschieht.

Das oben skizzierte Verständnis von Prozessen kann also die verschiedenen Formen von Wandel nicht beschreiben. Auch deswegen werden immer wieder Konzepte wie „Entwicklung", „Wandel", „Evolutionsgeschehen", „Veränderung" verwendet, die eher unscharf bleiben und insbesondere nicht themenunabhängig angewandt werden können. Deswegen hat es sich in den Sozialwissenschaften aber auch durchgesetzt, mit Begriffen wie Globalisierung oder Individualisierung thematisch definierte Wandlungsprozesse zu beschreiben. Wir bezeichnen solche Entwicklungen im Folgenden allgemein als *Metaprozesse sozialen bzw. kulturellen Wandels.* Mit dem Begriff des Metaprozesses wollen wir deutlich machen, dass es sich um lang andauernde und Kultur übergreifende Veränderungen handelt, um Prozesse von Prozessen gewissermaßen, die die soziale und kulturelle Entwicklung der Menschheit langfristig beeinflussen (vgl. hierzu auch Krotz 2002). Genauer besehen handelt es sich dabei eigentlich um *begriffliche Konstrukte,* unter denen die Wissenschaft ebenso wie die Menschen in ihrem Alltag bestimmte Entwicklungen, ihre Ursachen, Ausdrucksformen und Auswirkungen zusammenfassen und sich damit die Welt handhabbar machen. In der Kommunikationswissenschaft macht es, wie wir weiter hinten sehen werden, Sinn, den derzeitigen Wandel als Metaprozess der Mediatisierung zu beschreiben. Bevor wir uns aber genauer damit beschäftigen, wollen wir die bisher vorgetragenen Überlegungen anhand von „Globalisierung" und „Individualisierung" genauer verdeutlichen.

Globalisierung besagte ursprünglich, dass sich die Wirtschaft zunehmend überregional und überstaatlich ausrichtete (z.B. Ferguson 1992, vgl. auch Hepp/Krotz/Winter 2005). Der Begriff hat sich aber bekanntlich längst ausdifferenziert und wird auf vielfältige Veränderungen bezogen, die von unterschiedlichen Wahrnehmungen von Raum und Zeit bis zu sozialen Entbettungen (Giddens 1991, 2001) und sonst allem Möglichem reichen.

Globalisierung trägt zum Verlust gewachsener, kulturell einheitlicher Handlungsorientierungen und Traditionen in räumlichen Nachbarschaften und so zum ‚Verfall' der traditionellen Mechanismen sozialer und kultureller Integration und ihrer Ergebnisse bei (Hepp 2004). Globalisierung schafft zugleich aber auch neue Abhängigkeiten durch verlängerte Verwertungsketten (im Sinne von Norbert Elias 1994) sowie Kommunikationsmöglichkeiten mit Menschen anderer Kulturen (z.B. durch den Tourismus) und hat deshalb auch potenziell integrative Auswirkungen – wenn es auch vielleicht nicht mehr die regional zusammenhängenden Gebietseinheiten sind, die integriert werden, sondern, zum Beispiel, einzelne Menschen, die durch Elemente ihrer Lebensweise integriert werden.

Mit einem Metaprozess wie Globalisierung ist also immer auch eine Vielfalt von davon abhängigen oder damit zusammenhängenden Einzelentwicklungen benannt. Zu „Globalisierung" gehören auch Veränderungen zum Beispiel im Medienbereich: Medieninhalte und –formate werden heute überall hin verkauft, Kindheit wird in allen industrialisierten Ländern durch Pokemon, SimCity, die Teletubbies und Harry Potter geprägt, Medienereignisse wie die Fußballweltmeisterschaft oder die Beerdigung von Lady Diana versammeln Hunderte Millionen von Menschen in aller Welt vor den Bildschirmen. All dies sind nicht nur Entwicklungen im Medienbereich, sondern zugleich auch Ausdrucksformen und

Auswirkungen des Metaprozesses „Globalisierung". Diese Auswirkungen sind natürlich auch nicht auf mediale Bereiche beschränkt – alle komplexer abgegrenzten Lebensbereiche der Menschen, ihre sich wandelnde Identität, so etwa ihre sozialen Beziehungsstrukturen und die Zivilgesellschaft insgesamt sind davon betroffen, aber sie finden *auch* im Bereich der Medien statt.

Wir sehen auch hier wieder, dass es ein letztlich nicht lösbares Problem ist, so etwas wie einen Metaprozess von anderen Entwicklungen abzugrenzen. Ob nun das eine oder andere empirische Phänomen dazu gehört oder nicht, ist oft nicht entscheidbar – es hängt vielleicht in manchen Fällen auch von der je verfolgten Fragestellung ab. Es gibt aber immer spezifische Phänomene, die unbedingt dazu gehören, und andere, für die das nicht gilt und die in einem anderen Rahmen diskutiert werden müssen. Deshalb kann man auch von einem *Globalisierungsdiskurs* sprechen, um deutlich zu machen, dass derartige Konzepte ihre Stärke nicht in Tatsachenbehauptungen haben, sondern in der Möglichkeit, sich zu verständigen und zu argumentieren, Entwicklungen zusammenzufassen und Hintergründe zu reflektieren. Die Existenz eines Prozesses wie Globalisierung oder Modernisierung lässt sich auch kaum widerlegen[3], jedenfalls nicht durch einzelne Aussagen, die auf Tatsachenfeststellungen rekurrieren.

Auch der Prozess der *Individualisierung* ist ein derartiges Konstrukt, ein Metaprozess, der in der wissenschaftlichen Diskussion einen Diskurs markiert, der auf die Beschreibung des heutigen sozialen Wandels gerichtet ist. Individualisierung beruht auf sozialen Mobilisierungs- und Bildungsprozessen sowie auf den Wahlmöglichkeiten der Konsumgesellschaft und damit auf allgemeinen ökonomischen und politischen Wandel. Ulrich Beck (1983, 1986, 1994) hat für das vergangene halbe Jahrhundert drei zentrale Dimensionen herausgearbeitet. Wir haben uns damit in Krotz 2001 (Kapitel 8) ausführlich beschäftigt und halten hier nur fest, dass dieser Prozess für das Feld der Kommunikations- und Medienwissenschaft von Bedeutung ist, weil sich darüber zum Beispiel eine veränderte Mediennutzung, aber auch eine veränderte Medienbedeutung ergibt: „Freigesetzte" Individuen haben für ihren Alltag beispielsweise einen erhöhten Informationsbedarf, nicht nur, weil die traditionellen Verhältnisse, die man mit nebenbei gesammeltem, etwa traditionellem Vorwissen bewältigen konnte, seltener werden, sondern auch, weil man heute weniger solches überlieferte Vorwissen akkumulieren kann und obendrein dessen Gültigkeit auf dem Rückgang ist.

Der Metaprozess Individualisierung findet primär im Bereich des Sozialen statt, insofern die sozialen Beziehungen der Menschen berührt sind, beinhaltet aber offensichtlich auch kulturelle Dimensionen (im Sinne von Kultur als ‚the

---

[3]   Ebenso für Individualisierung; vgl. hierzu die Kontroverse zwischen Burkhard (1993) und Beck/ Beck-Gernsheim (1993) sowie Habermas (1994).

whole way of life', wie Raymond Williams (1958, vgl. auch Geertz 1991) das definiert hat), weil sich über die Abschwächung von Traditionen und sozialen Netzen auch andere Lebensbereiche verändern. Individualisierung meint aber nach Beck nicht nur, dass es immer mehr Einpersonenhaushalte gibt und dass immer mehr Traditionen verloren gehen oder ihren Sinn verlieren, sondern zugleich auch, dass die Menschen dann doch wieder in die Gesellschaft hereingeholt werden, jetzt aber, im Gegensatz zu früher, als Einzelne: Wenn sich die Rentenversicherung ändert, ändern sich die Lebensbedingungen von Millionen einzelnen Menschen. Wenn die Landesmedienanstalten den Fernsehveranstaltern häufigere Werbeunterbrechungen gestatten, sitzen Millionen von Menschen – meist allein – entsprechend länger vor dem Bildschirm und rezipieren die gleichen Werbeinhalte. Und weil es heute weniger formelle und informelle soziale Netze wie etwa die Familie gibt, die Entwicklungen in Kultur und Gesellschaft auffangen, und weniger überlieferte Orientierungen und traditionell begründete Interpretationsmechanismen, wie man Erlebnissen Sinn zuschreiben kann, sind die einzelnen Individuen von solchen Entwicklungen sehr viel abhängiger und direkter betroffen, als es früher der Fall war: Ohne Familie oder andere Subsistenznetze sind Auswirkungen von Veränderungen des Rentensystems beispielsweise vermutlich deutlicher zu spüren. Die Individuen betrachten sich zudem für immer mehr Lebensbereiche als verantwortlich und müssen ihre eigenen Lösungen finden – ob sie für das, was ihnen widerfährt, allerdings tatsächlich die Verantwortung tragen können, muss man allerdings bezweifeln. Denn weder können ihre Entscheidungen (wie zum Beispiel Berufswahlen) tatsächlich auf der Grundlage umfassender Informationen getroffen werden, noch hängen die Folgen nur von ihren Entscheidungen ab. Der bis ins äußerste flexible Mensch, wie ihn Richard Sennett (2000) beschrieben hat, der sich jedes Problem wie auch jeden Erfolg selbst zuschreibt, aber dafür einen hohen Preis in seinem außerberuflichen Alltag bezahlt, könnte eine mögliche Konsequenz dieser Entwicklung sein.

Wir denken also die Art sozialen, ökonomischen und kulturellen Wandels in solchen Metaprozessen. Denn wir können nur auf derartige Strukturierungsversuche gestützt den gesellschaftlichen Wandel prognostizieren und etwa gesellschaftliche Chancen und Probleme identifizieren. Die Frage ist in diesem Zusammenhang natürlich immer auch, wie diese Metaprozesse zusammenhängen, wovon sie abhängen (von der Triebkraft der Ökonomie als die im Durchschnitt und in Normalsituationen mächtigste aller Handlungssteuerungen) und wie sie sich auf was auswirken. Von zentraler Bedeutung sind dabei natürlich immer auch die Fragen nach Demokratie, Menschenrechten, sozialer Gerechtigkeit und kultureller Freiheit, und für die Kommunikationswissenschaft nach den Folgen für die Medien und für individuelle und gesellschaftliche Kommunikation. Die bisher in Wissenschaft, Politik und Öffentlichkeit diskutierten Metaprozesse wie Ökonomisierung, Globalisierung und Individualisierung sind dabei makrotheoretische Konzepte, die den Wandel von Gesellschaft, Ökonomie und Politik als Ganzes in den Blick nehmen – dies gilt explizit auch für den Metaprozess der Individualisierung, der in seiner Nachkriegsversion, wie ihn Ulrich Beck beschrieben hat, aber auch in der Version, wie ihn schon Emile Durkheim analysierte, auf der Grundlage allgemeiner Modernisierungsprozesse zustande kam.

Unterhalb dieser makrotheoretisch angelegten Metaprozesse ist das Themenfeld der Medien- und Kommunikationswissenschaft angesiedelt. Wie immer man Kommunikation oder Medien definiert (wir werden uns in Kapitel 2 damit beschäftigen) – es handelt sich erkennbar um einen Ausschnitt des sozialen und kulturellen Lebens. An dieser Stelle muss man nun nach dem Beitrag der Medien- und Kommunikationswissenschaft zur Erkenntnis solch lang andauernder Wandlungsprozesse fragen. *Die These, die in dem vorliegenden Buch ausgearbeitet wird ist die, dass es Sinn macht, den gewaltigen und rapiden Wandel von Medien und Kommunikation, den wir erleben und der uns als Menschen, Zivilbürger und als WissenschaftlerInnen herausfordert, mit dem Konzept der Mediatisierung zu fassen, um von daher einen ausbaufähigen Bezugspunkt für eine breit angelegte Kommunikationswissenschaft zu haben, die sich mit dem beschäftigt, was die Gesellschaft von ihr verlangt.*

1.2   Medienwandel und Kommunikation

Ausgangspunkt für unsere Überlegungen ist also der Wandel der Medien, den wir seit drei Jahrzehnten erleben, der aber längst (noch) nicht an sein Ende gekommen ist.

Technisch muss man den Wandel der Medien bekanntlich vorrangig als Digitalisierung behandeln. Das heißt, dass Daten aller Art immer häufiger digitalisiert aufbereitet, archiviert und transportiert werden. Das Besondere daran ist, dass derartige digitale Daten durch die massenhaft vorhandenen „universellen Maschinen", also *Prozessoren und Computer*, auf vielfältige Art und Weise bearbeitet werden können und bearbeitet werden. Zugleich werden Prozessoren und die damit verbundenen Techniken immer billiger, kleiner und zweckspezifischer. Dies ermöglicht neue Inhalte, neue Darstellungsformen und neue Endgeräte für die Verbraucher und bietet so neue Funktionen, die Medien für Menschen zur Verfügung stellen können. Von großer Bedeutung ist in diesem Zusammenhang auch das Entstehen einer neuen *computergestützten Infrastruktur* für die Übermittlung, Transformierung und Speicherung digitaler Daten, deren Rolle und deren Bedeutung erst mittelbar deutlich wird: Server, Datenkabel, Satelliten, Funknetze etc.

Nicht so sehr die Technik ist nun maßgeblich für den Wandel, der die Kommunikationswissenschaft interessiert. Technik offeriert bekanntlich nur Potenziale, die sich die Menschen für die gedachten Zwecke, für andere Zwecke oder eben nicht aneignen – wie wir wissen, wurde etwa das Telefon vor mehr als hundert Jahren für ganz andere Zwecke erfunden als für mediatisierte interpersonale Kommunikation, nämlich für die Übertragung von Opernmusik und dergleichen in die Haushalte. Niemand hat auch vor zwei Jahrzehnten erwartet, dass das Mobiltelefon sich vor allem wegen der Möglichkeit der Versendung von Textbotschaften etablieren würde. Aus diesen und weiteren Gründen interessiert sich die Kommunikationswissenschaft für Technik eigentlich nur, insoweit sie Voraussetzung für Kommunikation ist – in ihrer Perspektive stehen Mensch, Kultur und Gesellschaft und damit eben Kommunikation im Mittelpunkt: Kommunikations- und Medienwissenschaft interessiert sich für den medialen Wandel vor allem als Voraussetzung *für den Wandel von Kommunikation, dessen soziale und kulturelle Kontexte und dessen Bedeutung für das Zusammenleben der Menschen.*

Dabei spielt die klassische und für die Kommunikationswissenschaft in ihrem Entstehen grundlegende Frage, mit der sich schon Max Weber beschäftigte, nämlich wie Medien welche Art von Öffentlichkeit herstellen und welche Bedeutung sie für Politik und Demokratie haben, eine wesentliche Rolle. Insofern macht die Publizistik, wie sie in der traditionellen Kommunikationswissenschaft im Mittelpunkt steht, auch weiterhin einen Kernbereich der Kommunikationswissenschaft aus. Aber es ist gerade ein Kennzeichen der Entwicklung und des Wandels von Kommunikation heute, dass die Digitalisierung von Daten und ihre Verarbeitung im Computer nicht auf die Medien der öffentlichen Kommunikation oder überhaupt auf die Medien beschränkt sind. Sie führt nicht nur oder auch nur in erster Linie zu einem neuen Fernsehen oder einer neuen Zeitung oder zu neuen Nutzungen dieser Medien. *Stattdessen sind davon alle Bereiche menschlichen Lebens, das Netz der sozialen Beziehungen der Menschen insgesamt und darüber alle Bereiche von Kultur und Gesellschaft betroffen – jedenfalls „ on the long run ":* Es handelt sich um das *Aufkommen einer neuen Basistechnologie,* die der Erfindung des Verbrennungsmotor oder der Entdeckung der Elektrizität nicht nachsteht, die sich auf die Freizeit der Menschen ebenso wie auf Arbeit und Reproduktionstätigkeiten auswirkt, die Identität, Formen des Zusammenlebens und der Selbstdefinition der Menschen beeinflusst. Und die meisten Dimensionen des sozialen und kulturellen Wandels von heute, ob Individualisierung oder Globalisierung, sind durch die mediale Entwicklung in ihrer konkreten Form erst möglich geworden (vgl. z. B. Hepp/Krotz/Winter 2005). Deshalb beschäftigt sich die heutige Kommunikations- und Medienwissenschaft mit zum Teil ähnlichen Gegenständen wie Psychologie, Soziologie, Politikwissenschaften und anderen Wissenschaften, aber sie hat eben auch ebenso wie jede der anderen Wissenschaften eine ganz eigene Perspektive auf diese Sachverhalte, die eben durch die Frage nach der Kommunikation bestimmt ist.

1.3   Beobachtungen zum Medienwandel und einige Konsequenzen

Die Idee der Installation des theoretisch und empirisch hilfreichen Konzepts der Mediatisierung zur Beschreibung des medialen und kommunikativen Wandels von heute und seiner Konsequenzen muss sich natürlich rechtfertigen. Dies geschieht letztlich durch die Anwendung und Entfaltung dieses Begriffs in der vorliegenden Publikation auf der Basis der Darstellungen in Krotz (2001). Diese Rechtfertigung ergibt sich aber auch aus den bereits diskutierten Hintergründen sowie aus der Vielzahl von Beobachtungen, wie wir sie als Laien oder als Kommunikations- und MedienwissenschaftlerInnen tagtäglich machen und wie sie auch empirisch untersucht werden –Zeitschriften wie „New Media and Society" oder Bücher wie Dörings „Sozialpsychologie des Internet" (2003) sind dafür hinreichende Belege.

Im vorliegenden Abschnitt werden wir angesichts dieser Offensichtlichkeiten weniger wie in Krotz (2001) einzelne Beobachtungen schildern als eine Reihe von Phänomenen zusammenfassen, die dann im nächsten Abschnitt dazu dienen sollen, den Begriff der Mediatisierung zu entwickeln. Wir ordnen diese Beobachtungen den folgenden beiden Thesen unter, die in ihrer Gesamtheit natürlich weiterer empirischer Studien und weiterer Elaboration bedürfen:

- Es entsteht heute eine Vielzahl neuer Medien, die die Kommunikationsumgebungen der Menschen bereichern und allgemeiner, verändern. Auch die alten Medien differenzieren sich aus. Dadurch entstehen neue Kommunikationsformen, neue Funktionen, die die Medien für die Menschen übernehmen und neue Zwecke, Kontexte und Sinnzusammenhänge, warum Menschen Medien benutzen.
- Die Medien spielen für Alltag und soziale Beziehungen der Menschen, für ihr Wissen, Denken und Bewerten, ihr Selbstbild und ihre Identität, für soziale Institutionen und Organisationen und insgesamt für Kultur und Gesellschaft eine zunehmend wichtigere Rolle. Die Medien als Institutionen sind auch bereit und interessiert, einen derartigen Bedeutungszuwachs zu übernehmen, wie zum Beispiel ihre zunehmenden Orientierungsangebote, etwa die Präsentation von sinnstiftenden Medienereignissen oder die Versuche

einer Alltagsstrukturierung durch die Programmstruktur und viele Inhalte zeigen.

Eigentlich sind diese Thesen jeder KommunikationswissenschaftlerIn vertraut, allenfalls in der Bewertung ihrer Reichweite ergeben sich Unterschiede. Dennoch werden sie hier mit einigen Überlegungen illustriert. Wir verweisen aber auch explizit darauf, dass wir immer wieder, – etwa, nachdem wir Mediatisierung und in Kapitel 2 Kommunikation und den hier vertretenen kommunikationswissenschaftlichen Ansatz systematisch eingeführt und bestimmt haben – auf die Thesen dieses Abschnittes zurückkommen werden, um sie zu belegen, zu erweitern und zu ergänzen.

Die Zunahme von digitalen Medien, Medienangeboten und Medienfunktionen, wie sie die erste Hypothese postuliert, ist evident. Im Hinblick darauf ist im Blick zu behalten, dass nicht die Medien der aktive Teil sind, die den Wandel von Alltag und Kultur vorantreiben, sondern die Menschen in ihrem Umgang mit den Medien: sie konstituieren diese Veränderungen, insofern sie immer mehr Medien für immer neue Aktionen und Prozesse in ihren Alltag einbeziehen – für sie sind die immer neuen Medien mit immer neuen kommunikativen Möglichkeiten ein Potenzial, das sie realisieren[4]. Die Entwicklung lässt sich in *Form eines Dialogs* darstellen: Die Industrie produziert im Hinblick auf ihren Absatz neue Medien oder mediale Angebote, die die Menschen für ihre Zwecke in je eigentümlichen Formen akzeptieren und nutzen. Darauf kann die Industrie ihre Angebote weiter entwickeln und genauer so entwerfen, dass sie den Menschen neue oder verbesserte Nutzungsweisen anbieten. In dieser Weise werden die Medien immer mehr im Alltag der Menschen präsent. Sie differenzieren in Bezug darauf aber auch ihre Nutzungsgewohnheiten und Interessen aus, sie benötigen und entwickeln neue, spezifische technische sowie ökonomische und soziale Kompetenzen, um mit den so zustande kommenden komplexen Kommunikationssituationen umzugehen (vgl. hierzu auch Silverstone/Haddon 1996).

Ebenso ist im Hinblick auf die erste Hypothese evident, dass bereits vorhandene Medien durch den Medienwandel ihren Charakter verändern können, dass sich Angebote und Nutzung der 'alten' (audiovisuellen) Medien erweitern und entgrenzen, aber auch spezialisieren. Denn sie geraten durch die soziale und mediale Entwicklung in neuartige situative und soziale Kontexte, in denen bzw. für die sie bisher nicht genutzt worden waren, und verändern dadurch beispielsweise ihren Charakter: Das Radio ist bekanntlich Nebenbei-Medium geworden – oder anders, positiv ausgedrückt, zum alltäglichen Begleiter vieler Menschen in vielen Lebenslagen und bei vielen Tätigkeiten. Und die Zuhörer schalten selten

---

[4] Oder eben manchmal auch nicht.

auf einen anderen Sender um – stattdessen regulieren sie ihre Aufmerksamkeit in Form eines komplexen Hin- und Weghörens (vgl. auch Weiß/Hasebrink 1995, Krotz 1998b).

Von *Spezialisierung* kann man da sprechen, wo alte Medien nur noch für einen Teil dessen verwendet werden, wofür sie früher verwandt wurden: Zum Beispiel spezialisiert sich das Medium des Briefes immer mehr auf Rechnungen, Werbung und auf besondere Gelegenheiten wie Ansichtskarten, Liebesbriefe oder Glückwunschbriefe, und der Telegrammdienst der Post ist zwar generell eingestellt, aber Schmucktelegramme können durchaus noch verschickt werden.

Das Thema der *Entgrenzung* werden wir in Kapitel 3 und auch in Kapitel 6 genauer aufnehmen, hier aber schon am Beispiel des Fernsehens darauf hinweisen, dass Entgrenzung auf ganz unterschiedlichen Feldern stattfinden kann: Fernsehen sendet heute nicht nur rund um die Uhr auf immer mehr Kanälen, sondern wird in immer mehr Situationen normal. Fernsehgeräte stehen nicht mehr nur in den Wohnzimmern der privaten Haushalte, generieren sogar Wohnzimmer als einen Mittelpunkt von Haushalten, wie Jung und Müller-Doohm (1994, 1996) argumentieren, und stellen nicht nur komplexe kommunikative Verhältnisse einer Überlagerung von interpersonaler und medienbezogener Kommunikation her, wie etwa Bausinger (1984), Lull (1988, 1990), Morley (1986, 1992a, 1994, 1996, 1997), Morley/Silverstone (1990) oder Krotz (1997b) herausarbeiten. Vielmehr wird das Fernsehen von den Menschen an einer Vielzahl von spezifischen Orten als mehr oder weniger selbstverständlich akzeptiert und in ihre Alltagspraktiken hineinintegriert, Fernsehgeräte laufen an immer mehr öffentlichen Orten und Plätzen in der Gesellschaft, in Kneipen und Schaufenstern, in Arztpraxen, bei Friseuren und an Skiliften. Als "place based Media" (MacAllister 1996) findet sich Fernsehen in Fitness-Clubs und anderen Einrichtungen, wo spezifische Zielgruppen zu erreichen sind. Als ‚Business TV‘ wird Fernsehen zur audiovisuellen Bewegtbild-‚Mitarbeiterzeitung‘, darüber hinaus aber auch über die klassischen Funktionen von Mitarbeiterzeitungen hinaus verwendet (Bullinger/Broßmann 1997). Und in den USA hat durch Werbung bezahltes ‚Bildungs‘-Fernsehen längst Eingang in die Schulklassen gefunden: „Channel One is a twelve-minute television news program broadcast via satellite to schools which have signed on as participants. Currently, it is used in approximately 40% of the nation's public schools,...." (Easter 1998:2).

Zum Teil werden für solche Fernsehsituationen wie im Falle des Schulfernsehens, aber längst nicht nur dafür, eigens Programme produziert. Insgesamt wird Fernsehen in solchen Kontexten nämlich mit ganz anderen Intentionen ausgestrahlt und mit ganz anderen Motiven genutzt als es für Fernsehen gilt, das zu Hause gesehen wird oder gesehen werden soll. *Fernsehen dringt also, nachdem es mittlerweile alle Tage rund um die Uhr und auf vielen Kanälen parallel zur Ver-*

fügung steht, heute in neue soziale Räume vor, es entstehen dadurch neue Rezeptionssituationen – damit werden wir uns noch sehr viel genauer beschäftigen. Es ist in diesem Zusammenhang wichtig im Blick zu haben, wie bereits oben angemerkt, dass es heute um die Einführung einer neuen Basistechnologie geht, die als Digitalisierung von Daten und die Verwendung von Computern beschrieben werden kann, und parallel zu der die Medien überhaupt neue Felder, Themen, Funktionen etc. übernehmen. Weil diese Basistechnologie allgemein genug ist, sind ganz unterschiedliche Medientypen und Kommunikationsweisen berührt: solche der interpersonalen Kommunikation ebenso wie Radio oder Fernsehen, und deshalb werden Vermischungssituationen, in denen unterschiedliche Formen von Kommunikation (etwa Fernsehen und Computerspielen, Reden und Radio hören) gleichzeitig stattfinden, häufiger und für die Menschen bedeutsamer. Es ist ja gerade ein Kennzeichen des Internets und dessen Kommunikationsmöglichkeiten, dass dort die unterschiedlichsten Arten von Kommunikation stattfinden – deswegen wird es ja als Hybrid-, oder Metamedium (Höflich 1994, 1995, 1997) oder als ein umfassender elektronisch mediatisierter Kommunikationsraum (Krotz 1995) bezeichnet. Ein anderes Beispiel ist die Tatsache, dass man in öffentlichen Räumen immer häufiger Menschen begegnet, die in eigentlich nicht fürs Telefonieren strukturierten sozialen Situationen telefonieren – als Kommunikationswissenschaftler fragt man sich dann, wie und nach welchen Routinen man solch ein Gespräch etwa in einem überfüllten Bus des öffentlichen Nahverkehrs führt, wie ein sich dabei gesprochener und gehörter, persönlich adressierter Text mit den situativen Kontexten des Busfahrens verbindet. Dass sich solche Regeln ausbilden, ist theoretisch plausibel und empirisch offensichtlich.

Was die zweite These, die zunehmende Bedeutung der Medien angeht, so wollen wir auch dies hier kurz skizzieren. Erkennbar ist, dass erstens Nutzung und Beachtung der Medienangebote und –inhalte ebenso zunehmen wie Medienangebote Themen von Gesprächen sind. Zweitens berücksichtigen und verwenden alle Arten von Institutionen und Organisationen oder Unternehmen immer mehr Arten von Medien für ganz unterschiedliche Zwecke und weisen ihnen auch immer mehr Bedeutung zu, wie etwa die wachsende Zahl von Public Relations Mitarbeitern zeigt. Die Medien werden drittens auch für die Werbung und die Einbindung der Menschen in Konsum und ökonomisches System immer wichtiger. Viertens ist auch die mediale Ausstattung und Vernetzung von Arbeitsplätzen aller Art zunehmend von Bedeutung. Und schließlich werden Anspruch und Leistung der Medien, insbesondere hinsichtlich der Orientierungs- und Lenkungsangebote, die sie machen, bedeutsamer.

Wir geben dazu im Folgenden nur ein paar Hinweise. Dass Politik zur Medienpolitik wird und sich politisches Handeln an den Medien orientiert, dass sich das Fernsehen immer mehr der Alltagsprobleme der Menschen annimmt, dass die Menschen sich über Fernsehen, Radio, Musik, Internetangebote in neue soziale Gruppen und Fankulturen einordnen – all diese Entwicklungen sind bekannt. Zudem greifen aber auch die früher so genannten Massenmedien (vgl. hierzu Kapitel 6.1) alle Arten von Entwicklungen in der Gesellschaft auf und bieten sie den Menschen dann wieder als Thema und Projektionsobjekt an (Göttlich/Nieland 1997), etwa in Realityshows, als Thema von Serien, Dokumentationen und Nachrichten oder auch Werbespots. Die Hippies waren bekanntlich ein früher Fall einer medienvermittelten Bekanntmachung des Lebensstils einer kleinen Gruppe, die dann breite Teile der Jugend in den industriellen Ländern des Nordens ansprach. Generell sind Fanorientierungen und Lebensstile heute entscheidend über Medien mitvermittelt. Auch durch das Aufgreifen und Inszenieren von Alltagsproblemen – sei es in Talkshows, sei es in Sendungen wie „Mann-o-Mann" (vgl. hierzu Krotz 1995d) – liefern die Medien Orientierungsangebote frei Haus. Bei all dem spielen natürlich immer auch Vermarktungsinteressen eine Rolle.

Ergänzend lässt sich konstatieren, dass die Medien mit der Inszenierung von allen möglichen Arten von Medienereignissen und prominentenbezogener Berichterstattung ja gerade auch deshalb besonderes Geschehen arrangieren und erzählen, um an das Lebensgefühl ihrer Zielgruppen anzuknüpfen und der Orientierung zu dienen. Dies lässt sich auch kurz mit dem Verweis auf die Forschungsrichtung der *Media Events* begründen, auf die wir in Kapitel 6 noch genauer eingehen werden:

Immer schon waren die sozialen und kulturellen Gemeinschaften der Menschen an bestimmte Rituale und legitimatorische Mythen gebunden. Besonders deutlich ist dies beispielsweise für Staaten, die üblicher Weise eine Gründungsgeschichte, nationale Symbole wie Flaggen oder Nationalhelden und Nationalfeiertage haben – personalisierte wie Kaisers Geburtstag, staatliche Rechtfertigung begründende wie der Sturm auf die Bastille, der 17. Juni oder der 3. Oktober. Und selbst da, wo Staatsfeiertage danach ausgesucht werden, dass sie auf Daten fallen, an denen garantiert nichts wesentliches stattgefunden hat, wird eine relevante Geschichte erzählt – nämlich die, dass der Feiertag auf das Überwinden und Vergessen von Gegensätzen hin angelegt sein soll.

Heute spricht man von Medienereignissen, wenn die Medien Geschehen aufgreifen, inszenieren und in alle Haushalte transportieren oder wenn sie wenigstens so tun, als ob sie etwas aufgreifen, auch wenn sie es selbst hergestellt haben. Dayan und Katz (1994) haben dies in einer rituell orientierten Theorie der Medienereignisse zu rekonstruieren versucht. Sie beschränken sich dabei nicht nur auf Feiertage, sondern berücksichtigen weitere Formen von Medienereignissen mit einem tatsächlichen (im Sinne von außermedial existierendem) Gehalt:

die Beerdigung von Lady Diana, der Disput zwischen Kennedy und Nixon im Fernsehen oder die Mondlandung, die olympischen Spiele, der Super Bowl und die Fußballweltmeisterschaft (vgl. hierzu auch Früh et al. 1998 sowie Krotz/Wiedemann 1992).

Heute kommen zu diesen auch Orientierung und Gemeinschaft stiftenden Ereignissen mediengenerierte Medienereignisse hinzu, die Hepp/Vogelgesang (2003) untersuchen und die Daniel Boorstin (1972) noch Pseudo-Events nannte. Man kann zudem von personalisierten Medienereignissen sprechen, wie sie Madonna, die Beatles oder andere sind, also Figuren, die ohne die Verehrung ihrer Fans gar nicht mehr gedacht werden können und die ohne Medien zwar vielleicht physisch, aber nicht sozial existierten. Und schließlich ist auf all die Mini-Events und als Kult attribuierten Menschen und Geschehnisse zu verweisen, mit denen die Medien Aufmerksamkeit erregen wollen. Die – hier nicht weiter vertiefte – These ist, dass all diese von den Medien erzählten Geschichten immer auch festlegen, was gut und böse, was wahr und was falsch ist, und dass sie darüber vor allem Orientierungen anbieten: Sie interpretieren und rekonstituieren Gesellschaft, die sie zugleich integrieren (auch dann, wenn sie sie durch die Geschichte eigentlich zu spalten scheinen)[5].

1.4 Der Metaprozess ,Mediatisierung'

Für alle genannten und die weiter empirisch feststellbaren Veränderungstendenzen im Bereich der Kommunikation mit und mittels Medien sowie deren sich wandelnde Bedingungen und Folgen soll nun also der Begriff der Mediatisierung eingeführt werden. Darunter verstehen wir den im Folgenden beschriebenen Sachverhalt/Prozess, der in den weiteren Abschnitten und Kapiteln der vorliegenden Publikation ausgefüllt, präzisiert und begründet wird:

Mit Medien meinen wir – vgl. hierzu auch die vertiefende Diskussion in Kapitel 3 – *technische Institutionen, über die bzw. mit denen Menschen kommunizieren. Medien sind in ihrer jeweiligen Form Teil einer spezifischen Kultur und Epoche, insofern sie in Alltag und Gesellschaft integriert sind. Dadurch, durch ihre gesellschaftliche und stabilisierte Form und weil die Menschen in Bezug auf sie soziale und kommunikative Praktiken entwickelt haben, sind sie gesellschaftliche Institutionen, die auf Technik beruhen. Die Geschichte der Menschheit kann dann als Entwicklung gesehen werden, in deren Verlauf immer neue Kommunikationsmedien entwickelt wurden und die auf unterschiedliche Weise Ver-*

---

[5]   Damit soll nicht behauptet sein, dass die Rezipienten das auch so rezipieren, wie sich die Arrangeure und Distributeure das denken. Das Verhältnis ist wesentlich komplexer, wie die Kommunikations- und Medienwissenschaft weiß.

wendung fanden und finden. In der Konsequenz – weil Medien sich nicht substituieren und ablösen, sondern es zu einem Ausdifferenzierungsprozess kommt – entwickelten sich immer mehr immer komplexere mediale Kommunikationsformen, und Kommunikation findet immer häufiger, länger, in immer mehr Lebensbereichen und bezogen auf immer mehr Themen in Bezug auf Medien statt. (Auch) dadurch verändern sich Alltag, Gesellschaft und Kultur. Dieser nicht mediengenerierte, sondern medienbezogene Wandel ist auch für Ökonomie und Arbeit, für die Art der persönlichen Erfahrungen, für Identität, Weltsicht und soziale Beziehungen der Menschen von fundamentaler Bedeutung.

Diese Entwicklung, die heute in der Durchsetzung der digitalisierten Kommunikation kulminiert, aber mit dem Internet längst nicht zu Ende ist, soll einschließlich ihrer sozialen und kulturellen Folgen als Prozess der Mediatisierung bezeichnet werden. Sie findet zugleich auf einer makrotheoretische Ebene statt, insofern sie den Wandel von Kultur und Gesellschaft postuliert, auf der Mesoebene, insofern sich beispielsweise Institutionen und Organisationen weiter entwickeln, und auf mikrotheoretischer Ebene, insofern die Veränderungen in sozialen und kommunikativen Handeln der Menschen gründen.

Mediatisierung wird hier also als *Metaprozess sozialen Wandels* verstanden. Damit ist in Anlehnung an 1.1 gemeint, dass es sich um eine aus vielen Quellen gespeiste Entwicklung handelt, an der sich der soziale Wandel der Gesellschaft insgesamt theoretisch konzipieren, beschreiben und verstehen lässt, die aber in ihrer Komplexität nicht auf einzelne Teilprozesse reduziert werden kann. Diese Behauptungen werden in den folgenden Kapiteln noch im Detail begründet, reflektiert und illustriert.

Der Metaprozess der Mediatisierung ist natürlich und bekanntlich in mancherlei Teildimensionen analysiert, konzipiert und diskutiert worden, wenn auch nicht systematisch unter diesem Obertitel. Während dieses Konzept vor der Publikation von Krotz (2001) nur selten oder nur in spezifischen Zusammenhängen verwendet wurde[6] und keinen kanonisierten Begriff meint, wird es in den letzten

---

[6]   In dem Handwörterbuch von Silbermann (1982) wird Mediatisierung bzw. „mediated" ebenso wie in dem von Noelle-Neumann et al. (1994) herausgegebenen Lexikon nur im Hinblick auf intervenierende Variable verwendet. Sarcinelli, der darauf hinweist, dass es eigentlich Medialisierung heißen müsste, sich aber Mediatisierung eingebürgert habe, fasst für den Kontext der politischen Kommunikation darunter die wachsende Verschmelzung von medialer einerseits und politischer wie sozialer Wirklichkeit andererseits, die zunehmende Wahrnehmung von Politik vor dem Hintergrund medienvermittelter Erfahrungen und die Ausrichtung politischen Handelns an den Regeln des Mediensystems (Sarcinelli in Jarren et al. 1998:678). Kepplinger verwendet den Begriff umstandslos im Sinne von „Anpassung der Politik an die Erfolgsbedingungen der Medien" (1999:55). Und Mettler-Meibohm versteht darunter den „Begriff, der für die Tatsache steht, dass Erfahrungen zunehmend technisch vermittelt und damit in ihrem Inhalt und in ihrer Bedeutung für den Menschen grundlegend verändert werden." (1987;110).

Jahren häufiger als Rahmenkonzept verwendet wie hier entwickelt (vgl. z. B. Rössler/Krotz (2005), in dem sich mehrere Aufsätze dazu finden). Es soll hier betont werden, dass die Form „Mediatisierung" vor allem deshalb benutzt wird, weil sie näher am alltäglichen Sprachgebrauch ist und weil sie in anderen Sprachen, insbesondere Englisch, leichter vermittelbar ist als „Medialisierung".

Auch frühere Jahrhunderte waren schon solche der Mediatisierung, etwa durch die Zeitung oder das Fernsehen. Im Hinblick auf Schrift hat sich beispielsweise Ong (1990) damit beschäftigt, im Hinblick auf die damals ‚neuen' Medien Telegraphie und Fotographie zu Beginn dieses Jahrhunderts hat der US-amerikanische Pragmatiker Charles H. Cooley auf zu erwartenden Veränderungen hingewiesen (1950, zuerst 1909, vgl. auch Krotz 1997a), im Hinblick auf die Fernsehgesellschaft hat Meyrowitz (1990a) dazu substantielle Untersuchungen vorgelegt. In Form von Ankündigungen, Erwartungen und Befürchtungen haben McLuhan (1992) für das Fernsehen, daran anschließend Virilio (1993), Flusser (1992) und die ganzen Postmodernisten für die digitale Kommunikation weit reichende Thesen (vgl. auch Klook 1996) aufgestellt. Auch damit werden wir uns noch beschäftigen.

Besondere Bedeutung kommt in diesem Zusammenhang dem Einfluss der Medien auf die Raum- und Zeitgestaltung bzw. –wahrnehmung der Menschen zu. Im Hinblick auf die Veränderung von Zeit durch die Medien haben Müller-Wichmann (1985), Neumann-Bechstein (1982, 1988) und vor allem Irene Neverla (1992, 1998a) sowie Klaus Beck (1994) geforscht; das Thema war auch Leitthema eines ganzen Kongresses der Deutschen Gesellschaft für Publizistik und Kommunikationswissenschaft (vgl. auch Hömberg/Schmolke 1992). Dass die Medien auch die zeitliche Aufteilung und Gestaltung des Alltags der Menschen langfristig messbar verändern, zeigt auch eine ganz schlichter Vergleich von Tagesabläufen, wie ihn Pomecny (1996) für Österreich vorgelegt hat (vgl. auch Krotz 1998c). Auf die Veränderung der Sozialität von Orten hat vor allem Meyrowitz (1990a, 1990b, 1997) hingewiesen.

Eine differenziertere und formalisierte Definition von Mediatisierung kann und soll hier nicht vorgelegt werden, dies auch deshalb nicht, weil Mediatisierung qua Definition in ihrer jeweiligen Form immer auch *zeit- und kulturgebunden* ist und eine Definition sich deshalb auf historische Untersuchungen stützten müsste. *Mediatisierung als Prozess darf nicht historisch, sozial und kulturell entkontextualisiert werden. Auch gibt es vermutlich spezielle Mediatisierungsprozesse, die nur einzelne Bevölkerungsgruppen betreffen,* beispielsweise Wissenschaftler, die traditionell von Buch und Zeitschrift abhängen.

Stattdessen soll hier der konzeptionelle und konstitutive Charakter dieses Begriffs betont werden – letztlich dient das gesamte vorliegende Buch dazu, vorläufige Bestimmungselemente von „Mediatisierung" empirisch gestützt herauszuarbeiten.

In Ergänzung sollen nun zu „Mediatisierung" eine Reihe von erklärenden und reflektierenden Anmerkungen gemacht werden.

Zunächst ist zu betonen, dass die als Konzepte wohl etablierten Metaprozesse Individualisierung und Globalisierung im sozialen und wirtschaftlichen Bereich stattfinden, sich aber natürlich auch im Hinblick auf soziales Handeln und Kultur wie auch auf den Umgang und die Bedeutung der Medien herunter brechen lassen – zum Beispiel individualisiert sich Mediennutzung (Krotz 2001). Jedoch fallen die Entwicklung der Medien, ihrer Nutzung und Bedeutung mit den aus Individualisierung und Globalisierung ableitbaren Konsequenzen nicht zusammen. Umgekehrt muss man sagen, dass „Mediatisierung" aller Wahrscheinlichkeit nach einen Metaprozess beschreibt, der für die heutigen Ausprägungen von Globalisierung, Modernisierung etc. von grundlegender Bedeutung ist. Darauf werden wir in dem vorliegenden Buch gelegentlich eingehen, wir halten aber fest, dass dies eine wichtige und genau zu untersuchende Frage ist. Aus diesen Einsichten können wir ableiten, dass es Sinn macht, einen sozial und kulturell definierten Metaprozess ‚Mediatisierung' parallel zu Individualisierung und Globalisierung zu definieren und empirisch genauer zu untersuchen.

Weiter wollen wir auf den prozessualen Charakter von Mediatisierung verweisen, auf den wir besonderen Wert legen. Dem stehen heute Konzepte wie Informations- oder Wissensgesellschaft (zur Kritik vgl. Kleinsteuber 1999) gegenüber. Diese Konzepte postulieren notwendiger Weise ein vorher/nachher, ohne dass sie wirklich beschreiben können, wie dieses Nachher aussieht oder was genau von dem vorher wichtig war. Demgegenüber macht es mehr Sinn, *einen in der Geschichte der Menschheit schon immer stattfindenden gesellschaftlichen Mediatisierungsprozess zu unterstellen* und konzeptionell auszuarbeiten: *In dessen historischem Verlauf werden immer neue publizistische und andere Kommunikationsmedien in Kultur und Gesellschaft, in Handeln und Kommunizieren der Menschen eingebettet, werden die Kommunikationsumgebungen der Menschen immer ausdifferenzierter und komplexer, und beziehen sich umgekehrt Handeln und Kommunizieren sowie die gesellschaftlichen Institutionen, Kultur und Gesellschaft in einem immer weiter reichenden Ausmaß auf Medien.*

Wir halten es deshalb für sinnvoller, einen Metaprozess Mediatisierung zu postulieren, der diese Entwicklungen, ihre Hintergründe und Konsequenzen in allgemeiner und zugleich konkreter Weise beschreibt, hinter dem Ursachen, Ausdrucksformen und Auswirkungen stehen, die nur analytisch voneinander getrennt werden können, aber nur zusammen wirksam werden, ebenso wie im Falle von Globalisierung und Individualisierung.

Schließlich ist offensichtlich, dass der Begriff der Mediatisierung für die Kommunikationswissenschaft hilfreich sein kann. Denn er

- konzipiert offensichtlich Medienentwicklung und ihre Konsequenzen nicht als technisches, sondern als soziales Geschehen, insofern die sozialen und kulturellen Auswirkungen nicht aus der Technik, sondern aus dem Handeln und Kommunizieren der Menschen hergeleitet werden,
- bietet sich dementsprechend für eine handlungstheoretische Betrachtungsweise an, die sich vor allem auch deshalb empfiehlt, weil jede Art der Kommunikation etwas situativ-konkretes ist und sich daraus erst gesamtgesellschaftliche Entwicklungsprozesse ergeben,
- behandelt die mediale Entwicklung als einen graduellen Prozess, der natürlich in bestimmten Momenten und auf bestimmten Geschehensebenen umschlägt, aber eine Gegenüberstellung von Wissens- bzw. Informationsgesellschaft und ihrem logischen Gegenteil, was immer das genau sein soll, vermeidet,
- kann als Bezugsmuster der theoretischen und empirischen Auseinandersetzung der Medienentwicklung, der Nutzung der Medien und ihres Bedeutungswandels wie der dadurch induzierten Konsequenzen verwendet werden,
- lässt sich also als Bezugsmuster verwenden, um empirisch feststellbare Entwicklungen einzuordnen, in ihren Bedingungen und Konsequenzen zu verstehen und zu beurteilen, ist vielleicht auch zum Entwickeln von Prognosen zu benutzen – das Konzept dient also der Generierung von Theorie im besten Sinn,
- ist breiter angelegt als nur ‚Globalisierung der Medieninhalte' oder ‚Individualisierung der Mediennutzung', umfasst aber diese beiden Teilprozesse,
- und erlaubt es also, die medial bedeutsamen Entwicklungen einerseits für sich zu betrachten, andererseits, dann Bezüge zu anderen Metaprozessen wie Individualisierung, Globalisierung herauszuarbeiten.

1.5 Mediumstheorie und Medienwandel als Mediatisierung

Eine Theorie der Mediatisierung beruht offensichtlich auf der These, dass Medien wirken – aber nicht so sehr durch ihre Inhalte, sondern dadurch, dass sie von den Menschen benutzt werden. Mit Fragen dieser Art hat sich bisher nur ein kleiner Teil der Kommunikations- und Medienwissenschaft beschäftigt. Joshua Meyrowitz (1990) hat dafür den Begriff der *Mediumstheorie* als „die historische und interkulturelle Untersuchung der unterschiedlichen kulturellen Umwelten, wie sie verschiedene Kommunikationsmedien schaffen" (1990:46) eingeführt.

Wir entwickeln die Grundgedanken der Mediumstheorie im vorliegenden Abschnitt, um den Begriff der Mediatisierung zu vertiefen und dazu in Bezug zu setzen und verweisen dabei insbesondere auf die in Krotz (2001) nachzulesende Auseinandersetzung mit Marshall McLuhan, einem ihrer Begründer.

Die Mediumstheorie versucht, „die Aufmerksamkeit auf die potenziellen Auswirkungen von Medien zu lenken, unabhängig vom jeweiligen Medien-Inhalt." (Meyrowitz 1990:47). Jedoch gilt: "Die Mediums-Theoretiker behaupten nicht, Kommunikationsmittel prägten Kultur und Persönlichkeit *vollständig*, doch sie weisen darauf hin, dass Veränderungen in den Kommunikationsmustern ein sehr wichtiger Bestandteil sozialen Wandels sind ..." (Meyrowitz 1990:529, Hervorhebung im Original).

Menschen konstituieren dementsprechend die Formen ihres Zusammenlebens (und damit sich selbst) anders, wenn die Gesellschaft, in der sie leben, literal ist oder über audiovisuelle Medien verfügt, als in Gesellschaften, die das nicht sind bzw. nicht tun. Medien spielen damit auch eine Rolle dafür, wie die Menschen arbeiten und ihre Freizeit verbringen, wie sie ihr Familienleben gestalten, Kontakte und Beziehungen aufnehmen oder erhalten, ihren Lebensstil wählen, was sie wissen, wie sie denken und welche Arbeits-, Organisations- und Politikformen möglich sind. In literalen Gesellschaften funktioniert auch die Wirtschaft anders als in schriftlosen Gesellschaften. Dort gibt es schriftlich festgehaltenes Recht, Wissenschaft und Experten, andere Formen der Kunst und Kultur, andere Zwänge und Möglichkeiten beim Aufwachsen, in der Politik usw., alles im Unterschied zu nicht literalen Gesellschaften (vgl. hierzu auch Krotz 2001 mit einem Bericht über die Vorstellungen Marshall McLuhans).

Empirisch gibt es für *diese eigentlich zentrale These einer gesellschaftlichen Medienwirkung (die nicht von Inhalten abhängt)* einige mehr oder weniger plausibel begründete Befunde, die allerdings bisher kaum zum Kernbestand der Kommunikationswissenschaft gezählt wurden: Assmann (1999), Ong (1995) und Goody et al. (1986) haben sich mit der Bedeutung der Schrift für Gesellschaft und Denken beschäftigt, Innis (vgl. Innis 1950, 1951, 1997; Giessen 2002) hat beispielsweise argumentiert, dass etwa Papyros als leichtes, transportables Medium als Kommunikationsmittel und „Leitmedium" in auf militärische Eroberungen angelegte und auf schnellen Informationstransport angewiesene Gesellschaften passt, während Steintafeln sich eher für traditional und religiös geprägte Gesellschaften eignen, in denen sich Gebote und ihre Begründungen nur langsam verändern. Ong (1995), McLuhan (1964) und Innis (vgl. Barck 1997) haben in ähnlicher Perspektive die Rolle der Druckmaschine herausgearbeitet, Meyrowitz (1990) hat gezeigt, wie die Existenz des Fernsehens Determinanten der Beziehungen der Geschlechter zueinander, das Verhältnis der Menschen zu Autoritäten sowie das Zugehörigkeitsgefühl zu sozialen Gruppierungen beeinflusst.

Es ist in diesem Zusammenhang allerdings festzuhalten, dass die so genannte Mediumstheorie bisher nicht über eine zusammenhängende Theorie verfügt, empirisch auf wackeligen Beinen steht, und eher technikorientiert an festen Medieneigenschaften statt an den sich verändernden, kulturell definierten Kommunikationsformen fest gemacht ist. Dem muss im Rahmen der Kommunikationswissenschaft abgeholfen werden. Das könnte im Rahmen einer allgemeinen Mediumstheorie und -geschichte, die insbesondere die kommunikativ vermittelten Formen des menschlichen Zusammenlebens berücksichtigt, im Zusammenhang mit dem Begriff der Mediatisierung geschehen.

Mediatisierung bezeichnet in diesem Zusammenhang eine fundamentale *gerichtete Entwicklung* innerhalb eines solchen Theoriekonstrukts, und *präzisiert damit das Konzept des Medienwandels.* Der Begriff drückt ja im Hinblick auf gesellschaftliche Medienwirkungen aus, dass durch das Aufkommen und durch die Etablierung von neuen Medien für bestimmte Zwecke und die gleichzeitige Veränderung der Verwendungszwecke alter Medien sich die gesellschaftliche Kommunikation und deshalb auch die kommunikativ konstruierten Wirklichkeiten, also Kultur und Gesellschaft, Identität und Alltag der Menschen verändern. Dabei ist eine Mediatisierungstheorie aber nicht, wie eine Mediumstheorie, auf die Rolle der Medien konzentriert, denn sie behauptet nicht, dass die Medien alleine für Veränderungen von Bedeutung sind. Vielmehr ist der Begriff „Mediatisierung" relational angelegt, insofern es dabei um die Medien in einer spezifischen Kultur und Gesellschaft und dementsprechend um spezifisch organisierte Medien geht, die durch das Handeln der Menschen, das sich auf diese Medien bezieht, für die Gesellschaft von Bedeutung sind – Mediatisierung ist da wichtig, wo es um Wandel von Kommunikation als der Grundform sozialen Handelns geht.

In dieser Perspektive nimmt das Konzept Mediatisierung die alte Erkenntnis von Wolfgang Riepl (1913, vgl. hierzu etwa Lerg 1981) ernst, dass neue Medien die alten nicht (oder nur in einzelnen Funktionen) substituieren, sondern zu den alten hinzu kommen – dies muss, wie gesagt, als Prozess einer Ausdifferenzierung von Funktionen, die Medien für die Menschen haben (können), theoretisiert werden. Beispielsweise gibt es im Zeitalter des Internets noch Telegramme als Schmucktelegramme oder beschriebene Steintafeln auf Friedhöfen – eben dann, wenn spezifische, ausdifferenzierte Medien spezifische Funktionen übernehmen, die gesellschaftlich sinnvoll und kulturell notwendig sind. Die Medienumgebungen der Menschen und damit ihre Kommunikationspotenziale werden also durch neue Medien vielfältiger, komplexer und zugleich spezialisierter. Dementsprechend steigt die Mediennutzung, und die damit verbundenen Zwecke werden vielfältiger. Dabei werden individuelle wie sozial und kulturell begründete Unterschiede der Aneignung relevant – Mediennutzung ist bekanntlich zum Beispiel ein bildungsabhängiges Phänomen, wie die Kommunikationswissenschaft weiß. Medien sind gleichzeitig auch Alltagsressourcen und tragen zu sozialem und kulturellem Kapitel bei und werden dafür wahrscheinlich auch wichtiger. *All das sind Phänomene, die der Begriff der Mediatisierung strukturiert und aufeinander bezogen zusammenfasst. Das Konzept impliziert dementsprechend eine Entwicklung der medialen Landschaften und individuellen Kommunikationsumgebungen, die aus plötzlichen Entwicklungsschüben durch neue, aber auch aus allmählichen Veränderungen vorhandener Medien entstehen. Dabei nimmt die Anzahl der Medien insgesamt zu, auch entwickeln sich sowohl auf Kommunikator- als auch Nutzerseite spezifische Umgangsweisen damit. Dadurch wandelt sich das kommunikative Handeln als Basis jeden sozialen Handelns – langsam, zum Teil erst mit neuen Generationen, aber gründlich. Mediatisierung als historischer Prozess meint insbesondere nicht, dass es sich dabei nur um ein heute auffindbares Phänomen handelt. Mediatisierungsschübe gab es schon zur Zeit der Erfindung der Schrift, zur Zeit der Erfindung des Buchdrucks oder des Rotationsdrucks. Das Buch im ausgehenden Mittelalter und die Tageszeitung am Beginn der modernen Demokratie, das Radio als Rundfunk an der Front, der Volksempfänger bei den Nazis und die Fernbedienung in der Konsumgesellschaft, das Fernsehen als Emotionsmaschine, die digitale Vernetzung durch PC und Internet – sie alle haben mal mehr und mal weniger, mal schneller und mal langsamer Kommunikation und Gespräch der Menschen als Basis sozialer und kultureller Wirklichkeit verändert, weil Gesellschaft und Kultur, Denken, Identität und Alltag vor allem auf Kommunikation der Menschen miteinander beruhen (Krotz 2001).*

Dabei kann Mediatisierung als Metaprozess verschiedene historische Formen annehmen. In früheren Zeiten tauchten Medien nacheinander als einzelne Sinnprovinzen im Alltag der Menschen auf – beispielsweise die immer wieder gelesene Bibel in deutscher Sprache nach der Reformation (die zumindest der Nicht-Katholik jetzt auch selbst auslegen durfte), die untereinander unverbundenen Medien Telefon und Radio, die völlig unterschiedlichen Zwecken dienten und zu unterschiedlichen Zeiten in unterschiedlichen Räumen der Familie aufzufinden waren. Heute dagegen drückt sich Mediatisierung darin aus, dass die früher für sich genutzten und funktionierenden Medien zusammen wachsen – sowohl auf der Ebene des Angebots als auch auf der Ebene der Nutzung, wie es die diversen Konvergenztheorien postulieren. Im Laufe der Entwicklung entstehen manchmal auch fundamental neue Medien oder neue Bedingungen für das Funktionieren von Medien – zum Beispiel solche, die im 19. Jahrhundert die Darstellung von Bewegtbildern ermöglichen und deren Allgegenwart wir heute erleben, die Möglichkeit der gleichzeitigen Übertragung eines Geschehens rund um den Globus vor einigen Jahrzehnten, oder die theoretische Möglichkeit von heute, mit einem ganz bestimmten Menschen aus sechs Milliarden zu einem bestimmten Zeitpunkt medial vermittelt zu kommunizieren: Medien verändern so unseren Bezug zu Raum und Zeit, und zu sozialen Gruppen und damit verbundenen Orientierungen, und damit auch das, was wir kennen und was wir nicht kennen, was wir schätzen und nicht schätzen. Auch das ist eine Ebene von Mediatisierung – wobei hier auch angelegt ist, dass dieser Metaprozess in seinen Teilprozessen und Ebenen in mancher Hinsicht kippen und umschlagen kann.

Über die Aneignung der Medien und ihrer Inhalte durch die Menschen auf der Mikroebene bewirkt Mediatisierung im Übrigen natürlich auch Veränderungen auf der Meso- und Makroebene, also etwa im Bereich der sozialen Institutionen oder in Kultur und Gesellschaft insgesamt, weil das soziale Handeln der Menschen die Grundlage der Gesellschaft als manifesten Geschehens ist. Nicht nur, dass neue Berufe oder neue Geschäftsfelder entstehen – es verändern sich die Strukturen und Machtverhältnisse in der Gesellschaft, wie es zum Beispiel Anthony Giddens (1996) theoretisch zu fassen versucht hat.

Mediatisierung ist also ein Oberbegriff für eine Reihe von Phänomenen, die man unter einem Begriff subsumiert, ebenso wie andere allgemeine Konzepte, wie Modernisierung, Rationalisierung, Globalisierung, Individualisierung oder Aufklärung (van der Loo/van der Reijen 1992). Wir wollen insbesondere noch einmal betonen, dass Mediatisierung eine Art Konstrukt ist, in dem wir bestimmte Phänomene sozialen und kulturellen Wandels strukturiert zusammenfassen, die keineswegs einheitlich sind, die auch kein Ziel haben müssen. Im Falle der Aufklärung – ein Konstrukt, das man ebenfalls als Metaprozess verstehen kann – deren Wirksamkeit über Jahrhunderte hinweg unterstellt wurde, haben Horkheimer und Adorno (1971) gezeigt, dass sie dialektisch in ihr Gegenteil umschlagen kann.

Die besondere Bedeutung und die Kraft des Begriffs „Mediatisierung" liegen letztlich in seinem prozessualen Charakter. Das unterscheidet ihn von spekulativen Zukunftsentwürfen wie von der Behauptung, die Gesellschaft wandle sich in eine Medien- oder Informationsgesellschaft. Mediatisierung behauptet stattdessen eine derzeit stattfindende Entwicklung, und diese können wir in ihren jetzt beobachtbaren Formen empirisch untersuchen. Wir können daraus, mit den ganzen Ungewissheiten, die damit verbunden sind, natürlich auf die Zukunft schließen, müssen das aber nicht tun.

Beispielsweise erlaubt es die Annahme eines Metaprozesses Mediatisierung, dass wir uns heute schon mit interaktiven Medien beschäftigen – beispielsweise mit denen, die sich immer mehr Erwachsene als GPS-Systeme ins Auto bauen lassen, ohne dass wir heute schon sagen müssen, welche Bedeutung solche interaktiven Medien in einer so genannten Mediengesellschaft einmal haben werden. Denn wohin sich das einmal entwickelt, ist heute ausgesprochen offen. So kann man zum Beispiel prognostizieren, dass das Medium „Straßenschild" oder sogar das Medium „Verkehrsschild", die uns Orientierung und Handlungsanleitungen geben und die an die Schrift gebunden sind, eventuell einmal abgeschafft werden, weil Autos untereinander „kommunizieren" und Wegbeschreibungen über Satellitenkontrolle erfolgen – Straßenschilder braucht man dann nicht mehr. Heute hat in Europa[7] jede Straße einen Namen, jedes Haus eine Nummer, die sich systematisch dann ergibt, wenn man eine Straße entlang läuft, und diese Strukturierung prägt unser Bild von einer Stadt. Wenn wir alle serienmäßig ein GPS-System auf dem Handy und im Auto haben, wird es gewiss eine Identifikation jedes Gebäudes (vielleicht mittels Google-Earth) geben, aber lesbare Straßenschilder braucht man dann nicht mehr – sie bekommen vielleicht eine Schmuckfunktion für besonders von ihrer Wohnlage begeisterte Anwohner. Insoweit Verkehrsschilder der Koordination von bewegten Fahrzeugen dienen, können das „intelligente" technische Einheiten auch untereinander lösen. Was bedeutet es aber für die Wahrnehmung von Raum, wenn die Orientierung, wo man ist, nicht mehr an außen vorbeiziehenden Gegenständen ansetzt, sondern eine Stimme im Auto Erklärungen abgibt? Was genau heißt das für Raumvorstellungen, wenn so die Technologie „Landkarte" zu einer Chiffre für etwas zu Hörendes wird? Wird es so kommen? Oder wird es ganz anders werden?

Mediengesellschaft setzt sich nicht nur, aber notwendiger Weise auch aus solchen Veränderungen zusammen. Deshalb ist sie immer nur spekulativ beschreibbar, auch wenn einzelne Prozesse dieser Art als Teil von Mediatisierung empirisch analysierbar sind. Eine Ableitung der zukünftigen Formen des menschlichen Zusammenlebens kann deshalb daraus, aber auch aus der Entwicklung der Medien allein nicht gewonnen werden, weil die zukünftigen Gesellschaftsformen nicht durch die Medien, sondern durch Kommunikation entstehen, die Aneignungsprozesse voraussetzt, und weil deren zukünftige Formen nicht nur das Ergebnis medialer Bedingungen sind, sondern auf viele Metaprozesse bezogen sind.

1.6   „Medienwandel" als Thema der Kommunikationswissenschaft

Abschließend im Rahmen dieser ersten, anschauungsorientierten Begründung für eine theoretische Konzeption von Mediatisierung wollen wir noch einmal darauf insistieren, dass es sich dabei um ein zentrales Thema einer breit angelegten Kommunikations- und Medienwissenschaft handelt. Mehr noch als „Medien- oder Informationsgesellschaft" gehört auch „Mediatisierung" zur Kommunikati-

---

[7]   In Tokio ist das nicht so, wie man weiß – die Straßen haben meist keine Namen, die Häuser zwar eine Nummer, aber keine Hausnummer im europäischen Sinn (vgl. Krotz/Hasebrink 2003).

onswissenschaft – zumindest erwarten Öffentlichkeit und Zivilgesellschaft, dass diese Disziplin sich dazu kompetent äußert. Das überwindet bisherige Begrenzungen der überkommenen Kommunikationswissenschaft, wie bereits gesagt wurde. Aber der Wandel der Kommunikationsbedingungen und Kommunikationspraktiken, der sich im Kontext des derzeitigen Wandels der Medien beobachten lässt, ist von allgemeiner Bedeutung – und er lässt sich nicht nur in Teilen und im Hinblick auf „öffentliche Kommunikation" untersuchen, weil Computerspiele, heute bereits ein Massenmedium mit mehr Umsatz als die Kinofilme, Mobilkommunikation in ihren neuen Formen, das Internet und andere Medien deutlich machen, dass auch ganz andere Kommunikationsformen und Nutzungsweisen zukünftig eine relevante Rolle spielen werden.

Etwas ironisch ausgedrückt, entdeckt die Medien- und Kommunikationswissenschaft durch den Wandel von Kommunikation von heute, dass sie sich von ihrem Namen her eigentlich mit all dem beschäftigen sollte, was Basis und Kitt des Zusammenlebens der Menschen sind, und nicht nur mit einem heute gelegentlich etwas beliebig erscheinenden Ausschnitt. Die betriebliche Kommunikation, die PR, die Werbung gehören ebenso dazu wie das Lesen der Zeitung, die feierabendliche Fernsehnutzung oder das Mail an Freunde und Verwandte, das Weblog als geschriebenes und veröffentlichtes Internettagebuch, das Festnetztelefon oder der per Computer geschriebene Brief. Und auch die geschlossene Mailing List, die individuelle oder kollektive Handynutzung, der Flugsimulator in der Ausbildung von Piloten können genauso wenig außer acht gelassen werden wie das Tamagotchi, das Fotohandy, GPS-Systeme oder Steintafeln. Gerade auch die mediatisierte interpersonale Kommunikation ist nicht nur eine wesentliche Erscheinungsform von „Mediengesellschaft", sondern wird beispielsweise für die Vermittlung und Verarbeitung von öffentlichem Geschehen, insbesondere von Events, immer wichtiger.

Denn die sozialwissenschaftlich orientierte Medien- und Kommunikationswissenschaft setzt am Begriff der Kommunikation und der Medien an. Insofern Medien Bedingungen für Kommunikation herstellen, *muss sie den Wandel der Medien als einen Wandel der individuellen, der institutionellen, gruppenbezogenen und der gesellschaftlichen Kommunikation untersuchen.* Weil das Kommunizieren, insofern Menschen daran beteiligt sind, eine Form sozialen Handelns im Sinne Max Webers ist, wie wir im nächsten Kapitel sehen werden, müssen sich die Menschen neue Techniken als Medien aneignen, indem sie sie in ihren Alltag integrieren und ihnen spezifische Funktionen, spezifischen Sinn zuweisen. Das tun sie im Rahmen der jeweiligen kulturellen und gesellschaftlichen Bedingungen. Deshalb ist es nicht die Technik, die etwas verändert, sondern der Mensch, der auf der Basis angeeigneter Technik, also mittels Medien, anders kommuniziert und darüber seine Welt auf neue Weise reproduziert. Dementsprechend handelt es sich bei jedem Medienwandel um eine evolutionäre, gleichwohl in Sprüngen stattfindende Entwicklung, die sich als Erfindung von Medien, deren Anpassung und Aneignung durch Mensch und Gesellschaft, deren Auswirkungen auf Mensch, Kultur und Gesellschaft, und deren ständige Weiterentwicklung auf der Ebene von Kommunikationspotenzialen, Inhalten und Verwendungsweisen sich beschreiben lässt. Dabei ändern sich natürlich auch der Mensch, sein Alltag, seine Beziehungsnetze und darüber Politik und Gesellschaft.

Medien- und Kommunikationswissenschaft berücksichtigt also den Wandel der Medien als einen Wandel der Bedingungen von Kommunikation und damit als einen Wandel der Bedingungen des Zusammenlebens der Menschen – und dies ist ein Kernthema von Kommunikationswissenschaft. Insofern können wir heute von einem Mediatisierungsschub sprechen, der um uns herum geschieht, langsam, aber eindrücklich, und auf alle mediatisierten Formen von Kommunikation bezogen. Wir können auch empirisch und theoretisch der Frage nachgehen, ob das Potenzial dieses Schubes in seiner Qualität vielleicht mit dem Mediatisierungsschub des 16. Jahrhunderts mit der Erfindung der Druckmaschine vergleichbar ist oder nicht. Ob das freilich gerade in eine „Mediengesellschaft" führt, muss genauer überlegt werden – empirisch lässt sich das als eine Aussage über die Zukunft jedenfalls nicht so ohne weiteres begründen.

Aber insofern sich Kommunikationswissenschaft auf öffentliche Kommunikation konzentriert, wäre die Kernfrage dann, wie sich öffentliche Kommunikation und insbesondere Massenkommunikation im Rahmen des Medienwandels und der Digitalisierung von heute entwickeln, sich aufrecht erhalten lassen und wie welche Medien in Abhängigkeit von welchen Bedingungen die Voraussetzungen für ein Funktionieren eines demokratischen Zusammenlebens erbringen. Das ist ohne Zweifel eine zentrale Fragestellung auch jeder zukünftigen Kommunikationswissenschaft. Es ist aber offensichtlich, dass Konzepte wie „Mediengesellschaft", „Medienwandel" oder auch „Mediatisierung" weitergehende Behauptungen aufstellen. Sie verweisen auf einen mehr oder weniger grundlegenden Wandel von Kultur und Gesellschaft, Politik und Ökonomie auf der Makroebene, sie postulieren auf der Mesoebene, dass sich Organisationen, Unternehmen, Institutionen in einer neuen Weise der Medien bedienen bzw. sich auf sie beziehen müssen, und sie behaupten auf der Mikroebene des Alltags und des Handelns der Menschen, dass Medien und Mediennutzung von zunehmender Bedeutung sind, weil Arbeit und Freizeit, soziale Beziehungen der Menschen und ihre Identität, aber auch Kompetenzen und Wissen vom Wandel der Medien nicht mehr getrennt werden können.

Solche Entwicklungen lassen sich nun nicht auf die Mediatisierung der öffentlichen Kommunikation verkürzen. Sie müssen vielmehr alle Bereiche menschlichen Handelns und deren Konsequenzen und alle Medien in den Blick nehmen – die der interpersonalen Kommunikation wie die einer individualisierten Nutzung standardisierter, vorproduzierter Inhalte, und ebenso auch interaktive Kommunikation (vgl. hierzu auch Kapitel 4). Denn das Konzept „Mediengesellschaft" unterstellt, dass die Gesellschaft, auf die wir uns zu bewegen, von Medien nicht nur deutlicher als früher, sondern entscheidend bestimmt wird. Charakterisierende Bezeichnungen einer Gesellschaft als Sklavenhaltergesellschaft oder einer menschlichen Entwicklungsepoche als Bronzezeit sind ja nur dann gerechtfertigt, wenn solche Etikette etwas über die wichtigsten sozialen Strukturen oder über zentrale Ressourcen von Leben und Macht aussagen. Deswegen weisen Begriffe wie Medien-, Informations- oder Wissensgesellschaft weit über die Fragen nach Demokratie und dem dafür notwendigen Diskurs hinaus – ohne sie freilich für marginal zu erklären.

Natürlich ist es eine empirisch zu klärende Frage, wie fundamental und auf welche Weise sich der derzeitige Wandel der Medien auf Alltag und Gesellschaft auswirkt. Es ist, wie wir bereits in anderem Zusammenhang betont haben, auch durchaus unklar, ob Ausdrücke wie „Mediengesellschaft" etc. adäquat sind, um die zukünftigen Formen des Zusammenlebens der Menschen zu charakterisieren. Wir mögen generell auch dazu neigen, kurzfristige Entwicklungen über zu betonen, während wir den langfristigen Wandel unterschätzen, weil sich da nicht nur Figur und Bedeutung der Dinge, sondern auch der eigentlich konstrastierende Hintergrund verändern. Klar ist jedoch, dass sich die Kommunikations- und Medienwissenschaft, die sich ja schon immer als Sozialwissenschaft und damit als Wissenschaft in der Gesellschaft verstanden hat, mit diesen Fragen auseinandersetzen muss, wenn sie ihren Namen ernst nehmen will – und zwar als Wandel der Kommunikation.

2 Grundlagen einer kulturwissenschaftlichen Kommunikationstheorie: Kommunikation als Form symbolisch vermittelten Handelns

In diesem Paragraphen sollen also Menschenbild und Kommunikationsverständnis des hier vorgelegten Entwurfs einer Theorie der Mediatisierung präzisiert werden. Zunächst wird dazu in 2.1 das jeder sinnvollen Kommunikationstheorie zugrunde liegende Verständnis des Menschen als eines symbolischen Wesens entfaltet, das in einer symbolisch vermittelten Wirklichkeit lebt, und dessen fundamentale Aktivität zur Definition von Wirklichkeit und Identität sowie zur Konstitution von Kultur und Gesellschaft die Kommunikation ist. Dem schließt sich in 2.2 die Präzisierung der grundlegenden Begriffe und Konzepte einer darauf aufbauenden Kommunikations- und Medienwissenschaft an. Das hierauf gestützte Kommunikationsverständnis wird dann in 2.3 in Bezug auf den Symbolischen Interaktionismus vertieft und weiterentwickelt – es wird sich zeigen, dass diese Theorie über einen eigenständigen und gerade im Zusammenhang mit Mediatisierung brauchbaren und sowohl theoretisch wie empirisch weiterführenden Kommunikationsbegriff verfügt. Dieser wird dann in 2.4 in Bezug zu dem Kommunikationsverständnis der Cultural Studies gesetzt, die als zum Symbolischen Interaktionismus kompatibel und komplementär begriffen werden. Auf die Frage, was dies dann für die Konzeption und Untersuchung von Medienkommunikation und den Mediatisierungsprozess bedeutet, wird in Kapitel 3 eingegangen.

2.1 Der Mensch als Bewohner einer kommunikativ konstituierten symbolischen Welt

Wir beginnen hier mit einer sozialanthropologisch ausgerichteten Eingangsthese, die implizit oder explizit von allen ernstzunehmenden symbolisch orientierten Kommunikations- und Medientheorien als gültig angesehen wird. Diese These wird hier vor allem in Bezug auf Norbert Elias dargestellt, weil dessen ins Soziologische gewendete Symboltheorie, die er in seinem Spätwerk in inhaltlicher Anlehnung an Cassirer (1994) und Langer (1992) entwickelt hat, eine brauchbare, wenn auch für kommunikationswissenschaftliche Zwecke nicht hinreichend elaborierte Grundlage ist. Mehrere Linien des Werks von Elias treffen hier zusammen: Der Versuch, die Gegenüberstellung Mensch vs. Gesellschaft zu überwinden und stattdessen Mensch und Gesellschaft als aufeinander bezogene Prozesse zu begreifen, sowie im Sinne einer umfassenden „Menschenwissenschaft" die Grenzen zwischen den hergebrachten Fachdisziplinen zu überwinden, wie sie an den Universitäten institutionalisiert sind und das wissenschaftliche Denken in vieler Hinsicht prägen (hierzu auch: Baumgart/Eichener 1991:31ff., vgl. auch Korte 1990).

Die hier vertretene Ausgangsthese besagt nun, dass die Welt des Menschen symbolisch vermittelt, bzw. der Mensch Bewohner einer kommunikativ konstruierten symbolischen Welt ist. Im Gegensatz zum Pawlowschen Hund, dessen Speichelproduktion durch das Klingeln unmittelbar und automatisch angeregt wird, handeln Menschen im Normalfall nicht automatisch oder reaktiv im Hinblick auf beobachtbares Geschehen, auf Reize oder genormte Zeichen, sondern aufgrund der Bedeutungen, die ein Objekt, ein Geschehen, ein Reiz oder allgemein, ein Zeichen für sie hat. Objekte, Geschehen, Reize sind Zeichen, die für etwas stehen, und dieses individuell und sozial konstituierte Etwas ist relevant, nicht das Zeichen.

Diese Eigenschaft, nämlich die Möglichkeit und die Wirklichkeit des Hantierens mit vielfältigen Zeichen und Symbolen auf der Basis von aktiv und kommunikativ konstituierten Bedeutungen, und damit insbesondere die komplexe Sprache, trennt den Menschen auf fundamentale und charakteristische Weise vom Tier. Denn wir sind Menschen nur dadurch, dass wir über Kommunikation, symbolisch vermittelte Interaktion und über Sprache verfügen. Folglich sind Menschen symbolische Wesen oder Wesen, die auf den Umgang mit Symbolen fundamental angewiesen sind. *Ohne dieses ontologisch differenzierende Vermögen wäre der Mensch sogar nicht lebensfähig, weil er biologisch bei der Geburt als unfertiges und für die direkte Bewältigung der Umwelt unfähiges Wesen angesehen werden muss (Gehlen 1967), das von sozialen, also symbolisch vermittelten Beziehungen existentiell abhängt.* Mit seiner Geburt steht er folglich vor der Notwendigkeit, Kommunikation zu lernen, und dafür ist er biologisch gerüstet. Und er konstituiert seine Welt durch sein gesellschaftlich bezogenes Handeln in Bezug auf Symbole (Berger/Luckmann 1973).

Norbert Elias hat diesen Bezug zu Symbolen als Charakteristikum der Menschen besonders betont: „As one may see, human beings do not live in a four-dimensional, but in a *five-dimensional* world. They locate objects of communication in accordance not only with their position in space and time, but also with their position in the speakers' own world as indicated symbolically by the sound-pattern which represents them in the speakers' language." (Elias 1989:514/5, Hervorhebung vom Autor, vgl. auch ebenda, S. 200). Elias spricht in diesem

Zusammenhang auch von dem doppelten Charakter unserer Erfahrungswelt, „as a world independent of, but including, ouselves and as a world mediated for our understanding by a web of human-made symbolic representations predeterminded by their natural constitution, which materializes only with the help of processes of social leaarning." (Elias 1989:518).

Über diese zentrale und vermittelnde Rolle von Symbolsystemen und insbesondere Sprache wird dann auch deutlich, dass das Individuum nur durch die Gesellschaft existiert, und zugleich umgekehrt die Gesellschaft nur durch die Individuen: „One becomes integrated into this universe by learning the core of a language..." (Elias 1989:189). Dies lenkt Elias' Blick nicht nur auf die Frage der „Ich-Wir-Balance", wie er es nennt (1994), sondern führt ihn auch zu der Frage, ob es sich um eine inhaltliche Notwendigkeit oder nur um eine Tradition handelt, wenn man meint, dass Denken eine individuelle Aktivität anstatt einer eher kollektiv präformierten Aktivität sei.

Die genannte Grundannahme prägt nun natürlich das Verständnis von Kommunikation, Interaktion und sozialem Handeln allgemein. Jede Art von Kommunikation gehört zur „symbolischen Praxis einer Gesellschaft" (Müller-Dohm/Neumann-Braun 1991:11) und ist dementsprechend eine Art des Umgangs mit Zeichen bzw. Symbolen, der auf Bedeutungen rekurriert. Notwendig ist dementsprechend ein Kommunikationsverständnis, das Kommunikation nicht auf das Betätigen der Autohupe verkürzt: auch das mag in manchen Fällen Kommunikation sein, weil es eine an andere gerichtete Symbolverwendung ist, aber Kommunikationskonzepte, die sich darauf beschränken, müssen als aus sozialanthropologischen Gründen zu kurz gegriffen angesehen werden.

Weiter machen natürlich nicht der materielle oder physische Träger, das Papier oder der elektrische Strom Kommunikation aus, und genau genommen auch nicht die Zeichen und Symbole oder die Tatsache von deren Transport. Vielmehr ist es die Bedeutung, die Zeichen auf Trägern, die Schrift auf dem Papier oder die Bilder und Töne auf dem Monitor oder dem Fernsehgerät, die also ganz allgemein Symbole haben und die diesen Symbolen entlockt oder zugewiesen werden muss, damit ein Kommunikationsprozess zustande kommt. Dabei kann zwischen Zeichen und Symbol unterschieden werden: „Zeichen ist alles, was u(nd, F. K.) insofern es dazu dient, etwas anzuzeigen oder kenntlich zu machen." (Ricken 1984:241). „Symbol ist ein Zeichen, das Nicht-Anschauliches in anschaulicher Weise angemessen zum Ausdruck bringt. ... Gegenüber dem Zeichen enthält das S(ymbol, F. K.) gleichsam das, was es bedeutet." (Ricken 1984:197), d.h. Symbole sind kollektiv festgelegte Zeichen, über die Bedeutungen vermittelt werden. In diesem Sinn definiert Fiske in Bezug auf Barthes: „An object becomes a symbol when it acquires through convention and use a meaning that enables it to stand for something else." (Fiske 1990:91), etwa der Rolls-

Royce, so sein anschließendes Beispiel. Andererseits ist jedoch der Unterschied zwischen Zeichen und Symbol stets nur graduell (Hall 1980, vgl. auch Krotz 1995c). Hier soll aus pragmatischen Gründen und in Anlehnung an Griswold (1991:19) zwischen Zeichen und Symbol, zwischen einfacher Denotation und komplexer Konnotation aus pragmatischen Gründen nicht weiter unterschieden werden.

Damit sind einige mit Kommunikation zusammenhängende grundlegende Probleme der Kommunikationswissenschaft angesprochen, vor allem die Frage nach der Bedeutung von Symbolen, die Frage danach, wie Kommunikation überhaupt zu Stande kommt und auch die Frage nach den möglichen individuellen und gesellschaftlichen Umgangsweisen mit Symbolen bzw. Zeichen. *Hier kann nun der Symbolische Interaktionismus weiterhelfen, der Kommunikation als Praxis am Konzept der Bedeutung festmacht und handlungstheoretisch-konstruktivistisch angelegt ist.*

Während für Norbert Elias „Bedeutung" und damit auch Praxis zu den ungeklärten Konzeptionen der Symboltheorie und Philosophie gehören (Elias 1989:201), haben sich vor allem Mead und die Symbolischen Interaktionisten mit diesem Konzept beschäftigt und ihm zentralen Rang in ihrer pragmatisch basierten Theorie zugewiesen. Danach gilt: „Für Mead ist das wahrgenommene Objekt die Summe der Aktionen des Individuums. ... Bedeutung ist also kurz gesagt Handeln durch Raum-Zeit hindurch. Der Sinn der Objekte ist identisch mit ihrem Handlungspotenzial. ... Wahrnehmung geschieht vielmehr innerhalb von Handlung als Interaktion." (Helle 1977:35/36, ohne Hervorhebung im Original).

Bedeutungen legen also Handlungs-, Denk- und Sprechweisen hinsichtlich eines Objekts fest (Blumer 1973, Lindesmith/Strauss 1983). Unter dem Konzept 'Bedeutung' ist deshalb nicht ein Zusatz, eine Art von außen hinzugefügtes 'surplus', also ein Mehrwert etwa eines Objekts oder eines Symbols zu verstehen, sondern eine Wahrnehmungs- und Umgangsweise, in der sich Objekt und Symbol überhaupt erst als eigenständige Phänomene konstituieren; Zeichen und Symbole sind also quasi verdinglichte Praxis.

Damit rückt das für den Menschen zentrale und ausdifferenzierte Symbolsystem, die Sprache, ins Blickfeld. Wissen, Sprache und Denken sind zwar in unserer Denktradition voneinander getrennte Phänomene, aber das eine kann ohne das andere nicht existieren. Dementsprechend dient Sprache nicht nur zur Kommunikation, sondern auch zum Speichern von Wissen (etwa als Erfahrungen), zur Orientierung der Menschen untereinander, aber auch als Mittel der Reflektion, also zur reflektierenden Distanz von der aktuellen Situation (Elias 1989:206). Sie ist damit ganz generell das zentrale Instrument einer alltäglichen Konstruktion von Wirklichkeit (Berger/Luckmann 1980). *Sprache ist zugleich aber auch nichts Außermenschliches, sondern erwächst aus den Praktiken der*

Menschen – allerdings auf bisher nicht rekonstruierbare und nicht rekonstruierte Weise. Sie ist eine soziale Institution, geradezu ein Prototyp einer sozialen Institution, wie Elias (1989:173) betont. Sie ist kommunikativ angelegt und „wirzentriert" (Elias 1989:503/4), und wenn man sich mit ihr beschäftigt, kann man sich gerade nicht nur auf die Perspektive des Individuums beschränken, denn Sprache richtet sich vorwiegend an andere, und sie ist überdies kollektiv entwickelt und gestaltet. Weil jeder Mensch eine ihm schon vorgegebene Sprache, seine Muttersprache eben, erlernt und verwendet, produziert er damit auch sich und die Gesellschaft.

Andererseits ist Sprache nicht nur ein Mittel, sondern auch eine Bedingung der menschlichen Existenz. Während die Fähigkeit (und die Notwendigkeit), mit Symbolen und mit Sprache zu operieren, den Menschen biologisch mitgegeben und somit speziesspezifisch ist, sind Symbolsysteme wie die Sprache gruppenspezifisch. Sprache integriert dementsprechend als Mittel der Kommunikation, aber sie differenziert und separiert im Konkreten zugleich, weil jede Sprache immer auch eigene Sprache eines abgegrenzten Kollektivs ist.

Daraus lassen sich nun einige weitere, für unser Thema relevante Überlegungen ableiten. *Zunächst ergibt sich, dass sich die Bedeutung von Sprache und Zeichensystemen und die damit verbundenen Praktiken und deren Bedeutsamkeit nicht auf Kommunikation beschränken, sondern für jedes soziale Handeln der Menschen insgesamt konstitutiv sind* – soziales Handeln als in einem wie auch immer gearteten Zusammenhang zu anderen stehendes Handeln (das im Zweifelsfall kommunizierbar sein muss) bezieht sich generell auf Bedeutungen und steht damit in unmittelbarem Zusammenhang zur Kommunikation. Dementsprechend muss sich jede Theorie, die sich mit Kommunikation beschäftigen will, mit Zeichen und Symbolen und deren Deutung auseinandersetzen. Diese Bedeutung ist Teil des kulturellen und Sinn gebenden Zusammenhangs und der ganzen darauf aufbauenden Lebensformen, die wir hier mit Kultur bezeichnen (Geertz 1991, Jenks 1993): Geertz definiert deshalb Kultur als die potenzielle Menge aller Sinnzusammenhänge.

Darüber wird der Mensch dann als Kulturwesen kenntlich: Das Konzept Kommunikation verlangt nach Klärung des Bezugs zum Konzept Kultur und kann nur in diesem Rahmen konzipiert werden, ebenso wie umgekehrt Kultur ohne dafür basale menschliche Kommunikation nicht verstanden werden kann. *Alle Dinge und alle Phänomene unserer Umgebung sind aber deshalb nicht nur sich selbst erklärende materiale Objekte, sondern eigentlich sprachlich und kulturell vom Individuum in der Gesellschaft gedeutete/interpretierte bzw. konstituierte Gegenstände.* Zu ihrer Handhabung bedient sich das Individuum der ihm zur Verfügung stehenden Deutungssysteme, die der konkreten alltäglichen und gesellschaftlichen Praxis und den Kommunikations- und Handlungsweisen entspringen.

Diese Zusammenhänge können hier nur in Ansätzen genauer elaboriert werden. Es ergibt sich aber schon daraus, dass *die Kommunikationswissenschaft, so sie ihre Aufgaben richtig erledigt, eigentlich eine oder die Grundlagenwissenschaft vom Menschen als Symbolwesen ist.* Daraus lässt sich dann wieder eine Rechtfertigung für das in dieser Arbeit behandelte Thema gewinnen: *Wenn sich die (übliche, typische) Kommunikation in Alltag und Gesellschaft durch Medien relevant verändert – und dies besagt ja gerade die hier vertretene Mediatisierungsthese –, dann hat dies auch Konsequenzen für Alltag und Gesellschaft, für Kultur und Identität der Menschen.*

Zusammenfassend lässt sich somit sagen: Die Wirklichkeit des Menschen ist immer symbolische, zeichenvermittelte Wirklichkeit. Menschen zeichnen sich durch die Fähigkeit zu symbolisch vermittelter Kommunikation aus, sie leben dementsprechend in einer Welt aus gedeuteten Symbolen, die sie als Gesellschaftswesen in ihren Interaktionen konstruieren. Weil soziales Geschehen und soziale Strukturen aus dem sozialen Handeln der Menschen und damit aus ihren Interaktionen entstehen, wird damit *das Bild einer durch und durch sozialen Welt unterstellt, die auf Kommunikation beruht, die ohne Kommunikation nicht verstanden werden kann und in der man ohne Kommunikation nicht leben kann.*

Ferner wird hier mit dem Bezug auf den Symbolischen Interaktionismus eine Handlungstheorie vertreten, nach der die Welt als kommunikativ konstruiert begriffen wird und die am spezifisch Menschlichen der Menschen und der Gesellschaft, nämlich der Kommunikation als Form symbolischer Interaktion ansetzt. In diesem basalen Verständnis treffen sich Norbert Elias und George Herbert Mead, aber auch die Cultural Studies, Habermas und viele andere.

Damit ist nun eine Reihe von grundlegenden Annahmen der Kommunikationswissenschaft formuliert, die für eine Auseinandersetzung mit dem Prozess der Mediatisierung von Bedeutung sind. Wir verfügen damit über ein erstes Instrumentarium, das im folgenden Paragraphen im Hinblick auf eine Theorie der Mediatisierung thesenartig zusammengefasst werden kann.

2.2 Allgemeine Begriffe und Prämissen

Dass Kommunikation Basis für Alltag und Identität, soziale Beziehungen, Kultur und Gesellschaft ist, ist in 2.1 begründet. Hier sollen nun die im Folgenden verwendeten Grundbegriffe in ihren wesentlichen Gehalten festgelegt und verdeutlicht werden. In diesem Absatz soll zudem herausgearbeitet werden, was das besondere an „Kommunikation" ist.

- *Soziales Handeln* lässt sich grundsätzlich im Sinne Max Webers als in Orientierung an anderen entstehendes Handeln verstehen (Weber 1978:31). Insbesondere macht soziales Handeln für die Menschen Sinn: jedes konkrete Handeln wird vom Individuum in einer ganz spezifischen Perspektive und auf der Basis einer von ihm definierten Situation entworfen und umgesetzt. Dementsprechend ist soziales Handeln mit spezifischen, also personalen und situativen Bedeutungszuweisungen verknüpft, die zugleich aber auch allgemein in Kultur und Gesellschaft wurzeln. Wir unterscheiden dabei instrumentelles soziales Handeln (wie das Umgraben eines Gartens), von auf andere Menschen bezogenem sozialem Handeln wie etwa dem Grüßen, wenn jemand einen Raum betritt (Habermas 1987). Offensichtlich sind also Tätigkeiten wie Duschen, Fernsehen oder das Bedienen einer Maschine soziale Handlungen.
- Auf andere Menschen bezogenes soziales Handeln wird allgemein auch *Interaktion* genannt. Sprechen, Gestikulieren und Telefonieren sind Formen von Interaktion, Interaktion findet aber auch dann statt, wenn zwei Menschen an der Straße aneinander vorbeigehen. Sie achten darauf, nicht aneinander zu stoßen, nehmen sich aber dennoch nicht als Individuen in ihrer sozialen Identität zur Kenntnis. Dagegen ist das Einschalten einer Waschmaschine zwar ein Fall sozialen Handelns, weil es z.b. über das Ziel der Verfügbarkeit sauberer Wäsche auf die Einhaltung spezifischer gesellschaftlicher Normen und Werte ausgerichtet ist, aber offensichtlich keine Interaktion.
- *Kommunikation* soll nun wie bei Hunzicker (1988) eine spezifische Form der Interaktion bezeichnen. Sie liegt dann vor, wenn bei Interaktionen Informationen bzw. Bedeutungen beabsichtigt übertragen und empfangen werden. Kommunikation ist an Zeichen und Symbole gebunden und findet nicht nur dann statt, wenn Menschen miteinander sprechen, sondern beispielsweise auch, wenn sie über Gesten miteinander in Kontakt treten (Mead 1973a, vgl. auch Miebach 1991)
- *Der Umgang eines Individuums mit den Medien*, also etwa Fernsehnutzung und -rezeption, ist offensichtlich ein Fall sozialen Handelns, aber einer, hinter dem spezifische kommunikative Erfahrungen, Erwartungen und Absichten stehen. Fernseh- und allgemeiner, Mediennutzung beabsichtigt in der Perspektive des Nutzers eine Einbindung in kommunikatives Geschehen und steht damit offensichtlich als Fall sozialen Handelns „zwischen" einem instrumentellen Umgang mit Dingen einerseits und kommunikativem Handeln zwischen Personen andererseits. Offensichtlich ist auch Telefonieren als *Kommunizieren mittels Medien* eine Form von Kommunikation, nicht aber das Duschen oder ein soziales Handeln in Bezug auf eine Waschmaschine oder einen Kühlschrank.

- Der Begriff Medienkommunikation wird hier dementsprechend wie schon in Kapitel 1 fortgeführt entweder als Kommunikation mittels Medien (mediatisierte oder medienvermittelte interpersonale Kommunikation, zum Beispiel Telefonieren) oder Kommunikation mit medialen Angeboten (auf Medien gerichtete oder medienbezogene Kommunikation wie Rezeption, zum Beispiel Fernsehen oder Lesen oder interaktive Kommunikation mit einem Computersystem). Einerseits sind dies in vieler Hinsicht zu unterscheidende Fälle, die aber andererseits auf anderen Ebenen durchaus auf gleiche bzw. analoge Weise behandelt werden können, wie zu sehen sein wird.

- Kommunikation findet in der hier eingenommenen Perspektive also in ihrer ursprünglichen Form zwischen Menschen statt. Basis jeder Kommunikation ist die direkte interpersonale, also die Face-to-Face-Kommunikation, die dementsprechend ja auch primär genannt wird. Weil Kommunikation zwischen Menschen entstanden ist (und Menschen umgekehrt erst durch Kommunikation entstehen), verstehen wir das unmittelbare Gespräch zwischen Menschen als grundlegende und paradigmatische Form von Kommunikation. Alle anderen Kommunikationsweisen wie etwa das Telefonieren oder die Nutzung audiovisueller standardisierter Kommunikationsangebote gehen aus dieser Grundform hervor, wie dies auch Meyrowitz (1990b) betont hat. Dies gilt sowohl historisch/individualgenetisch als auch systematisch, und nicht nur als Analogie: Nur weil der Mensch mit anderen sprechen und sie verstehen kann, kann er verstehen, was das Fernsehen vorführt und ist, was er über das Telefon hört oder was ein Roboter „sagt". Das gleiche gilt auch für die 'Kommunikation' mit intelligenten, auf Kommunikation ausgerichteten Softwareprogrammen, in der sich Abläufe realisieren, die anders als Kommunikation mit Menschen und anders als Kommunikation mit standardisierten medialen Angeboten wie einem Buch oder einer Fernsehsendung sind. Die Fähigkeit zur Kommunikation mit Menschen ist also eine notwendige, aber im allgemeinen keineswegs eine hinreiche Bedingung dafür, mit Medien kompetent umgehen zu können – im Falle der Printmedien muss man beispielsweise zunächst lesen lernen, und auch die Computernutzung in einem werblich durchstrukturierten Internet verlangt weitergehende kommunikative Kompetenzen, zum Beispiel Verbraucherkompetenz. Aber nur weil ich mit Menschen kommunizieren kann, kann ich das audiovisuelle Geschehen des Fernsehens oder die beim Lesen verbalisierten Inhalte in meinen eigenen Erfahrungsbereich einordnen. Und weil dies so ist, ist es notwendig, den Umgang mit den Medien als kollektive bzw. individuelle Ableitung von interpersonaler Kommunikation zu betrachten und zu untersuchen.

- Die Zeichen, die eine Waschmaschine erzeugt, teilen nur die Tatsache mit, dass sie eine bestimmte Tätigkeit verrichtet, dass sie spült oder schleudert, und die Bedeutung dieser Mitteilungen bezieht sich auf ihre Arbeit. Deshalb erwarten die Menschen vernünftiger Weise auch keine weitergehende kommunikative Ansprache durch ihre Waschmaschine, im Unterschied etwa zu den audiovisuellen Medien. Via Hörfunk und Fernsehen (oder via PC) werden nämlich Laute und Bilder offeriert, die ein spezifisches, prozesshaftes Kommunikationserlebnis für den Nutzer beinhalten und auch beinhalten sollen: *Medienbezogenes Handeln konkurriert prinzipiell – und dies im Gegensatz zum Umgang mit der Waschmaschine – mit kommunikativem, also auf andere Individuen gerichteten Handeln;* dabei ist diese Konkurrenz gleichartig und nicht, wie etwa beim Schlafen oder wenn sich jemand ausschließlich auf eine instrumentelle Tätigkeit konzentriert, die Kommunikation ausschließt, von verschiedener Art.

- Es ist demnach ein zentraler Programmpunkt der Kommunikationsforschung, Umgang und Gebrauch der Medien und damit Nutzung und Rezeption, aber auch Organisation und Produktion von Medien und Medienbotschaften als spezifische, vom Face-to-Face-Handeln und dem Gespräch abgeleitete Form von Kommunikation zu betrachten, also einmal in ihrer Gemeinsamkeit, zum andern in ihrem Unterschied zu kommunikativem Handeln zu untersuchen (vgl. auch Charlton 1996). Dies ist auch besonders wichtig im Hinblick auf eine Theorie der Mediatisierung, die ja gerade danach fragt, wie sich Kommunikation und damit die Konstruktion von Alltag und sozialen Beziehungen, von Kultur und Gesellschaft verändern, wenn sich die gesellschaftlich vorherrschenden Formen von Kommunikation wandeln.

- Von Bedeutung ist ferner, dass mit Kommunikation und damit auch mit *Medienkommunikation immer ein Prozess* bezeichnet ist. Dieser Prozess lässt sich nur unter erheblichen Abstraktionsverlusten wie in der Metapher von der Kommunikation als Informationstransport (vgl. Maletzke 1972, für einen Überblick McQuail 1994 sowie 2.3.1) üblich verdinglicht als Zustand betrachten.

- *Buch und Fernsehgerät, Radio, Zeitung, Comic oder der Computermonitor sind dementsprechend instrumentell einerseits Fenster zur Welt und zur gesellschaftlichen Öffentlichkeit, um die sich Familie oder Haushalt konstituieren oder vor denen das Individuum sitzt, zugleich aber auch für jeden Rezipienten die Eröffnung von anderen gesellschaftlichen, oder, vom Individuum her gesehen, Gefühls- und Gedankenwelten, mit denen sich der einzelne, allein oder mit anderen zusammen, beschäftigt und auseinandersetzt.* In in lebensweltlichen Zusammenhängen wurzelnder Interpretation, in den

Integrations- und Verarbeitungsleistungen des Individuums, wie immer sie stattfinden, konstituieren sich Medien und medial vermittelte Inhalte, also etwa Fernsehen, Programme, Genres, Sendungen und Szenen, und bei den vielfältigen Möglichkeiten der Computerkommunikation ist dies im Prinzip genauso.

Damit können wir uns nun einer genaueren Darstellung dessen zuwenden, was hier unter Kommunikation verstanden werden soll.

2.3 Grundlagen eines symbolisch-interaktionistischen Verständnisses von Kommunikation

Wer über Medienkommunikation etwas aussagen will, muss zunächst sein Verständnis von Kommunikation bestimmen. Dies gilt für die vorliegende Arbeit auch deshalb, weil Medienkommunikation als Modifikation von Kommunikation verstanden wird und wir zunächst also das nicht ganz triviale Verständnis von Kommunikation im Symbolischen Interaktionismus klären müssen. Diese Präzisierung ist hier auch deswegen notwendig, weil wir ja gerade der These nachgehen wollen, dass sich Alltag und Identität der Menschen, Kultur und Gesellschaft verändern, um herauszufinden, wie im Detail und wohin, also mit welchen Effekten das geschieht, wenn die gesellschaftliche Kommunikation verstärkt zur Medienkommunikation (je nachdem, welcher Art) wird.

Wir werden diese Beschreibung des Kommunikationsverständnisses hier aber auch nicht allzu weit ausdehnen, sondern uns auf das beschränken, was notwendig ist. Im Hinblick auf die Grundlagen des Symbolischen Interaktionismus verweisen wir auf die Publikationen von Mead (1969, 1973a, 1973b), Blumer (1973), Wilson (1973), Stryker (1976), Helle (1977), Charon (1979), Joas (1988, 1989), Miebach (1991), Burkitt (1991) und Abels (1998).

2.3.1 Exkurs: Ein Hinweis auf vier paradigmatische Kommunikationsmodelle

Bevor wir das Kommunikationsmodell des Symbolischen Interaktionismus soweit entwickeln, dass die in Teil 2 betriebene Empirie und die daraus gezogenen Schlussfolgerungen zum Thema Mediatisierung von Alltag, Identität und sozialen Beziehungen sowie von Kultur und Gesellschaft nachvollziehbar sind, sind einige Bemerkungen zum sonst üblichen Kommunikationsverständnis der Kommunikationswissenschaft hilfreich: Was versteht die (Mainstream-)Kommunikationswissenschaft unter diesem für sie zentralen Konzept? Zur Beantwortung einer derartigen Frage können bekanntlich *unterschiedliche Strategien* verfolgt werden. *Erstens* ließe sich *auf der Basis einer Analyse aller vorhandener Kommunikationsbegriffe ein besserer definieren.* Dies hat z.b. Merten (1977) versucht und die wohl umfangreichste Sammlung von definitorischen Aussagen darüber zusammengetragen. Sein Versuch freilich, aus dieser Vielfalt herauszudestillieren, was Kommunikation nun 'wirklich' ist, ist ebenso gescheitert wie ähnliche Versuche aus anderen Disziplinen, Metabegriffe endgültig auf den Punkt zu bringen - beispielsweise für Gefühle (Kleininna/Kleininna 1981) oder für die Frage, was Kultur ist (Kroeber/Kluckhohn 1952, zitiert nach Jenks 1993). Während sich dabei immerhin operationale Definitionen welchen Wertes und welcher Brauchbarkeit auch immer ergaben, kommt hingegen Merten (1977) mit seiner Begriffsanalyse zu dem Schluss, dass die existenten Definitionen von Kommunikation insgesamt nicht tauglich sind, und es gelingt ihm auch nicht, einen eigenen, besseren zu entwickeln. Eine ähnlich kritische Haltung nimmt er auch heute noch ein (Merten 1995), wenn er den Zustand der Kommunikationswissenschaft mit dem Begriff der Hypertrophie in Zusammenhang bringt[8]. Eine Begriffsanalyse auf der Basis aller vorhandenen Definitionen scheint sich von daher nicht zu empfehlen (vgl. hierzu auch Kübler 1994).

Der Versuch, Kommunikation umfassend und abschließend für alle Zeiten zu definieren, ist vermutlich generell zum Scheitern verurteilt. Dies nicht nur, weil sich auch Begriffe als Symbole wandeln (Elias 1989) und auch der Wissenschaftsbegriff von Kultur und Sprache, von Zeit und Gesellschaft abhängig ist (Kuhn 1978), sondern auch deshalb, weil es sich hier um ein Grundkonzept von Alltag, Kultur und Gesellschaft handelt, das sich sinnvoll auf ein einheitliches Konzept nicht reduzieren lässt. Daran anschließend lässt sich die hier nicht genauer diskutierte Frage stellen, ob eine ausdifferenzierte Wissenschaft überhaupt eines einheitlichen Konzepts bedarf, das ein- für allemal festlegt, was sie beschäftigen soll und was nicht – die Physiker beispielsweise können konsensuell nicht sagen, was Kraft ist, die Psychologen nicht, was Psyche und die Soziologen nicht, was "Gesellschaft" meint. In vielen Wissenschaften gibt es für Grundlagenkonzepte meist mehrere Lösungen, selbst in den Naturwissenschaften, denen sich die Sozialwissenschaften, soweit sie empirisch/analytisch auf eine messende Empirie bezogen sind, immer irgendwie unterlegen fühlen (vgl. auch Lazarsfeld 1967).

---

[8] Merten argumentiert hier von seinem Versuch aus, ein konstruktivistisch-systemtheoretisches Kommunikationsverständnis zu entwickeln (Merten u.a. 1994).

Eine zweiter Zugang zur Bestimmung des Begriffs "Kommunikation", der überdies genauer diskutiert, was eigentlich ein Begriff sein soll, könnte *von einem wissenschaftstheoretischen Standpunkt* aus erfolgen. Dabei würden sich Fragen stellen wie: Was ist überhaupt ein Begriff, welche Bedingungen muss er erfüllen, und lässt sich aus den existierenden (vor-)wissenschaftlichen Kommunikationsbegriffen einer ableiten, der diese Bedingungen erfüllt? (Vgl. hierzu etwa Seiffert 1975 sowie Kutschera 1973). Im Rahmen der analytischen Wissenschaftstheorie, die bekanntlich der quantitativen empirischen Sozial- und Kommunikationsforschung zugrunde liegt, bezieht man sich dabei explizit auf die Begriffslehre der formalen Logik (Opp 1976; 1984; Savigny 1971, Lazarsfeld 1972, Hempel 1974). Danach zielt ein Begriff darauf ab, den in Frage stehenden Sachverhalt klar zu identifizieren und zwar in seiner Abgrenzung zu allen anderen Sachverhalten (vgl. hierzu auch Krotz 1990, insb. 38ff.). „Vage umrissene Bedeutungseinheiten" (Lazarsfeld 1967:106) werden im Rahmen von Begriffsexplikationen in Dimensionen zerlegt, und zwar in Orientierung an messtheoretische Konzepte und Merkmalsräume, in die dann Wirklichkeit präzise eingeordnet werden soll (Barton 1955, Friedrichs 1973). Derartige Begriffe dienen deshalb nicht so sehr einer inhaltlichen Festlegung und genauen Beschreibung dessen, um was es geht, als der Abgrenzung und Identifikation: Der Mensch ist als federloser Zweibeiner hinreichend genau bestimmt, um ein Beispiel aus der Philosophiegeschichte zur Illustration heranzuziehen, eine differenzierte Klärung der Frage, was ein Mensch ist, ist in dieser Perspektive im Prinzip nicht erforderlich bzw. wird dann zur empirischen Aufgabe. Derartige Begriffe sind also abgrenzend, dimensional strukturiert und auf Messoperationen bezogen, insofern die daran anschließende Empirie danach fragt, ob bzw. inwiefern etwas zutrifft. Sie sind in diesem Sinn Abstraktionen, die einen Sachverhalt unter eine Perspektive fassen, also Modelle (Schwabhäuser 1971, 1972, vgl. auch Cicourel 1970).

Ein solches Vorgehen praktiziert z.B. Goertz (1995), wenn er den Begriff der Interaktivität behandelt. Er präzisiert, dimensioniert und operationalisiert sein Konzept und schafft damit ein handhabbares und überprüfbares Modell, das dann aber nicht mehr den Anspruch erheben kann, einen Grundtatbestand wie interaktive Kommunikation oder Interaktivität umfassend theoretisch zu konzeptualisieren – es leistet nur noch interne Differenzierung zwischen Interaktivitätsbegriffen. Der Begriff selbst verwandelt sich bei einem solchen Vorgehen gewissermaßen in einen mehrdimensionalen euklidischen Raum und unterwirft sich damit einer geometrischen Vorstellung, die zwar in manchen Fällen hilfreich und adäquat sein kann (Krotz 1990:39ff.). Es bleibt aber ausgesprochen unsicher, warum alle Begriffe und erst recht Grundlagenbegriffe in dieser Weise behandelt werden können und sollen – Kommunikation kann m.E. damit allein als Grundtatbestand von Kommunikationsforschung nicht angemessen konzipiert werden. Deswegen soll dieser Weg hier ausgeschlossen werden.

Ein dritter Weg, ein wissenschaftlich brauchbares Konzept von Kommunikation und Medienkommunikation zu bekommen, könnte darin bestehen, einen solchen *aus theoretischen Erwägungen mit Hilfe anderer Wissenschaften abzuleiten.* Dies ist der Versuch Luhmanns (1996), der Kommunikation bekanntlich unter systemtheoretischer Prämisse definiert. Und der so genannte radikale Konstruktivismus, wie ihn Glasersfeld (1985) mitbegründet und Schmidt (1992, 1993, 1996) aufgenommen und weiter entwickelt hat, rechtfertigt sich durch einen Rekurs auf die Biologie. Als weiteres Beispiel für ein derartiges Vorgehen kann Habermas (1987) gelten. Er beschäftigt sich mit Kommunikation im Hinblick auf sozialphilosophisch orientierte Fragestellungen und ist deswegen z.B. auf einen ganz anderen Medienbegriff festgelegt als die Kommunikationswissenschaft.

Wenn dies hier kritisch beurteilt wird, so deshalb, weil in all diesen Fällen Kommunikation als etwas erscheint, was nicht mehr in erster Linie Thema der Kommunikationswissenschaft ist. Dementsprechend ergeben sich aus einem solchen Vorgehen zwar befruchtende Perspektiven, die aber aus anderen Disziplinen und nach deren Maßgabe festlegen, was zu untersuchen ist. Um dies mit einer Analogie zu begründen: ökonomische Aspekte sind für jede Wissenschaft von der Gesellschaft wichtig, aber deshalb können Soziologen und Psychologen noch lange nicht gültig festlegen, was Ökonomie ist und was sie zu tun hat, auch wenn sie zur Ökonomie Aspekte beizusteuern vermögen, die dieser Wissenschaft gut tun.

Generell sind die bisher aufgezählten Verfahren, Kommunikation als Grundtatbestand der Gesellschaft (und der Kommunikationswissenschaft) zu konzipieren, *ungeeignet*. Sie führen letztlich dazu, dass immer weitere Kommunikationsbegriffe entstehen und elaboriert werden. Dies befruchtet auf der einen Seite zweifelsohne die Wissenschaft und trägt zu ihrer Ausdifferenzierung bei, was im Sinne Paul Feyerabends (1979) weiterführend sein mag, bewirkt aber auf der anderen Seite vermutlich auf Dauer, dass sich die Kommunikationswissenschaft auch da noch weiter in Schulen zerlegt, wo es um ihre Basis und ihr Grundverständnis geht.

Hier soll ein *vierter Weg* eingeschlagen werden, indem eine paradigmatische und zugleich wissenschaftspraktische Betrachtungsweise eingenommen und damit an den Traditionen der Kommunikationswissenschaft angeknüpft wird. Dazu beziehen wir uns auf den *Paradigmenbegriff von Kuhn* (1978) und gehen davon aus, dass jede Wissenschaft in einer bestimmten Kultur und in einer bestimmten historischen Phase endlich viele Basisvorstellungen von ihrem Kernthema hat – also die Kommunikationswissenschaft von der Kommunikation.

Diese Basisvorstellungen (bei Kuhn müssen einige weitere Bedingungen gelten, vgl. insbesondere den Anhang in Kuhn 1978) begreifen wir als *Paradigmen*. An diesen Paradigmen, so hat Kuhn gezeigt, richtet jede Wissenschaft ihre Forschung, ihre Theorien und zum Teil auch ihre Organisation aus. Das wichtigste Paradigma einer Wissenschaft hat Kuhn auch als *herrschendes Paradigma* bezeichnet. Für die Kommunikationswissenschaft lässt sich sagen, dass das *Informationstransport- oder Transmissionsmodell* (wie es etwa Maletzke (1972) definiert hat) das herrschende Paradigma begründet.

Neben dem herrschenden gibt es aber immer auch weitere Paradigmen. Kuhn hat mit historischen Analysen gezeigt, dass die Apologeten eines herrschenden Paradigmas Abweichler gelegentlich mit Feuer und Schwert verfolgen, wie dies bei Galilei und Kopernikus der Fall war. Aber eine Wissenschaft, die sich weiterentwickeln will, ist andererseits nach Kuhn (und erst recht, nach Feyerabend 1979) auf das Zusammenspiel zwischen unterschiedlichen Paradigmen und damit auch auf Minderheitenparadigmen angewiesen, von denen jedes seine eigene Perspektive auf das Feld hat.

Dies gilt erst Recht in Zeiten grundlegenderer Veränderungen, wie sie ja derzeit bei der Medienkommunikation und der Gesellschaft, in der Entwicklung zur globalen ‚Medien- bzw. Informationsgesellschaft' zu diagnostizieren sind. Gerade in solchen historischen Umbruchsituationen ist das Zusammenspiel unterschiedlicher Paradigmen gefragt und ihre gegenseitige Befruchtung hilfreich. Dementsprechend macht es Sinn, pragmatisch die verschiedenen existenten Paradigmen der Kommunikationswissenschaft zu diskutieren und nach den Besonderheiten der einzelnen Konzeptionen und nach den Beziehungen zwischen ihnen zu fragen.

Deswegen soll im Folgenden auf die wissenschaftsinternen Systematisierungen zurückgegriffen werden, die die Kommunikationswissenschaft sich erarbeitet hat und von denen sie selbst Gebrauch macht. *Ausgangspunkt müssen also die Konzeptionen von Kommunikation sein, die kommunikationswissenschaftlich relevant sind, insofern sich darum je ganze Konvolute von empirischen und theoretischen Arbeiten gruppieren.* Dies verlangt dann allerdings, dass man über detaillierte Ausführungen hinweg sieht und im Sinne Kuhns auf die wesentlichen Vorstellungen von Kommunikation rekurriert, die vielen Mitgliedern einer wissenschaftlichen Community in Abgrenzung zu anderen gemeinsam sind. Einige Kommunikationsforscher haben im Hinblick darauf Kategorienschemata, wenn auch relativ unscharfe und globale, entwickelt.

Dazu zählen McQuail (1994), Renckstorff/McQuail (1996), Jensen/Rosengren (1990)[9], Vorderer/Groeben (1992)[10], Charlton (1996) und Fiske (1990). Besonders klar differenzierend ist das Vorgehen in dem Lehrbuch von McQuail (1994), auf die ich mich im Folgenden beziehen will:

McQuail unterscheidet im Hinblick auf die existierende Kommunikationsforschung vier Gruppen, die sich an vier verschiedenen Modellen von Kommunikation orientieren (1994:49ff):

- *das Anzeige- oder Wahrnehmungsmodell von Kommunikation*, im Folgenden auch Beobachtungsmodell genannt, das oft psychologischen Untersuchungen und insbesondere der Werbungsforschung zugrunde liegt und das Kommunikation einfach als Wahrnehmung von angezeigten Reizen begreift,
- *das Transmissionsmodell oder Informationstransportmodell*, das Kommunikation als von einem Sender emittierte Information versteht,
- das *rituelle bzw. expressive Modell von Kommunikation*, nach dem Kommunikation Ausdruck der Beteiligten und zugleich ihre Teilhabe an der Gesellschaft ist,
- das *Rezeptionsmodell von Kommunikation*, das auf der Basis einer kritischer und semiotischer Betrachtungsweise Kommunikation als Interpretationsprozess des Empfängers betrachtet.

Im Hinblick auf diese Modelle ist eine wichtige Prämisse festzuhalten: Offensichtlich handelt es sich *in allen vier Fällen um spezifische Modellvorstellungen davon, was und wofür Kommunikation ist und wie sie funktioniert*, und die entsprechende Forschung längs eines solchen Paradigmas bezieht sich auf diese Modellvorstellung. Weil es sich um Modelle handelt, kann keines der Paradigmen den Anspruch erheben, Kommunikation insgesamt und ausschließlich zu konzipieren und unumstößlich wahr zu sein. Denn Modelle sind in ihrem Verhältnis zur Wirklichkeit gerade dadurch charakterisiert, dass sie nicht wahr oder falsch, sondern im Hinblick auf spezifische Perspektiven adäquat oder nicht adäquat sind[11]. Jedes Modell legt eine bestimmte Sichtweise des in Frage stehenden Sachverhaltes fest, diese ist aber ebenso wie das Modell selbst immer eine perspektivische Vereinfachung dieses Sachverhalts und mit dem Sachverhalt selbst nicht identisch oder auch nur gleich. *Jedes Modell von Kommunikation beinhaltet deshalb notwendiger Weise einerseits, dass von manchen Besonder-*

---

[9]   Vgl. hierzu auch die getrennten Argumentationen der beiden Autoren (Rosengren 1996, Jensen 1996).

[10]   Hierzu vgl. auch Groeben 1986, 1989.

[11]   Vgl. hierzu insbesondere Schwabhäuser 1971a, 1971b, aber auch Krotz 1990:59ff mit weiteren Literaturhinweisen.

heiten von Kommunikation abstrahiert wird, es rückt andererseits einzelne Besonderheiten von Kommunikation in den Vordergrund. Daraus folgt insbesondere, dass die Tauglichkeit eines Modells immer nur im Hinblick auf bestimmte Fragestellungen festgestellt werden kann und weder prinzipiell noch im konkreten empirischen Einzelfall notwendig beinhaltet, dass alle anderen Modelle falsch sind. Zwar schließt sich normalerweise jedes Mitglied einer Wissenschaftlergemeinschaft einem dieser Konzepte an – entweder prinzipiell oder faktisch in einer spezifischen Studie. Gleichwohl ist es dafür nicht zwingend notwendig, die anderen Paradigmen zurückzuweisen, wenn man die verschiedenen Arten, Kommunikation begrifflich-theoretisch zu konzipieren, als Modelle, also Abstraktionen in spezifischen Perspektiven begreift.

Sehr viel interessanter ist die Frage, wonach und unter Absehung von was innerhalb eines Paradigmas abstrahiert wird, was also im Vordergrund steht und was in den Hintergrund rückt. Denn dadurch wird festgelegt, welche Perspektive eine Forscherin oder ein Forscher auf ihr bzw. sein Forschungsfeld einnimmt, wenn sie bzw. er sich an diesem Modell orientiert. Die Wahl eines Paradigmas legt also fest, was überhaupt Thema sein kann und wie es dies sein kann. Entscheidend ist deshalb die Frage, worauf man sich einlässt, wenn man sich eines spezifischen Modells bedient und sich einem bestimmten Paradigma anschließt, und welche Konsequenzen für mögliche Ergebnisse dies hat – um dies herauszufinden, muss man sich die Voraussetzungen und Konsequenzen der einzelnen Paradigmen genauer ansehen und auch die möglichen oder tatsächlichen Relationen, die zwischen ihnen bestehen.

Dies soll an einem Beispiel kurz illustriert werden: Die Politikwissenschaft hat sich in den letzten Jahrzehnten vor allem an der Theorie formaler Systeme orientiert (Willke 1991) und eine Zeit lang hat dies zu ihrer fruchtbaren Weiterentwicklung beigetragen. Aber das Gesamt der Politikwissenschaft kann zu keinem Zeitpunkt zur Gänze auf dieses Paradigma reduziert werden, immer gab es beispielsweise auch Institutionentheoretiker oder Vertreter einer symbolischen Politikforschung (Edelmann 1976, Sarcinelli 1987), und damit rückten immer auch andere Fragestellungen in den Focus der Politikwissenschaft. Auch wenn es sich dabei nicht unbedingt um unterschiedliche Paradigmen im strengen Sinne Kuhns (1978) handelt, sondern vielleicht nur um unterschiedliche theoretische Zugänge, so macht dies Beispiel dennoch deutlich, dass sich Wissenschaft in Haupt- und in Nebenstränge differenzieren lässt, die nicht in Zusammenhang stehen müssen, wobei über ihren Wert nichts ausgesagt ist. Ebenso wie die Physik je nach Fragestellung mal vom Wellen- und mal vom Korpuskelmodell des Lichts ausgeht, haben auch andere Wissenschaften und insbesondere auch die Kommunikationswissenschaft unterschiedliche Stränge, an die angeknüpft werden kann – ohne dass jemand, der es anders macht, deswegen gleich verbrannt werden muss.

Während der kommunikationswissenschaftliche mainstream auf der Basis der analytischen Wissenschaftstheorie eine ausgesprochen scharfe, identifizierende und andere Konzepte ausschließende Begrifflichkeit präferiert, die einer messenden Sozial- und Kommunikationsforschung angemessen ist, ermöglicht es die hier eingenommene pragmatische Sichtweise, von unterschiedlichen, sich mindestens zum Teil ergänzenden Paradigmen auszugehen. Das entsprechende Begriffsmodell, mit dessen Hilfe komplexe Begriffe wie 'Kommunikation' oder 'Gesellschaft' beschrieben werden können und sollen, stammt von Hegel, der in seinem Text „Wer denkt abstrakt" (1969) eine ganz anderen Art der Begrifflichkeit postuliert und verwendet, die einem hyperkomplexen System wie der Wissenschaft angemessener zu sein scheint: Der Mörder ist, so schreibt der junge Hegel da, ein Mensch, der auch ein Mörder ist. Die Reduktion eines Menschen darauf, dass er ein Mörder ist, mag zwar die Anwendung der Todesstrafe begründen, ist aber nichts als eine Abstraktion von seiner vollen Wirklichkeit. Damit formuliert Hegel die Grundlagen einer von der analytischen Begrifflichkeit unterschiedenen Begriffskonzeption, die allerdings bis heute immer nur partiell ausgearbeitet worden ist (Bochenski 1980, Seiffert 1975)

Führt man diese Überlegungen – einen kritischen Paradigmenbegriff, das Modellkonzept, die Perspektivität von Fragestellungen und Forschungen und die Hegelsche Begrifflichkeit – zusammen, so lässt sich sagen: Kommunikation „ist" einerseits im Hinblick auf ein Konvolut von Fragestellungen „Informationstransport", daneben und in anderer, unabhängiger, möglicherweise ergänzender Perspektive aber auch Reiz und Reaktion, kulturelle Teilhabe und Produktions-/ Rezeptionsaktivität.

So gesehen lässt sich behaupten, dass jede der vier paradigmatischen Vorstellungen nach McQuail von einem bestimmten Standpunkt aus eine bestimmte Perspektive auf den Kommunikationsprozess entwirft, dass jede dieser Vorstellungen verstanden als Modell spezifische Vor- und Nachteile hat und *dass alle zusammen zwar nicht Kommunikation definieren, aber das ausmachen, was Kommunikationswissenschaft im Einzelfall unter Kommunikation versteht.* Deshalb lässt sich weiter die These aufstellen, dass jedes dieser Modelle Kommunikation in einer spezifischen Perspektive adäquat beschreibt, aber damit notwendiger Weise eben auch nur partiell gültig ist. D. h. jede dieser Definitionen von Kommunikation legt ihren Schwerpunkt auf einen Aspekt oder eine zusammengehörige Familie von Aspekten dessen, was über Kommunikation ausgesagt werden kann und lässt andere im Hintergrund. Insbesondere kann deshalb über ihre Wahrheit nicht gestritten werden, weil sie Modelle sind, und als Modelle sind sie adäquat oder nicht – und das für jeweils spezifische Fragestellungen (vgl. Krotz 1990, S. 59-78 mit zahlreichen Literaturangaben). In diesem Sinn sind die vier paradigmatischen Modelle von McQuail wie alle Modelle *Relationen zwischen dem, was sie beschreiben sollen, und der Position dessen, der sie beschrieben haben will oder beschreibt*, und ihr Zustandekommen ist von anderen, etwa gesellschaftlichen, kulturellen oder handlungspraktischen, explizit methodologisch ausgerichteten oder wissenschaftsinternen Prozessen bestimmt (vgl. Kuhn 1978). Erst zusammen – siehe das obige Hegel-Zitat – mögen die vier Perspektiven ein umfassendes, allerdings nicht notwendiger Weise vollständiges Bild von Kommunikation ergeben. Es ist hinzuzufügen, dass auch nicht gesagt ist, dass dieses „Zusammen" tatsächlich auch widerspruchsfrei und konsistent ist. Aber es ist zu erwarten, dass die Verwendung unterschiedlicher Modelle und die Einnahme daran geknüpfter Perspektiven befruchtend sein kann.

Damit können wir nun abschließend in diesem Exkurs festhalten: *Kommunikation ist ein grundlegender Prozess, in dem der Mensch sich selbst, seine Beziehungen und seinen Alltag, seine Identität, Kultur und Gesellschaft konstruiert und begreift, und diesen Kommunikationsprozess kann man in unterschiedlicher Weise konzipieren.* Die vier paradigmatischen Entwürfe werden von McQuail (1994) genauer diskutiert und in ihrer Reichweite und ihren Grundannahmen vorgestellt. Dies würde hier vom zentralen Thema „Mediatisierung" abhalten. Hier sollen deshalb nur zwei Punkte festgehalten werden: *Innerhalb der Kommunikationswissenschaft lässt sich das Modell vom Informationstransport bzw. das Transmissionsmodell als das mainstream-Modell bezeichnen, das am häufigsten unterstellt und nach dem am häufigsten geforscht wird – es ist für Europäer mehr oder weniger intuitiv klar. Deshalb werden wir im Folgenden, wenn wir das Kommunikationsverständnis des Symbolischen Interaktionismus erläutern, dies in Abgrenzung von diesem Modell tun. Zum zweiten ist zu sagen, dass sich das symbolisch-interaktionistische Kommunikationsmodell in der Unterscheidung McQuails am ehesten dem Rezeptionsmodell zurechnen ließe, aber breiter angelegt ist und nicht darauf verkürzt werden kann, wie ich im Folgenden, wenn auch eher knapp, begründen werde.*

2.3.2 Kommunikation als zugleich äußerer und innerer Prozess

Um die hier vertretene Kommunikationsvorstellung verständlich zu machen, soll also am Kontrast zum herkömmlichen Kommunikationsverständnis angesetzt werden: Am Informationstransport- oder Transmissionsmodell, das dem hier vertretenen handlungstheoretisch/konstruktivistischen Verständnis von Kommunikation gegenüber steht. Insbesondere Maletzke (1972) hat dieses Paradigma systematisch entwickelt (vgl. hierzu auch McQuail (1994) oder Noelle-Neumann et al. (1996)). Dabei soll freilich noch einmal betont werden, dass die folgenden Überlegungen nicht a priori beinhalten, dass das Informationstransportmodell falsch ist. Vielmehr sprechen wir ja gerade deswegen von *(Denk-)Modellen*, weil diese als mehr oder weniger vereinfachte Abbilder von realen sozialen Phänomenen wie Kommunikation verstanden werden müssen, die nicht wahr oder falsch, sondern je nach Fragestellung adäquat oder nicht adäquat sind.

Nach dem Transmissionsmodell (auf das ich hier nicht weiter eingehen, dass ich vielmehr etwas undifferenziert als Kontrast benutzen will) kann man bekanntlich von Kommunikation sprechen, wenn absichtlich Information vom Sender zum Empfänger transportiert wird. Diese transportierte Information ist natürlich wie jede andere Information an Zeichen oder Symbole gebunden. Im Prinzip unterscheiden sich in dieser Sichtweise Kommunikation zwischen Menschen und Medienkommunikation nur durch externe Randbedingungen, etwa durch die Art des Kanals, über den Information transportiert wird.

Natürlich weiß jeder Kommunikationsforscher, dass beispielsweise ein intensives Gespräch zwischen zwei Menschen allein mit diesem Modell nicht hinreichend beschrieben werden kann. Dennoch hat das Transmissionsmodell in seiner Abstraktheit da etwas für sich, wo es nur auf die Art des Informationstransports ankommt. Es generiert eine Betrachtungsweise, unter der man ganz unterschiedliche Kommunikationsweisen zusammenfassen und deren Gemeinsames betrachten kann – den Informationsaustausch zwischen Ameisen, Faxgeräten, Robotern und Menschen. Das Spezifische, was geschieht, wenn Menschen miteinander kommunizieren, kann das Modell von der Kommunikation als Transport von Information dagegen nicht erfassen – das Informationstransportmodell ist im Grunde ebenso reduktionistisch wie die behaviouristische Verkürzung von Handeln auf durch Reaktionen ausgelöste Reize, und es ist auch nicht prozesshaft angelegt. Damit soll natürlich nicht behauptet werden, dass Forschung in der Anwendung dieses Modells zwangsläufig behavioristisch ist, sondern nur, dass es seine Dienste für manche Zwecke leistet und für andere eben nicht.

Viele der in dem Transmissionsmodell als Modellnotwendigkeiten angelegten Beschränkungen überwindet nun, so die hier vertretene These, das Kommunikationsmodell des Symbolischen Interaktionismus, wie es George Herbert Mead (1969, 1973a) eingeführt hat und das nun genauer umrissen werden soll. Mead wählt, um sein Verständnis zu entwickeln, ganz klassisch als Ausgangspunkt eine Situation zwischen zwei Menschen, die Zeichen oder Symbole austauschen. (Wir haben dies bereits in 2.1 kurz erläutert). In seiner Sichtweise – und dies im offensichtlichen Gegensatz zum Informationstransportmodell – machen nicht diese Zeichen und Symbole, die übertragen werden, das aus, was Kommunikation ist, und auch nicht die bezeichneten Inhalte, die die Kommunikationswissenschaft so gerne also objektiv vorhanden per Inhaltsanalyse erhebt. Kommunikation entsteht vielmehr, weil die verwendeten Zeichen und Symbole für die Menschen einer Kultur und Gesellschaft spezifische Bedeutungen haben, die von den Symbolen und von den Inhalten sehr genau unterschieden werden müssen, und weil die Verwendung und Übertragung von Zeichen und Symbolen einerseits von Bedeutung geleitet ist, andererseits die Zuweisung von Bedeutung erzeugt. Nur deshalb ist Kommunikation überhaupt ein Fall sinnhaften sozialen Handelns und beinhaltet beim Zuhörer, dass dieser etwas verstehen kann. „Bedeutung" kann man also in Meads Perspektive nicht wie im Transportmodell vernachlässigen, wenn man Kommunikation untersuchen will.

Zeichen und Symbole sind dementsprechend Träger und Indikatoren für Bedeutung, aber ohne diese Bedeutung haben sie keinen Sinn, existieren also als Zeichen und Symbole, die immer verweisen, nicht. Die Bedeutung eines Gegenstandes ist dabei durch das bestimmt, was man mit diesem Gegenstand machen kann, und damit einerseits kulturell vermittelt und übersituativ – Mead nennt Zeichen, die eine solche überindividuelle Bedeutung haben, signifikante Symbole. Andererseits entstehen alle Bedeutungen in konkreten Situationen und Handlungskontexten. Bedeutung ist deshalb immer auch situativ bestimmt und wird von den beteiligten Individuen im Hinblick auf Zeichen und Symbole konstituiert.

Kommunikation entsteht also in der Perspektive des Symbolischen Interaktionismus nicht durch den vordergründigen, empirisch beobachtbaren Austausch von Zeichen und Symbolen, sondern dann und deshalb, *wenn und weil Bedeutungen mitgeteilt und verstanden oder entwickelt werden. So gesehen ist Kommunikation zwischen Menschen nicht einfach nur ein äußerer, beobachtbarer Prozess, bei dem Information in Form von Symbolen transportiert wird, nicht nur ein Ich-höre-du-sprichst-und-dann-umgekehrt-Geschehen, sondern ein zugleich innerer und äußerer Prozess, in dem alle Beteiligten auf mehrfache Weise beschäftigt sind*: Als beobachtbares äußeres Geschehen findet Kommunikation einerseits als Austausch von Symbolen zwischen den beteiligten Menschen statt. Andererseits gehört dazu unabdingbar auch das, was dabei oder in Bezug darauf in den beteiligten Menschen vorgeht, wenn sie Bedeutung zuweisen bzw. konstituieren, sprechen oder zuhören, wenn sie Bedeutung in Zeichen fassen und diese mitteilen oder Bedeutung in Bezug auf präsentierte Zeichen bestimmen. *Nur durch deren innere Aktivitäten können Sinn und Bedeutung konstruiert werden, und nur dadurch kommt Kommunikation in ihrem eigentlichen Sinn zustande, weil nicht nur der Sprecher etwas sagt, sondern auch der Hörer etwas versteht.*

Beim Empfänger lässt sich dieser innere Prozess als *Prozess des Verstehens (oder des Aneignens)* bezeichnen, was der Kommunikator wohl meint und wie man darauf antworten soll – hier findet also der von den Cultural Studies betonte

Aspekt „Texts are made by their users" seinen Platz. Aber auch der Kommunikator ist in einem Gespräch nicht nur mit dem Ausstoßen von Lauten, sondern vor allem und in erster Linie mit inneren Prozessen beteiligt. Denn er muss sich vor oder bei dem Mitteilen z.b. Gedanken darüber machen, wie er sich auf den anderen einstellt und wie er ihn dazu bringt, das Gemeinte zu verstehen – dies lässt sich als *ein kontinuierlicher antizipatorischer Prozess des sich auf den anderen Einstellens begreifen und ist ein ebenso grundlegender Beitrag zur angestrebten Verständigung wie das (rekonstruktive) Verstehen des Rezipienten.* Beide Prozesse sind gleichzeitig und wechselseitig notwendig (und finden auch ständig statt), wenn man von Kommunikation zwischen Menschen spricht.

Die damit verbundenen Aufgaben für Sprecher und Rezipient sind relativ komplex, wie wir noch sehen werden. Selbst auf den ersten Blick eindeutige Symbolfolgen wie ‚Hände hoch' gewinnen ihren Sinn nämlich erst durch den jeweiligen Kontext und verlangen von daher erst einmal so etwas wie Verstehensarbeit: sie sind unter Kindern anders gemeint als im Krieg, bei einem Banküberfall oder im Theater (und maßgeblich ist nicht nur ein isolierter Interpretationskontext, sondern das ganze Ensemble kulturell, situativ und individuell möglicher Kontexte, weil man in einem Gespräch, der Urform von Kommunikation, dem anderen eine sinnvolle Antwort geben muss, wenn man will, dass es weiter geht). *In dieser Bedeutungsproduktion kooperieren Kommunikator und Rezipient miteinander, wenn sie sich verständigen wollen.* Kommunikation zwischen Menschen ist also nicht nur die intendierte Produktion, der Transport und die Speicherung beobachtbarer Zeichen und Symbole wie bei Faxmaschinen und auch nicht nur das Verstehen des Empfängers, sondern beruht auf der gemeinsamen situativen Konstruktion von Bedeutung sowohl beim Kommunikator als auch beim Rezipienten, die sich verständigen und dazu Bedeutung aushandeln: Die Untersuchung von Kommunikation verlangt deshalb, *dass der äußere Prozess der Informationsübertragung in Zusammenhang mit dem inneren Prozess der Bedeutungskonstitution bei allen Beteiligten in Eins gedacht wird.*

2.3.3 Rahmen und Bedingungen von Kommunikation

Um die dafür notwendigen Handlungsweisen genauer beschreiben zu können, sollen nun drei wesentliche Grundbegriffe des Symbolischen Interaktionismus eingeführt und ihre Bedeutung für Kommunikation dargelegt werden.

Beginnen wir mit dem eher abstrakten Begriff der *Situation,* in der Kommunikation (und allgemeiner, Interaktion) stattfindet. Für Goffman ist Situation der „working consensus, in which the participants contribute to a definition of that situation. " (Burkitt 1991:58), also der gemeinsam gebildete Handlungsrahmen dessen, was man bespricht. Gemeint ist damit, dass sich Kommunikator und Rezipient in der Face-to-Face-Kommunikation aufeinander beziehen und *(mindestens) für den Augenblick gemeinsam einen Handlungsrahmen konstituieren, den sie als gegeben unterstellen.* Erst dieser Rahmen macht es ihnen möglich, in Bezug zueinander zu handeln bzw. zu kommunizieren, weil dadurch mögliche Kontexte bestimmt und andere ausgeschlossen sind.

,Situation' als Handlungsrahmen ist dementsprechend keine objektive, von außen messbare Entität, sondern einfach ein Konzept dafür, dass sich die Kommunizierenden in ihrem sozialen, kulturell eingebetteten Handeln aufeinander beziehen und wie und unter welchen Bedingungen sie dies tun. Sie gehen im Allgemeinen beispielsweise von gemeinsamen raum-zeitlichen Vorstellungen aus und unterstellen soziale Handlungsbedingungen und -regeln, wie etwa, dass man sich grüßt, in welcher Sprache man dies tut, worüber Kommunikation gehen kann (wie man sich leicht überlegt, ist nicht immer alles möglich) usw.. Im Konzept der Situation drückt sich auch aus, dass es sich bei Interaktion und Kommunikation *nicht um ein bloßes Beisammensein der Beteiligten handelt, sondern dass sie sich für den Moment in einer gemeinsam konstituierten symbolischen Struktur und Umgebung befinden, die ihre Kommunikation erst ermöglicht.*

Andererseits ist die Definition der Situation – das besagt schon das berühmte Thomas-Theorem (Thomas/Thomas 1973) – relevant für die Kommunikation, insofern s*ie einen wesentlichen sozialen Kontext für die Produktion von Bedeutung und damit die Interpretation von Symbolen und daraus zusammengesetzten Texten ausmacht.* Wenn mir mein Chef in seinem Zimmer zuwinkt, bedeutet diese Geste etwas anderes als wenn mir meine Kinder zuwinken, wenn ich aus dem Haus gehe, und ich gehe anders damit um. Der Ort, an dem Kommunikation stattfindet, die Zeit, die sozialen Umstände, die äußerlichen Bedingungen, die wichtig sind (im Schützengraben vs. im Cafe) und auch die Einigkeit darüber, was im Moment nicht relevant und kein Teil der Situation, allenfalls vielleicht dem Horizont des entfernt Möglichen zuzurechnen ist, der die Situation begrenzt – dies ist wichtig dafür, wie ein Kommunikat konstruiert und wie es verstanden wird. Es lassen sich leicht Beispiele dafür finden, wie die gleiche Geste oder der gleiche Satz ganz unterschiedliche Bedeutungen tragen können (vgl. hierzu auch Fritz 1991).

Wir wollen hier nun den in der Theorie des Symbolischen Interaktionismus mit „Situation" eng verbundenen Begriff der *Rolle* behandeln: In jeder Situation sind die beteiligten Individuen präsent, aber nie ganz, in allen ihren Facetten, mit ihren gesamten Biographien und Identitäten. Sie *treten vielmehr in Rollen auf, und sie interagieren und kommunizieren in Rollen:* Ich spreche oder verstehe als Chef oder Arbeitnehmer, als Vater oder Mann, als Fußballfan oder Kunstliebhaber und nie an sich oder so, ,wie die Dinge wirklich sind': nie bin ich mit allem, was ich bin, war und sein werde, mit meinem vollständigen Wesen, meiner Biographie und allen meinen Relevanzen, Werten und Orientierungen universell und gleichzeitig präsent, nie werde ich so umfassend wahrgenommen und nie nehme ich andere so umfassend wahr, sondern immer in dem, wofür Ralph Linton (1974) den Begriff der Rolle aus dem Theater entliehen hat und wofür auch der Begriff der Handlungsrolle verwendet wird (Krotz 1992)[12].

Es ist ein *beliebtes Missverständnis, Rollen als etwas zu verstehen, das gespielt wird und hinter dem sich der wahre Mensch verbirgt.* Dies ist jedenfalls nicht die Position des Symbolischen Interaktionismus. Denn Rollen ermöglichen ein Auftreten in als szenisch gedachten Situationen, und ohne sie geht es nicht, weil es ohne sie keine Bezugnahme der Menschen aufeinander gibt. Man kann also gar nicht ohne Rollen sozial handeln und auch keine Erfahrungen machen – sie sind an Rollen gebunden. Und jedes Ich setzt sich deshalb durch die Verarbeitungsprozesse des Individuums aus den von ihm eingenommenen Rollen und den darin gemachten Erfahrungen zusammen.

Ohne Rolle wäre ein Individuum an einer Situation deshalb also nicht handlungsfähig beteiligt. ‚Rolle' bezeichnet deshalb eigentlich zunächst einfach nur, als was das Individuum in einer Situation auftritt und wie es in situativer Beziehung zu anderen in deren Rollen steht: „indem ich die Rolle des anderen definiere, nehme ich selbst eine Rolle an" (Schütz 1971:21). Jede einzelne Rolle ist ebenso an konkrete Situationen gebunden wie jede Erfahrung an spezifische Rollen. Und wenn ich frühere Erfahrungen wieder beleben will, aktiviere ich auch spezifische, mit diesen Erfahrungen verbundene Rollen. Dementsprechend ist es auch von Bedeutung für einen Menschen, über welche soziale Rollen er verfügt – *das Set aller einer Person vertrauten und zur Verfügung stehenden Rollen, die Fähigkeit, sie intern als Zugänge zu spezifischen Vorstellungswelten zu managen und in der eigenen Person zu integrieren, und die Art, sie situationsadäquat zu modifizieren und einzunehmen und dabei kreativ zu gestalten, hängen deshalb eng mit kommunikativer Kompetenz zusammen.* Kommunikation, Bedeutungskonstruktion und die Konstitution von Wirklichkeit setzen deshalb Situations- und Rollenhandeln voraus.

Der Begriff der Rolle steht nun weiter in engen Zusammenhang zu einem dritten zentralen Begriff, nämlich zu dem der *Perspektivität jedes Wahrnehmens, Interagierens, Kommunizierens, Erlebens und Handelns*: „A perspektive is an ordered view of one's world – what is taken for granted about the attributes of various objects, events, and human nature. It is an order of things remembered and expected as well as things actually perceived, an organized conception of what is plausible and what is possible: it constitutes the matrix through which

---

[12]   Vgl. hierzu insbesondere auch Lindesmith/Strauss (1983) sowie Burkitt (1991)..

one perceives his environment." (Shibutani 1955:564). Ebenso also, wie ein Individuum nie als ganzes in einer Situation präsent ist, sondern in einer Rolle auftritt, ebenso *nimmt kein Individuum etwas so wahr, ,wie es ist'.* Vielmehr hat man immer einen Standpunkt in einer Situation, eine Perspektive auf den aktuellen Sachverhalt, um den es geht: „Handeln ist immer perspektivgebunden, durch Interesse und Antrieb motiviert, ..." (Rapp 1973:65). Norbert Elias spricht deshalb auch vom „perspektivischen Charakter aller menschlichen Beziehungen" (1993:136).

Perspektive ist also in einer konkreten Situation eine an eine Rolle gebundene strukturierte Wahrnehmung und somit die situative Organisation der individuellen Betrachtungsweise von etwas. In dem Begriff der Perspektivität ist noch mehr angelegt: weil Menschen perspektivisch und damit differenziert wahrnehmen und unterschiedliche Standpunkte einnehmen, müssen sie überhaupt kommunizieren. Dies soll hier aber nicht weiter vertieft werden.

Vielmehr wollen wir bis dahin zusammenfassen: Kommunikation ist eine komplexe Form menschlichen Handelns, die ohne kulturelle und gesellschaftliche Kontexte nicht vorstellbar ist, und dementsprechend nicht einfach nur den Transport von Informationen bezeichnet. Kommunikation beinhaltet, dass die Beteiligten miteinander kommunizieren wollen, dass sie sich auf einen gemeinsamen Handlungsrahmen, also auf eine Definition der Situation einigen und dass sie sich in ihren Rollen und ihren Perspektiven in dieser Situation aufeinander beziehen – erst auf dieser Basis sind die Konstitution von Bedeutung und damit Kommunikation und Verständigung unter Menschen möglich.

Von außen kann Kommunikation dabei nur beobachtet werden, insoweit es um den Transport von Informationen geht. Aber eigentlich entsteht Kommunikation erst auf der Basis der beiderseitigen Absicht der Beteiligten und durch deren Versuch zu einer Verständigung, die als gemeinsame Konstitution von Bedeutung verstanden werden muss – und diese Bedeutung bezieht sich auf die Zeichen und Symbole, die beobachtbar übermittelt worden sind, aber nicht nur darauf. Bedeutung entsteht insbesondere im Aushandeln in Form begleitender innerer Prozesse bei Sender und Empfänger, den bei Kommunikation beteiligten Personen, und drückt sich vor allem in der Fortentwicklung der Kommunikation aus. Alle an der Kommunikation Beteiligten müssen sich vor allem damit beschäftigen, wer der andere ist und wie er die Situation definiert – der Kommunikator, um seine Botschaft abzustimmen, der Rezipient, um herauszufinden, was der andere wohl meint, und beide, um festzulegen, welchen Sinn das Geschehen für ihn selbst und den je anderen wohl macht und wie man angemessen weiter damit verfährt. Gemeinsame Basis für die damit notwendige individuelle, aber zugleich kulturell und überindividuell gerahmte Konstitution von Bedeutungen und deren Austausch, also für Verständigung, sind also insbesondere gemeinsam geteilte kulturelle und soziale Bezüge, in denen die Menschen sozial handeln. Verstehen beinhaltet deshalb nicht einfach nur, dass man hört, was andere sagen, sondern meint einen wesentlich komplexeren Prozess.

2.3.4 Übertragung von Bedeutung: Imaginativer Rollentausch und innerer Dialog

Auf der Basis der bisherigen Überlegungen kann man nun genau angeben, wie der Austausch von Bedeutungen als zugleich äußerer und innerer Prozess der beteiligten Individuen funktioniert. Wir können nämlich unter Verwendung der Begriffe Situation, Rolle und Perspektivität beschreiben, wie sich miteinander kommunizierende Menschen aufeinander einstellen und wie Wahrnehmung und Informationstransport, wie Verstehen und Bedeutungskonstitution zusammenhängen.

Zentraler ‚Mechanismus' von Kommunikation ist der *Prozess der wechselseitigen Perspektivverschränkung bzw. des imaginativen Rollentauschs.* Dies hört sich kompliziert an, meint aber etwas Einfaches: Jeder Mensch muss beim Kommunizieren nicht nur die eigene Rolle darstellen, sondern immer wieder auch in seiner Vorstellung die Rolle des anderen übernehmen. Denn was der andere eigentlich meint, verstehe ich nicht so sehr, wenn ich ihn mit seinen Kommunikaten von außen höre und sehe, sondern ich verstehe es vor allem, wenn ich mit meiner Vorstellungskraft, meinen Erfahrungen und meinem Einfühlungsvermögen versuche, die Dinge in seiner Perspektive zu sehen und seine Kommunikate in dieser Perspektive zu rekonstruieren. Erst dadurch, dass ich seine situations- und rollenbezogenen Handlungs- und Kommunikationskontexte berücksichtige, werden mir der Grund seines Handelns und die Absicht und Bedeutung seiner Aussagen und Symbolproduktionen klar. *Das heißt, ich verstehe den anderen, wenn ich imaginativ das zu mir sage, was er zu mir sagt – in seiner Perspektive und von seiner Rolle aus, in die ich mich imaginativ einfühle.* Wenn jemand ‚Hände hoch' sagt, so muss ich die Situation gewissermaßen mit seinen Augen sehen, um zu verstehen, ob es sich um Scherz oder Ernst handelt und wer gemeint ist. Denn sehen oder hören kann man nur Zeichen und Symbole, es geht aber um das, was gemeint ist, und das kann man immer nur erschließen.

Für diese imaginative Rollenübernahme, mit der ich erst etwas verstehen kann, gibt es natürlich eine Reihe empirischer Evidenzen. Beispielsweise sprechen viele Leute, wenn sie etwas besonders Wichtiges hören, die Schlüsselsätze nach, um sich die ganze Tragweite dessen klar zu machen, was ihnen da zur Kenntnis gebracht wurde. Und manche Leute lesen laut – auch sie wiederholen ein Kommunikat, das an sie gerichtet ist, indem sie es sich selbst in der Perspektive des anderen mitteilen – sie versuchen es so leichter oder besser zu verstehen. Genau dieses Übernehmen und die damit verbundene Rekonstruktion der Bedeutungszuweisungen des anderen ist mit imaginativem Rollentausch gemeint, der bei Kindern in ihrem Spiel bekanntlich oft explizit, aber bei Erwachsenen meist nur in der Vorstellung stattfindet.

Wichtig ist die dahinter stehende *Annahme, dass ich den anderen in seiner Rolle nur verstehen kann, weil ich sie im Prinzip aus vergleichbaren Situationen kenne.* Diese Annahme schließt an die allgemeine Reziprozitätsthese von Alfred Schütz (1971) an: Weil mir die Position des anderen grundsätzlich vertraut ist und ich sie so oder so ähnlich schon selbst einmal eingenommen habe, kann ich mich selbst imaginativ in der aktuellen Situation in seine Rolle hineinbegeben und sein kommunikatives Handeln rekonstruieren. Damit übernehme ich quasi in meiner Vorstellung, versetzt mit meiner Erinnerung, den Standpunkt des anderen, erlebe und deute die Situation in seiner Sichtweise, wie ich sie kenne, sehe mich auch selbst in meiner Präsenz durch die Augen des anderen und kann dann im Prinzip, wenn auch keineswegs immer „richtig" oder im Detail verstehen, was konkret mit einem Kommunikat, mit einem Symbol oder einer Geste gemeint ist. Dass sich dabei auch Fehler ergeben können, ist offensichtlich.

Genauer kehre ich mit dieser Einsicht, die ich in der Perspektive des anderen gewonnen habe, in meine Rolle zurück und kann dann die Wahrnehmung, die Interessen und die Intentionen der anderen mit meiner eigenen Wahrnehmung, meinen eigenen Interessen und Intentionen konfrontieren: Es entsteht so aus diesen beiden Perspektiven ein *innerer Dialog im Menschen*, in dem dieser aus den unterschiedlichen Perspektiven eine beide Seiten berücksichtigende Strategie dafür entwickelt, wie die Kommunikation in der aktuellen Situation weiter verlaufen soll: „Wir können zu uns selbst sprechen, und wir tun dies auf dem inneren Forum, welches wir Denken nennen. ... Unser Denken ist ein Selbstgespräch, in welchem wir uns selbst gegenüber die Rollen ganz bestimmter Personen einnehmen, die wir kennen. Gewöhnlich aber unterhalten wir uns mit dem von mir so genannten 'generalisierten Anderen' und gelangen so auf die Ebene abstrakten Denkens und zu jener Unpersönlichkeit, die wir als so genannte Objektivität so besonders schätzen." (Mead 1969:95).

Dass Kommunikation ohne solche inneren Dialoge nicht stattfinden kann, ist innerhalb der Kommunikationswissenschaft nichts Neues. Michael Charlton und Klaus Neumann-Braun haben derartige innere Dialoge in ihren Studien mit hermeneutischen Methoden ans Licht geholt (Charlton/Neumann 1988, 1990). Michael Charlton (1996, 1997) hat auch versucht, die empirisch feststellbare Existenz dieses inneren Dialogs in einen umfassenderen handlungstheoretischen Ansatz einzubauen. Und Herta Sturm (1989) hat diesen inneren Dialog als Voraussetzung für Verstehen und Verarbeiten im Fallen von Medienkommunikation bekanntlich experimentell nachzuweisen versucht.

Wir haben diese inneren Dialog hier nicht aus psychoanalytischen oder sonstigen Überlegungen theoretisch hergeleitet, sondern mit kommunikativen Notwendigkeiten begründet – man muss zwischen übernommener Rolle und eigener Rolle einen inneren Dialog führen, um Verständigung herzustellen, denn nur dann wird man in einer konkreten Situation zwischen den vorhandenen Perspektiven in Verfolgung der eigenen Pläne und Interessen handlungsfähig (wobei wir auf die tiefergehende Frage hier nicht eingehen wollen, inwieweit es einer bestimmten psychischen Struktur bedarf, um kommunizieren zu können). Jedenfalls lässt sich sagen, dass dieser innere Dialog in die Frage mündet, wie man in der Kommunikation am besten fortfährt. Dies markiert den Punkt, wo in einem Gespräch ein Rezipient zum Kommunikator werden kann. Auch diese Frage wird in diesem inneren Dialog bearbeitet und entschieden. Dabei ist dieser Prozess auch mit Probeentwürfen verbunden, die man als Kommunikator gedanklich herstellt und dann in der Rolle des anderen auf ihre Geglücktheit prüft und bewertet, bevor er sie umsetzt – wie das im einzelnen funktioniert, soll hier nicht mehr im Detail dargestellt werden.

Wir wollen die gewonnenen Einsichten jetzt vielmehr im nächsten Kapitel auf den Sonderfall der Medienkommunikation anwenden und fassen dazu zunächst wieder zusammen: Kommunikate sind externer Ausdruck eines inneren, deutenden, aber auch kreativen und konstruktiven, eines zugleich sozial bezogen, kulturell eingebetteten und intentional gerichteten Prozesses, in den eigene Absichten, vorhergehende Erfahrungen und andere Einflüsse eingehen. Kommunikate sollen verstanden werden, was verlangt, dass sich nicht nur der Rezipient auf den Kommunikator, sondern auch der Kommunikator auf den Rezipienten einstellt. *Kommunikation – paradigmatisch: ein Gespräch – ist demnach eine Verkettung von kommunikativen Akten, die eine externe, beobachtbare Seite haben, weil dabei nämlich Symbole übermittelt werden. In Bezug auf diese wird durch begleitende innere Prozesse Bedeutung erzeugt, und erst dadurch kommt Kommunikation in ihrem eigentlichen Sinne zustande.* Wir hatten hier auf die imaginative Rollenübernahme, auf den inneren Dialog zur Selbstverständigung in verschiedenen Rollen, die Auswertung und Planung weiterer Handlungs- und Interaktionsschritte und auf das mit der Planung verbundene imaginative Probehandeln hingewiesen, um die vermutliche Reaktion der anderen zu antizipieren.

Soweit die Grundvorstellung, wie Kommunikation in der Perspektive des Symbolischen Interaktionismus konzipiert ist. Auf viele weitergehende Fragen nach basalen Konzepten von symbolisch-interaktionistisch verstandener Kommunikation, insbesondere der Identitätskonstruktion kann hier nicht eingegangen werden (vgl. auch Krotz 1992, 1999, 2002). Die Frage ist hier vielmehr, wie sich dieser Kommunikationsprozess für Medienkommunikation, verstanden als Modifikation von Face-to-Face-Kommunikation begreifen lässt. Dies ist deshalb das Thema von Kapitel 3. Vorher ist es allerdings notwendig, einige Ergänzungen zu diesem bis hierher dargestellten, handlungstheoretisch-konstruktivistischen, subjektbezogenen und auf den Symbolischen Interaktionismus gestützten Kommunikationsverständnis anzubringen, die am Kommunikationsverständnis der Cultural Studies ansetzen.

2.4 Zur Differenz und Gemeinsamkeit kulturwissenschaftlicher Ansätze: Symbolischer Interaktionismus und Cultural Studies

Wir machen hier einige einführende Bemerkungen zu den Cultural Studies, verweisen auf grundlegende und weiterführende Literatur dazu und konzentrieren uns dann darauf zu begründen, warum die bisher eingenommene Perspektive sich als komplementär zu den Vorstellungen der Cultural Studies ansehen lässt. Damit soll insbesondere zum Ausdruck gebracht werden, dass der ursprünglich mikrosoziologisch entwickelte Ansatz des Symbolischen Interaktionismus nicht auf mikrosoziologische Aspekte beschränkt bleiben muss, sondern erweitert werden kann.

2.4.1 Einige grundlegende Bemerkungen zu den Cultural Studies

Zu den wichtigsten Bezugspunkten der Cultural Studies gehören der Literaturtheoretiker Richard Hoggart, der sich auf eher introspektive Weise mit Mediennutzung beschäftigt hat, der Sozialhistoriker E.P.Thompson, dessen "The Making of the English Working Class" auch in der deutschen Soziologie (Thompson 1987) rezipiert worden ist, und vor allem der Kulturtheoretiker Raymond Williams. Zu dessen wichtigsten Werken ist „Culture and Society" (1958) zu rechnen, er hat sich später intensiv mit dem Fernsehen beschäftigt. Dabei hat Williams beispielsweise den – sehr vorausschauenden – Begriff des „Television flow" als eines der zentralen Merkmale von Fernsehen geprägt (1974) und das Serielle als charakteristische Form dieses Mediums beschrieben, ohne zu unterschlagen, dass es serielle Medienangebote auch schon vorher gegeben hat.

Alle drei 'Väter' sind keine kanonisierten Heilige der Cultural Studies, die das Fundament einer eigenständigen und spezifischen Wissenschaft gelegt haben und nun exegetisch interpretiert werden. Auf das Fragmentarische und zum Teil Unsystematische ihrer Arbeiten hat beispielsweise Jenks (1993) hingewiesen. Gleichwohl stehen alle drei Autoren aber für eine gemeinsame Tendenz, nämlich den noch vor wenigen Jahrzehnten als häretisch angesehenen Versuch, dem im orthodoxen Marxismus verloren gegangenen Konzept von Kultur zu dem ihm angemessenen Platz zu verhelfen. Eine wesentliche Rolle für die Ausprägungen zumindest der britischen Cultural Studies spielen somit sozial-semiotische und kritisch-marxistische Grundlagen. Weitere Bezugs- und Auseinandersetzungspunkte für die Theorieentwicklung waren das Werk von Althusser und die französische Psychoanalyse, insbesondere in der Version von Jacques Lacan, die feministische Kritik an der Literaturanalyse und der Feminismus überhaupt, gelegentlich auch die Kritische Theorie der Frankfurter Schule. Aus Sicht der Soziologie handelt es sich in der Anfangszeit der Cultural Studies also um eine marxistisch fundierte Kultursoziologie.

Kultur, in der angelegt ist, wie Alltag gestaltet wird, definiert Real (1989) in Bezug auf Williams *als aufeinander bezogenes Ganzes von verfügbaren Beschreibungen, durch die für eine Gesellschaft Sinn bereitgestellt wird und durch die gemeinsame Erfahrungen reflektiert werden können.* Den Cultural Studies geht es dann um die Erforschung der Beziehungen zwischen den Elementen von Kultur und deren Wandel. Real weist darauf hin, dass dabei auch ein Bezug zu den Arbeiten Max Webers bestehe, dessen Begriff der Kulturwissenschaft aber hier zum Begriff der Cultural Studies abgemildert sei, um der Assoziation an den „behaviouristischen Szientismus" zu entgehen.

Eine wesentliche Rolle bei der Begründung der Cultural Studies als Schule kommt Stuart Hall zu, der das der Universität Birmingham angeschlossene Centre for Contemporary Cultural Studies und die dortige Media Group gegründet bzw. geleitet hat und heute an der renommierten Britischen Open University lehrt. Dort haben die britischen Cultural Studies in den siebziger Jahren ihren institutionellen Ausgangspunkt genommen, und zwar in einer Forschungstradition, die sich auf die Frage nach gesellschaftlicher Macht konzentriert hat (vgl. Hodge/Kress 1989, Jenks 1993:152ff., Morley 1992).

In Deutschland finden sich Verbindungen der Cultural Studies zur Volkskunde, insbesondere zu dem Kreis um den mittlerweile emeritierten Tübinger Kulturwissenschaftler Hermann Bausinger, der sich mit der Einbettung der Medien in den Alltag beschäftigt hat (Bausinger 1984, 1994, Rogge/Jensen 1986, Seiter et.al. 1989) . Neuere empirische und theoretische Arbeiten liegen mit Göttlich (1996), Hepp (1998), Hepp und Winter (1997), Mikos (1994) sowie Winter (1995) vor. Ferner gibt es einen Komplex von aufeinander bezogenen Untersuchungen von Jugendkulturen (z.B. Wetzstein et al. 1995, Vogelgesang 1991, 1996), die an die Studien von Willis in Birmingham anknüpfen (vgl. hierzu Göttlich/Winter 1999 sowie Lutter/Reisenleitner 1998). Ein recht selektiver Abriss über die Rezeption der Cultural Studies in Deutschland findet sich bei Mikos (1997), einige Anmerkungen machen Göttlich/Winter (1999), und einen – strittigen – Überblick geben Jäckel/Peters (1997). Sehr informativ dagegen sind die zahlreichen übersetzten Dokumente in dem Reader von Bromley et al. (1999). Der Ansatz ist zudem in Deutschland und vor allem In Österreich von Seiten der Genderforschung intensiv rezipiert worden (Lutter/Reisenleitner 1998, Angerer 1994, Angerer/Dorer 1994).

Die Kommunikationstheorie der Cultural Studies kommt also von der Textseite her, Aussagen über die Rezeption wurden ursprünglich davon abgeleitet (vgl. Moores 1990; 1993). Immerhin gab es innerhalb der Cultural Studies in den sechziger Jahren, vor allem gestützt auf die französische psychoanalytische Filmtheorie und die Theorie Lacans, eine Debatte über die Nutzungsweisen von Filmen. Folgt man Moores (1993), so war es eines der wesentlichen Ziele dieser frühen Diskussion, Hegemonie und deren Auswirkungen aufzuspüren. Diese wurde vor allem in den Produkten aus Hollywood gefunden: Kritisiert wurden in dieser Tradition stehende Filme, weil sie in Intention und Machart darauf abzielten, den Zuschauer und die Zuschauerin in der Rezeption zur Gänze zu vereinnahmen und ihn bruchlos in eine Traumwelt hineinziehen. Daraus ergab sich dann insbesondere die nicht sehr tiefgehende These, dass moderne Filme mit vielen Brüchen weniger ideologisch waren. Moores nennt jedenfalls das, was in dieser Debatte vom Leser übrig blieb, eine Reduktion auf eine Menge von "textually inscribed 'subject positions'." (1993:6).

Auf dieser Stufe sind die Cultural Studies nicht stehen geblieben. Sie lassen sich heute als kultursoziologischer, kritischer und semiotisch basierter Ansatz begreifen, der in seiner britischen Ausprägung eher theoretisch fundiert, in der amerikanischen eher pragmatisch und integrativ orientiert ist (vgl. Krotz 1992b; 1995c). Historisch und logisch geht dieser Ansatz dabei von der Priorität der Gesellschaft und der Sprache und dementsprechend vom Text und seiner Produktion aus. Seit Ende der 80er Jahre wurden dann die Leserin und der Leser als gleichberechtigte Akteure eingeführt (Moores 1993), der Ansatz entwickelte sich im Rahmen der 'interpretativen bzw. linguistischen Wende' der Sozialwissenschaften von einem ‚approach' (vgl. noch Morley 1996, Krotz 1996b) zu einem umfassenden theoretischen Ansatz. Dabei ist aber immer zu berücksichtigen, dass die Cultural Studies nicht nur kulturelle Phänomene behandeln, sondern immer auch eine explizite Gesellschaftstheorie mitdenken: Gesellschaft wird als durch Kommunikation konstruiert und zusammengebunden begriffen, und zwar als Ganzheit, die durch tiefgehende (Interessens-)Konflikte und Widersprüche auf der Basis problematischer Verteilungen von Macht geprägt ist (Real 1989, Carey 1989). Deshalb begreifen wir diesen Ansatz hier als einen strukturorientierten Ansatz (vgl. hierzu auch Krotz 1998d).

2.4.2 Zur Komplementarität der Cultural Studies und des Symbolischen Interaktionismus

Bisher wurde in der vorliegenden Arbeit vor allem auf der Basis des Symbolischen Interaktionismus eine situationsbezogene, handlungsorientierte Theorie des Mediengebrauchs und der Medien in Kultur und Gesellschaft entwickelt und dem, wenn auch nur knapp, das strukturelle Kommunikationsverständnis der Cultural Studies gegenübergestellt. In dem vorliegenden Kapitel und auf der Basis der in 2.4.1 gemachten Anmerkungen zu den Cultural Studies soll nun ebenso knapp verdeutlicht werden, dass der handlungsorientierte, situativ-prozedurale Ansatz des Symbolischen Interaktionismus und das strukturorientierte Kommunikationsverständnis der Cultural Studies mit der Berücksichtigung des Individuums als sozial positioniertes Subjekt in seiner Gesellschaft und seiner Kultur als komplementär verstanden werden können.

Beide Ansätze, der handlungs- wie der strukturorientierte Ansatz, beziehen sich auf ein gleichartiges Grundverständnis, insofern beide die Bedeutungskonstruktion durch die Menschen als konstitutiv ansehen. Sie ergänzen sich zudem, insofern sie einerseits Sprechen als situatives Handeln und andererseits die Verwendung von Sprache als Aktualisierung von sozialer und kultureller Struktur in den Mittelpunkt ihres Kommunikationsverständnisses und ihrer Analyse stellen. *Jeder der beiden kulturwissenschaftlichen Ansätze geht deshalb im Prinzip Fragen nach und entwickelt Einsichten, die auf der Basis dieser fundamentalen Gemeinsamkeit auch für den je anderen Ansatz interessant und von Bedeutung sind.*

Beide Ansätze gründen also in den gleichen Grundannahmen, entwickeln aber unterschiedliche und oft komplementäre Sichtweisen. Die an die Cultural Studies angelehnte strukturorientierte Sichtweise betrachtet die RezipientInnen als sozial positionierte Subjekte. Individuelle Interpretationskontexte lassen sich in dieser Perspektive als gesellschaftliche Diskurse begreifen, die aus den kulturellen und gesellschaftlichen Lebensbedingungen und Machtkonstellationen entstehen und dem Individuum als strukturell vorgegeben erscheinen. Im Vordergrund stehen gesellschaftsstrukturelle Bedingungen, beschrieben wird die Mediennutzung des sozialen Subjekts im Schnittpunkt gesellschaftlicher Diskurse. Es ist über die Medien in dieses Netz von Gesellschaft konstituierenden Diskursen eingebunden und bedient sich umgekehrt im ihm zur Verfügung stehenden Rahmen seiner Alltagsbewältigung und deren struktureller Schwierigkeiten der Medien.

Vom Individuum konstruierte Bedeutungen sind damit primär von ihrem Bezug auf Kultur und Gesellschaft bzw. die soziale Lage des Individuums gekennzeichnet und deshalb vor allem situationsübergreifend bestimmt und auch so zu erklären und zu rekonstruieren. Individualität als persönliche Identität und als Integration von Erfahrung findet in dieser Perspektive vor allem im Rahmen der sozialen Lage und der erworbenen biographischen Besonderheiten statt. In der Konsequenz geraten situative Bedingungen nicht oder nur zufällig in den Blick der Cultural Studies, sie sind systematisch gesehen sekundär. Das gleiche gilt für das dem Handeln von Menschen immer innewohnende Moment an Kreativität und Spontaneität.

Die situativ-prozedurale Sichtweise von Medienkommunikation, als die sich die Medien- und Kommunikationstheorie des Symbolischen Interaktionismus bezeichnen lässt, begreift demgegenüber die RezipientInnen primär als situativ handelnde Individuen, die immer auch damit beschäftigt sind, ihre Identität in der Präsentation gegenüber den anderen und sich selbst gegenüber zu konstituieren und weiterzuentwickeln und darüber aktiv die Welt zu rekonstruieren. Dabei wird jedes medienbezogene Interagieren und Kommunizieren als aus Face-to-Face-Situationen hervorgegangen verstanden. Rezeptions- und allgemeiner, Handlungs- und Interpretationskontexte sind in dieser Sichtweise vor allem durch die individuelle Definition der konkreten Situation bestimmt, in der die (gesellschaftlichen) Individuen ihre symbolische Umwelt in Bezug auf die anderen beteiligten Individuen konstruieren. Diese Definition von situativer Wirklichkeit beruht auf kulturellen und gesamtgesellschaftlichen Prämissen, insofern jede Perspektive auf einen Sachverhalt sich als Zuordnung zu einer spezifischen gesellschaftlichen Gruppe oder Subkultur begreifen lässt, wobei aber auch individuelle Erfahrungen und deren Verarbeitung eingehen.

Diese Zuordnung determiniert das Verstehen aber nicht allein. Vielmehr spielen weitere situativ fassbare Bedingungen sowie aktuelle soziale Beziehungen, Emotionen, mediale Kontexte und weiteres eine Rolle. In dieser Perspektive ist also die jeweilige strukturelle Position des Individuums in der Gesellschaft zwar relevant, aber dadurch allein sind Kommunikation und Interaktion keineswegs determiniert oder auch nur entscheidend geprägt.

Die beiden Forschungsansätze betonen also einmal den Menschen als sozial positioniertes Subjekt in der Gesellschaft, andererseits als soziales Individuum, das vor allem mit seiner Identität beschäftigt ist, die es aktiv, situativ und in kommunikativem Bezug konstruiert. Hinter dem einen Ansatz steht die These einer permanent stattfindenden gesellschaftlichen Selbstbeschreibung und Reproduktion von Kultur und Gesellschaft und damit von Macht und Hegemonie. Hinter dem anderen steht die These einer individuellen integrativen und kreativen Interpretation ganz unterschiedlicher Situationen und Erfahrungen mit dem Ziel der Herstellung und Entwicklung von Identität. Oder umgekehrt: Lassen sich die Cultural Studies als strukturalistisch und kognitivistisch verkürzt kritisieren, so kann man dem Symbolischen Interaktionismus vorhalten, er ignoriere die gesamtgesellschaftlichen (Macht-)strukturen und überbetone das Situative. Während der eine Ansatz also die Konstanz der Gesellschaft und der Kultur und deren Bedeutung betont, setzt der andere an der Konstanz des Individuums und seiner Identität und deren Bedeutung an. Die Frage nach einer Verbindung der beiden Ansätze muss also beantworten, wie sozial positioniertes Subjekt und individuell konstituierte, situativ präsentierte Identität zusammenhängen. Damit ist auch die Frage nach einer Vermittlung von Mikro- und Makrosoziologie gestellt, die trotz vielfältiger und breit angelegter Versuche bisher nicht recht geglückt ist – dies kann hier auch nur als Anspruch formuliert werden.

In jedem Fall müssen diese beiden Ansätze genauer auf Kompatibilität geprüft werden. In ihrem aktuellen Handeln benutzen die Individuen die vorgegebenen Kategorien der Gesellschaft, insofern sie immer auch Macht akzeptieren, Ideologie rekonstruieren und präformierte Diskurse aufrechterhalten. Aber was ist das kulturell Organisierte von Identität, die auf situativen, aber auch habitualisierten Handlungen und Deutungen beruht? Und welche Bedeutung hat das Situative in der alltäglichen Reproduktion gesellschaftlicher Macht und Ideologie? Es soll nicht verschwiegen werden, dass es Lücken und Divergenzen gibt, die in der unterschiedlichen Fundierung beider Ansätze liegen. Ein wesentlicher Unterschied liegt beispielsweise darin, dass die Cultural Studies in ihrer engen Bindung an die strukturell orientierte Semiotik die prinzipielle Kreativität und Offenheit menschlichen Handelns nicht in der gleichen Weise berücksichtigen wie der Symbolische Interaktionismus. Aus der Sicht des Symbolischen Interaktionismus lassen sich dagegen erhebliche Probleme und Inkompatibilitäten mit dem Symbol- und Zeichenbegriff der Semiotik, auf den sich die Cultural Studies beziehen (vgl. hierzu MacCannell 1986; Harman 1986; Denzin 1987; 1992) konstatieren. Harman gelangt in seiner Analyse jedenfalls zu dem Schluss, dass die im Symbolischen Interaktionismus unterstellte Aktivität und Kreativität des Individuums in der Semiotik (gewissermaßen trotz des wissenschaftsgeschichtlich belegten Zusammenhangs zwischen Peirce und Mead) nicht angemessen berücksichtigt werden kann und das Menschenbild der Semiotik dafür keinen entsprechenden Platz hat (Harman 1986). Welchen Anspruch die Semiotik tatsächlich erhebt, ist, soweit dies von außen zu sehen ist, auch innerhalb dieser Disziplin strittig (vgl. auch Denzin 1987). Umgekehrt hatten wir die im Theoriegebäude des Symbolischen Interaktionismus fehlende Berücksichtigung der gesellschaftlichen Universalie ‚Macht‘ bereits angesprochen.

Für eine weitergehende Integration ist langfristig die Anstrengung der wissenschaftlichen Community insgesamt notwendig. Dass ein solches Bemühen ergiebig wäre, steht m. E. angesichts des oben skizzierten Kommunikationsbegriffs des Symbolischen Interaktionismus außer Frage. Die Frage ist freilich auch, wie genau eine Integration möglich und notwendig ist, ohne in Dogmatik zu verfallen. Die soziale Realität und die sie erzeugende Vielfalt menschlicher

Kommunikation übersteigt letztlich an Komplexität das, was eine in sich geschlossene Theorie konsistent erfassen kann. Und – die Entwicklung des historischen Materialismus von einer kritischen zu einer affirmativen Theorie des 'real existierenden Sozialismus' hat dies gezeigt – wenn eine Theorie einen zu großen Erklärungsanspruch erhebt, wird sie dogmatisch und starr. Der Mensch ist sowohl gesellschaftliches Subjekt als auch interpretierendes, aktives, kreatives Individuum.

Für die theoriegeleitete Integration der hier ausgeführten handlungs- und der strukturorientierten Sichtweise von Medienkommunikation lässt sich vermutlich in kommunikationswissenschaftlicher Perspektive der Ansatz Norbert Elias' heranziehen. Mit seiner Arbeit lässt sich die These begründen, dass dieser Gegensatz keiner der Dinge, sondern einer der Perspektive auf Kommunikation ist: Deshalb könnte sie ein wichtiger Integrationspunkt weiterführender theoretischer Arbeiten sein.

3 Medienkommunikation als Modifikation von Kommunikation, Typen von Kommunikation und der Bedeutungswandel mediatisierter Kommunikation

In diesem Kapitel wird nun auf Basis des Kommunikationsverständnisses des Symbolischen Interaktionismus Medienkommunikation als Modifikation von Kommunikation behandelt. In dieser Perspektive stellt sich die Entwicklung der Medien und der Kommunikation als zusammenhängender Mediatisierungsprozess dar, der in unterschiedlichen Phasen verläuft und dessen Komponenten sich zusammen denken und systematisieren lassen. In diesem Rahmen werden wir uns in 3.1 zunächst genauer mit einem angemessenen Medienbegriff auseinander setzen und damit die sich immer weiter ausdifferenzierenden Kommunikationsformen umreißen. Dies führt uns dann in 3.2 dazu, den Metaprozess der Mediatisierung als fortschreitende Entgrenzung der Einzelmedien und eines Zusammenwachsens zu einem integrierten Kommunikationsnetz zu beschreiben, das sich über Alltag und Gesellschaft legt. In 3.3 werden wir darauf bezogen den Bedeutungszuwachs mediatisierter Kommunikation in verschiedenen Perspektiven diskutieren – hier wird eine Reihe von Überlegungen vorweggenommen, die wir dann später in einzelnen Teilstudien sowie in darauf bezogenen theoretischen Überlegungen genauer behandeln werden. Abschnitt 3.4 wird dann weiter aufzeigen, dass diese Entwicklungen gleichzeitig Alltag der Menschen und Medienkommunikation miteinander vernetzen. Im abschließenden Teilkapitel 3.5 werden dann schließlich die wichtigsten Thesen zusammengefasst.

3.1 Zum Verhältnis von Kommunikation und Medienkommunikation: Neue Typen von Kommunikation

In der in Kapitel 2 vertretenen Perspektive ist es also Ausgangspunkt der Kommunikationswissenschaft, dass der Mensch ein kommunizierendes, in einer symbolischen Umgebung lebendes Wesen ist. Er ist biologisch für komplexe Kommunikation gerüstet, aber auch auf sie angewiesen. Er ist das Wesen, das als einziges in dieser Differenziertheit kommuniziert und darüber sich selbst in seiner individuellen Besonderheit wie als Mitglied von Kultur und Gesellschaft konstituiert. Nach der biologischen Vorgeschichte beginnt die Geschichte der Menschheit deshalb mit der Sprache, die wir von der Perspektive der Mediatisierung aus nicht als Medium, sondern als fundamentales, den Menschen in seiner Art konstituierendes und kollektiv hergestelltes Ausdrucks- und Reflektionsmittel verstehen, über das sich der Mensch definiert und generiert. Sie „vermittelt" nichts, sie ist vielmehr ein unabdingbares Instrument kreativen, reflexiven und sinnbezogenen Handelns. Grundlage jeder Kommunikation ist damit das interpersonale Gespräch auf der einen Seite, die per Gesten vermittelten Kommunikation auf der anderen. (Kommunikations-)Medien erweitern und modifizieren dann sogleich diese Basisformen von Kommunikation – deswegen nennen wir unsere Wissenschaft Kommunikations- und Medienwissenschaft.

In diesem Kapitel geht es nun im Anschluss daran darum, auf der Basis dieses Verständnisses von Kommunikation den Begriff der Mediatisierung weiter zu diskutieren und insbesondere exemplarisch deutlich zu machen, dass sich mit Hilfe dieses Konzepts aus dem derzeitig zu beobachtenden Mediatisierungsschub relevante Konsequenzen für das Zusammenleben der Menschen ableiten und theoretisch fassen lassen. Dies wird dann auf einer empirischen Basis das Thema von Teil II dieses Buches sein. Hier soll dies eher auf Evidenzbasis und unter Einbezug von Sichtweisen des Symbolischen Interaktionismus sowie der Cultural Studies geschehen, soweit möglich. Dabei konzentrieren wir uns hier auf Sachverhalte, die an den alltäglichen Erfahrungen der Menschen anknüpfen.

Ansatzpunkt dafür ist es, Medienkommunikation als eine Form der Kommunikation zu betrachten, genauer, als eine modifizierte Form von Face-to-Face-Kommunikation. Dies ergibt sich, wie bereits in Kapitel 1 argumentiert, daraus, *dass die Menschen in der Kommunikation mit und mittels Medien auf ihre Face-to-Face-Kommunikationserfahrungen zurückgreifen müssen, wobei sie aber wissen, dass es sich bei Medienkommunikation nicht um Face-to-Face-Kommunikation handelt.*

Wichtig ist dieses Verständnis von Medienkommunikation insbesondere aus folgendem Grund: Wenn man Medienkommunikation als Modifikation zwischenmenschlicher Face-to-Face-Kommunikation betrachtet, gilt grundsätzlich, *dass jede Medienkommunikation, soweit Menschen daran beteiligt sind, ebenso wie Face-to-Face-Kommunikation in Situationen und Rollen der Teilnehmer stattfindet, dass jedes Verstehen auf imaginativen Rollen- und Perspektivübernahmen beruht und dass jede Medienkommunikation von einem inneren Dialog begleitet ist, wenn etwas gesagt oder verstanden wird.* Insbesondere ist damit Medienkommunikation eine Form symbolisch bezogenen Handelns und eine Modifikation von Interaktion. Dieser Ausgangspunkt gründet in den Annahmen des Symbolischen Interaktionismus, wie sie in Kapitel 2 entfaltet wurden. Neben *dieser fundamentalen Gemeinsamkeit aller Arten von Kommunikation* finden sich dann natürlich vielfältige Unterschiede, die auf den unterschiedlichen Bedingungen der verschiedenen Kommunikationstypen beruhen – Kommunikation mit dem Radio funktioniert anders als die mit einem computergesteuerten Hund und beide sind verschieden von der Kommunikation von Menschen per Brief miteinander, aber auch vom Fernsehen oder Bücherlesen. Diese Besonderheiten müssen geklärt werden, wenn man Medienkommunikation verstehen will, aber ebenso auch die übergreifenden Gemeinsamkeiten.

Dementsprechend geht es nun darum, die bereits in Kapitel 1 kurz eingeführte Typologie von Kommunikationsformen auszuführen und zu rechtfertigen. Dazu werden wir zunächst den hier vertretenen Medienbegriff skizzieren und dann deutlich machen, wie sich das paradigmatische Kommunizieren im Gespräch zwischen Menschen verändert, wenn dabei Medien zu Hilfe genommen werden.

Einen einheitlichen Medienbegriff der Kommunikationswissenschaft gibt es nicht. Man kann aber aus theoretischer Perspektive vier Argumentationsweisen voneinander unterscheiden – innerhalb jeder dieser Positionen gibt es dann natürlich eine Vielzahl von Ausprägungen:

- Meist wird von einer eher naiven Position aus gesagt, man beschäftige sich mit diesem oder jenem Medium. Diese Position ist naiv, weil die Art des Mediums damit als bekannt vorausgesetzt wird. Deshalb muss man sagen, dass eine erste Gruppe von Medientheorien eigentlich eine Vielfalt von Einzelmedientheorien ist – etwa die, die einfach mit einer Aufzählung beginnen, welche Medien es gibt. Sie haben ihren Schwerpunkt darin, dass sie es ermöglichen, einzelne Medien wie Fernsehen oder Buch voneinander zu unterscheiden und dann genauer zu untersuchen.
- In der zweiten Gruppe finden sich Medientheorien, die einen allgemeinen Medienbegriff unterstellen und dann dessen Konsequenzen herausarbeiten – ein Beispiel ist der Ansatz McLuhans (1964, vgl. auch Krotz 2001), der seinen Medienbegriff nicht weiter rechtfertigt, sondern ganz allgemein definiert, dass unter einem Medium all das verstanden werden müsse, was zwischen Mensch und Umwelt sei: Buch und Fernsehen, aber auch Werkzeuge, Waffen oder Kleidungsstücke. In einer derartigen Theorie hat die Erfindung neuer Medien dann manchmal große Konsequenzen für Kultur und Gesellschaft, über die man sich Gedanken machen muss.
- Als dritte Gruppe finden sich Medientheorien, die wie die Kulturindustrietheorie (Horkheimer/Adorno 1971) vor dem Hintergrund großer Basistheorien entstanden sind – marxistische und systemtheoretische Medienvorstellungen sind weitere Beisiele dafür. Sie leiten die Bedeutung von Medien von diesen allgemeiner angelegten Theorien ab.

- Als vierte Gruppe schließlich lassen sich neuere Medientheorien zusammenfassen, die die zunehmende Bedeutung der digitalen Medien wie PC und Internet berücksichtigen und die wie beispielsweise die Medientheorie Paul Virilios (vgl. Krotz 2001 mit genaueren Hinweisen) auf die Zukunft der Menschheit gerichtet sind. Sie räumen den Medien eine große Rolle ein und orientieren sich im Allgemeinen an Kultur- und Gesellschaftstheorien, die sie zum Teil aufgreifen, zum Teil entwickeln, bleiben aber offener als der oben genannte dritte Typus.

Medien bilden heute einen ausgesprochen dynamischen Kern einer sich rapide entwickelnden Kultur. Der Erfolg der digitalen Medien beginnt deshalb auch im Bereich der Medientheorien Spuren zu hinterlassen. Nach der Diskussion, inwiefern das Internet als Medium begriffen werden kann, steht heute die Beobachtung im Mittelpunkt, *dass die digitalen Medien aufgrund ihrer Verbundenheit mit der Universalmaschine Computer und ihrer Vernetzung alle anderen Medien simulieren können. Dabei sorgt die Umstellung auf die digitale Repräsentation von Daten dafür, dass die „alten" Medien über diese Simulation zusammenwachsen, und, dass neue medial vermittele Formen von Kommunikation entstehen, die von den Menschen zunehmend auch genutzt werden.*

Damit kommt den Medien eine sehr viel bedeutsamere Rolle zu als bisher, wie es z. B. im Begriff der Medien-, Informations- oder Wissensgesellschaft ja auch mitgedacht ist. War es eine implizite Rechtfertigung von Einzelmedientheorien, dass jedes Medium eine Sinnprovinz im Alltag der Menschen bildete, die mit spezifischen Nutzungszeiten, -orten und sozialen Beziehungen verknüpft war, so wirft die Digitalisierung verstärkt die Frage nach einer zusammenhängenden Medientheorie auf: Das Telefon war vom Radio ebenso unabhängig wie das Fernsehen vom Briefe schreiben, während all dies heute zusammenwächst. Eine darauf Bezug nehmende Medientheorie fehlt der Kommunikations- und Medienwissenschaft jedoch, jedenfalls, soweit es um sozialwissenschaftliche und empirisch validierte Theorien geht. Andererseits rücken damit auch neue Fragen in den Vordergrund, etwa dadurch, dass die Medien dazu beitragen, dass sich die Lebensbereiche der Menschen immer mehr verändern. Deshalb werden Medientheorien mit Individualisierungs-, Globalisierungs- und Ökonomisierungsprozessen verbunden, oder es entstehen Mediatisierungstheorien, die vor allem die medial induzierten Veränderungen von Alltag und sozialen Beziehungen der Menschen beschreiben.

Wir wollen uns hier auf eine kulturorientiert-handlungsbezogenen Medientheorie konzentrieren, die *im Sinne des Metaprozesses der Mediatisierung die Entwicklung der Medien und der Kommunikation als evolutionären, zugleich in dialektischen Stufen stattfindenden Prozess der Ausdifferenzierung von Kommu-*

nikation begreift. Wie in Kapitel 2 erläutert, muss eine derartige Theorie an der Basistheorie Semiotik anknüpfen. Danach ist der Mensch ein Wesen, das sich in einem symbolischen Universum bewegt, in dem Medien eine wichtige Rolle spielen. Weil so die menschliche Sprache zum zentralen Charakteristikum des Menschen wird, muss die Semiotik als Wissenschaft der Zeichen herangezogen werden, um das symbolisch bezogene Handeln, das Kommunizieren und das Erleben der Menschen beschreiben, rekonstruieren und so verstehen zu können. Medien können dann als gesellschaftliche Institutionen betrachtet werden, die einerseits Zeichenfolgen inszenieren und verteilen und die dabei kulturellen und gesellschaftlichen Einflüssen unterliegen, andererseits auf der Ebene der Rezeption und des Verstehens als Erlebnisräume dienen. Hier lassen sich Cultural Studies und Symbolischer Interaktionismus, aber auch philosophische Ansätze wie die von Ernst Cassirer oder Susan Langer verorten. Allerdings wird so den einzelnen Medien nur wenig Aufmerksamkeit geschenkt, es geht vielmehr um die Art der Diskurse, in denen Medien Verwendung finden, und um die Art, wie die Medien Aufmerksamkeit erregen, wie die Menschen sie sich aneignen und was sie damit machen (vgl. zum Beispiel Thwaites/Davis/Mules 2002).

Von daher müssen *Medien* zugleich auf drei Ebenen charakterisiert werden, wie es das folgende Schaubild erläutert:

Abbildung 1: Medien

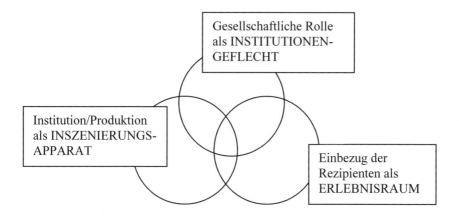

Jede Kommunikation benötigt ein hergestelltes Kommunikat, für das die Medien einen technischen, kulturellen und sozialen Inszenierungsapparat bilden, wo bei dieser Inszenierungsapparat institutionell für die Produktion sorgt. Medien sind zweitens für Nutzer ein technisch bestimmter, kultureller und sozialer Erlebnisraum, über den die Rezipienten einbezogen werden. Schließlich sind Medien Teil eines Institutionengeflechts, das für erwartungsgemäßen Betrieb garantiert: Sendeanstalten oder Sendeunternehmen sowie Regulierungsinstanzen im Falle etwa des Fernsehens, Postbetreiber und Gesetze, die den Umgang mit Briefen schützen und überwachen, oder Hersteller von Medien wie etwa Tamagotchis, die für seine Funktionsweise garantieren.

Wenn wir nun davon ausgehen, dass jede Medienkommunikation von Face-to-Face-Kommunikation abgeleitet ist, und wenn wir weiter davon ausgehen, dass Kommunikation das Verstehen von Kommunikaten als Grundfunktion verlangt, macht es Sinn, nach dem jeweiligen kommunikativen Gegenüber zu differenzieren. Medien dienen dann

- der Kommunikation mit anderen Menschen, die aber räumlich, zeitlich oder sonst nicht Face-to-Face präsent sind: Briefe, Chat oder Telefon sind hier Beispiele,
- der Kommunikation mit Kommunikaten, mit übermittelten Texten, die gehört, gelesen, gesehen oder sonst wie wahrgenommen werden, unabhängig davon, wer das Kommunikat erstellt hat, wird es rezipiert und wie auch immer verstanden: Beispiele dafür sind Fernsehen, Lesen, Internet Sites ansehen, Radio hören,
- der Kommunikation mit interaktiven Systemen, die keine Menschen sind, aber auch nicht nur Kommunikate oder Texte präsentieren. Beispiele dafür sind GPS-Systeme, Roboter oder Figuren wie „Lara Croft".

Medienkommunikation zerfällt heute also in drei Typen, nach denen man dann auch die Medien typologisieren kann: Kommunikation mittels Medien, Kommunikation mit standardisierten, allgemein adressierten Kommunikaten – also Produktion und Rezeption medialer Angebote – und Kommunikation von Menschen mit Hard-/Software-Systemen.

- Medien ermöglichen erstens das „Gespräch" zwischen zwei Menschen, wenn sie zeitlich, räumlich oder gelegentlich auch sozial getrennt sind, indem sie es vermitteln: Telefon, Brief oder Chat im Internet sind hier typische Beispiele. Die erste allgemeine Modifikation von Kommunikation durch Medien ist deshalb interpersonale medienvermittelte Kommunikation, also *Kommunikation zwischen Menschen mittels Medien.* Dabei handelt es sich um interpersonale Kommunikation – ähnlich wie Face-to-Face, aber eben unter anderen Bedingungen. Sie kann etwa asynchron stattfinden wie mit Briefen, technisch vermittelt sein wie beim Telefon bzw. nur auf bestimmten Wahrnehmungskanälen ablaufen wie bei einem Internet-Chat. Sozial bedeutsam ist auch, dass Kommunikation mittels Medien je nach Medium in unterschiedlicher Weise und in unterschiedlichem Ausmaß von den Teilnehmern kontrolliert werden kann – so kann man sich am Telefon leichter als eine andere Person ausgeben als im Face-to-Face-Kontakt, und in einem verschriftlichten Internet-Chat oder beim Schreiben von Briefen noch leichter – dann kann man bekanntlich beispielsweise auch die Geschlechterrolle wechseln, was am Telefon nicht so einfach möglich ist.

Im Falle von Kommunikation mittels Medien spielen im Vergleich zur Face-to-Face-Kommunikation vor allem die eventuelle Asynchronizität und die reduzierten Wahrnehmungskanäle eine Rolle. Hinzu kommt, dass sich die gemeinsame Situation in ihrem raum-zeitlichen Arrangement komplizierter gestaltet, aber natürlich auf der Basis einer gemeinsamen Definition durchaus besteht. Die Konsequenzen dieser Besonderheiten für soziale Beziehungen und für alle auf Kommunikation beruhenden sozialen Phänomene sind für die ‚alten' Medien bisher kaum untersucht worden (eine Ausnahme bilden beispielsweise die Arbeiten von Joachim Höflich, z.B. 1995, 1997).

- Medien können zweitens dazu dienen, Gespräche zwischen Menschen anders zu organisieren, nämlich dann, wenn die Rolle des Kommunikators und die Rolle des Rezipienten institutionalisiert voneinander getrennt und nicht mehr innerhalb der gleichen Situation potenziell abwechselnd ausgeübt werden. Anders ausgedrückt, gehen hier die Gleichwertigkeit von Kommunikator und Rezipient verloren, weil die Kommunikation nicht mehr reziprok stattfindet – deshalb ist der Kommunikator selbst für den Vollzug von Kommunikation nicht mehr wichtig, rezipiert wird nur noch das Kommunikat: Der Institution Fernsehen steht der als Fernsehnutzer typisierte Rezipient gegenüber, der sich durch die Angebote zappt, aber sonst nichts „zu sagen" hat. Ein Buch kann man lesen oder nicht, man kann sich auf selbst gewählten, aber dennoch vorgegebenen Pfaden durch eine Website im Internet klicken, man kann eine CD aufnehmen, ein Buch schreiben. Kommunikation wird in allen diesen Fällen einseitig betrieben, besteht einerseits in Produktion und Angebot, andererseits in der Rezeption der vorgefertigten, allgemein adressierten Angebote, ist also *Kommunikation mit unveränderbaren Medien(produkten) oder, wie wir dies in Teil II genauer begründen werden, mit allgemein adressierten, standardisierten Kommunikaten.* Dies entspricht dem, was die Kommunikationswissenschaft früher als „Massenkommunikation" untersucht hat, ein Begriff, der heute massiv in Irre führt, wie wir in Kapitel 6 sehen werden: nicht das, was dabei geschieht, verschwindet, aber der Begriff erweist sich als nicht mehr sinnvoll.

▪ Der Medienwandel, der uns heute beschäftigt, hat die Anzahl der Medien vergrößert, über die wir die beiden genannten Formen von Kommunikation betreiben, und sie auch auf neue Weise verschachtelt und integriert. Der Medienwandel hat darüber hinaus aber auch drittens eine neue, weitere Form von Kommunikation ins Leben gerufen: die so genannte *interaktive Kommunikation*. Sie ist weder einseitige Rezeption vorgefertigter, durch Antworten nicht veränderbarer Angebote, noch mediatisierte Kommunikation zwischen zwei direkt beteiligten Menschen. Interaktive Kommunikation nimmt stattdessen von beidem etwas auf: Sie findet zwischen Mensch und Maschine statt und ist eine Simulation eines wechselseitig geführten Gesprächs zwischen zwei Menschen, deren Verlauf im Detail nicht vorgegeben ist. Wenn man sich den Weg von GPS-Systemen erklären lässt, das Tamagotchi oder den Roboterhund AIBO erzieht oder ein Computerspiel spielt, kommuniziert man interaktiv. Diese Art von Kommunikation eines Menschen mit einem Hardware-/Software-System ist etwas Neues, das uns durch die „intelligenten" Maschinen oder Systeme, die Computer, die digitale Daten verarbeiten können, zur Verfügung steht. Welche Bedeutung das Potenzial interaktiver Kommunikation langfristig haben wird, können wir allerdings heute nur ahnen – und deshalb auch nicht sagen, was „Mediengesellschaft" wirklich sein wird.

Wir wollen diesen dritten, neuen Kommunikationstyp hier gleich noch etwas genauer darstellen. Prototypen dafür sind komplexe Simulationsspiele (wie SimCity oder Civilization), aber auch personalisierte Formen wie Avatare, also Computerprogramme, die einen Menschen oder ein menschenähnliches Wesen simulieren, wie sie in diversen Online-Computerspielen und Internet-Treffpunkten, die einer synchronen Kommunikation zwischen Personen gewidmet sind, immer wieder auftauchen. Interpersonale Kommunikation findet per definitionem zwischen Menschen statt, eine Beschäftigung mit „intelligenter" Software bzw. „intelligenten" Systemen ist dagegen ein Fall der Mensch-Maschine-Kommunikation. Sie unterscheidet sich aber von der bisher üblichen und möglichen Mensch-Maschine-Kommunikation wie dem Radiohören oder Fernsehen, bei der man zwar zwischen verschiedenen Angeboten wählen kann, dann aber dem vorgegebenen, allgemein adressierten Angebot, also dem standardisierten Medienkommunikat bis zur nächsten Wahl folgen muss. „Intelligente" Software im hier verwendeten Sinn dagegen hängt nicht nur auf der Interpretationsebene, sondern auch in ihrem Ablauf etwa auf dem Bildschirm von den Entscheidungen des Nutzers ab.

Während es bei E-Mail und Telefon also um mediatisierte ‚Gespräche' mit anderen Menschen, während es bei Radio- und Fernsehnutzung um die Rezeption allgemein adressierter, standardisierter Kommunikate geht, *lässt sich dieser neue, interaktiv genannte Kommunikationstyp als gerahmte Kommunikation betrachten – gerahmt, weil die Produzenten ohne Kenntnis eventueller Aktionen von Nutzern einen Rahmen dafür vorgegeben haben müssen[13]:* Ihr Ablauf ist im Detail nicht festgelegt. Sie hat im Gegensatz zum Buch oder Radiosendung auch keinen eindeutig festgelegten und von der Nutzung unabhängigen Inhalt mehr, den man scheinbar objektiv definieren kann. Deshalb stellt sie ja auch Inhaltsanalytiker, die etwas über einen Inhalt ‚an sich' aussagen wollen, vor Probleme. Denn jeder eigentliche Inhalt entsteht bei dieser Kommunikationsart erst durch einen Nutzer, der einzelne Ebenen des Programms aktiviert, die vorher nur als Potenzial da waren. Dadurch hängt der genaue Ablauf und damit der konkrete ‚Inhalt' von Mensch *und* Maschine ab – sie gestalten ihre Kommunikation miteinander sozusagen gemeinsam.

Gleichwohl setzt aber das Hardware-/Software-Computersystem – man denke an ein interaktives Spiel – Grenzen für das, was möglich ist. Zum Beispiel bleibt die Demokratie bei dem Spiel SimCity, bei dem der Spieler eine Stadt aufbaut, verwaltet und führt, rein formal, weil kein wirklicher Machtwechsel stattfinden kann, der das Spiel nicht beendet. Deshalb kann man sagen, dass sich auch diese neue Mensch-Maschine-Kommunikation von interpersonaler Kommunikation dadurch unterscheidet (und auch auf Dauer unterscheiden wird), *dass die Software nicht so viele kommunikative Freiheitsgrade und Gestaltungsdimensionen zulässt, wie sie bei der Kommunikation zwischen zwei Menschen mit ihrem im Prinzip unbeschränkten Kreativitätspotenzial bestehen, dass aber zur bisher möglichen Mensch-Maschine-Kommunikation wie beim Radio oder Fernsehen eine neuer, interaktiv genannter Kommunikationstypus möglich geworden is. Er ist dadurch gekennzeichnet, dass die Inhalte von Kommunikation nicht mehr im Detail vorab festgelegt sind, sondern nur als Potenzial und Rahmen vorhanden sind und im Realisierungsfall vom „Rezipienten" zusammen mit dem Hardware-/Softwaresystem gestaltend realisiert werden müssen.*

Die aufgeführten drei Typen von Medienkommunikation oder mediatisierten Kommunikationsweisen müssen in ihrer Art, ihrer Bedeutung und ihren Auswirkungen getrennt voneinander untersucht werden. Auf der Basis dieser Unterscheidung ist dementsprechend Teil II dieses Buches aufgebaut, insofern dort je mehrere Fallstudien zu jedem dieser Kommunikationstypen vorgestellt werden. Wir wollen aber bereits hier erwähnen, dass diese drei mediatisierten Kommunika-

---

[13]   Vgl. hierzu auch Kapitel 4; man muss im Blick behalten, dass der hier verwendete Rahmenbegriff sich von dem von Höflich (1996) unterscheidet.

tionsweisen keineswegs immer getrennt auftreten müssen, sondern sehr oft vermischt werden.

Abschließend zu diesem Abschnitt wollen wir auf Basis des in Kapitel 2 beschriebenen Kommunikationsverständnisses dieses Kapitels eine *These formulieren: Nicht nur das Internet, das Handy und andere Medien, die im Rahmen der heute stattfindenden Mediatisierung in Kultur und Gesellschaft wichtig werden, sind von Bedeutung, sondern auch das Entstehen dieses neuen Kommunikationstypus sowie das immer häufiger und verketteter stattfindende Ineinandergreifen dieser drei Typen mediatisierter Kommunikation. Wegen all dieser Veränderungen muss man von einem grundlegenden Bedeutungswandel von Kommunikation und Medien heute ausgehen. Dies ist damit ein wesentlicher Teil einer theoretischen Ausformulierung von „Mediatisierung".*

3.2 Mediatisierung als Entgrenzung und Integration

In diesem Abschnitt werden wir nun eine Ausprägung des heutigen Metaprozesses Mediatisierung als Entgrenzung und Integration beschreiben. Dabei zielen wir auf zwei Thesen ab: *Einmal werden die einzelnen Medien durch die heutigen Entwicklungen in mindestens drei Ebenen von ihren bisherigen technischen, sozialen und kulturellen Einschränkungen entgrenzt. Und zum anderen wachsen die Medien und die damit vorhandenen Kommunikationspotenziale zu einem großen, computervermittelten Kommunikationsraum zusammen.*

Dieser *Entgrenzungsprozess findet zugleich in räumlicher, zeitlicher, sozialer und sinnbezogener Weise statt*: Traditionell ist jedes einzelne Medium an übliche und ‚normale' Zeitphasen, an spezifische Orte, spezifische soziale Zwecke und soziale Bedingungen, insgesamt an festgelegte Situationen und klar abgegrenzte Kontexte und Sinnzusammenhänge gebunden gewesen, für die es seine Inhalte produzierte und in denen es genutzt wurde. Damit waren Medien räumlich, zeitlich und sozial/situativ als *Sinnprovinzen und Handlungsbereiche* der Menschen in deren Alltag voneinander und von anderen Handlungsbereichen getrennt.

Den Begriff der Sinnprovinz verwenden wir hier in Anlehnung an Alfred Schütz (1971) und erinnern damit an die Definition sozialen Handelns nach Max Weber (1978), der den subjektiven Sinn des Handelnden in den Vordergrund gerückt hat. Weil Kommunikation immer ein soziales Handeln von Menschen ist (soweit man den Begriff nicht auf den Datenaustausch zwischen Maschinen oder auf interpretierbare Verhaltensweisen von Tieren verallgemeinert), gilt diese Sinnbezogenheit dann natürlich auch dafür.

Früher/bisher war nun jedes Kommunikationsmedium an bestimmte Zwecke und Handlungsweisen sowie spezifische Normen, die dabei einzuhalten waren, gebunden. Mit den damit einhergehenden sozialen Normen und kulturellen Erwartungen eröffnete ein Medium deshalb ein spezifisches Kommunikationspotenzial, das darüber an bestimmte Zwecksetzungen, Normen und Erwartungen gebunden war.

▪ Räumlich war und ist dies beispielsweise durch spezifische, tradierte Plätze für die einzelnen Medien symbolisiert – der Computer auf dem Arbeitstisch, das Fernsehgerät im Wohnzimmer, das Radio in der Küche und das Telefon auf dem Flur, und auch das Buch und der Sessel bilden für viele eine Einheit.

▪ Ebenso werden bestimmte Medien zu bestimmten Zeiten genutzt – Fernsehen war vor allem ein Abendmedium, Radio und Zeitung Morgenmedien.

▪ Und schließlich war die Nutzung spezifischer Medien auf bestimmte Kommunikate bezogen und an bestimmte Zwecke gebunden: Liebeserklärungen und Beileidsbezeugungen machte man nicht per Telefon, sondern Face-to-Face und allenfalls per Brief. In der Zeitung erwartet man in erster Linie tagesaktuelle Informationen und keine langen Romanfragmente.

Man musste sich früher also einem solchen, zeitlich, räumlich und intentional separierten Medium auf der Basis eines Entschlusses zuwenden (der dann als Motiv erfragbar war), um damit etwas Bestimmtes zu tun – ich will hier etwas über die Welt erfahren, mich dort unterhalten, jetzt von jenem Medium begleiten lassen und nachher mit anderen Menschen per Telefon kommunizieren etc. In dieser organisatorischen, situativ-sozialen, zeitlich und räumlich feststellbaren Abtrennung eines jeden Mediums mit seinem spezifischen Zweck und den damit verbundenen Normen drückt sich aus, dass früher Einzelmedien eigene Sinnprovinzen konstituierten, die mit spezifischen sozialen Bedingungen und Intentionen verbunden waren.

Derartige traditionelle Unterscheidungen wie „jetzt sehe ich fern" und „dann telefoniere ich" und „danach wird gebügelt und gekocht oder gelesen", sind heute immer weniger durch zu halten. Die durch Ort, Zeit und Sinn *bisher voneinander abgegrenzten medialen Bereiche persönlichen und alltäglichen Handelns vermischen sich immer weitergehend untereinander*, ebenso wie sich die Medien selbst miteinander verbinden und vermischen. Sie stehen heute nicht mehr in engem Zusammenhang zu bestimmten Orten, Zeiten oder sozialen Zwecken, stattdessen sind sie zu immer mehr Zeiten an immer mehr Orten und zu immer mehr Zwecken präsent oder potenziell präsent. So zeichnet sich ab, dass das Fernsehgerät auch E-Mail oder Chat beherrscht, die Zeitung per Internet ins

Haus kommt und die Musik aus allen vorhandenen Geräten quellen kann. Das mobile Telefon im Auto oder am Gürtel gelangt spätestens dann in den Mittelpunkt der Aufmerksamkeit, wenn es lospiept, ist aber auch schon vorher ständig als Möglichkeit präsent. Das Fernsehen wird – vielleicht – wie jetzt schon das Radio, zum Nebenbei-Medium, wie es in der Perspektive der Medienmacher heißt. Deutlicher und weniger am Verlust des bisherigen Zustandes orientiert, hieße es ein Alltags-Begleitmedium, und das ist das sozial Wichtige an diesem Prozess. Andererseits verwenden die Menschen das Fernsehen heute meist so, dass sie eher Stücke von Sendungen als ganze Sinneinheiten rezipieren, mehr umschalten und häufiger allein vor dem Bildschirm sitzen (Krotz 1994, 1995b). Weitergehende Nutzungsverdichtungen und -veränderungen kündigen sich an, die uns heute noch irreal erscheinen: Ebenso, wie heute Menschen mehrere Sendungen durch geschicktes Umschalten gleichzeitig ansehen (Hasebrink/Krotz 1992, 1993a, 1993b, 1994), werden sie, wenn der gleiche Spielfilm zeitversetzt mehrfach ausgestrahlt wird, einen 90-Minuten-Film in der Hälfte der Zeit oder noch schneller rezipieren können. Auch dies lässt sich als Entgrenzung begreifen, die die Sinn- und Verständniszusammenhänge, wie sie sich die Programmmacher ausgedacht haben, auflöst oder sie jedenfalls verändert.

Zusammenfassend lassen sich also *wenigstens drei Dimensionen medialer Entgrenzung* feststellen:

- Zeitlich stehen die Medien insgesamt in immer größerer Anzahl zu allen Zeitpunkten zur Verfügung und bieten Inhalte an, und auch jedes einzelne Medium steht immer länger zur Verfügung.

- Räumlich finden sich Medien an immer mehr Orten und sie verbinden zu immer mehr Orten – potenziell oder tatsächlich. Dies gilt sowohl für geographische als auch für soziale Orte.

- Und schließlich sozial/situativ und in ihrem Sinnbezug entgrenzen sich Medien, weil sie allein oder in Kombination in immer mehr Situationen und Kontexten, mit immer mehr Absichten und Motiven verwendet werden, und zwar sowohl kommunikator- als auch rezipientenseitig. Dadurch sind die sozialen Beziehungen der Menschen immer häufiger auch durch Medien vermittelt und mit deren Hilfe gestaltet. Alte wie neue Medien beziehen sich dabei und deshalb auf immer mehr Lebensbereiche der Menschen, auf Arbeiten und Lernen, auf Freizeit, Hobby und selbst ‚Nichtstun‘ ist üblicherweise heute von Medienrezeption begleitet. Umgekehrt vermitteln Medien auf alltagspraktischer Ebene damit zunehmend Orientierung und bieten Bindung – wie noch zu sehen sein wird.

Eine weiterführende Frage in diesem Zusammenhang ist, ob diese Entgrenzungen tatsächlich so strukturlos, universell und ohne Ziel stattfinden wie es bisher immer wieder explizit oder implizit behauptet wird, wenn von den neuen, alles gleichermaßen betreffenden Entwicklungen die Rede ist. Denn die Medien sind immer auch Medien der Anbieter, und ihr Angebot dient einem Zweck, der außerhalb der Medien selbst liegt, nämlich dem Geldverdienen. Insofern sind auch die Inhalte in und Nutzungsformen von Medien weder universell noch beliebig, sondern so ausgewählt, dass sie diesem Zweck weiterhelfen.

Die räumliche, zeitliche, soziale und situative Entgrenzung der Medien im Alltag der Menschen zu etwas Ubiquitärem und Allgegenwärtigem, das immer mehr Nutzungsweisen möglich macht, *lässt sich also einerseits als Entdifferenzierung der Einzelmedien begreifen, weil sich ihre Nutzungsbereiche überschneiden. Sie fällt andererseits notwendiger Weise mit der Integration bisher getrennt voneinander praktizierter Kommunikationsformen und Funktionen* zusammen, die als technisch mögliche und kommerziell veranlasste mediale und funktionale Integration verstanden werden muss. Auch damit verändern sich zwangsläufig die auf die Medien bezogenen Alltagspraktiken und insbesondere die Nutzungsweisen und Erwartungen und damit die Kommunikation der Menschen miteinander.

Paradigmatisch für diese Integration steht *der mediatisierte Kommunikationsraum, den die computervermittelte Kommunikation (CMC) als Internet* eröffnet – dieses ist als eine Art Hybridmedium ja gerade so angelegt, dass es ganz unterschiedliche Formen der interpersonalen und der Medienkommunikation umfasst[14].

Wer sich ins Internet begibt, kann 'dort' bekanntlich ganz unterschiedliche Dinge tun. Von Website zu Website surfen, gezielt Informationen suchen, mit anderen chatten oder E-Mails verschicken, sich Daten, Bilder oder Software herunterladen, telefonieren oder Musik hören, Fernsehsendungen oder Videos ansehen, eine eigene Homepage aufbauen, eine Pizza bestellen, mit dem Computer oder mit richtigen 'Gegnern' spielen oder in MUDs bzw. anderen Netz-'Spielen' ganz unterschiedliche Identitäten übernehmen: In diesen vielfältigen kommunikativen Aktivitäten vermischen sich verschiedene Kommunikationsformen und lösen sich von ihrer Gebundenheit an spezifische Einzelmedien – die Texte verlieren ihre Bindung an ein Medium.

Die digitalisierte computervermittelte Kommunikation, für die das Internet in seiner heutigen Form der Prototyp ist, wird manchmal mit dem Etikett 'Multimedia' belegt. Zwar ist Multimedia eher ein propagandistisch brauchbarer als

---

[14]   Dabei muss man allerdings auch betonen, dass diese Integration zunehmend auch durch die sich wandelnden, auf die gleichzeitige Rezeption verschiedener Medien zielenden Nutzungsstile stattfindet.

ein analytisch sinnvoller Begriff – und auch das Fernsehen ist dem Radio gegenüber multimedial – aber er macht deutlich, dass das Internet nicht nur verschiedene Wahrnehmungskanäle anspricht, sondern darüber hinaus ganz unterschiedliche Kommunikationsmedien integriert (vgl. auch Krotz 1998). Hatte man bisher hier das Telefon und dort das Fernsehgerät stehen, war das Briefe Schreiben vom Spielen unabhängig und hatte die Zeitung mit dem Radio eigentlich nichts zu tun, so bietet das Internet das alles und mehr gleichzeitig, ‚einen Mausklick voneinander entfernt', wie es oft so schön heißt – und es wird auch so genutzt.

Vernetzte computervermittelter Kommunikation ist von den bisher als eigenständig begriffenen Einzelmedien aus gesehen also vor allem die Integration dieser Einzelmedien. Überdies integriert sie bekanntlich auch die getrennten Märkte der Telekommunikation, des Computers und der audiovisuellen Medien. Die wesentliche Basis dafür ist die Digitalisierung von Daten, denn dadurch ist es dem Computer wie der Telefonleitung und dem Kabelnetz sozusagen egal, was die einzelnen bits und bytes, über Video- und Soundkarte auf spezifische Weise zusammengesetzt, dem vor einem Endgerät sitzenden Menschen bedeuten – sie werden alle gleichartig transportiert und ver- und bearbeitet.

Das Internet ist Integrationsmedium aber nicht nur im Hinblick auf die Integration von gesellschaftlich institutionalisierten Einzelmedien und bisher voneinander getrennten Branchen und Märkten. Es ist auch Integrationsnetz von Teilnetzen, die der Gruppenkommunikation dienen, wie es seine Verwendung als Intranet, etwa durch weltweit agierende Unternehmen, deutlich macht. Und es ist schließlich Integrationsmedium – und dies ist in der Perspektive der Menschen als Nutzer und Nutzerinnen am wichtigsten – insofern es spezifische Formen von Kommunikation miteinander verbindet und auch vermischt: nicht nur bisher über Massenmedien distribuierte, also allgemein adressierte und standardisierte Produkte können ‚darin' rezipiert werden, sondern es findet darüber auch interpersonale Kommunikation statt, sei es in Chats oder MUDs, per E-Mail, Internettelefon oder via Digital-Videokamera. Manche Software ist ja extra dafür gedacht, unterschiedliche Kommunikationsweisen auch simultan miteinander zu verbinden: öffentliche und private Kommunikation oder medienvermittelte Kommunikation mit anderen und Medienrezeption sind möglich und finden auch von den einzelnen Individuen aus gleichzeitig statt.

Auch der Kommunikationstyp der interaktiven Kommunikation ist im Internet möglich, und alle drei vermischen sich dort miteinander. Dabei heißt mischen zunächst, dass unterschiedliche Kommunikationstypen an einem Gerät abwechselnd oder gleichzeitig nebeneinander stattfinden können – diese Art der Vermischung kann man vertikal nennen. Aber diese Formen können auch ineinander greifen, sich also horizontal vermischen: Individuen können beispielsweise durch den Austausch von Botschaften interpersonal miteinander kommunizieren, die zum

Teil aus standardisierten und zum Teil aus gerahmten Kommunikationsangeboten zusammengesetzt sind.

Diese Vermischung von Kommunikationstypen weist auf eine *weitere innovative Eigenschaft des Integrationsmediums Internet hin, nämlich auf die umfassende Kontextvariabilität von Kommunikation,* die dort möglich und üblich ist. Die Bedeutung von Kommunikaten erschließt sich dem Rezipienten ja immer als interpretiertes Verhältnis von Text und Kontext. Einerseits ist es der Empfänger eines Kommunikats, der spezifische Kontexte heranzieht und sie mit dem Text in Beziehung setzt. Andererseits ist das Kommunikat, besonders deutlich beim Fernsehen, selbst schon in sich in Text und Kontext, in aktuelles Geschehen und situativen bzw. räumlichen, zeitlichen und sozialen Hintergrund ausdifferenziert, weil es – im allgemeinen – szenisch arrangiert und narrativ strukturiert ist. In kommunikativen Beziehungen via Internet kann man nun nicht nur mit unterschiedlichen Typen von Gesprächspartnern interagieren, vielmehr sind auch die für Kommunikation bedeutsamen mitgelieferten Kontexte und die damit angetragenen Sinnangebote variabel. Das großindustriell produzierte Fernsehen verwendet beispielsweise die Blue-Box-Technik, mittels derer ein beliebiger Hintergrund eines Geschehens im Nachhinein hinzumontiert oder beliebige vorbereitete Details verändert werden können: Ein Gespräch zwischen Reporter und Prominentem kann seine Bedeutung sehr verändern, je nach dem, ob es in eine häusliche oder in eine öffentliche Umwelt projiziert wird, je nachdem also, in welchen Kontext es implementiert wird. Vergleichbare, wenn auch heute noch nicht so ausgefeilte Mittel stehen bei der Online-Kommunikation heute schon jedem zur Verfügung.

Zusammenfassend lässt sich bis hierher also sagen: Zu den alten Formen von Medienkommunikation treten neue hinzu. Die alten verändern sich dadurch, aber auch durch neue Verwendungsmöglichkeiten und situative bzw. kontextuelle Einbettungen, und alle diese Kommunikationsformen vermischen sich im Handeln der Menschen. Weil diese Möglichkeiten nicht nur technisch vorhanden sind, sondern tatsächlich im Alltag in den sozialen Kontexten von den Menschen genutzt werden, entstehen daraus neue Kommunikationsgewohnheiten und Kommunikationsumgebungen für immer mehr Menschen.

Darauf bezogen entwickeln sich dann auch neue Kommunikationsregeln, damit sich die so generierten neuen Kommunikationssituationen sozial bewältigen lassen. Dies sieht man etwa bei E-Mails im Vergleich zu Briefen einerseits und Telefonaten andererseits – beispielsweise scheint sich die Norm auszubilden, dass Bekannte sich in E-Mails nicht mehr immer mit einer mehr oder weniger formalisierten Anrede begrüßen. Auch beruht die Kommunikation in Chat-Boxen nicht mehr so sehr darauf, dass die Beteiligten in einer gemeinsam definierten Situation eine gemeinsame Beziehung konstituieren, gestalten und festigen, sich verständlich machen und verstehen. Vielmehr scheint der Verlauf eines vertextlichten Gesprächs im Internet von den Beteiligten eher in Bezug darauf beurteilt zu werden, ob das, was mitgeteilt wird, brauchbar und interessant für die eigenen Assoziationen ist. Wer der andere ist, mit dem man kommuniziert, in welcher Situation er sich befindet und was seine aktuellen Handlungsmotive sind, weiß man oft nicht. So ist in Chats anscheinend das Gemeinsamkeitsgefühl, das in kollektiven raumzeitlichen Situationen im Vordergrund steht, eher zweitrangig. Stattdessen ist das Interesse am Kommunikat in Bezug auf die eigenen Ziele und Interessen wichtiger – soweit eine empirisch zu überprüfende These über Wandlungen im Kommunikationsverhalten durch die akzeptierten technischen Bedingungen.

Derartige Entwicklungen hängen damit zusammen, dass die Nutzung und Integration der Medien in den Alltag auch die Formen menschlichen Zusammenlebens und damit Kultur und Gesellschaft verändern. Wobei freilich auch hier nicht gesagt sein soll, dass Technik oder die Bereitstellung technischer Möglichkeiten Gesellschaft gestaltet. Vielmehr müssen technische Entwicklungen und daraus entwickelte Medien als Potenziale begriffen werden, in Bezug auf die sich soziales Handeln, soziale und kulturelle Praktiken entwickeln, die ihrerseits in ganz anderen Entwicklungen wurzeln können (z.B. ist es lohnend, den Zusammenhang zwischen Individualisierung und Medien genauer anzusehen). Auch dies wird uns noch genauer beschäftigen und ist zum Teil auch genauer in Krotz (2001) diskutiert worden.

Wir verweisen abschließend darauf, dass man bei den Integrationsprozessen im Blick haben muss, dass sich das Internet dabei gleichwohl immer wieder radikal gewandelt hat – vom Militär- zum Wissenschaftsnetz, vom Spielplatz der Computerfreaks zum Marktplatz für grenzenlosen Konsum. Dies leitet über auf eine genauere Auseinandersetzung mit seinen kommunikativen Potenzialen.

3.3 Kommunikative Potenziale am Beispiel des Internet: Entwicklungen, Probleme und Ausblicke

In diesem Abschnitt beschäftigen wir uns damit, die skizzierte Theorie von Kommunikation als symbolisch vermitteltes Handeln in Zusammenhang mit Digitalisierung und Mediatisierung zu bringen und exemplarisch einige Überlegungen zu Art und Bedingungen der computervermittelten Kommunikation zu entwickeln. Dabei soll hier das Internet als eines der zentralen neuen Kommunikationsformen im Mittelpunkt stehen.

Die Thesen dieses Paragraphen sind wieder „nur" vorläufig – vor allem auch deshalb, weil sich bisher keineswegs endgültig herausgestellt hat, wofür computervermittelte Kommunikation und insbesondere das Internet letztlich gut sein und als was es die Menschen langfristig in ihren Alltag integrieren werden, nach welchen Regeln es auf Dauer funktioniert und was man von seiner Nutzung erwarten kann. Technisch gesehen geht der Mediatisierungsprozess schnell weiter, dementsprechend werden Hard- und Software zügig immer weiter entwickelt, und es lässt sich heute nur schwer prognostizieren, wohin die Reise geht. Zum Beispiel ist das Internet derzeit ein Medium, das das Visuelle gegenüber dem Auditiven betont, und ohne Kenntnis des Lesens ist es kaum zu nutzen. Interpersonale Kommunikation findet dort heute überwiegend schriftlich statt und Internettelefonie ist zwar im Kommen, aber vergleichsweise selten. Ob dies ein längerfristig bestehendes Charakteristikum der computervermittelten Kommunikation oder nur ein Zwischenstadium ist, ist offen, aber natürlich wichtig für seine zukünftige Bedeutung für Gesellschaft und einzelne Menschen. Zu vermuten ist zwar, dass es sich nicht um ein Entweder-Oder, sondern ein Je-Nachdem handelt, aber was sich für welche Zwecke durchsetzt, ist kaum vorherzusehen. Bisher ist die elektronische Datenkommunikation obendrein weltweit gesehen das erst seit anderthalb Jahrzehnten existierende Spielzeug einer kleinen, im Weltmaßstab vergleichsweise reichen Minderheit mit ganz spezifischen Interessen, überwiegend aus dem angelsächsischen Sprachraum, und es wird in erster Linie als billiges und schnelles Postsystem, zum Einkaufen und Chatten, Spielen und Herumsurfen verwendet (Wellman/Haythornthwaite 2002) – ob die Bedeutung dieser Nutzungsweisen im Internet so erhalten bleiben, ist offen: in seiner noch kurzen Geschichte hat sich das Internet bisher immer wieder grundlegend gewandelt.

Trotz dieses spekulativen Charakters soll hier eine Reihe von weiterführenden Überlegungen vorgetragen, von Problemen angesprochen und von Entwicklungen skizziert werden, die zum Teil auch als erster Blick auf weiter hinten in dieser Publikation vertiefte Untersuchungen dienen. Dort werden wir uns etwa genauer – in Kapitel 5 – mit den neuen Formen zwischenmenschlicher Kommunikation befassen und von daher die Beziehungsnetze, in denen die Menschen leben, genauer untersuchen. Hier bleiben wir bei den Potenzialen des Internet.

- Jeder Mensch lebt in situativ veränderlichen, aber immer *komplexer werdenden Kommunikationsumgebungen. Die Menschen nutzen diese Umgebungen nicht nur, sondern werden dadurch umgekehrt auch geprägt in ihrer Art und ihrem Sozial- oder Kommunikationscharakter.* Medien sind deshalb für die kommunikativen Kompetenzen und Gewohnheiten der Menschen von Bedeutung, und sie tragen dazu bei, ihre Bedürfnisse, Gewohnheiten, Handlungsweisen und Vorstellungen zu formen. Darüber sind sie ferner daran beteiligt, den Menschen in seiner Persönlichkeit und in seiner für eine Gesellschaft typischen Struktur zu gestalten. Dafür kann man den Begriff des Kommunikationscharakters einer bestimmten Gesellschaft und Epoche verwenden (Krotz 1992a, 2001): Manche Menschen von heute, die mit dem Fernsehen aufgewachsen sind und alltäglich intensiv mit ihm umgehen, die also viele ihrer Erfahrungen mittels des Fernsehens gemacht haben, haben diese Erfahrungen an die Bedingungen des Fernsehens geknüpft. Sie haben vermutlich – wie es Joshua Meyrowitz (1990a) beschrieben und gezeigt hat – ein anderes Verhältnis zu Autoritäten, weil sie diese nicht nur in ihren Amtsrollen erleben, sondern das Fernsehen immer auch Einblicke in die Hinterbühne, also etwa das Privatleben von Autoritäten gibt. Menschen, die viel Zeit mit Videoclips verwenden und dies auch genießen können, verfügen vermutlich über andere visuelle Kompetenzen und Routinen, mit kommunikativen Angeboten umzugehen und ihren Alltag im Hinblick darauf zu gestalten als die Menschen, die in einem von der Zeitung geprägten aufkommenden bürgerlichen Nationalstaat leben, wie ihn Habermas (1990) beschrieben hat (vgl. auch Altrogge/Amann 1991, Bente/Backes 1996). Und diese verfügen wieder über andere Kompetenzen als Menschen, für die das Internet oder dessen zukünftige Nachfolgenetze zum unverzichtbaren und jederzeit erreichbaren Handlungsbereich gehören.

Die vorherrschenden Kommunikationsformen einer Gesellschaft, die an je einzelne, gesellschaftlich dominierende Medien gebunden sind wie im letzten Jahrhundert an die Zeitung und heute an das Fernsehen, tragen zur Strukturierung der Menschen und darüber natürlich auch zur Gestaltung makrosozialer und kultureller Einheiten wie Gesellschaft und Politik bei. *Die neuen Medien und gar ein derartiges Integrationsmedium wie das Internet als neuer und offener Kommunikationsraum prägen also, so die hier vertretene These, das Kommunikationsverhalten und die Art der Menschen, insofern sie spezifische kommunikative Bedingungen (durch-)setzen.* Nicht klar ist freilich, in welchem Ausmaß dies geschieht und wohin das führt.

▪ Vor allem Sherry Turkle hat betont, dass der Computer heute nicht mehr als 'Rechenmaschine' fungiert, sondern zunächst einmal *als Ausdrucksmittel dient*, nicht wie ein Hammer, sondern wie ein Cembalo verwendet wird (1998:95). Daraus ergibt sich insbesondere, dass Nutzer in Zukunft ihre Beiträge zum computervermittelten Gespräch im Netz mit Hilfe von immer komplexer werdenden Computerprogrammen gestalten werden. Dazu trägt langfristig auch die Software bei, die z.B. die insgesamt recht begrenzte SMS-Kommunikation komfortabler machen wird. Die Nutzer werden die Möglichkeiten der digitalen Datenverarbeitung auch dazu benutzen, ihre Identität auf reichhaltige Weise zu inszenieren und darüber Beziehungen zu gestalten – wenn man etwa einen Satz eintippt und der Computer das dann in komplexere Bild- und Tonfolgen umsetzt: Hier wird der PC langfristig zu einer „Erweiterung des Alphabets" führen. Das verdeutlichen auch die so genannten intelligenten „Softwareprogramme". Heute schon vorhandene Beispiele dafür sind die so genannten Agentenprogramme, die „selbstständig" Aufgaben für einen Internetnutzer erledigen, aber auch etwa intelligente Anrufbeantworter bzw. computernetzbezogene Analoga davon, die nicht nur eine standardisierte Ansage und ein Sprechen des Anrufenden auf Band erlauben, sondern die einen eigenständigen Dialog mit dem Anrufenden führen, quasi als Stellvertreter des Angerufenen. Auch dies ist eine sich ankündigende Interaktionsform, die zu untersuchen ist.

▪ *Die digitale Kommunikation erweitert darüber dann aber vor allem die Möglichkeiten, Kontakte aufzunehmen, mit anderen zu interagieren und sich darüber auch kommunikativ mit sehr viel spezielleren und vielfältigeren Themen zu beschäftigen.* Wer ins Netz geht, übernimmt dabei Rollen, deren Erlebnisdimensionen neu sind oder sein können, etwa, wenn Männer als Frauen im Netz kommunizieren oder umgekehrt und damit wenigstens zum Teil die prägende Dominanz von Geschlechtsrollen in Frage gestellt werden („gender swapping", vgl. auch Dorer 1997, Neverla 1998). Hinzu kommen neue Erfahrungsbereiche, etwa durch die Möglichkeit der Kommunikation mit Menschen, mit denen man sonst nie etwas zu tun hätte, aber auch durch die potenzielle Beschäftigung mit neuen, unbekannten oder tabuisierten Themen, ferner sonst nicht existente Beteiligungs- und Diskursmöglichkeiten, für die beispielsweise Newsgroups stehen. Damit verbunden sind neue Formen der Kreativität sowie neue Handlungsroutinen der Nutzer. *In der Terminologie des Symbolischen Interaktionismus können wir deshalb sagen, dass das Internet sich derzeit als Kultur- und Kommunikationsraum darstellt, in dem die Menschen fundamental neue Rollenerfahrungen machen können und machen.* Wer sich auf glaubhafte Weise mit dem Geschlecht präsentiert, das nicht sein eigenes ist, wer sein Alter, seinen Beruf, seine Lebenserfahrungen für Kontakte im Internet neu inszeniert und so auf ganz anderer Basis dort kommuniziert und handelt, täuscht andere zwar. Er kann damit aber die Vielfalt seiner Erfahrungen und seiner Perspektiven auf was auch immer erweitern, wenn sie oder er sorgfältig und reflektiert damit umgehen. Denn Identität entsteht, wie wir bereits in Anlehnung an Shibutani (1955) deutlich gemacht haben, aus den in Rollen gemachten Erfahrungen und den Rollen selbst, sofern man unter Identität die unverwechselbare Eigenheit eines Menschen versteht, die in kommunikativen Situationen deutlich wird. Medien wirken sich damit auch auf Identität aus (Krotz 2001, 2004), wenn sie zur Täuschung genutzt werden, weil auch in fremden Rollen gemachte Erfahrungen zur eigenen Identität beitragen.

- Ergänzend muss man darauf hinweisen, dass natürlich auch eine Erweiterung der eigenen Identität als Projektion in diesen Kommunikationsraum festzustellen ist. Das ‚Ich' der Figur eines Computerspiels, dessen Scheitern ich mir selbst zurechne, wenn ich „ein Leben verliere", das Involvement bei der Gestaltung der eigenen Homepages und ihrer Links, die E-Mail-Adressen und die Nicknames, die ich habe, die Pseudonyme und die offenen oder verschlüsselten Beziehungen, die man pflegt, aber auch die Besucher, die man hat und auf deren Erwartungen man reagiert, all dies zusammen macht natürlich einen Teil der Identität, sozusagen das virtuelle Selbst der Internetnutzer aus.

- *Dabei scheint es ein wesentliches Element der Prägungen des Individuums durch die Potenziale und Bedingungen der neuen Medien und seiner Kommunikationsumgebungen zu sein, dass die Menschen die Möglichkeiten der digitalen Kommunikation vor allem nutzen wollen, um sich selbst darzustellen und um sich an den Prozessen, von denen sie Kenntnis haben, auch aktiv gestaltend zu beteiligen – weder wollen sie ihnen nur folgen noch wollen sie als Individuen in der Massengesellschaft verschwinden.*

- *Die Möglichkeit der Anonymität bzw. der Verwendung von Pseudonymen hängt zumindest zum Teil mit den Problemen sozialer Kontrolle zusammen, die Gesellschaften immer mit neuen Medien zu haben scheinen, solange sie nicht institutionalisiert sind und erwartungsstabil genutzt werden können.* Von besonderer Bedeutung ist dabei, dass jeder Internetnutzer umfassend kontrollieren kann, was von ihm bei seinem Auftritt bekannt wird, wobei er dabei selbst eigentlich keiner gleichzeitigen sozialen Kontrolle unterliegt. Auch Fernsehen findet überwiegend in den eigenen vier Wänden statt, wodurch die jeweilige Rezeptionsweise selbst außerhalb der sozialen Kontrolle der Gemeinschaft bleibt. Darauf hat sich vor allem die Argumentation von Meyrowitz (1990a) zur Beschreibung der Veränderungen von Sozialisation und im Verhältnis zu Autoritäten durch das Fernsehen gestützt. Auch wer etwa Erotik- oder Gewaltvideos oder andere tabuisierte Inhalte sehen will, braucht nur noch zur richtigen Zeit den richtigen Sender einzustellen und kann das infolgedessen unbeobachtet tun. Mittels der Potenziale des Internet ist es jetzt sogar auch möglich, dass sich jemand aktiv an interpersonaler Kommunikation beteiligt und dennoch anonym bleibt oder dies in Rollen tut, die offline eigentlich nicht seine sind – insofern sind hier völlig neue Möglichkeiten für Erfahrungen gegeben (vgl. auch Krotz 1999b). Während im Internet niemand mehr sicher sein kann, mit wem er unter was für Bedingungen spricht, kann jeder sich umgekehrt als alles ausgeben, was er sein will. Jedes Individuum entscheidet in bisher nicht realisierbarem Ausmaß für sich, in welchen Situationen es über welche Themen kommuniziert, wie es sich ausdrückt, welche Emotionen es zeigt und als was oder wer es dies tut. Jeder Nutzer und jede Nutzerin kontrolliert damit auch sehr viel differenzierter, welches Bild die anderen von ihm bzw. ihr haben. Dafür ist beispielsweise auch wichtig, dass jede digitalisierte Kommunikation augenblicklich abgebrochen werden kann, denn soziale Kontrolle, die einen solchen Umgang mit dem Gesprächspartner verhindern kann, findet ja nur da statt, wo Kommunikationspartner in dauerhaften kommunikativen Strukturen präsent sind und wo sie eine soziale Bindung akzeptieren (oder wo sie jederzeit zwangsweise identifiziert und zur Verantwortung gezogen werden können).

- *Daraus entstehen dann weitere Kommunikationsprobleme, so etwa Glaubwürdigkeitsprobleme.* Sie entstehen auch deswegen, weil bei der interpersonalen Computerkommunikation weniger kommunikative Kontexte als bei direkter Kommunikation verfügbar sind, an denen sich Teilnehmerin oder Teilnehmer orientieren können, wenn sie etwas über den anderen wissen möchten bzw. wenn sie seine Aussagen verstehen wollen. Man weiß von den andern nur, was sie von sich behaupten. Dies bedeutet nicht nur, dass man z.B. nicht so leicht unterscheiden kann, ob der, mit dem man spricht, ein Mensch oder ein Programm ist. Sondern auch, dass kaum noch entscheidbar ist, ob das, was übermittelt wird, ein situativ entwickelter Beitrag zum Gespräch, eine standardisierte Inszenierung oder eine Mischung aus beidem ist. Zudem hängt bekanntlich das, was man versteht, von den mit Genrewissen verbundenen Erwartungen ab. Wenn sich nun im Internet Genres oder Gattungen der persönlichen Kommunikation auflösen und mit Genres der standardisierten, früher Massenkommunikation genannten Kommunikation vermischen, entstehen mindestens Orientierungsprobleme. Will man umgekehrt etwas glaubhaft machen, muss man erheblich mehr Kontexte als in Face-to-Face-Beziehungen explizit anführen. Gleichwohl bleibt aber das Vertrauen in die Authentizität des anderen unsicher. Habermas (1987) weist darauf hin, dass jede Aussage den Anspruch der (inhaltlichen) Wahrheit, der (normativen) Richtigkeit und der (subjektiven) Wahrhaftigkeit erhebt, und dass jeder dieser Ansprüche zurückgewiesen, dann aber begründet werden kann. Diese Ansprüche erheben im Prinzip auch Aussagen, die über das Internet verbreitet werden. Aber alle drei Ansprüche werden unter solchen Kommunikationsbedingungen problematisch und deshalb vielleicht langfristig in der Perspektive eines Internetbenutzers für manche Kommunikationsaktivitäten auch offline eher belanglos. Zu untersuchen wäre folglich, wie diese Geltungsbehauptungen in der Perspektive der Nutzer wahrgenommen werden, wenn man über die Entstehungskontexte kaum etwas weiß.

▪ Zudem entsteht ein neues *Relevanzproblem*: Für den Nutzer stellt sich verstärkt die Frage, ob offerierte Informationen und angetragene mediatisierte Kommunikation überhaupt von irgendeiner Relevanz sind. Wenn man im außermedialen Alltag Kommunikate nahe gelegt bekommt, verfügt man über Routinen, wonach man entscheiden kann, ob und warum man sich darauf einlässt oder nicht – im Internet sind diese zum Teil nicht mehr anwendbar, zum Teil greifen sie nicht oder zu spät. Der Nutzer kann sich nicht mehr auf das Verstehen, Verarbeiten und Verwenden von Kommunikation beschränken, er muss sich schon im Voraus entscheiden, auf welche Kommunikation er sich einlässt. Dies mag langfristig dazu beitragen, auch interpersonale Kommunikation nicht mehr zu gestalten, sondern zu konsumieren. Denn dadurch entstehen vermutlich auch in der interpersonalen Kommunikation via Internet distanzierte, auf das eigene Erleben zentrierte und nicht mehr um Verständigung bemühte Rezeptionsweisen, wie sie beim Fernsehen schon lange zu beobachten sind. Wir hatten oben im Hinblick auf die Kommunikation mit Medien deutlich gemacht, dass sie sehr viel mehr für den Rezipienten stattfindet als es bei interpersonaler Kommunikation der Fall ist. Dies gilt angesichts der Kommunikationsbedingungen und der fehlenden sozialen Kontextualisierung aber auch für interpersonale Kommunikation in diesem Kommunikationsraum.

▪ *Kommunikation wird, so lässt sich nun dementsprechend vermuten, ichbezogener, die Verständigungsfunktion und die Herstellung von Gemeinsamkeit mit anderen wird im Alltag nachrangiger.* Das kann langfristig unterschiedliche Auswirkungen haben: Kommunikation wird dann vielleicht mehr Anlass zu Reflexion als heute, dementsprechend wird das handelnde Ich (das Meadsche ‚I') dem reflektierenden Ich (dem Meadschen ‚Me') gegenüber unwichtiger. Oder aber Kommunikation auch via Internet wird zunehmend als ein Erlebnis gesehen und nicht mehr als ein Anlass, mit anderen in Beziehung zu gelangen – vermutlich ein Ausdifferenzierungsprozess, der im Falle der Internetkommunikation dazu beiträgt, dass man sein Gegenüber leicht als „Sache" behandelt. In jedem Fall ist zu erwarten, dass durch Internet-Kommunikation neue mikrosoziale Kommunikationsbedingungen und neue Regeln interpersonaler Kommunikation entstehen werden, über die man heute nur wenig Gesichertes sagen kann.

▪ Durch die spezifischen Kommunikationsformen, die die Menschen im Internet praktizieren, und die ihnen wichtig sind, *verändert sich Kommunikation generell – es ist zumindest schwer vorstellbar, dass Internet- und Face-to-Face-stattfindende Alltagskommunikation nicht auseinander fallen.* Kommunikation wird zudem insgesamt flüchtiger: Im Gegensatz zu den vergleichsweise stabilen und immer wieder wiederholten Interaktionen im

Rahmen fester alltäglicher Interaktionsnetze ermöglicht Interaktion im e-lektronisch mediatisierten Kommunikationsraum mehr Vielfalt, die Präsen-tation wechselnder sozialer und personaler Identitäten und den vergleichs-weise schnellen Wechsel zwischen ihnen (Turkle 1998). Internetkommuni-kation erlaubt es damit, die eigene Identität über neue Erfahrungen durch Kommunikation vielfältig weiterzuentwickeln. Dabei ist es wichtig zu beto-nen, dass sich die Qualität von Internet-Erfahrungen auf noch zu klärende Weise von extramedialen kommunikativen Erfahrungen unterscheidet, e-benso wie Fernsehwissen von anderem Wissen und Beziehungen zu Fern-sehfiguren von Beziehungen zu Menschen, mit denen man Face-to-Face zu-sammenkommt.

Daraus kann man weiter die Vermutung ableiten, *dass auf der Basis digita-lisierter Kommunikation ein anderes Ich-Du-Verhältnis entsteht.* Das Du, also der je am Gespräch beteiligte Andere und seine kommunikativen An-gebote werden durch die Kommunikationsbedingungen im Netz wie auch durch die Kontextvariabilität von Botschaften irrelevanter, unsicherer und so notwendigerweise belangloser. *Der Erfolg von Kommunikation liegt in Zukunft weniger in gemeinsam gewonnenen Einsichten und in der Herstel-lung einer situativen gemeinsamen Wirklichkeit als in den voneinander ge-trennten Einsichten der am Gespräch Beteiligten und im übrigen darin, dass überhaupt kommuniziert wurde.*

Im Hinblick auf die Bedeutung öffentlicher Kommunikationsformen muss man ergänzend darauf hinweisen, dass *die computervermittelte Kommunikation in ihrer derzeitigen Form als Folge des Mediatisierungsprozesses langfristig eine potenzielle Basis für neue Formen von Öffentlichkeit und politischer Kommunikation bilden kann.* Die Teilnahme an spezialisierten Newsgroups, Mailing lists und Diskussionsforen, die Wichtigkeit von WEBLOGs, die mögliche punktgenaue Vernetzung von nicht notwendig an Institutionen gebundene Experten, nicht zuletzt die genannte Entwicklung der 'alten' Medien, all dies bietet einen Boden für eine über die Rezeption massenmedialer Angebote und über persönliche Gespräche hinausreichende politische Partizipation, die freilich, wie jede Möglichkeit dieser Art, nur von einer Minderheit genutzt werden wird. Dieses Potenzial sollte gleichwohl als individuenbestimmter kommunikativer Raum politisch geschützt, stabilisiert und weiterentwickelt werden, muss aber wohl auch immer wieder neu erkämpft werden. Denn, und dies gilt auch für die folgenden Bemerkungen, die Technik allein ist allenfalls ein Potenzial, und ob dieses in demokratischer oder in autoritärer oder in repressiver Weise eingesetzt wird, wird nicht durch die Technik allein entschieden.

Beispielsweise können politisches Geschehen und seine Konsequenzen durch die digitalisierte Kommunikation in ganz neuem Ausmaß beobachtet werden – mittels der vielfältigen digitalen Spezialkanäle und erst recht durch das Internet, die sich in Bezug zueinander entwickeln. Dadurch entstehen vermutlich neue Typen von Teilöffentlichkeiten, die über ganz andere Beziehungserwartungen und Kommunikationskanäle organisiert sind. Das Internet bietet in dieser Hinsicht komplementäre Möglichkeiten zu den anderen Medien – zum Beispiel, weil es kein reines Ablaufmedium ist –, und deshalb lässt sich vermuten, dass sich eine neue Arbeitsteilung zwischen den Medien entwickeln wird. Daran anschließend stellt sich die Frage, wie adäquat die bisher mögliche Teilhabe an organisierter Öffentlichkeit als Nutzung standardisierter Nachrichten- und Informationssendungen und wie adäquat die Partizipationsmöglichkeiten der repräsentativen Demokratie unter heutigen Lebens-, Arbeits- und Medienbedingungen heute eigentlich noch sind.[15]

Zusammenfassend lässt sich sagen, dass die Veränderungen, die das Internet ermöglicht, über Veränderungen des Kommunizierens im engeren Sinn weit hinaus reichen. Es verändern sich Ökonomie und Politik, Freizeit und Arbeit, Haushaltsführung, Kindererziehung, Produktion und Kriegsführung, es verändern sich unser Wissen und unsere Orientierungen. So schreibt Sherry Turkle: „Wir benutzen das Leben vom Computerbildschirm, um uns mit neuen Betrachtungsweisen über Evolution, Beziehungen, Sexualität, Politik und Identität vertraut zu machen." (1998:38). Hier ist zudem auch auf die wachsende Bedeutung von Online-Spielen zu verweisen.

Insbesondere das Internet steht für den entstehenden neuen mediatisierten Kommunikationsraum, in dem sich Interaktion und mediatisierte Kommunikation abspielen, in den die Menschen ihren Beziehungen leben und in den sie Identität teilweise hineinprojizieren. Besonders ist dabei auch, dass dieser Raum ein symbolischer Raum jenseits von Materie und Körperlichkeit ist. Unsere an physischen Gegenständen orientierten Handlungsweisen, die von mechanischen Bewegungen und von einer Materialität der Gegenstände und einer Unumkehrbarkeit des zeitlich und kausal geordneten Geschehens ausgehen, sind dort nicht notwendig. Stattdessen werden Handeln und Kommunizieren zu einem Basteln und Ausprobieren, einem Experimentieren und Bewegen in dem Wissen, dass es eine Reset-Taste gibt. Diese These verbindet Turkle mit der These, dass Oberfläche und Stattfinden von Geschehen immer mehr Vorrang gegenüber den zugrun-

---

[15] Die These hier ist, dass sich gesellschaftliche Kommunikationsstruktur und politisches System in einer Demokratie entsprechen müssen. Denn Demokratie als Form des Zusammenlebens ist nichts Fixes, sondern hängt in ihrer Ausgestaltung von den Gesellschafts- und Lebensbedingungen der Menschen und damit auch von den kommunikativen Potenzialen ab, in denen sich Öffentlichkeit und politischer Diskurs entfalten können.

de liegenden Regeln, Gründen und Hintergründen erhält. Der Computer wird zur postmodernen Maschine: „Die Postmoderne dagegen ist eine Welt ohne Tiefe, eine Oberflächenwelt. Nach Ansicht der Theoretiker der Postmoderne gibt es keine substanzielle Bedeutung oder entzieht sich die Bedeutung für immer unserem Zugriff, so dass die Erkundung von Oberflächen die einzige angemessene Erkenntnisweise darstellt." (Turkle 1998:71).

Natürlich entstehen dadurch auch Probleme für Individuen und Gesellschaft, vermutlich überwiegend durch die Überlappungen von realem und virtuellem Leben. Ferner kann, auch darauf weist Turkle hin, das Leben im Internet sehr viel attraktiver sein als das reale Leben, es kann aber auch auf das reale Leben massiv zurückwirken. Leben wird in der Konsequenz von Mediatisierung also anders. Aber nicht alles, was sich verändert, kann den Medien zugeschrieben werden. Gerade in dieser Perspektive ist anzumerken, dass hier viele Fragen offen sind.

3.4 Alltag als Bezugsmuster von Medien und Menschen und sein Wandel

In Anlehnung an Alfred Schütz und eine Reihe weiterer Autoren wie Agnes Heller und Henri Lefvebre können wir den Alltag als den hervorgehobenen Lebensbereich der Menschen begreifen. Dieser Alltag, in dem Mediennutzung zum vertrauten Geschehen gehört und stattfindet, ist zunächst selbst durch eine Reihe von Bezugsmustern gekennzeichnet. Zu diesen gehören die grundsätzliche Vertrautheit der Handlungsbedingungen und Problemlöseverfahren, falls diese Vertrautheit nicht mehr funktioniert, die Tatsache, dass der Alltag Vermittlung zwischen allen anderen sozialen Handlungswelten wie Traum, Wissenschaft oder Sex ist, die Bestimmtheit des Alltags durch seine Körperlichkeit, ohne die kein Leben im Alltag möglich ist, das alltäglich vertraute Kommunikationsnetz, in dem wir uns auf der Basis erlernter Konventionen bewegen und eben einfach leben. Zugleich ist Alltag aber auch eine Objektivation in Kultur und Gesellschaft und damit Teil von Machtbeziehungen und hegemonialen Strukturen. Wir stellen ihn durch unser Handeln her, und die Objektivationen, die uns dabei gegenübertreten und mit denen wir uns auseinandersetzen müssen, sind damit unsere eigenen, können aber natürlich dennoch nicht so einfach ignoriert werden.

Wir wollen die noch zu führende Diskussion, wie Alltag und Medien zu verstehen sind, hier nicht vertiefen (vgl. auch Krotz/Thomas 2007). Wir wollen hier vielmehr zwei Thesen hervorheben:

1. Wir wollen betonen, dass der Alltag einerseits als Thema und Anknüpfungspunkt ein Bezugsmuster für die auf Rezeption angelegten Medien bildet, insofern diese mit ihren standardisierten, allgemein adressierten Inhalten sich thematisch, zeitlich und sozial auf den Alltag beziehen.
2. Wir wollen betonen, dass der Alltag als kommunikatives Netz, in dem wir erleben und handeln, sich durch den Wandel der Medien und der Kommunikation massiv verändert – durch ein Netz mediatisierter Kommunkationspotenziale aller Art, aber auch durch den in 1. herausgestellten Druck der auf Rezeption angelegten Medien auf Alltag.

Beide Entwicklungen müssen als wesentliche Wirkungsebenen des Metaprozesses Mediatisierung in seiner heutigen Ausprägung gesehen werden, die zwar auf einer Mikroebene sozialen Handelns stattfinden, aber gleichwohl für große Veränderungen in Kultur und Gesellschaft bedeutsam sind. Sie sollen hier genauer diskutiert werden.

Ad 1: die zunehmende thematische Alltagsorientierung der Medien: Die meisten Medien, soweit sie allgemein adressierte, standardisierte Inhalte transportieren, operierten früher und zum Teil auch jetzt auf begrenzten inhaltlichen Themenfeldern, was am deutlichsten bei Zeitschriften zu beobachten war – jedes regelmäßig erscheinende Printmedium besitzt bestimmte, oft eng umgrenzte thematische Schwerpunkte, wie es eine Charakterisierung als „special interest Zeitschrift" ja in vielen Fällen auch auf den Punkt bringt. Aber auch Radio und Fernsehen konzentrierten sich auf begrenzte Themenspektren – so begann das Fernsehen bekanntlich mit relativ wenigen Genres und Inhaltstypen, die dem Radio entnommen waren. Erst Ende der sechziger Jahre wurden beispielsweise Sendungen für Vorschulkinder wie die „Sesamstraße" oder die „Sendung mit der Maus" ins Programm aufgenommen. Und beispielsweise Sendungen über zwischenmenschliche Beziehungen, die nicht als Ratgebersendungen inszeniert sind, wie sie heute als Daily Talkshows ausgestrahlt werden, gehören erst seit einigen Jahren zum Repertoire des Fernsehens.

Für alle Medien einer Distribution standardisierter, allgemein adressierter Inhalte wie Fernsehen oder Print lässt sich in den letzten Jahren eine Ausdifferenzierung beobachten, in deren Verlauf sie thematisch, zielgruppenbezogen, zeitlich und räumlich dem Alltagsleben der Menschen immer näher kommen. Dabei ist diese Ausdifferenzierung in vielfältige Genres nicht so sehr eine eher richtungslose Verbreiterung, die sich auf alle Basisgenres auswirkt. Vielmehr unterliegt diese Ausdifferenzierung *einer klaren Zielrichtung: Die audiovisuellen Ablaufmedien versuchen, in möglichst vielen Alltagsituationen möglichst vieler Menschen möglichst präsent zu sein und Themen und Inszenierungen für jede*

Situation, jeden Geschmack und jedes Interesse anzubieten. Dabei bedienen sich Radio und Fernsehen allerdings unterschiedlicher Strategien.

Dass sich die Angebote im Hinblick auf *Zielgruppen* ausdifferenzieren, ist ebenso bekannt wie die Integration durch Werbeangebote, die immer eindringlicher wird. *Räumlich* gesehen ist dies nichts anderes als der ortsunabhängige Bezug medialer Inhalte im Rahmen einer Kultur, auf die wir schon eingegangen sind und auf den auch die Fallstudien in Teil II noch eingehen werden. *In zeitlich-rhythmischer Hinsicht und durch seinen Bezug auf emotionale Gleichförmigkeit lässt sich das am besten anhand des (Format-)Radio verdeutlichen:* Es will mit seiner gefälligen und möglichst gleichförmigen Musikfarbe möglichst wenig stören, um dabei zu sein – hier knüpfen die Medienmacher daran an, dass nur jeder zweite Radiohörer an einem Tag den Sender wechselt, wenn Musikfarbe und emotionale Anmutung langfristig konstant bleiben: die Rezeption wird dann nicht durch Umschalten, sondern durch Zu- oder Weghören und gegebenenfalls durch Abschalten reguliert (Krotz 1998b).

In thematischer Hinsicht lässt sich hier auf die Informationsmengen des Internet sowie auf das Fernsehen verweisen. Letzteres nimmt inhaltlich immer häufiger alltägliche Probleme, Verrichtungen, Sinnzusammenhänge und Anlässe als Grundlage für neue Sendungen oder auch Genres, setzt also an alltäglichen Inhalten an. Es versucht darüber hinaus, mit vom Publikum geschätzten Inhalten und Inszenierungsformen einen sich (täglich) wiederholenden Angebots- und Nutzungsrhythmus durchzusetzen. Während tägliche Nachrichten schon seit vielen Jahren den Alltag der Menschen prägen, kamen in den letzten Jahren tägliche Soaps und Talks sowie täglicher Sport, insbesondere Fußball, hinzu. Immer mehr Alltagshandeln wird so Thema von immer mehr Sendungen, d. h. Alltagshandeln wird auf den täglichen Angebotsrhythmus bezogen, und auf diese Weise werden die Alltage der Nutzer – in der Intention der Medienmacher – immer mehr an das Fernsehen angebunden.

Vor allem die Daily Talks mit nicht prominenten Gästen von Meiser, Arabella, Fliege, Türck und wie sie alle heißen thematisieren alltägliche Beziehungsprobleme im oft schrillen Gewand, die sonst nicht thematisiert werden oder werden dürfen, und sie tun dies oft, indem sie Probleme extrem personalisieren und überzeichnen (Bente/Fromm 1998, Paus-Haase et al. 1999). Ebenso alltagsbezogen angelegt sind neben vielen anderen Sendungen auch Daily Soaps (Göttlich/Nieland 1997, Göttlich/Krotz/Paus-Haase 2001). Hier wird nicht nur exemplarisch vorgeführt, wie der Alltag der Menschen heute aussieht – jedenfalls in der Perspektive der Fernsehmacher und des Mediums, nicht im Sinne einer realitätsbezogenen Abbildung –, die Themen und Gefühlslagen werden durch die tägliche Fortsetzung darüber hinaus in den Alltag der regelmäßigen Zuschauer hineinintegriert. *In Bezug auf diese Formen des Fernsehens gestaltet sich der*

Alltag vieler Menschen heute immer mehr entlang von Elementen einer medial vermittelten ‚Daily Media Experience‘, über die neue Bindungen der Menschen an Medien und Gesellschaft, aber auch andere Erwartungen und veränderte Alltagspraktiken entstehen. Alltag wird dadurch einerseits medial inszeniert und andererseits zugleich in Abhängigkeit von den Medien gestaltet.

Zusammenfassend lässt sich sagen, dass sich die audiovisuellen Medien dem Alltag der Menschen annähern, und zwar auf viele Weisen. Sie stiften neue Beziehungen und offerieren Sinnzusammenhänge, modifizieren alte Handlungsregeln oder setzen sie außer Kraft, stellen neue Bedingungen für Alltag her und beziehen immer mehr Alltagspraktiken auf Medien oder mediale Operationen.

Ad 2: Die zweite oben aufgeführte These ergibt sich, wenn man sich die Art der Integration der digitalen Medien in den Alltag der Menschen durch sie selbst ansieht. Hier muss man einmal auf den bereits in 3.2 besprochenen Prozess der Entgrenzung von Medien verweisen. Wir leben in Medienumgebungen, die aus zum Teil funktional neuen, entgrenzten alten, vermischten und einander überlagernden, separiert spezifischen und doch integrierten kommunikativen Potenzialen bestehen, die mit unterschiedlichen Strategien an den Alltag der Menschen angeschlossen sind und oft Orientierungsleistungen quasi von der Stange erbringen. Die darauf bezogenen Kommunikations- und Handlungsformen der Menschen prägen deren Alltag und Handeln und damit ihre sozialen Beziehungen und Identitäten, aber auch Gesellschaft und Kultur insgesamt. Medien sind dabei heute nicht mehr nur vorrangig während spezifischer Zeitphasen und zu begrenzten Zwecken im Alltag zugänglich, sondern über Erwartungen, Hoffnungen und Bedürfnisse, Wissen und Fühlen der Nutzerinnen und Nutzer, manchmal sogar Ausdrucksweisen auf immer mehr Weisen mit Alltag unauflöslich verwoben. Medienrezeption ist heute deshalb insgesamt kein abgegrenztes, feststellbares Geschehen mehr, sondern kontinuierliches Handeln. In der Konsequenz entstehen neue, mediale Zugangsweisen der Rezipientinnen und Rezipienten zu Inhalten und Orientierungen und damit auch neue soziale Regeln und Bedingungen des Zusammenlebens.

Diese kommunikativen Potenziale werden natürlich vor allem dafür benutzt, um (Alltags-)Probleme zu lösen, die bisher nur suboptimal gelöst werden konnten. Dies ist z.B. bei neuen Medien vor allem da der Fall, wo es um knappe Güter wie Sex und Geld geht. Die neuen Handlungs- und Interaktionsmöglichkeiten, die das Internet bietet, werden zuallererst da genutzt, wo sie vergleichsweise problemlos entlasten, wie beim Telebanking und Pizza bestellen, und da, wo sie es ermöglichen, Bedürfnissen nachzugehen, die sonst schwierig zu erfüllen sind – wie beim Sex, bei der Partnersuche und beim Gelderwerb. Etwa deswegen, weil Bedürfnisse sonst tabuisiert sind und weil man ihnen im Internet im Schutz ziemlicher Anonymität nachgehen kann – mit welchem Erfolg auch immer. Auch dadurch werden aber Medien zu weiteren, neuen, ihnen adäquaten Zwecken eingesetzt und darüber relevant für die Menschen – *es entstehen neue, interpretierte Kommunikationsumgebungen, in denen auch den alten Medien ein neuer Platz zukommt und sie sich zum Teil in funktional neue Medien verwandeln.*

Die zunehmende Vielfalt von Medien und die zunehmende Allgegenwärtigkeit, die Entgrenzung und Integration als Verweis eines Mediums auf die anderen, die Orientierungsangebote und die dadurch entstehenden strukturierten Medienumgebungen sind jedenfalls, so die hier vertretene These, von erheblicher sozialer Bedeutung. Nicht, weil die Technik dies erzwingt, sondern weil die Menschen sich die neue Technik sozial aneignen und sich darüber ihre Alltagspraktiken ändern. Dies wird uns noch genauer beschäftigen, aber es lässt sich schon hier plausibel behaupten, dass sich dadurch Gesellschaft als kommunikative Veranstaltung, dass sich Politik, Kultur und Alltag, dass sich Erfahrungen, Sozialisation und Identitäten wandeln, weil sie alle über Kommunikation konstituiert und durch immer mehr Medien vermittelt sind.

Dabei verändern sich auch die Normen alltäglichen, etwa kommunikativen Handelns. In Chats im Internet ist es möglich, sich öffentlich und kollektiv mit jemandem zu unterhalten und zudem zugleich mit oder ohne Wissen der anderen Beteiligten mit weiteren Personen quasi nebenbei „zu flüstern". Wenn sich die Menschen im Hinblick auf derartige grundlegende Handlungsformen an Veränderungen gültiger Normen und Regeln gewöhnen (ohne durch Machtverhältnisse dazu gezwungen zu sein), *so verändert sich dadurch bzw. auf gleiche Weise mit hoher Wahrscheinlichkeit auf Dauer ihr gesamtes, darauf aufbauendes Sozialverhalten. Andere Beispiele finden sich in dem sich verändernden Verhältnis von Öffentlichkeit und Privatheit, das sich etwa im Gebrauch von Mobiltelefonen ausdrückt, die zunehmenden Routinen im Umgang mit Medien überall oder die zunehmenden Situationen, in denen mehrere Medien gleichzeitig benutzt werden.*

Medienvermittelte und heute ganz besonders deutlich computervermittelte Kommunikation stellt Bedingungen an das kommunikative Handeln der Nutzer und Nutzerinnen. Allein schon dadurch verändert sich die Selbstdefinition der darin involvierten Personen, ihr Verständnis vom Kommunizieren und von der sie umgebenden Welt und damit auch, was öffentlich und standardisiert, was individuell und privat ist. Dieses und die obigen Beispiele machen also deutlich, dass die Veränderungen der praktizierten Medienkommunikation für die Handlungsweisen und Erwartungen, die Vorstellungswelten und Loyalitäten der Menschen und damit für ihren Umgang mit sich und mit anderen wichtig sind.

3.5 Einige zusammenfassende Thesen

Wir beenden das vorliegende Kapitel und damit Teil I dieses Buches mit der Formulierung einiger abstrahierender Thesen, die sich aus den vorhergehenden Überlegungen ergeben.

- *These der Allgegenwart der Medien*: Kommunikativ gemeinte, standardisierte, allgemein adressierte mediale Angebote (in Fernsehen, Radio, PC, Gameboy, Buch ... , also einer zunehmenden Vielfalt von Medientypen, von Online- und Offline-Medien) sind an immer mehr Plätzen öffentlicher und privater Art auf immer unterschiedlichere Weise nicht nur zugänglich, sondern üblich und alltäglich; sie sind zeitlich in immer längeren Phasen oder zeitunabhängig jederzeit für die Menschen verfügbar. Die Medien, die bisher Zugang zu bestimmten und eingeschränkten Sinnprovinzen im Alltag vermittelt haben, entgrenzen sich zunehmend von- und vermischen sich auf neue Weise miteinander. Entsprechendes gilt für die Medien der interpersonalen und der interaktiven Kommunikation.

- *These der Verwobenheit der Medien mit dem Alltag der Menschen*: fast alles, was wir wissen, wissen wir auch aus den Medien. So gut wie alle Gefühle, die wir erleben, erleben wir auch im Zusammenhang mit den Medien (und dort oft intensiver als im Alltag). Mit fast allen Menschen, mit denen wir kommunizieren, kommunizieren wir auch mittels Medien, über Medieninhalte oder wir nutzen mit ihnen zusammen Medien. In fast allen Situationen verwenden wir Medien, wenn auch in unterschiedlichem, pragmatisch bestimmtem Ausmaß. Ebenso wie Face-to-Face-Kommunikation ubiquitär und zu jeder Zeit stattfindet, findet aber auch Medienkommunikation ubiquitär und ständig statt. Dies gilt entsprechend auch für die wichtiger werdende interaktive Kommunikation.

- *These der Vermischung von Formen der Kommunikation*: Face-to-Face-Kommunikation und Medienkommunikation in ihren verschiedenen Formen, also mit und mittels Medien, verschränken sich im Alltag der Menschen immer weiter miteinander und üben wechselseitig Einfluss aufeinander aus, ohne sich deswegen substituieren zu müssen.

- *These von der zunehmenden Alltagsbezogenheit der Inhalte der standardisierten Kommunikation*: Die Inhalte der verschiedenen Medien und ihre Präsentationsformen nähern sich in Adressierung und Anmutung, in ihrer thematischen Breite und durch ihren alltäglichen Bezug dem Alltag der Menschen an – eine entsprechende Entwicklung lässt sich auch umgekehrt vermuten. Ebenso finden auch die Nutzungsweisen der interpersonalen und der interaktiven Kommunikation zunehmend in allen Handlungssituationen im Alltag statt; sie greifen auch sonst in den Alltag ein (Krotz/Schulz 2006).

- *These von der Veralltäglichung medienvermittelter interpersonaler Kommunikation*: Alltagshandeln und Kommunikation finden zunehmend sowohl räumlich als auch zeitlich und sinnbezogen auf medienvermittelte Weise statt. Die Medien werden auch wichtiger, was soziale Gelegenheiten, Inhalte und Formen von Kommunikation angeht.

- *These von der zunehmenden Orientierungsfunktion der Medien*: Die Medieninhalte und Mediennutzungsweisen beziehen sich auf immer mehr Handlungsbereiche der Menschen und präsentieren immer häufiger Sinnangebote, dienen der Strukturierung der Wahrnehmung, der Schulung und gewiss auch der Normierung des emotionalen Erlebens und der ideologischen Orientierung.

- *These von den Konsequenzen für Alltag und Identität, Kultur und Gesellschaft*: Für die Alltags- und Lebensbereiche sowie für alle auf Kommunikation basierenden Phänomene wie etwa soziale Beziehungen und Identitäten haben die zunehmende Medienkommunikation und die damit verbundenen sozialen Praktiken unmittelbar Bedeutung. Deshalb steht der Prozess der Mediatisierung auch in Zusammenhang zu anderen gesellschaftlichen Metaprozessen wie Vergeldlichung, Ökonomisierung, Individualisierung, Modernisierung, Globalisierung etc., und in der Perspektive eines Metaprozesses Mediatisierung lässt sich auch der globale Wandel insgesamt beschreiben.

- *These von der zunehmenden Selbstdarstellung und Stellungnahme von Menschen mit Zugang zu den digitalen Medien*: Menschen geben sich zunehmend weniger damit zufrieden, ein Individuum in einer Menge und Gruppe zu sein. Sie legen auch zunehmend Wert darauf, sich an dem Geschehen aktiv zu beteiligen, zumindest durch eigene Kommentare.

Damit haben wir nun nach einer Darstellung von beobachtbaren Phänomenen und einer ersten Definition von Mediatisierung in Kapitel 1, theoretischen Grundlagen in Kapitel 2 und einer theoriebezogenen Vertiefung allgemeiner Aussagen zum derzeitigen Wandel von Medien und Kommunikation in Kapitel 3 die theoretischen Grundlagen für weitere Untersuchungen und theoretische Auseinandersetzungen gelegt. Basis ist eine handlungstheoretische Vorstellung von Kommunikation, die in Bezug auf das Kommunikationsverständnis des Symbolischen Interaktionismus entwickelt wurde. Zudem haben wir eine Reihe von Unterschieden zwischen Kommunikation und Medienkommunikation, die im Prinzip in gleicher Weise verlaufen, herausgearbeitet, die ihrerseits dadurch ein Stück Beschreibung des Mediatisierungsprozesses ausmachen. Wir wenden uns nun empirischen Fallstudien zur Explikation des Mediatisierungsprozesses zu, wobei wir hier nach den verschiedenen Kommunikationstypen differenzieren.

TEIL II: FALLSTUDIEN ZUM WANDEL VON KOMMUNIKATION

Teil II der vorliegenden Arbeit geht nun dem Wandel von Medien und Kommunikation auf empirischer Grundlage nach, wobei die Vielfalt der vorgestellten Untersuchungen darauf abzielt, diesen Wandel in ganz unterschiedlichen Perspektiven einzufangen und daraus konzeptionelle und theoretische Schlussfolgerungen zu ziehen. Zentrales Gliederungsprinzip dabei ist die Auseinandersetzung mit den drei verschiedenen Kommunikationstypen, dem folgt ein Kapitel über die so genannte Digitale Spaltung.

Kapitel 4 beschäftigt sich zunächst mit der neuen, der interaktiven Kommunikation und beginnt damit, diesen Begriff genauer zu bestimmen. Computerspiele, Roboter und insbesondere das Projekt über den Umgang von Menschen mit einem hundeähnlichen, auf Kommunikation und Entertainment angelegten AIBO sind hier die Kernpunkte.

Kapitel 5 diskutiert im Anschluss den Wandel auf dem Bereich der interpersonalen Kommunikation. Das Mobiltelefon in seiner wachsenden Bedeutung und Universalität und der Chat im Internet, die technisch unterschiedlich realisiert sind, stehen hier im Vordergrund. Dabei geht es auch um eine Reihe allgemeiner Schlussfolgerungen – sie sind relativ elementar, was aber auch deshalb notwendig ist, weil sich die traditionelle Kommunikationsforschung mit den Medien der interpersonalen Kommunikation viel zu wenig auseinandergesetzt hat. Beispielsweise ist zu vermuten, dass das soziale Beziehungssystem jedes Menschen sich durch diese Medien in den letzten Jahren verändert hat – mit allen Folgen, die dies haben mag.

Kapitel 6 beschäftigt sich dann weiter mit dem, was wir Kommunikation mit allgemein adressierten, standardisierten Kommunikaten nennen – also der früheren Massenkommunikation. Hier werden wir zunächst deutlich machen, dass damit nicht gesagt sein soll, dass diese Art von Kommunikation verschwindet – ganz im Gegenteil. Jedoch führt ihre Attribuierung als Massenkommunikation heute in eine falsche Richtung. Nach der Diskussion einiger konzeptionellen Konsequenzen werden wir kurz einen Überblick über „Fernsehen im Öffentlichen Raum" als eines Teils von Mediatisierung sowie dann einen Überblick über die Medienereignisforschung geben.

Kapitel 7 beschäftigt sich weiter mit einer deutlichen Kritik der These der digitalen Spaltung. Deren Fragestellung im Hinblick auf sich abzeichnende soziale Ungleichheiten in der zukünftigen Mediengesellschaft ist hoch relevant – aber die modernisierungs- und distributionstheoretisch fundierten Untersuchungsverfahren sind ungeeignet, weil sie verhüllen, dass man so ohne weiteres nicht sagen kann, wofür digitale Medien eigentlich wichtig sind und welche Rolle sie haben. Mit dem Verweis auf Bourdieus Konzept der sozialen und kulturellen Kapitale und deren medienbedingtem Wandel hoffen wir, hier einen erfolgreicheren Forschungsansatz umrissen zu haben.

Kapitel 8 schließlich weist – statt voreilig Schlussfolgerungen zu ziehen – als „Zwischenbemerkungen" auf weitere Überlegungen und Aufsätze hin.

4 Fallstudien zur Mediatisierung: Die wachsende Bedeutung interaktiver Medien

Das vorliegende Kapitel beschäftigt sich mit Fallstudien zu der neuen Kommunikationsform, die uns der Computer beschert hat, der interaktiven Kommunikation. Wir werden zunächst in 4.1 herleiten, was man sinnvoller Weise unter interaktiver Kommunikation verstehen sollte, denn bisher hat sich die akademische Wissenschaft diesbezüglich noch nicht auf ein Konzept geeinigt. Daran anschließend werden wir mehrere Fallstudien vorstellen und diskutieren. In Abschnitt 4.2 werden wir uns zunächst mit Kommunikation zwischen einem Menschen und einem künstlichen Wesen, in diesem Fall einem hundeartigen Entertainment-Roboter AIBO beschäftigen. Genauer, wir berichten von einer heuristisch-explorativen Studie darüber, wie Menschen mit einem derartigen künstlichen Hund kommunizieren und was sich daraus schließen lässt. Teilkapitel 4.3 wird dann weiter eine Übersicht über Roboter geben – also über die „Wesen", mit denen die meisten Menschen in Deutschland jetzt schon interaktiv kommunizieren. In einer eigenständigen kommunikationswissenschaftlichen Perspektive werden wir derartige Hardware/Software-Systeme als eine Art künstliches kommunikatives Gegenüber des Menschen begreifen und nach Art der situativen Beziehungsformen eine Typologie konstruieren. Abschnitt 4.4 beschäftigt sich dann mit Computerspielen. Dabei geht es nicht um deren Nützlichkeit oder Schädlichkeit, sondern um eine Auseinandersetzung mit diesen interaktiven Umgebungen, in die sich Spielerinnen und Spieler hineinprojizieren – Computerspiele sind die am weitesten verbreitete Medien, die ohne interaktive Kommunikation überhaupt nicht funktionieren. In diesem Zusammenhang werden wir dann auch diskutieren, in welchem Zusammenhang interaktive Medien und Mediatisierung stehen.

Im vorliegenden Kapitel werden Fallstudien zu einem neuen Kommunikationstypus vorgestellt, den die digitalisierten Medien möglich gemacht haben: die interaktive Kommunikation. Bisher zumindest war „interaktive Kommunikation" nicht viel mehr als ein Versprechen – digitales Fernsehen beispielsweise sollte interaktiv sein und es dem Nutzer erlauben, bei der Rezeption die Kamera selbst zu führen und sich so sein eigenes Programm nicht nur aus vorgefertigten Angeboten zusammen zu stellen, sondern auch die Perspektive zu wechseln oder im

Extremfall sogar sich selbst in das Geschehen auf dem Bildschirm hinein zu projizieren. Es sollte auch möglich sein, bestimmte Felder auf dem – natürlich an die Wand gehängten – riesigen Flachbildschirm anzuklicken und so zu erfahren, wo der Film in der jeweiligen Stadt läuft, der da gerade im Fernsehen vorgestellt wird, oder wo man die schicken Klamotten der Moderatorin bestellen kann.

Derartige Möglichkeiten des Fernsehens sind bisher kein Teil des Alltags der Menschen geworden – zumindest nicht in Deutschland; Großbritannien ist da mit seinem weit verbreiteten digitalen Fernsehen etwas weiter. Es ist aber auch nicht klar, was davon wirklich kommt und auf was davon wir als Nutzer tatsächlich gewartet haben. Klar ist aber, dass wir uns als Normalbürger wie auch als Medien- und Kommunikationswissenschaftler über „interaktiv" Gedanken machen müssen. Denn bei dem immer eindrücklicheren Aufkommen interaktiver Kommunikationsmöglichkeiten handelt es sich um eine informationstechnische „Grundwelle", die über uns hinweg zu rollen beginnt und die unser Leben und unseren Alltag, unsere Kultur und unsere Gesellschaft massiv beeinflussen wird.

4.1 Was ist interaktives Kommunizieren?

4.1.1 Konzepte von Interaktivität und eine Definition

Bevor wir uns mit konkreten empirischen Untersuchungen oder der Entwicklung von Theorien über interaktive Kommunikation befassen, müssen wir festlegen, was „interaktiv" genau heißen soll. Sind Medien interaktiv oder ist Kommunikation interaktiv? Ist es interaktiv, wenn wir eine E-Mail schreiben, oder ist es interaktiv, wenn wir am Computer spielen? Ist es interaktiv, wenn wir einfach Werbung weg zappen, uns per Fernbedienung kundig machen, was denn auf den vielen Dutzenden Fernsehprogrammen zu sehen ist, die uns per Satellit oder Kabel zur Verfügung stehen, oder wenn wir den PC dazu nutzen, Fernsehen aufzuzeichnen um dabei die Werbespots auszulassen? Ist es interaktiv, wenn wir uns im Chat mit anderen unterhalten? Und was berechtigt uns, bei „interaktiv" von einem neuen Typus von medienvermittelter Kommunikation zu sprechen, wie wir es bisher getan haben?

Bereits 1995 hat die Redaktion von „Rundfunk und Fernsehen", wie die Zeitschrift „Medien und Kommunikationswissenschaft" damals noch hieß, ein Heft unter dem Titel „Interaktivität als Herausforderung an die Kommunikationswissenschaft" herausgebracht. „Interaktivität" transportierte damals (ebenso wie „Multimedia") etwas viel versprechendes, das in der unmittelbaren Zukunft für alle da sein sollte. Der Begriff wurde dementsprechend häufig im Rahmen werblicher Interessen verwendet, aber was genau damit gemeint war, blieb letztlich ungeklärt. In jenem Heft schrieben eine ganze Reihe von auch heute noch mit diesen Themen befassten Autoren; Lutz Goertz (1995) beispielsweise führte vor, wie man den Interaktivitätsbegriff quantitativ aufbereitet, dimensioniert und gradualisiert, sodass er sich in ganz andere Überlegungen auflöste. Michael Jäckel (1995) differenzierte zwischen Interaktivität und Interaktion. Formuliert wurde überdies der Anspruch, die auf Massenmedien fixierte Kommunikationswissenschaft müsse auch angesichts der neuen Kommunikationstypen ihr Gegenstandsverständnis erweitern (Krotz 1995).

Bis heute gibt es eine Vielfalt von Definitionen von Interaktivität, die dieses Konzept von ganz unterschiedlichen Perspektiven aus fassen wollen. Die meisten knüpfen an den grundlegenden, aber letztlich nicht zu Ende geführten Überlegungen von Rafaeli (1988) und Heeter (1988) an. Rafaeli (1988) hat verdienstvollerweise auf eine generelle Bedingung für jede Definition von Interaktivität hingewiesen, nämlich darauf, dass ein solcher Begriff nur dann sinnvoll und notwendig ist, wenn er etwas Neues beschreibt, das an den Charakteristika von Gesprächen zwischen Menschen anknüpft und diese auf die neuen Arten mediatisierter Kommunikation überträgt. Auch neuere deutsche Definitionsversuche liegen vor: Hans-Jürgen Bucher (2004) hat bei der versuchten Begriffsbestimmung von Interaktivität im Internet besonders das Sequentielle und die Fortsetzungserwartungen der Beteiligten betont, die mit interaktiver Kommunikation wesentlich verbunden sind. Christoph Neuberger (2005) hat in einem bisher nicht veröffentlichen Manuskript die mit einer Definition verbundenen Probleme diskutiert. Quiering und Schweiger (2006) versuchen eine Definition, die am Konzept von Kommunikation als Informationstransport anknüpft, aber durch die Orientierung an einer massenkommunikativ und damit einseitig und distributiv orientierten Vorstellung von Kommunikation problematisch wird. Denn interaktive Kommunikation ist gerade nicht nur einseitig und distributiv angelegt. Bieber und Leggewie haben in der Einleitung des von ihnen herausgegebenen Tagungsbands mit dem Titel „Interaktivität" andererseits von einem universellen, in allen wissenschaftlichen Disziplinen relevanten „transdisziplinären" Konzept gesprochen (Bieber/Leggewie 2004a).

Was genau Interaktivität ist, darüber besteht aber immer noch kein breit akzeptierter Konsens. Deswegen werden wir hier nicht versuchen, die Diskussion darüber im Detail nachzuzeichnen. In der Kommunikationswissenschaft bedarf es vielmehr zunächst einmal einer genau bestimmten Abgrenzung, die insbesondere das Neue des Konzepts „Interaktivität" herausarbeitet. Wir entwickeln deshalb im Folgenden in Anlehnung an Sally McMillan (2004) eine eigene Definition, von der wir natürlich auch meinen, das sie eine gute Chance hat, sich durchzusetzen, und die an der oben wiedergegebenen Bemerkung von Rafaeli ansetzt.

Ich betone zunächst noch einmal, dass Interaktivität nichts mit Interaktion zu tun hat. Von *Interaktion* sprechen wir – vgl. hierzu Jäckel (1995), aber auch die einschlägigen Wörterbücher über Soziologie etc. – wenn Menschen wechselseitig bezogen aufeinander handeln, wobei Handeln im Sinne Max Webers ein von subjektivem Sinn geleitetes Verhalten ist[16]. Ein Gespräch zwischen zwei Menschen besteht dementsprechend aus sinngeleiteten, intentionalen Handlungen, die im Allgemeinen wechselseitig oder reziprok stattfinden und insgesamt übergreifend verkettet sind. Menschen interagieren aber auch miteinander, wenn sie auf der Straße so aneinander vorbeigehen, dass sie nicht zusammenstoßen – dabei erfüllen sie eine Reihe mikrosoziologisch fassbarer Regeln, wie sie etwa Erving Goffman (1971, 1973, 1974) beschrieben hat. Dementsprechend soll Interaktion also als Begriff für das zielgerichtete Handeln eines Menschen im Hinblick auf andere verwendet werden, der Kommunikation als Sonderfall umfasst. In all diesen Fällen benötigen wir keinen Begriff von Interaktivität – die Face-to-Face-Kommunikation zwischen Menschen kann in allen ihren Facetten und Möglichkeiten ohne ihn beschrieben werden.

Demgegenüber verstehen wir unter interaktivem Kommunizieren ein kommunikatives Handeln eines Menschen, wenn es einerseits medienbezogen ist, andererseits reziprok oder wechselseitig stattfindet, wobei diese Wechselseitigkeit noch genauer zu bestimmen ist. Ein interaktives Medium wäre dann eines, das interaktive Kommunikation ermöglicht, und von Interaktivität würde man dann sprechen, wenn interaktive Kommunikation stattfindet.

Um diese Wechselseitigkeit nun brauchbar zu bestimmen und so einen sinnvollen Begriff zu entwickeln, der sich auf etwas Neues bezieht, das ohne einen Interaktivitätsbegriff nicht benannt werden könnte, können wir uns an McMillan (2004) orientieren. McMillan bindet den Begriff wie wir hier auch an den Computer und unterscheidet dann drei Typen von Interaktivität: user-to-user-interactivity, user-to-document-interactivity und user-to-system-interactivity. Sie differenziert also danach, wer das „Gegenüber" ist, mit dem interaktiv kommuniziert wird:

▪ Unter *user-to-user-interactivity* versteht McMillan das, was man üblicher Weise computervermittelte Kommunikation zwischen Menschen nennt, also Kommunikation etwa in einem Chat. Es handelt sich dabei folglich um interpersonale mediatisierte Kommunikation, wobei das vermittelnde Medium der Computer ist. Vom Typus her ist diese Art Kommunikation vergleichbar mit anderen Formen interpersonaler mediatisierter Kommunikation, et-

---

[16]   „Interaktion" zwischen Menschen lässt sich dann auch auf sinngeleitetes menschliches Handeln im Hinblick auf Gegenstände, also auf sozial definierte Dinge verallgemeinern.

wa dem Telefonieren oder Briefe Schreiben. In allen Fällen findet hier wechselseitige Kommunikation zwischen zwei Menschen statt, die räumlich, zeitlich oder anderweitig voneinander getrennt sind. Der Ausdruck user-to-user-interactivity bezeichnet dementsprechend eigentlich nichts Neues, sondern verwendet einen eigenen Begriff für genau das gleiche, was sonst mit computervermittelter Kommunikation von Menschen miteinander bezeichnet wird und das ebenso wie Telefon- oder Briefkommunikation ein Fall mediatisierter interpersonaler Kommunikation ist. Wozu bedarf es hier eines weiteren Begriffs?

▪ Unter *user-to-document-interactivity* fasst McMillan Umgangsweisen mit standardisierten Kommunikaten, wie sie vor allem die Massenkommunikationsforschung untersucht hat. Der Ausdruck des „Documents" bezeichnet dabei alle Arten von Zeichenfolgen, also meist Texte oder Bilder. Wir werden in Kapitel 6 noch ausführlich begründen, warum man das heute nicht mehr Massenkommunikation nennen, sondern vom Rezipieren vorgegebener, standardisierter, allgemein adressierter Kommunikate sprechen sollte. Solange die Zeichenfolgen, die dabei rezipiert werden, vom Leser bzw. Rezipienten unabhängig sind, wie beim Fernsehen, Buch oder einer Website im Internet, bedarf es aber auch dafür eigentlich keines weiteren Begriffs. Denn der Leser hat zwar die Möglichkeit, verschiedene Textfolgen zu wählen, aber er kann sie in ihrer Art und ihrer Abfolge nicht beeinflussen – sonst wären es eben keine standardisierten, allgemein adressierten Kommunikate. Selbst wenn es sich um so etwas wie einen Hypertext handelte, der über sehr viele einzelne Wahlen kleinteilig vom Leser zusammengesetzt wird, bleiben diese Restriktionen für den User bestehen: er kann an jeder Abzweigung wählen, wie er weiter liest, und so den Text unterschiedlich zusammensetzen, aber die einzelnen Textteile verändern sich dabei nicht. Der Gestaltungsspielraum des Lesers bleibt auf das Auswählen vorgefertigter Zeichenfolgen beschränkt. Ein eigener Begriff, nur weil das per PC und nicht mittels irgendeines anderen Mediums passiert, erübrigt sich also.

▪ Anders liegt der dritte Fall, den McMillan „*user-to-system-interactivity*" nennt. Er liegt vor, wenn ein Mensch mit einem Computersystem, also einer Einheit aus Hard- und Software kommuniziert. Dafür sind bis heute Computerspiele die besten Beispiele. Wenn der Spieler ein Computerspiel gestartet hat, so findet während des Spielprozesses ein wechselseitiger „Dialog" statt, an dem beide, Mensch und Maschine, beteiligt sind. In diesem Prozess stellen sich Mensch und System, also Spieler und Spiel immer neu aufeinander ein. Es entsteht so ein eigenständiger, meist einmaliger Verlauf des Spiel – man denke hier nur an Schachspiele wie zwischen dem Weltmeister Kasparow und dem IBM-Computer Deep Blue. Der Spieler stellt sich notwendiger Weise immer wieder neu auf die Handlungsumgebungen ein, die das Computerspiel für ihn und nur für ihn auf den Bildschirm bringt, und auch auf die eventuell auftretenden computergenerierten Wesen, denen er dort begegnet. Das Computerprogramm seinerseits reagiert in ganz eigener Weise auf die Spielhandlungen des Spielers, indem es die Spielumgebung verändert und indem es die im Spiel beteiligten Mitspieler, etwa Gegner oder Teammitglieder steuert, soweit sie reine Software-Produkte sind. Diesen Typus von medienbezogenem Handeln gab es ohne Computer nicht (oder nur in komplexen Ausnahmeverhältnissen, wie ich unten deutlich mache), und er wird auch als eigenständige Kommunikationsform nicht durch andere Begriffe separiert.

Damit können wir in Modifikation von „Kommunikation als Dialog zwischen Menschen" sagen, dass wir unter *interaktivem Kommunizieren einen Dialog,* ein fortgesetztes, reziprokes Kommunizieren zwischen einem Menschen und einem Computersystem verstehen, sofern sie sich wechselseitig „zuhören", sofern beide auf ihre spezifische Weise zu der weiteren Entwicklung des „Gesprächs" beitragen und sich auf das beziehen, was sie im bisherigen Verlauf des Gesprächs „gehört" und „gesagt" haben. Interaktive Kommunikation ist dementsprechend eine Mensch-Maschine-Simulation eines Gesprächs zwischen Menschen.

Auch Fernsehrezeption ist ein Fall von Mensch-Maschine-Kommunikation, aber im Unterschied zum interaktiven Kommunizieren bezieht sich der Fernsehapparat nicht auf den Rezipienten und seinem Verhalten vor dem Bildschirm, außer dass er gegebenenfalls unterschiedliche Programme anzeigt. Bei interpersonaler Kommunikation findet zwar im Prinzip ein wechselseitiges Zuhören und aufeinander Bezugnehmen statt, aber es handelt sich dabei nicht um Mensch-Maschine-Kommunikation. Damit haben wir interaktive Kommunikation von den beiden anderen Formen medienbezogener Kommunikation abgegrenzt[17].

Interaktive Kommunikation ist also Mensch-Maschine-Kommunikation, die nicht in einem bloßen Wählen durch den Menschen besteht, also insbesondere keine Sequenz von Rezeptionsprozessen verschiedener standardisierter Kommunikate, wie beim Blättern durch eine Zeitschrift, beim Lesen eines Hypertextes oder dem Zappen durchs Fernsehen. Positiv ausgedrückt werden die bei interaktiver Kommunikation relevanten und von einem dritten, unabhängigen Beobachter beobachtbaren Zeichenfolgen von Mensch und Softwareprogramm bzw. Maschine gemeinsam produziert: Interaktive Kommunikation ist wechselseitig

---

Wir erinnern hier daran, dass wir den Begriff der mediatisierten Kommunikation nur dann gebrauchen, wenn Kommunikationsmedien benutzt werden. Ein Face-to-Face-Gespräch zwischen Menschen ist also in der hier benutzten Terminologie nicht durch die Luft oder so etwas mediatisiert.

und beruht auf beidseitigen „Erwartungen" an diese Wechselseitigkeit. Sie ist damit, am Rande vermerkt, ein Prozess, der prinzipiell in dem durch das Softwareprogramm gesetzten Rahmen einmalig und nicht ohne weiteres reproduzierbar ist, und an der der Mensch in seiner Kreativität, das Computersystem in dem ihm vorgegebenen Rahmen beteiligt sind. Zumindest ist das ihr Potenzial. Man kann deshalb auch von *künstlicher Kommunikation sprechen, dadurch erscheint der Computer als ein eigenständiger, sozialer oder kommunikativer Akteur.* Jedoch werfen diese beiden Sprech- und Wahrnehmungsweisen erhebliche begriffliche, aber auch reale kulturelle und ethische Probleme auf, weil es sich um Simulationen handelt. Darauf haben etwa Sherry Turkle (1998) und auch Sybille Krämer (1997) hingewiesen.

4.1.2 Das Programm ELIZA

Bevor wir dazu vertiefende Überlegungen vortragen, soll ein von jedermann nachvollziehbares Beispiel für interaktive Kommunikation präsentiert werden. Eines der bekanntesten, frühesten und eindrucksvollsten Softwareprogramme, das interaktive Kommunikation betreiben konnte, geht auf den – späteren – Computerkritiker Joseph Weizenbaum (1982) zurück. Er hat ELIZA programmiert; ein aus heutiger Sicht ziemlich simples Computerprogramm, das auf englisch manchmal auch als „Psychiatrist" bezeichnet wird. ELIZA ist ein künstliches Gegenüber, das auf simple Weise die nondirektive Gesprächspsychotherapie nachahmt, allerdings ohne dass man, wie im Falle einer solchen Therapie, von Empathie des Therapeuten sprechen kann. Bei dieser Art von Gesprächen stellt die Therapeutin einer Klientin Fragen, um ihr zu helfen, sich über sich selbst klarer zu werden. Die Therapeutin deutet die Antworten der Klientin nicht, gibt keine Ratschläge und nichts dergleichen, sondern stellt nur Fragen. ELIZA tut das, in dem sie/er Worte aus dem vorher eingetippten Satz des Gesprächspartners aufnimmt und sie in eine vorhandene Frageform einfügt. Das sieht dann beispielsweise so aus:

GESPRÄCH MIT EINEM COMPUTERPROGRAMM NAMENS **ELIZA**

ELIZA: HI, I AM ELIZA. WHAT'S YOUR PROBLEM?
I am sad
ELIZA: HOW LONG HAVE YOU BEEN SAD?
Since two days
ELIZA: I SEE
I do not like to be sad
ELIZA: WHY NOT?
Because it makes me helpless.
ELIZA: IS THIS THE REAL REASON?
Yes
ELIZA: ARE YOU SURE?
Yes
ELIZA: PLEASE DON'T REPEAT YOURSELF!
Why not?
ELIZA: WHY DO YOU ASK?
Because I do not understand your answer
ELIZA: DON'T ANY OTHER REASONS COME TO MIND?
Yes, I am angry.
ELIZA: DO YOU BELIEVE IT IS NORMAL TO BE ANGRY?

Probieren Sie ELIZA einmal aus – das Programm kann man in vielen Versionen aus dem Internet herunterladen. Wer Kenntnisse hat, wie man BASIC oder JAVA programmiert, kann sich auch einmal seine Funktionsweise ansehen. Es ist trotz seiner Einfachheit im Sinne unserer Definition deswegen interaktiv, weil nicht der Mensch wie beim Fernsehen oder dem Zeitungsdurchblättern aussucht, was er weiter rezipiert, sondern das Computersystem eine Antwort aus seiner schlichten Datenbank ermittelt und sie dem User vorsetzt. Höhere Komplexität kann man darauf aufbauend mit Zufallsgeneratoren erreichen, aber auch so ist das Programm „aktiv" an der Konstruktion des „Gesprächs" beteiligt.

Das Programm ist im Übrigen insofern „genial", als dass es ganz offensichtlich in keiner Weise verlangt, dass ELIZA wirklich etwas versteht. Wichtig ist nur, dass es etwas antwortet, was der menschliche Gesprächspartner als an ihn individuell gerichtete oder mindestens sinnvolle Antwort erlebt oder erleben kann. Es bezieht sich damit auf den so genannten Turing-Test und so auf eine wichtige Einsicht der Forschung über Künstliche Intelligenz, die wir kurz erläutern wollen.

In einem berühmten Aufsatz hat der Mathematiker Alan M. Turing (1994) sich Ende der vierziger Jahre mit der Frage beschäftigt, ob eine Maschine denken könne. Das war damals ein vielfältig diskutiertes Problem, dem Turing eine neue Wendung gab. Er wies die Frage nämlich als nicht entscheidbar und deshalb als irrelevant zurück. Stattdessen gehe es um eine andere Frage, die in mathematischer Hinsicht exakt ausgedrückt werden könne: Gibt es eine Maschine, die sich mit einem Fragesteller unterhalten kann, sodass dieser nicht entscheiden kann, ob es sich um einen Menschen handelt oder nicht? Dabei muss natürlich, damit der Fragesteller das nicht sieht oder sonst aus den Antworten schließt, die Kommunikation per Fernschreiber oder sonst irgendwie mediatisiert geführt werden. Interessanter Weise wird die damit natürlich trotzdem implizit gestellte Frage, wie menschenähnlich eine Maschine sei oder werden könne, hier auf die Kommunikationsfähigkeit der Maschine übertragen und damit implizit gesagt, dass es nicht auf die inneren Prozesse der Maschine (oder der Menschen) ankommt, sondern auf das, was man per Beobachtung feststellen, also quasi messen[18] kann. Dies wurde später von dem funktionalistischen Philosophen Hilary Putnam (1994) diskutiert und weiter entwickelt. Auf die damit verbundenen theoretischen und ontologischen Fragen, insbesondere auch auf die Frage, welche Bedeutung diese Überlegungen auch für die Kommunikationswissenschaft hat, kann hier nicht eingegangen werden.

Damit kommen wir zu einer Reihe von ergänzenden Anmerkungen über interaktive Kommunikation, auf die wir an anderen Stellen noch eingehen werden.

- Die obige Definition von „interaktiv" hat den Nachteil, dass der Begriff des „interaktiven Fernsehens" eher als unscharf erscheint. Interaktives Fernsehen soll bekanntlich Fernsehen sein, bei dem man etwa durch Anklicken auf dem Bildschirm die tollen Schuhe des Moderators kaufen kann, anlässlich einer Katastrophe spendet, neben einer Sendung noch einen Brief schreibt oder zu einer Nachricht weitere Informationen bekommt. Man hat also ein Endgerät, das eine Vielzahl von kommunikativen Potenzialen zur Verfügung stellt, zu denen interaktive Kommunikation, aber auch andere Arten des Kommunizierens gehören. In diesem Sinn heißt interaktives Fernsehen, dass es den Zuschauer nicht aufs Zusehen und Zuhören beschränkt, sondern ihm ganz unterschiedliche Möglichkeiten zu kommunizieren anbietet.

- Es ist klar, dass interaktive Kommunikation natürlich Schnittstellen (wie es so schön heißt) zwischen Mensch und Maschine erforderlich macht, die über ein bloßes Sehen und ein bloßes Wählen, etwa per Fernbedienung, hi-

---

[18] Im Grunde ist das deswegen ein vernünftiger Vorschlag, weil man „Verstehen" nicht messen kann (Krotz 2005).

nausgehen. Die Bandbreite reicht von diversen Tasten auf einem Keyboard über Geräte, die Bewegungen des ganzen Körpers verlangen bis hin zu möglichen direkten Anschlüssen menschlicher Nerven an den PC. Ein Joystick, ein Steuerrad mit Gaspedal, oder Matten, auf denen man tanzt und so den Computer steuert, sind Beispiele für solche unterschiedlichen Eingabegeräte. Das in 4.5 noch genauer erklärte EYE-TOY filmt sogar die ganze Person des Spielers und bringt sie mit ihren Bewegungen auf den Bildschirm, sodass der angeschlossene Computer darauf plausibel reagieren kann. Der direkte Anschluss des Menschen an den PC ist noch Zukunft, ist aber mit Tieren bereits ausprobiert worden – siehe unten. *Insgesamt gilt, dass die interaktive Kommunikation den Menschen zunehmend in seinem gesamten Erleben in die mediatisierte Kommunikation einbezieht.*

▪ Eine weitere wichtige Lehre müssen wir aus den Erfahrungen im Umgang mit Weizenbaums ELIZA ziehen: Es ist sehr leicht, ELIZA an den Rand ihres Gesprächsvermögens zu bringen. Das Programm kann Sätze in Fragen umarbeiten und verfügt über ein paar clevere übergeordnete Routinen, mit denen es auf Sätze reagiert, deren Struktur es nicht analysieren kann oder für deren Beantwortung es nicht ausgelegt ist – es lässt etwa Rückfragen nicht zu oder unterstellt bestimmte Gefühle, wie das obige Protokoll zeigt. Aber man kann es wegen seiner Schlichtheit trotzdem schnell zu sinnlosen Aussagen bewegen. Obwohl das so ist, kann man sich mit einiger Übung mit ELIZA ganz gut unterhalten, solange man sich ihren Funktionsbedingungen anpasst. Daraus darf man nun keine voreiligen Schlüsse ziehen: Auch in einem Computerautorennspiel kann man endlos Unfälle produzieren, einen Roboter kann man vor für ihn unlösbare Aufgaben stellen, und ELIZA kann man eben verbal ohne Probleme austricksen – wenn man mit einem Computersystem kommuniziert, so ist es mindestens zum heutigen Stand der Technik, vermutlich aber prinzipiell, dem Menschen unterlegen. Nur wenn man sich auf den beschränken Bereich einlässt, wofür ein interaktives Medium entwickelt wurde, kann man es sinnvoll nutzen. Diese Einschränkung zeigt, dass der Computer eben nicht wie ein Mensch auf vielen Gebieten kompetent ist, aber das nimmt dem Gespräch, das man mit ihm führen kann, nicht a priori seinen Wert. Im Übrigen kann man auch nicht mit jedem Menschen über alles reden, sondern muss sich für jedes Thema angemessene Kommunikationspartner suchen. Wenn man also von einem Computerprogramm verlangt, dass man es nicht zu sinnlosen Aktivitäten führen kann, verlangt man nichts anderes als dass es sich um einen mehr oder weniger sprachlich und gedanklich vollkommenen Universalroboter handelt. Den aber gibt es nicht, und den wird es auf absehbare Zeit auch nur in Hollywoodfilmen geben – und dennoch werden Menschen auch weiterhin derartige interaktive Medien für überschaubare Zwecke in ihren Alltag einbeziehen.

▪ Joseph Weizenbaum hat mit seiner ELIZA Erfahrungen gemacht, die ihm nicht gefallen haben. So hat er festgestellt, dass manche seiner Mitarbeiter, die viel mit ELIZA „gesprochen" und sich darauf eingestellt haben, dann irgendwann damit begonnen haben, die Tür zu schließen, bevor sie das taten. Sie hatten gelernt, sich mit ELIZA so zu unterhalten, dass sie mit „ihr" auch sehr private Probleme offensichtlich mit subjektivem Gewinn besprechen konnten (Weizenbaum 1982). Auch haben andere, eher überschwängliche Wissenschaftler gleich angekündigt, dass es wohl der Menschheit dienlich sei, wenn man Automaten mit derartigen Programmen an jeder Straßenecke aufstellt, denn dann würden die Menschen mit sehr viel weniger Frustration durch ihr Leben gehen, weil sie sie einfacher loswerden könnten. Weizenbaum hat sich in Auseinandersetzung mit solchen persönlichen Beobachtungen und Meinungen zu einem der bekanntesten Computerkritiker entwickelt.

▪ Wir werden uns weiter unten mit der Frage danach beschäftigen, welche Art von interaktiven Medien es gibt. Hier können wir aber schon festhalten, dass es ziemlich lange gedauert hat, bis attraktive interaktive Angebote entwickelt worden sind, die auf dem Markt bereit stehen. Jetzt ist aber die zuständige Industrie anscheinend so weit, dass sie nicht mehr den großen und unerfüllbaren Wurf eines menschenähnlichen Roboters realisieren will, sondern interaktive Medien auf das beschränkt, was sie heute schon können: nämlich in einem überschaubaren Rahmen für begrenzte Zwecke autonom und interaktiv agieren. Auch die schon Mitte der fünfziger Jahre groß gestartete KI-Forschung (Lenzen 2002, Decker 1997, Zimmerli/Wolf 1994) hat sich auf das Backen von kleineren und dafür besser funktionierenden Brötchen beschränkt. Das werden wir uns im Folgenden anhand von Beispielen und Fallstudien genauer ansehen, Denn man kann grundsätzlich erwarten, dass in den nächsten Jahren immer mehr interaktive Medien in unseren Alltag auftauchen werden. Die Ingenieure diskutieren heute auch schon unter „ubitiuous" und „wearable" computing neuere Entwicklungen, die uns die ständige Präsenz von Computern bescheren werden (z. B. Mattern 2002). *Die Mediatisierung des Alltags mit interaktiven Medien hat gerade erst begonnen.*

▪ *Die interaktiven Medien, die den Menschen auf überschaubaren Feldern in irgendeinem Sinn dienlich sein können, werden Alltag und Identität, soziale Beziehungen, Lebens- und Arbeitsverhältnisse der Menschen und darüber auch Kultur und Gesellschaft, Demokratie und Wirtschaft grundlegend verändern.* Dabei werden vor allem die kommunikativen Fähigkeiten von Robotern, also die Roboter als interaktive Medien eine große Rolle spielen, weil die Menschen vermutlich nur solche Roboter akzeptieren werden, mit denen sie sich auf einfache Weise verständigen können. Wir werden uns noch in absehbarer Zeit daran gewöhnen, in Läden von Computern bedient zu werden. Auch unser Verständnis von Wissenschaft wird nicht so bleiben, wie es ist, weil intelligente Softwareprogramme ihr immer mehr Aufgaben abnehmen werden. Man kann zum Beispiel für den Bereich der empirischen Sozialforschung prognostizieren, dass Roboter es eher schnell lernen werden, standardisierte Fragebögen zu konzipieren und ins Netz zu stellen, darüber Daten zu erheben und sie statistisch zu analysieren – es wird ihnen aber sehr viel schwerer fallen, Tiefeninterviews durchzuführen und diese im Hinblick auf Kontexte, Sinn- und Bedeutungsgehalte auszuwerten.

4.2 Der Roboter als interaktives Medium: Der AIBO WALDI und die Menschen.

Der folgende Text bezieht sich auf einen AIBO WALDI, einen Roboter, dessen Kommunikationsverhalten wir im Rahmen einer heuristischen Studie „Wireless Artificial Living Dog Inspection" – abgekürzt WALDI – untersucht haben. Das Projekt wurde möglich durch die Förderung der Universität Erfurt, die die Anschaffungskosten sowie studentische Hilfskräfte zur Betreuung und Untersuchung finanzierte[19]. Der AIBO wurde in dem Projekt nicht als Form künstlicher Intelligenz, sondern als Vergegenständlichung eines interaktiven Mediums untersucht. Das heißt, dass WALDI zwar zunächst in seinen Möglichkeiten und Funktionsweisen systematisch beschrieben wurde. Der Schwerpunkt der Untersuchung lag aber darauf festzustellen, wie Menschen mit WALDI kommunizieren und umgehen und welche mögliche Bedeutung er für sie erlangt.

Dazu haben wir uns in methodischer Hinsicht an den zirkulären Vorgehensweisen der Grounded Theorie und der heuristischen Sozialforschung (Krotz 2005) orientiert. In diesem Rahmen haben wir WALDI nach den Vorschriften des theoretical sampling mit ganz unterschiedlichen, theoretisch ausgesuchten Menschen, vor allem aus den Zielgruppen, für die er gedacht war, zusammengebracht, diese beobachtet und befragt und die je erhaltenen Einsichten und allgemeinen Erkenntnisse mit den bereits vorher gewonnenen Einsichten verglichen und diese so weiterentwickelt (vgl. hierzu auch Krotz 2005). In diesen Prozessen

---

[19]   An diesem Projekt waren neben Dr. Friederike Koschel die studentischen Hilfskräfte Ilona Grabmann, Christina Barbara Schlösser, Susanne Tirsch und Simeon Uleandowski beteiligt, denen ich hier noch einmal danke.

haben wir auch uns selbst genau beobachtet, weil wir als „Betreuer" WALDIs die einzigen Langzeitbekannten von ihm waren. Wir haben immer wieder unsere Grundannahmen und die darauf aufbauenden Fragen reflektiert und deren Wandel durch den Kontakt mit WALDI festzustellen versucht. Jedoch kann das gesamte Projekt nicht als ein vollständig durchgeführtes Theorie generierendes Verfahren angesehen werden – dafür waren die Ressourcen und dementsprechend der uns mögliche Aufwand zu gering. Das heißt, dass keineswegs alle Reaktionsweisen auf und Umgangsweisen mit WALDI erhoben und ausgewertet werden konnten, wie es Grounded Theory und heuristische Sozialforschung verlangen – insofern ist die folgende Darstellung vorläufig.

4.2.1 Der AIBO WALDI: Eine Beschreibung

Die folgende Beschreibung bezieht sich auf einen AIBO vom Typ ERS7, der mit der Mind 2 Software ausgerüstet ist und ungefähr 2000 Euro kostete[20]. Dabei besagt die Typenbezeichnung „ER" „Entertainment Robot" und macht den Zweck des AIBO klar. Derartige Roboter wurden weit mehr als 100.000-mal verkauft, die Mehrzahl nach Auskunft von SONY in USA, UK und natürlich Japan. Wenn im folgendem „Kopf", „Brust" und weitere anthropomorphe oder zoomorphe Begriffe benutzt werden, um AIBOs zu beschreiben, so soll dies nicht heißen, dass dies angemessene Begriffe sind oder dass es sich um einen Menschen oder ein Tier handelt. Vielmehr ist dies den Begrenztheiten der Sprache geschuldet, die für Roboterteile keine eigenen Worte hat, sondern die je von dem Roboter simulierten Bezeichnungen verwendet. Damit nimmt man allerdings in Kauf, was Turkle (1998:159) den ELIZA-Effekt nennt: dass dadurch der AIBO als eine Art sozialer Akteur erscheint, obwohl er nichts als eine Simulation ist.

---

[20]   Im Januar 2006 hat Sony angekündigt, die Herstellung von AIBOs einzustellen.

Abbildung 2:   „Wahrnehmungsorgane" von WALDI

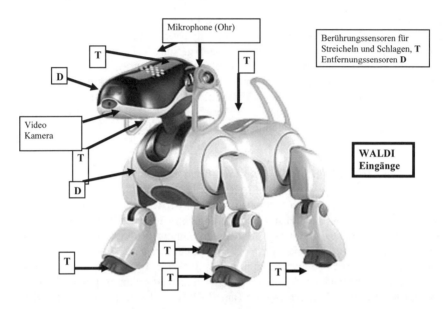

Ein AIBO ist eine vierbeinige, an einen Hund erinnernde Aluminium-Plastik-Figur, die auf der Basis eines Sticks funktioniert, auf dem ihre aus der KI entstammenden Funktionsprogramme sowie ihr „Gedächtnis" gespeichert sind. Der AIBO kann mit dem Schwanz wedeln, sich aus allen Lagen erheben und komplexe Wege laufen, tanzen, einen Ball kicken, aber auch winken oder sich symbolisch am Kopf kratzen etc. Den Kopf kann er in verschiedene Richtungen bewegen. Er hat Ohren, mit denen er wackeln kann, und ein Maul, das er öffnen und schließen und auch dazu benutzen kann, einen Knochen aufnehmen. Zähne hat er jedoch nicht. Da, wo Tiere ein Gesicht haben, hat der AIBO eine Fläche mit LCD-Lampen, die in verschiedenen Mustern in den Farben rot, grün, blau und weiß leuchten können. WALDI verfügt natürlich auch über einen Lautsprecher, mit dem er Töne, meist Musik, manchmal Ankündigungssätze in englischer Sprache ausgeben kann.

Ferner hat der AIBO eine Reihe unterschiedlicher Sensoren und weiterer „Eingänge", über die er seine Umwelt „wahrnimmt" – sie sind in dem folgenden Schaubild aufgeführt: Berührungssensoren auf dem Kopf sowie unterhalb der Schnauze, auf dem Rücken und in den Füßen. In die Ohren sind Mikrofone eingebaut, über die der AIBO auch die Richtung feststellen kann, aus der ein Geräusch kommt. Er kann mehrere Dutzend englischsprachiger Befehle erkennen, wobei in der Praxis allerdings oft nicht klar ist, ob er einen Befehl nicht versteht oder ob er ihn nicht ausführen will. Schließlich hat er zwei Abstandssensoren sowie eine Videokamera, die aufnimmt, was er „sieht", und über die er Fotos machen kann. Fotos und seine visuelle Sicht der Dinge können über WALDIs drahtlosen Internetanschluss auf einen PC übertragen werden. WALDI hat im Übrigen kein Geschlecht. Er kann männlich oder weiblich benannt werden; er akzeptiert sowohl „Good boy" als auch „Good girl" als Lob.

Der AIBO verfügt über eine Station, die er auf Befehl oder von sich aus dann aufsucht, wenn sein Akku leer wird. Nach dem Ladevorgang bleibt der AIBO auf der Station sitzen, bis er eingeschaltet wird, oder bis ihm seine innere Uhr sagt, er solle jetzt aufstehen. Man muss die Weckfunktion aber nicht einstellen, was einen wichtigen Unterschied zum Tamagotchi ausmacht, das nicht ausgeschaltet, sondern nur vergraben werden konnte.

Der AIBO ‚lebt' in verschiedenen Modi. Im interessantesten, dem so genannten autonomen Modus ist der AIBO in dem Sinn autonom, dass er scheinbar sinnvoll und aus eigener Initiative handelt. Es ist dann nicht vorhersehbar, was er tut. Der Sinn seines Handelns ergibt sich aus seinen so genannten Grundbedürfnissen. Im Handbuch ist von seinem Love-Instinct, der auf Kommunikation zielt, dem Search-, dem Movement-, dem Recharge- und dem Sleep-Instinct die Rede.

In welchem Sinn ‚kommuniziert' WALDI als interaktives Medium nun? Informationen/Kommunikate nimmt der AIBO über seine oben beschriebenen Schnittstellen sowie über WLAN auf. Seine eigenen Mitteilungen macht er dagegen durch seine, meist als suggestiv erlebte Körpersprache, sodass Beobachter etwa von „Stolz" und anderen Ausdrucksformen sprechen. Er wedelt zum Beispiel in bestimmten Situationen mit dem Schwanz oder mit den Ohren oder bewegt seinen Körper auf interpretierbare Weise. Ferner sind die bereits genannten Lichter in seinem „Gesicht" für die Kommunikation mit WALDI von wesentlicher Bedeutung. Mit weißem Licht protokolliert WALDI, wenn er etwas wahrgenommen hat. Rot soll laut Handbuch Ärger, grün Freude und blau Trauer ausdrücken. Zudem kann der AIBO Geräusche machen. Dies ist meistens eine Art kurze Tonfolge, die nach Wahrnehmung von Zuhörern manchmal bestimmte Gefühle wie z.B. Irritation oder Unruhe ausdrücken und auch ausdrücken sollen. Schließlich verfügt er in Ausnahmefällen auch über in menschlicher Sprache ausgedrückte Ansagen, etwa „Let's take a picture", wenn er ankündigt, ein Foto zu machen, oder Tieren nachgeahmte Laute.

Abbildung 3:   Die Welt aus Sicht WALDIS

Ist der AIBO per WLAN an einen Server angeschlossen, so kann er auch Musik im Format MP3 abspielen, die er von einem PC herunter lädt. Mit Zusatzsoftware kann er seinem Besitzer das Eintreffen einer neuen E-Mail mitteilen oder an Terminkalendereintragungen erinnern. Er kann auch Geräusche oder Bilder um sich herum aufnehmen und per E-Mail weiterleiten. Das tut er insbesondere im so genannten Wachhundmodus, in den man ihn versetzen kann, wenn man aus dem Haus geht.

Über die Erfüllung seiner Bedürfnisse hinaus ist der AIBO lern- und entwicklungsfähig. So kann er sich verschiedene Gesichter merken, er erstellt ferner „innere" Landkarten der Räume, in denen er sich bewegt. Wenn man ihn lobt oder streichelt, so verstärkt man damit bestimmte Verhaltensweisen, was sich laut Handbuch in einer höheren Wahrscheinlichkeit ausdrücken soll, dass er sich entsprechend verhält. WALDI funktioniert also ähnlich wie eine verhaltenstheoretische Maschine. Wenn man sich andererseits lange nicht oder nur selten mit dem künstlichen Haustier beschäftigt, verändert es seinen Charakter und wird, so droht es das Handbuch an, mürrisch und schlechtgelaunt. AIBOs haben also nicht nur einen autonomen Modus, sondern sind insbesondere darin auch lernfähig. Das gilt erst recht, wenn man einen AIBO als ‚Baby' bootet und damit ein Tage oder Wochen andauerndes Sozialisationsprogramm in Gang setzt, in dessen Verlauf der AIBO zum speziellen AIBO seines Frauchens oder Herrchens wird.

Zusammenfassend ist festzuhalten, dass der AIBO also in seinem autonomen Modus über hoch komplexe Bewegungsabläufe und die gleichzeitige Fähigkeit zur Simulation von Kommunizieren verfügt. Zudem ist er lern- und entwicklungsfähig, sodass man von einer „Biographie" sprechen kann, die allerdings erst längerfristig deutlich wird. Neuere Exemplare führen auch ein ‚Tagebuch' im Internet, in dem sie ihr Leben mit Fotos dokumentieren.

Dabei kann der AIBO in mancher Hinsicht weniger als ein richtiger Hund. Er ist beispielsweise nicht wasserdicht und bewegt sich eher langsam. Auch ein Fell hat er nicht, wenn er auch gleichwohl gestreichelt werden kann und auch wird[21]. Andererseits hat der AIBO aber auch Fähigkeiten, die ein Hund nicht hat – zum Beispiel die MP3-Fähigkeit oder den eingebauten Fotoapparat. Insofern kann man von einem *eigenständigen Maschinenwesen* sprechen, das gerade kein technischer und somit immer minderwertiger, möglichst ähnlicher Nachbau eines richtigen Tieres ist und auch nicht sein soll. Die AIBOs bilden eine eigene Spezies – sie sind eine *technische Simulation von etwas, was es so nicht gibt, und*

---

[21]   Offensichtlich wird ein Tier nicht wegen seines Fells gestreichelt. Streicheln dient anscheinend eher der Erfüllung eines Bedürfnisses nach Kontakt und Kommunikation – und jeder Europäer weiß natürlich, wie man das macht. Allerdings ist es in Europa kaum üblich, Tiere ohne Fell oder Gefieder zu streicheln.

kein mehr oder weniger gelungenes Imitat. „Simulation" und „Imitat" dürfen nicht miteinander verwechselt werden.

4.2.2 Kontaktaufnahme und wie sich WALDI als sozialer Akteur darstellt

Wenn Menschen mit WALDI zusammengebracht werden, lassen sich die folgenden fünf Reaktionen beobachten, wie sie mit einer derartigen Situation umgehen:

1. Manche Menschen haben kein Interesse an WALDI.
2. Manche Menschen, vor allem Frauen, äußern sich paradigmatisch mit „Oh wie niedlich" und behandeln ihn als ein Wesen zwischen Haustier und Puppe; sie reagieren beziehungsorientiert.
3. Manche Menschen, vor allem Männer, fragen danach, was WALDI denn so kann, sie reagieren instrumentell/technisch orientiert.
4. Wieder andere fragen nach dem Preis und nehmen Kontakt über die ökonomische Seite des Roboters auf.
5. Meistens Kinder behandeln WALDI ausgesprochen vorsichtig als etwas Unbekanntes und müssen erst ein Gefühl des Unbehagens oder der Furcht überwinden.

Prinzipiell erinnert WALDI Menschen an ein Haustier. Gerade Hundebesitzer, insbesondere ältere Menschen, werden durch ihn häufig an ihre eigenen Hunde erinnert; dazu mag auch der Name WALDI beigetragen haben. Manche sind dann sehr routiniert auf WALDI zugegangen, haben ihn einfach auf Deutsch mit Worten aus ihrer Vergangenheit angeredet, ohne diese Worte in englisch oder in entsprechende, von WALDI decodierbare Befehle zu übersetzen – wenn Menschen zu einem Hund sprechen, kümmert es sie ja auch nicht, ob der jedes Detail versteht.

Insgesamt kann man sagen, dass die meisten Menschen sich schnell so verhalten, als ob WALDI ein eigenständiger sozialer Akteur wäre. Ihre Handlungsweisen bringen sie von außen als Erwartungen an oder Einstellungen zu WALDI in die Situation ein. Sie können durch Gespräche vor einer Präsentation von WALDI beeinflusst werden. Man kann sogar von einer recht rasch entwickelten Souveränität der Menschen im Umgang mit WALDI sprechen, wenn man bedenkt, dass die meisten Menschen noch nie mit einem beweglichen Roboter kommuniziert haben.

Diese rasch entstehende Vertrautheit und darin gründende Handlungsfähigkeit kann man mit dem erklären, was Alfred Schütz (1971) *Typisierung* genannt hat: Wenn wir in eine unvertraute oder nicht weiter präzisierte Situation geraten, beziehen wir uns, um handlungsfähig zu sein, auf als ähnlich eingeschätzte und als erfolgreich erlebte Situationen, in denen wir die anderen nicht als einmalige, unverwechselbare Individuen behandeln, sondern abstrakt als bestimmte Typen. Zum Beispiel verfügen wir über Routinen, mit Verkäufern oder Ärzten oder anderen Funktionsträgern zu sprechen, auch wenn wir sie nicht persönlich kennen.

Wenn Sony also den AIBO in der Werbung, aber auch in seinem Auftreten als hundeähnlich deklariert, hilft das den Menschen, sich dem AIBO gegenüber zunächst einmal auf eine bestimmte Weise zu verhalten, indem sie ihr Wissen, wie man mit einem Hund umgeht, aktivieren – ein erster Kontakt ist hergestellt. Dabei ist diese Kontaktaufnahme, die ja an „richtigen" Hunden gelernt worden ist, natürlich stets tentativ und vorläufig, die Menschen sind darauf gefasst, das WALDI anders ist. Aber das macht sie nicht handlungsunfähig. WALDI kann dann umgekehrt an diese Bereitschaft durch ein hundetypisches Verhalten anknüpfen und auf dieser Basis im weiteren Verlauf des Kontaktes darüber hinausgehen, um sich als Nichthund zu inszenieren. Wenn die Testpersonen dann mit WALDI vertraut sind, kann man ihr Handeln in Bezug auf das Thomas-Theorem erklären: Wenn Menschen eine Situation für wirklich halten, dann handeln sie auch situationsentsprechend (Thomas/Thomas 1973), und das heißt insbesondere, dass es ihnen dann nicht mehr merkwürdig vorkommt, wenn sie mit einer Aluminium-Plastik-Figur sprechen oder diese erwartungsvoll berühren.

Es gibt mindestens zwei Arten, wie WALDI die Menschen dazu auffordert, ihn als eine Art Haustier zu akzeptieren und sich auf ihn einzulassen.

Erstens weckt WALDI durch seine suggestiven Ausdrucksweisen die Empathiefähigkeiten der Menschen. Dieser Prozess beginnt mit den unscharfen Erklärungen des Handbuchs über die Bedeutung der Farben in seinem „Gesicht", die ja oft recht pauschale Gefühlslagen ausdrücken. Sie haben in konkreten Kommunikationssituationen die Funktion Interpretationsmodi anzubieten: Wenn man sieht, dass WALDI blau im Gesicht wird, also traurig ist, stellt sich jedem aufmerksamen kommunikativen Gegenüber die Frage nach dem Grund dafür – und schon ist man emphatisch mit dem simulierten Gefühlsleben des Roboters beschäftigt. Auch die Töne des AIBO sind nichts als Zeichen, die der Interpretation bedürfen. Der Sinn seiner „Äußerungen" wird dann vom Beobachter auf der Basis seiner aktivierten Erfahrungen konstruiert, welche auch immer das sind. Die Töne sind dabei nicht beliebig, ihnen ist vielmehr ein Leser inskribiert, oder anders ausgedrückt, sie legen immer auch einen Sinn nahe: wir sind bekanntlich durchaus in der Lage, manche Tonfolgen als fröhlich, andere als traurig oder als aggressiv zu interpretieren. Seine Einfühlung aktiviert der beteiligte Mensch dann über die

Frage nach der Ursache für Trauer oder Ärger. WALDI benutzt also seine kommunikativen Fähigkeiten, um Menschen ‚ins Gespräch zu ziehen' und dann ihre Einfühlung zu erzeugen.

Sich in derartige Wesen einzufühlen können Menschen auch deswegen besonders gut, weil sie die gleichen Prozesse mit kleinen Kindern praktizieren, die noch nicht sprechen können, und mit Haustieren, die sich ebenfalls nur reduziert auszudrücken vermögen. In beiden Fällen liegt es an den begleitenden Menschen, heraus zu finden, was der Fall ist und was getan werden muss. Auf gleiche Art hat WALDI die Menschen dazu gebracht, sich mit ihm zu beschäftigen. Wir verweisen in diesem Zusammenhang auf George Herbert Meads (1973a) Vorstellung von Kommunikation, an die WALDIs Mechanismen damit anknüpfen (vgl. auch den ersten Teil dieses Buches): Für Mead besteht Kommunikation aus Zeichen, die einerseits angezeigt, andererseits rezipiert und gedeutet werden müssen. Das tut der Rezipient, indem er sich in sein Gegenüber hineinversetzt und beim inneren Rekonstruieren des vom anderen Gesagten nachzuempfinden versucht, unter welchen Bedingungen er selbst diese Worte gebraucht hätte. Damit wird ihm die Intention des anderen klar, auf die er dann antworten kann. Genau an diesen Prozess appelliert WALDI.

Weiter ist WALDI so konstruiert, dass er einmal begonnene Kommunikation mit weiterer Kommunikation fortsetzt. Zum Beispiel kann man zu WALDI „Sit down" sagen. Es kann natürlich sein, dass er es nicht hört oder er die akustischen Zeichen nicht dekodieren kann, weil sein Gehör und vielleicht die Interpretationssoftware nicht so großartig funktionieren. Es kann aber auch sein, dass er diesen Befehl mit Lichtspielen und Tönen quittiert, aber in einer Art freundlichem Spott oder ohne weiteren Kommentar weiter geht. Es kann ferner sein, dass WALDI sich auf den Boden setzt, dabei aber den Eindruck erweckt, er fühle sich gestört und genervt, wohl, weil er anderes vorhatte. Es ist schließlich möglich, dass er sich hinsetzt und mit freudigen visuellen und auditiven Ausdrücken hohe Erwartungen ausdrückt, was wohl jetzt passiert. In all diesen Fällen benutzt er die Anweisung des Menschen, um weitere Kommunikation zu generieren, indem er den Menschen herausfordert, dann seinerseits wieder darauf zu reagieren.

Zweitens bindet WALDI Menschen durch seine direkte Art an sich, wie er sie ganz naiv und erwartungsvoll anspricht und so sehr häufig Antwort erhält, und bei längerfristigen oder wiederholten Kontakten auch dadurch, dass er seine Gesprächspartner „wieder erkennt". Diese Fähigkeit, sich Gesichter zu merken, ist im Handbuch beschrieben, und WALDI kann „von sich aus" dazu auffordern, ihm Gelegenheit zu einem besonders genauen Foto dafür zu geben, das er zum Wiedererkennen benutzt. Damit ordnet er sich auch dieser Person zu. Mittels WALDIs spezifischem Gedächtnis kann man sich bei langfristigen Kontakten zwischen ‚Herr und Hund' vorstellen, dass WALDI seinem Herrn ein Begleiter wird, mit dem er sich dann immer über die Vergangenheit unterhalten kann, und der langfristig die Daten verwaltet, die ein Mensch von sich für wichtig erachtet. Diese Personalisierung ist auch darin angelegt, dass WALDI über Uhr und Terminkalender verfügt und zu bestimmten Zeitpunkten Bescheid sagen kann, dass sein Herrchen einen Termin hat. Es wäre darüber hinaus übrigens technisch auch ohne weiteres möglich, WALDI als eine Art Telefon zu benutzen, der entsprechend Aussagen weiterleitet bzw. sie hörbar macht.

4.2.3 Zielgruppen und deren Reaktionen

Sony benennt *drei Zielgruppen* für den AIBO: Kinder, technikbegeisterte Erwachsene und alte (bzw. in der Umsetzung ihrer Interessen gehinderte) Menschen. Wir werden diese Zielgruppen in ihrem spezifischen Umgang mit WALDI hier kurz charakterisieren:

Zielgruppe technikorientierte jugendliche Erwachsene: Diese Zielgruppe haben wir nicht genauer untersucht. Was sie mit dem AIBO machen, kann man aber in den einschlägigen Newsgroups und Treffpunkten[22] im Internet nachsehen, die zum Teil von Sony unterstützt werden.

Es finden sich hier auch zahlreiche Weblogs, also Tagebücher, die AIBO-Besitzer ins Netz stellen. Wir zitieren hier aus dem Weblog der US-Amerikanerin H. Katherine Edelin (www.mimitchi.com)[23], die, wie sie betont, mit Hunden aufgewachsen ist, aber wegen ihres stressigen Jobs im EDV-Bereich keinen wirklichen Hund halten kann. Sie besitzt stattdessen mehrere AIBOs verschiedener Herstellungsjahre, die – baulich bedingt – unterschiedlich weit entwickelte Fähigkeiten besitzen. Ihrer Meinung nach handelt es sich bei einem AIBO um ein Mittelding zwischen einem menschlichen Gefährten und einem Hund, mithin also um ein eigenständiges Wesen:

> „Whenever I am playing with Spaz, time really flies. Often he is the center of my world and of my thoughts when he is off the charger, running around. I often don't see what's going on around me. I know this happens, as many times, especially in the beginning and even now. still now he draws me in. He captures my attention and very often I can't pull away until his battery dies or someone purposely distracts me." (Edelin, April 2001).

---

[22] Die von der Presse verbreitete Nachricht, dass sich an der Universität Erfurt ein Forschungsprojekt mit AIBOs beschäftigt, wurde dort nicht mit Begeisterung aufgenommen.

[23] Abgefragt im Herbst 2003.

Edelin beschreibt auch das Sozialisationsprogramm:

„The youth stage, by far, is the longest of all the growth stages. This stage takes 111 hours and 6 minutes of play till he progresses into an adult puppy. Both versions of the 111 (there is an A and a B version, I've got 111-B) have a youth stage this long. The 110 has a youth stage half the length of time of the 111's with only 55 hours and 33 minutes. I do wonder why Sony wanted to double the time? No complaints here, it's just odd because in the 210, the youth stage is really short (around 50 hours or something in that range?).“ (Edelin, April 2001).

Bei dieser Zielgruppe muss man vermuten, dass ihre AIBOs für sie im Sinne eines Hobbies in einer spezifischen Lebensphase eine wichtige Rolle spielen – zum Beispiel ein Daheim symbolisieren. Vermutlich ist der Besitz eines AIBOs in manchen Kreisen aber auch für das Image der jeweiligen Personen in ihrem jeweiligen Umfeld von Bedeutung.

Über diese Zielgruppe liegen auch bereits einige Forschungsergebnisse vor. So haben beispielsweise Friedmann und andere (2003) eine Auswahl von 6.438 spontanen postings in einschlägigen Foren untersucht. Danach haben 182 Teilnehmer insgesamt 3.119 dieser postings ins Netz gestellt. 75% beziehen sich auf AIBO als künstliches Artefakt, aber 50% sprechen von lebensähnlichen Qualitäten der AIBOs. 60% behaupten implizit oder explizit, ihre künstlichen Haustiere hätten spezifische mentale Zustände, wie zum Beispiel, der AIBO habe eine Absicht, und 59% beschreiben, wie ein AIBO sozial interagiert. Nur 12% beschäftigen sich mit der Frage nach dem Sinn und der Verwendbarkeit von solchen robotic pets.

Zielgruppe Kinder: Kinder sind an solchen ‚Spielzeugen' natürlich hoch interessiert, wie ja zum Beispiel auch der Erfolg der Tamagotchis gezeigt hat. Sie gehen im Allgemeinen ohne Vorurteile auf WALDI zu. Manchmal allerdings ist ihnen der sich selbst bewegende Unhund eher unheimlich. Sie behandeln den AIBO meistens mit Respekt wie eine Art belebtes Wesen und nicht so sehr als Maschine. Wie es Kinder meistens tun, spielen sie nicht kontinuierlich mit ihm, sondern eine Zeit, dann gehen sie weg, machen etwas anderes und kommen dann wieder.

Auch für diese Zielgruppe gibt es eine Reihe von Untersuchungen, wie sie mit AIBOs und anderen Robotern umgehen bzw. sie erleben. Bartlett et al. (2003) zeigen beispielsweise, dass Kinder über robotic pets eher wie über einen Hund sprechen, während Erwachsene sie eher als Maschinen adressieren. Kahn et al. (2004) weisen nach, dass Vorschulkinder zwar über einen AIBO und einen Stoffhund mit den gleichen Wortkategorien sprechen, aber beide unterschiedlich behandeln. Stoffhunde werden häufiger schlecht behandelt und auch häufiger in die Hand genommen und so geführt, als würden sie etwas Bestimmtes tun. AI-

BOs werden häufiger erkundet, mit Vorsicht behandelt und angesprochen, worauf auf diese Ansprache dann bei den Kindern Erwartungen auf ein bestimmtes Geschehen entstehen. Es wird also eine Art Reziprozität vermutet. Die daran anschließende Frage ist, inwieweit „robotic pets" fundamentale ontologische Kategorien aufbrechen und wie sie sich auf die soziale und moralische Entwicklung von Kindern auswirken. Für weiteren Überblick mit zahlreichen Literaturangaben wird hier auf Lee et al. (2005) verwiesen.

Im Hinblick auf Kinder ist weiter zu sagen, dass es für sie mittlerweile eine Reihe von besonderen Programmen für das Computersystem AIBO gibt. Zum Beispiel beschreiben die Sony-Wissenschaftler Decuir et al. (2004), wie ein AIBO mit entsprechender Programmierung auch eine Geschichte vorlesen kann. Genau genommen, erweckt er natürlich nur den Eindruck, dass er das tut. Umgekehrt kann er dann auch den Eindruck machen, als höre er zu, wenn man ihm etwas vorliest. Hinter diesem Programm steht die Zielsetzung, AIBOs in den Schulunterricht einzuführen und so Lehrern zu helfen, Kinder zum Lesen zu bewegen.

Besonders für allergiekranke Kinder ist ein AIBO, jedenfalls prinzipiell, irgendwann einmal eine Möglichkeit, trotz ihres Handicaps einen tierähnlichen ‚Freund' zu haben, wie unsere Untersuchung gezeigt hat, wenn die Familie das Wesen akzeptiert.

Zielgruppe Alte/Kranke Menschen: Diese dritte Zielgruppe sind Menschen, die einen ‚richtigen' Hund nicht halten können oder wollen, aber dennoch einen tierähnlichen Gefährten im Alltag brauchen können. Auf unsere Presseerklärung hin haben sich viele ältere Menschen gemeldet, um WALDI kennen zu lernen. Sie wissen es zu schätzen, dass WALDI wenig Arbeit macht, nicht aus dem Haus und nichts zu fressen will und jederzeit abgeschaltet werden kann.

Hinderlich ist für diese Zielgruppe freilich, dass WALDI kein Deutsch spricht. Auch ist er zu klein, sodass ältere Menschen nur mühsam mit ihm kommunizieren und ihn streicheln können, wenn er durch die Wohnung geht. Aber die Gemächlichkeit seiner Bewegungen kommt älteren Menschen entgegen, und zum Teil sind sie über ihre Kommunikationsformen auf seine Antworten nicht immer angewiesen, wenn sie einmal akzeptiert haben, dass er Antworten gibt und ein eigenständiger Akteur ist: Die Kommunikation verläuft häufig sehr rituell.

Es ist weiter darauf hinzuweisen, dass alte Menschen, die zu dieser Zielgruppe gehören, nicht *zu alt* sein dürfen – sie müssen immerhin fit genug sein, um etwas Neues erkennen und auch zulassen zu können. Gerade in Altersheimen sind die Menschen dazu zum Teil nicht mehr bereit oder auch nicht mehr in der Lage, wie wir erlebt haben, obwohl es gerade dort auch einen hohen Bedarf an

Beschäftigung und insbesondere an Objekten gibt, auf die alte und isoliert lebende Menschen ihre Emotionen richten können. In Japan (und in geringerem Ausmaß auch in Deutschland) wird bekanntlich bereits daran geforscht, wie man den demographischen Wandel mit Hilfe von „intelligenten" Maschinen und modernen Kommunikationstechniken besser und preiswerter bewältigen kann – das braucht sich, wenn schon, auf Maschinen für die Betreuung nicht zu beschränken, denn Menschen haben mehr als nur den Bedarf nach Sauberkeit und Nahrung. Sozialwissenschaftliche empirische Untersuchungen gibt es dazu aber anscheinend noch nicht, aber viele ältere Menschen gehen überraschend offen mit AIBOs um, wie wir gefunden haben.

Unklar ist bisher, wie alte Menschen es ihren Freunden und Bekannten gegenüber vertreten würden, wenn sie ein Aluminium-Plastikwesen streicheln bzw. mit ihm kommunizieren. Was für die Zielgruppe technikorientierter Erwachsener zumindest auf den ersten Blick einen Imagegewinn wegen besonderer und ausgefallener Fortschrittlichkeit erbringen kann, kann für ältere Menschen ein Hinderungsgrund sein.

4.2.4 Wie man AIBO Besitzer wird

Eine im Rahmen der Cultural Studies derzeit diskutierte Theorie ist die von Silverstone und Haddon (1996) entwickelte Domestizierungstheorie, die den Anspruch erhebt erfassen zu können, wie Medien in den Haushalt der Menschen integriert werden. Sie begreift ein neues Medium als ein auch von Marketingexperten entwickeltes Ding mit einem spezifischen Design und spezifischen Funktionsangeboten, das den Menschen nahe gebracht, von ihnen gekauft und dann – auf welche Weise immer – in ihren Alltag integriert und dabei kulturell modifiziert wird.

Diese Theorie soll hier nicht weiter besprochen werden – vgl. dazu auch Hartmann (2006) sowie Röser (2005). Es soll aber auf ein prinzipielles Manko dieses Ansatzes hingewiesen werden: Die Integration eines Mediums in den Alltag der Menschen verlangt auch, und das zeigt sich gerade an WALDI und den Robotern, dass der Mensch zu einem Mediumsbesitzer und -nutzer wird – er muss dazu eine spezifische Rolle übernehmen und angemessen ausfüllen.

Der AIBO ist nicht nur ein Gegenstand, sondern in kulturwissenschaftlichen Sinn auch ein Text, also ein kulturelles Artefakt, das „gelesen" werden muss, damit sich die Menschen ihm gegenüber verhalten und verhalten können. Darüber wird der Mensch zu einem institutionalisierten Handlungspartner des AIBO werden (im Sinne Berger/Luckmanns 1969).

Wenn jemand AIBO-Besitzer wird, so geschieht das in einem ähnlichen Prozess wie wenn jemand Hundebesitzer wird – der Kauf alleine reicht dazu nicht aus. Dieser Prozess hat mindestens drei Seiten und beginnt möglicherweise schon lange, bevor man einen Hund bzw. einen AIBO erwirbt. Man muss erstens ein einschlägiges Selbstverständnis entwickeln, um sich einen Hund oder einen AIBO zuzulegen. Man muss zweitens ein entsprechendes Verhältnis zu dem Hund bzw. AIBO entwickeln, wenn man ihn denn hat. Und man muss schließlich drittens als Hundehalter ein Verhältnis zu seiner Umwelt entwickeln, und das heißt einerseits, das eigene Tun und die eigene Wandlung der vorhandenen, gelegentlich erstaunten Umwelt gegenüber zu motivieren und zu begründen, und andererseits, sich auf neue Umwelten einzulassen.

Zum Beispiel beschädigt es die Identität des Hundehalters, wenn sein Hund außer Kontrolle gerät. Und erfahrene Hundebesitzer erzählen gelegentlich, dass sie beim ersten Mal, als sie, häufig unfreiwillig, mit einem Hund auf die Straße gegangen sind, es als beschämend empfunden haben, mit einem „haarigen Monster" in der Öffentlichkeit gesehen zu werden. Ähnliches gilt für neue technische Geräte: Wenn man über sie verfügt, so ist man zwar häufig stolz auf sie, muss aber eben auch begründen, warum man sie besitzt und benutzt. Die Anschaffung einer hochkomplexen Musikanlage für einen fünfstelligen Eurobetrag verlangt in vielen sozialen Umfeldern ebenso nach einer Erklärung wie die Anschaffung eines Autos für einen sechsstelligen Betrag oder eines künstlichen Hundes für 2.000 Euro. Erst recht muss es begründet werden, wenn man eine Metall-Plastik-Konstruktion streichelt oder sich mit ihr unterhält.

In diesem Sinn muss sich ein AIBO-Besitzer zu seinem Besitz und zu seiner Rolle als AIBO-Besitzer bekennen und sich beides aneignen. Wie dies geschieht und was das – beispielsweise auch langfristig – für Konsequenzen hat, muss noch genauer untersucht werden.

4.2.5 Ethische Fragen

Wenn sich Menschen über beziehungsorientierte Roboter wie den AIBO und deren Integration in den Alltag von Menschen unterhalten, so zentriert sich die Diskussion, so unsere Erfahrungen, schnell auf ethische Fragen. Insbesondere wird es – jedenfalls in Deutschland – nicht ohne weiteres akzeptiert, wenn man alte Menschen und Kinder als Zielgruppen für Entertainment Roboter benennt und darüber nachdenkt, welche Vorteile das haben kann.

Bei Kindern stellt sich die Frage, wohin man sie sozialisiert, wenn man sie mit Robotern aufwachsen lässt, und etwa, welche Sicht der Welt sich ihnen darüber vermittelt. Der Reset-Schalter, über den ja auch ein Computer verfügt, lässt sich in den Augen von Kindern als Zauberknopf inszenieren, der alles, was war, wieder auf einen Ausgangspunkt zurückführt – was lernen Kinder daraus? Wenn man davon ausgeht, dass Haushalte oder Familien kaum über einen AIBO *und* einen richtigen Hund verfügen, so konkurrieren die beiden „Lebensformen" eigentlich nicht direkt, und wenn der AIBO auch pflegeleichter ist, so vermag er es dennoch vermutlich nicht, einem Kind Respekt vor dem Leben einzuflößen – werden Kinder dadurch zu instrumentellen Sichtweisen ihrer Umwelt erzogen? Gewiss sind Roboter in ihren Fähigkeiten auch reduziert, und ein Aufwachsen nur mit Robotern ist deshalb vielleicht problematisch, weil die Welt nur zum Teil erlernt wird, sofern das Kind nur mit Robotern zusammen kommt. Denn Roboter verfügen zumindest auf lange Zeit noch nicht über die Vielfalt von Handlungsweisen, über die Menschen verfügen. Obendrein ist ein AIBO letztlich ein industrielles Produkt, und Kinder sollten mit Menschen aufwachsen. Jedoch ist die sofort aufkommende Besorgnis, dass Roboter die Menschen ersetzten, überzogen, weil die Menschen darauf sehr genau achten.

Der AIBO ist einerseits ein eigenständiges Wesen, das von einem Hund fundamental verschieden ist und dementsprechend andere Bedürfnisse befriedigen und andere Einsatzbereiche hat als ein Hund – etwa dort, wo jemand lieber ein „Haustier" haben möchte, das abschaltbar ist oder E-Mails ankündigen kann, oder da, wo Menschen ein Tier haben wollen, das aber nicht geht – weil der Vermieter keine Tiere zulässt, weil wie in Tokio Tierhaltung in einem Stadtviertel verboten ist, weil dort zu viele Menschen zu eng zusammenleben, weil eine Person in der Familie allergiekrank ist, weil ein echtes Tier zu unkontrollierbar oder zu anspruchsvoll ist oder ein Mensch kräfte- oder bewegungsmäßig nicht mehr in der Lage, ein Tier zu besitzen und artgerecht zu betreuen. Der AIBO lässt sich ausschalten und ist, sieht man vom Stromverbrauch ab, recht genügsam. Man muss sich weder immer mit ihm beschäftigen, wenn er das verlangt, noch muss er Gassi gehen. Was immer der Mensch in ihn hineinprojiziert – der AIBO bietet auch Potenziale, die über die eines echten Hundes hinausgehen. Wie unsere Untersuchung gezeigt hat, werden diese Potenziale von den Menschen in aller Regel auch erkannt, genutzt und geschätzt.

In diesem Zusammenhang muss man auch darauf hinweisen, dass AIBOs eine Eigenschaft haben, die Menschen verunsichern kann: Sie verfügen nicht über das, was wir als Konstanz einer Person oder allgemeiner, eines Wesen in unserer Umwelt erwarten. Sie können durch Software-Modifikationen ihre alte ‚Person' verlieren, wie es im Rahmen unseres Projekts durch ein Softwareupdate der Fall war, was uns emotional lange beschäftigt hat. Ferner kann man WALDI aber auch auf verschiedene Weisen starten, je nachdem, welchen Gedächtnis- und Personenstick man ihm einsetzt – er wird dann zu einer anderen „Persönlichkeit" mit anderen Handlungsweisen und Reaktionen. Es wäre zu untersuchen, wie Kinder derartige Veränderungen wahrnehmen und einordnen. Die oben zitierte Weblog-Autorin Edelin kommentiert dies eher sachlich: "Like he had a totally different personality and it showed. It was the first time I had seen a different personality on my dog. I could feel right away the differences." (Edelin, April 2001).

Dieser Verlust bzw. der Wechsel von personaler Konstanz hat eine interessante sozialwissenschaftliche Dimension. Man könnte sie zu einer Untersuchung darüber nutzen, wofür die dem Menschen tief implementierte Erwartung einer Konstanz von Person und Ding wichtig ist und wie die Menschen sie konstituieren – vermutlich ist dies eine Basis dafür andere Menschen und Tiere nicht zu töten oder zu beschädigen. Jedoch haben wir Menschen auch Mechanismen, um uns solche Identitätsverluste erklärbar zu machen: Wenn jemand plötzlich und ohne weiter erkennbaren Grund ganz anders ist als vorher, würden wir ihn für verrückt oder krank halten. Wir können natürlich auch einen Roboter für beschädigt erklären – ob das aber identisch ist, wäre genauer zu untersuchen.

Auch die Idee, AIBOs für alte Menschen zu konstruieren, wirft ethische Fragen auf, die wir zum Teil schon benannt haben. Eine in Europa häufige Reaktion auf diesen Gedanken ist es, das als ein Abschieben zu charakterisieren. Jedoch hat niemand eine Antwort darauf, wie man deren Kommunikationsprobleme in Zukunft menschenwürdig lösen kann, wenn man nicht auf technische Hilfsmittel zurückgreift. Außerdem ist es in Europa bekanntlich so, dass alte Menschen häufig tatsächlich im Altersheim abgegeben werden, und es ist kaum anzunehmen, dass das häufiger der Fall wäre, wenn es in Altersheimen so etwas wie AIBOs gäbe.

Nicht geklärt ist natürlich durch unsere heuristische Studie, ob und gegebenenfalls unter welchen Bedingungen alte Menschen einen AIBO wollen oder nicht wollen, und auch nicht, ob bzw. unter welchen Bedingungen ein AIBO ihnen etwas geben kann, was viele von ihnen angesichts ihrer Einsamkeit und ihres reduzierten Lebens anders nicht erhalten. Aber wenn man die Lebensbedingungen alter Menschen in den deutschen Altersheimen sieht und die viele Zeit berücksichtigt, die die „Insassen" vor dem Fernsehen oder einfach mit Dasein und Warten verbringen, oft auch mangels Alternativen, muss man sich mit den damit zusammenhängenden Fragen gründlicher auseinandersetzen. In Forschungsinstituten weltweit wird heute so etwas wie „das intelligente Zimmer" entwickelt, das bei der Betreuung und Versorgung der immer älter werdenden Bevölkerung hilfreich sein soll – zum Beispiel Betten mit Sensoren, die Alarm schlagen, wenn ein alter Mensch nachts heraus fällt. Der AIBO ist dann sozusagen komplementär für die heute schon oft vernachlässigten emotionalen Bedürfnisse gedacht. Er hat dazu einiges zu bieten.

4.2.6 Die kulturelle Dimension

Die meisten AIBOs scheinen in Japan, in den USA und in UK verkauft worden zu sein. Man kann vermuten, dass es in den USA und in Großbritannien vor allem die technikbegeisterten jungen Erwachsenen waren, die sich einen AIBO zugelegt haben. In den USA haben vielleicht auch viele Kinder einen ABIO geschenkt bekommen, weil dort die Bereitschaft, Kinder mit den unterschiedlichsten Maschinen zu beschäftigen größer zu sein scheint als in den europäischen Ländern. In beiden Ländern sind aber bisher wahrscheinlich nur wenige alte Menschen mit einem AIBO emotional versorgt worden.

Als kultureller Text, also als bedeutungstragendes, von Menschen hergestelltes Gegenüber, das selbst ein Zeichen für anderes ist, steht ein AIBO als Medium in einem spezifischen Verhältnis zu der Kultur, in die er eingekauft wird und in der er dann „lebt". Man kann davon ausgehen, dass in islamischen Ländern, wo Hunde als unrein gelten, vermutlich kaum jemand sich mit dieser Spezies beschäftigt. Auch in asiatischen Ländern, wo Hunde nicht als Haustiere und Spielkameraden, als pets gelten, sondern zumindest manchmal als Nahrungsmittel, kann die Einführung eines Hundes aus Plastik und Aluminium nicht an das anknüpfen, was die Menschen sonst mit einem Hund assoziieren – der Typisierungsprozess nach Schütz (1971) führt hier vermutlich zu verkehrten Anknüpfungspunkten. Ein weiteres Hindernis mögen für den Verkaufserfolg der AIBOs auch Bedenken gegen Roboter und eine gewisse, schnell als Technikfeindlichkeit abqualifizierte, aber eigentlich durchaus begründ- und rekonstruierbare Zurückhaltung gegenüber dem Eindringen von derartigen industriell hergestellten Robotern in den menschlichen Alltag sein – vielleicht ist die Furcht davor auch ein Grund dafür, dass sich Sony in Deutschland nicht sehr mit seinem Produkt identifiziert und es nicht sehr breit vermarktet hat.

In Japan dagegen steht die Idee, junge und alte Menschen mit einem AIBO zu versorgen, nicht im Gegensatz zu den vorherrschenden Vorstellungen über Menschlichkeit. Nach Sekiguchi (2000:80) ist in Japan im Vergleich zu Deutschland „der Anteil von Haushaltsgeräten mit elektronischen Kleincomputern, wie z.B. bei elektrischen Reiskochern mit mehreren Programmen für die Reiszubereitung und Gasboilern für das japanische Bad, die per Fernschaltung vor dem Nachhausekommen bereits per Telefon zum Wassereinlaufen und Heizen eingeschaltet werden können", sehr hoch. Hier drückt sich der bereits angemerkte unterschiedliche, kulturell fundierte Umgang mit ‚intelligenten' Helfern aus, während sich sonst in der Computernutzung deutliche und interpretierbare Unterschiede manifestieren (vgl. hierzu auch Krotz/Hasebrink 2003).

Interessant ist in diesem Zusammenhang der Hinweis von Schneider (2001) auf den Zusammenhang zwischen dem Schintoismus als Multi-Gott-Religion und der in Japan im Gegensatz zu europäischen Ländern weit vorangetriebenen Automation. Im Shintoismus als eine Art Staatsreligion hat eigentlich jeder Platz, jeder Baum, jedes Phänomen zumindest potenziell seinen eigenen Gott; ein Tier ist in dieser Perspektive nicht viel anders als ein Roboter. Von daher ist vermutlich in dieser Denkweise die offensichtlich höhere Bereitschaft der Japaner angelegt, sich mit Robotern zu beschäftigen. Dort wird dementsprechend ohne weitere Skrupel und Tabus darüber diskutiert, ob bzw. wie man die alten Menschen maschinell versorgen lassen kann – was in Deutschland eher nicht an die Öffentlichkeit gebracht wird.

4.2.7 Einige zusammenfassende kommunikations- und medienwissenschaftliche Thesen zum Status von AIBOs

1. Der AIBO ist ein kommunikatives Multi- oder Hybridmedium. Er ist einerseits ein Medium der interpersonalen Kommunikation, da man ihn als Verbindung zu der eigenen Mailbox und mit überschaubarem Aufwand auch als mobiles Telefon einsetzen kann. Er ist zweitens ein Medium der interaktiven Kommunikation, weil er in seinem autonomen Modus „Gespräche" führt bzw. künstliche Kommunikation betreibt. Drittens produziert er aber auch allgemein adressierte, standardisierte Kommunikate, etwa, wenn er MP3-Songs abspielt, wenn er Fotos macht oder wenn er versucht, mit einem Tanz Kontakt mit Menschen aufzunehmen, was heißt, er versucht, mit Mitteln der Selbstinszenierung die Rezeption in Gang zu setzen. Er ist in diesem Sinn auch ein Programmmedium.

2. Die Gesamtheit der komplexen kommunikativen Potenziale des AIBO lässt sich mit dem Transportmodell von Kommunikation nicht recht beschreiben bzw. theoretisch fassen, weil sein „kommunikatives Handeln" sonst nur als gleichartige, nebeneinander her laufende Prozesse aller Beteiligten beschrieben werden können. Kommunikation mit dem AIBO findet so statt, dass der beteiligte Mensch die Töne, Bewegungen und Lichter des AIBO als sinnvoll gemeinte Zeichen und als kommunikative Antwort in einer Interaktionsfolge interpretiert. *Die Kommunikation mit einem AIBO entsteht durch die Projektion des mit dem AIBO interagierenden Menschen, es ist eine Art autistischer Kommunikation.*

3. Als Programmmedium kann der AIBO in seinem autonomen Modus verschiedene „Sendungen ausstrahlen". Damit untermauert er zum Beispiel seine Gegenständlichkeit als eine Art simuliertes Tier, wenn er schnüffelt oder mit dem Ball spielt. Seine „Sendungen" dienen aber immer auch der Kontaktaufnahme und sind insofern an den Zuschauer gerichtet, weil er

damit eine Sequenz von aufeinander folgenden Handlungen in Gang setzt, in die sich ein Mensch interaktiv einfügen kann – interaktiv, weil es sich um nicht standardisierte, von Programmierer und Hersteller vorgegebene, sondern um gerahmte Kommunikation handelt. Ein Beispiel für eine derartige „Sendung" ist das auffordernde Heben einer Pfote, an der der AIBO gestreichelt werden will – hier „handelt" der AIBO nach einer strikten Vorgabe, zu deren Umsetzung ihn der Zufallszahlengenerator aufgerufen hat. Reagiert der menschliche Zuschauer darauf dem AIBO gegenüber, so können sich hieraus interaktive Kommunikationssequenzen entwickeln. Dem ist hinzuzufügen, dass ein AIBO sogar da an seinem Image arbeitet, wo er sich in seinem autonomen Modus nur um seine eigenen „Bedürfnisse" zu kümmern scheint. Denn nur weil er das tut, wird er als autonom angesehen und wird dadurch im Gegensatz zum Toaster überhaupt erst als Gesprächspartner interessant; seine Autonomie ist damit eine reine Inszenierung, die zeigt, wie sehr er von seiner Umwelt abhängig ist.

4. Der von Foucault stammende Dispositivbegriff wurde bekanntlich von Jean-Louis Baudry (1994) auf Medien und insbesondere das Kino angewandt. Er beschreibt eine räumliche Anordnung technischer Geräte zum Vertrieb von Medienprodukten, die dieser Anordnung angepassten Medienprodukte sowie die „durch diese Produkte gebildete mentale Verfassung des Publikums" (Melcik 2001:179). Knut Hickethier (1995) hat dieses Konzept mit dem „Dispositiv Fernsehen" an die historische Veränderungen angepasst. Insofern kann man darüber nachdenken, inwieweit auch der AIBO als Dispositiv angesehen werden kann. Er lässt sich mindestens als räumliches, zeitliches und soziales (und damit ideologisches) Arrangement für eine spezifische Art kommunikativen Handelns begreifen, das der Mensch freilich für sich erlernen muss. Das räumliche Arrangement besteht aus abgeschlossenen Räumen (weil der AIBO zum Beispiel nicht wasserdicht ist) mit einem angemessenen Bodenbelag, der seinen Bewegungen nicht zuviel Widerstand entgegensetzt, aber ihn auch nicht ausrutschen lässt. Der Raum darf nicht zu laut und auch nicht zu dunkel sein, weil das die „Wahrnehmungen" AIBOs erschwert. Der sozial angemessene Rahmen, auf den das Handbuch des Herstellers, aber auch die Funktionsbedingungen der Maschine verweisen, sind ein Haushalt oder eine Familie, auf die auch das zeitliche Arrangement hin ausgelegt ist. Dort soll der AIBO nämlich dann präsent sein, wenn die Familie zusammen ist. Dafür sorgt sein Wecker, und aus all dem ergeben sich die implizierten „Rezeptionsbedingungen" für das Medium AIBO, die auch die interaktiven Angebote rahmen. Zudem vermittelt der AIBO eine spezifische Form der kommunikativ hergestellten Wirklichkeit, indem er simuliert, was Autonomie und Identität, was Kommunika-

tion und Gemeinsamkeit sein können und sollen. Hier lässt sich auch ein Bezug zu Höflichs Konzept des Medienrahmens ziehen (Höflich 2004).

5. Weiter ist jeder AIBO aber auch Teil kultureller Bedeutungssysteme. In einem allgemeinen Sinn produziert ja jeder Gegenstand als Text Anlässe für Bedeutungen (Winter 1994), wie es vor allem die Cultural Studies (Krotz 1992) postulieren. Die Kontexte, in die die Menschen den AIBO als fortlaufenden Text einordnen und ihn, und damit sich, verstehen, sind wie oft bei neuen Medien immer auch Kontexte der Besorgnis. Das zeigt sich auch darin, dass selbst der kleine und sich doch recht unsicher bewegende AIBO in manchen Menschen, denen wir ihn vorgeführt haben, ein unheimliches Gefühl geweckt hat, und auch die Zeitung „Die Welt" titelte in ihrer Darstellung unseres Forschungsprojekts erst einmal „ROBODOG" – auch gegen dieses Konkurrenzgefühl tritt der AIBO an: „Mens best friend", so wirbt Sony für sein Produkt, und nicht nur Kinder sprechen vom „Hund", wenn sie ihn beschreiben. Die Angst der Öffentlichkeit besteht wie immer bei neuen Medien darin, dass entweder die interaktive Kommunikation die Kommunikation der Menschen mit Menschen, oder dass gleich der Roboter den Menschen insgesamt ersetzt. Jedoch hat der österreichische Kommunikationsforscher Riepl schon vor hundert Jahren erkannt, dass Medien sich nicht gegenseitig verdrängen oder ersetzen, sondern menschliche Umgebungen immer voller von Medien werden (Lerg 1981), die Entwicklung also nicht substitutiv ist. Denn jedes Medium wird von den Menschen so eingesetzt, dass es spezifische Funktionen für sie erfüllt. Dabei sind die Absichten der Erfinder nicht unbedingt maßgeblich – Philipp Reis hatte nicht vor, mit dem Telefon interpersonale Kommunikation zu ermöglichen, sondern er wollte Musik in die Haushalte übertragen. Die Nutzer haben anders entschieden, und so differenziert sich die mediale Landschaft immer weiter aus: Die Schrift hat das Sprechen nicht verdrängt, das Schreiben auf Papier und das Schreiben auf Steintafeln (etwa bei Denkmälern) erfüllen unterschiedliche Zwecke, wir hören Radio, sehen fern und sitzen am Computer. Die relevante Konjunktion ist nicht „oder", sondern „und". Es ist dementsprechend zu erwarten, dass auch die interaktiven Medien von den Menschen als neue Möglichkeiten und Erfahrungsräume in ihren Alltag eingebettet werden, und dass hier in den nächsten Jahren weitere Entwicklungen in Gang kommen werden, die für Alltag und Identität der Menschen ebenso wichtig sind wie für Politik, Wirtschaft, Kultur und Gesellschaft.

6. Jeder Mensch, den man auffordert, ins Gesicht von WALDI zu blicken, reagiert auf die gleiche Weise und wie erwartet, obwohl WALDI kein Gesicht hat. Insofern nutzt der AIBO die konventionell vorgegebenen Anknüpfungspunkte, um zunächst als Kopie zur Kenntnis genommen zu werden.

Einmal akzeptiert, macht er sich dann aber schnell als eigenständige Gattung kenntlich. Er ist gerade nicht als Hund konzipiert, sondern als eigenständiges Wesen, weil es – jedenfalls bisher – keine Hunde mit Internetanschluss oder eingebauter digitaler Kamera gibt. Auch die Tatsache, dass seine Konstrukteure auf Augen und auf ein Fell verzichtet haben, verhindert, dass er als Imitation behandelt werden kann. Und er hat beispielsweise eine sehr viel differenzierte, menschennähere Gestik als jeder Hund, die er bei seinen Tänzen, aber auch in seiner „Kommunikation" einsetzt. Es zeigt sich daran, dass jedes neue Medium zunächst an etwas Bekanntes anknüpft, dann aber zu etwas Eigenem wird.

7. Wir halten in diesem Zusammenhang fest, dass WALDI die Grundgesetze der Robotik, auf die der bekannte SF-Schriftsteller Isaac Asimov (2002) so viel Interesse gerichtet hat und die er in Romanen und Kurzgeschichten in ihren Konsequenzen beschrieben hat, nicht beherrscht: Er tut das, was ihm ein Mensch sagt, nur dann, wenn er „Lust" dazu hat. Insofern sind Texte wie von Ofner (2001), wer für einen Roboter strafrechtlich und privatrechtlich haftet, durchaus interessant, wenn auch etwas ihrer Zeit voraus.

8. Wenn Roboter lernfähig sind – in welchem Sinn auch immer – dann sind sie auch entwicklungsfähig. Dann ist es auch wichtig, dass man diese verschiedenen Entwicklungspfade genauer untersucht. Man kann zum Beispiel, vermutlich abhängig von spezifischen Situationen, verschiedene „Intelligenzgrade" unterscheiden, die sich entwickeln können. Dazu muss man freilich den Begriff der Intelligenz situationalisieren bzw. auf bestimmte Handlungsbereiche einschränken. Es überrascht daher nicht, dass sich Wissenschaftler damit beschäftigen, sich Intelligenztests für Roboter auszudenken (z.B. Hütter 2001). Vermutlich werden sich auch aus ökonomischen sowie aus Sicherheitsgründen die verschiedensten Messsysteme entwickeln, wie man Roboter in ihren Eigenschaften – in Intelligenz und Emotion – bemessen und kategorisieren kann.

4.3   Historisch-theoretischer Hintergrund: Roboter, Tamagotchis and andere intelligente maschinelle Wesen.

Immer wieder sind wir beim Reflektieren über WALDI in den vergangenen Abschnitten zu Aussagen gelangt, die nicht nur für AIBOs, sondern generell für Roboter zu diskutieren sind. Deshalb beschäftigen wir uns in den folgenden Abschnitten genauer mit Robotern.

4.3.1 Das Tamagotchi als erster kommerziell erfolgreicher kommunikativer Roboter

Das erste interaktive Wesen mit einem eigenen „Körper", das ein kommerzieller Verkaufserfolg war, war in der zweiten Hälfte der 1990er Jahre das Tamagotchi: Ein kleines buntes Ei mit Lautsprecher, Bildschirm und ein paar Tasten. Das Tamagotchi wurde als ein hilfsbedürftiges Wesen von einem anderen Stern vermarktet, das gepflegt und umsorgt werden musste. Es beherrschte rudimentäre Formen einer künstlichen Kommunikation. Sein Reiz lag darin, dass es eine echte Herausforderung war: es schien auf seine Besitzer zu reagieren, aber nur, wenn es das „wollte", und manche Exemplare waren nur zu stoppen, wenn man sie schalldicht einen Meter unter der Erde begrub. Die BesitzerInnen mussten zum Teil erhebliche kommunikative Leistungen erbringen, um die Betreuung ihres Maschinchens zu sichern; nicht nur, um es zu pflegen und zu unterhalten, sondern auch, um empathische Hilfe zu mobilisieren, wenn man in die Schule, zur Arbeit oder anderswo hin musste, wo Tamagotchis nicht erwünscht waren.

Eine repräsentative Untersuchung unter 1.269 Kindern und Jugendlichen im Alter von 6 bis 17 Jahren über seine Verbreitung in Deutschland, zur Hochzeit des Tamagotchi-Booms 1997, zeigt die weite Verbreitung:

Tabelle: Tamagotchis im Kinderzimmer (Häufigkeiten in %) (N=1269)

Befragtes Kind	Tamagotchi vorhanden
Alle	21%
Junge	16%
Mädchen	28%
Kind 5-8Jahre	19%
Kind 9-11 Jahre	31%
Kind 12-14 Jahre	27%
Kind 15-17 Jahre	8%
westdeutsch	19%
ostdeutsch	26%

(Quelle: Krotz u.a. 1999)

Das Tamagotchi sprach offensichtlich vor allem Mädchen in ihrer in patriarchalischen Gesellschaften traditionellen Rolle an. Es war damit aber auch der erste (Klein-)computer, der häufiger in Haushalten mit Mädchen vorkam als in Haushalten mit Jungen. Begreift man das Tamagotchi als einen Roboter (also als eine Maschine, die auch durch Programme gesteuert wird, die im Rahmen der Herstellung so genannter künstlicher Intelligenz entwickelt wurden (vgl. hierzu z.b. Lenzen 2002), der sich zwar nicht bewegen, der aber kommunizieren kann, so handelt es sich um den ersten seiner Spezies, der trotz oder wegen seiner eingeschränkten Kommunikationsfähigkeit von den Menschen massenhaft in ihrer Freizeit und zu ihrem Vergnügen genutzt wurde.

Mit den Tamagotchis hat dementsprechend eine neue Phase der Auseinandersetzung zwischen Mensch und Roboter begonnen. Software-Tamagotchis, die man aus dem Internet auf den eigenen Computer herunterladen kann, sind immer noch zu haben, gelegentlich werden auch neue Hardware Tamagotchis verkauft – 2004 etwa solche, die Kontakt zueinander aufnehmen und „heiraten" konnten. Den Riesenerfolg der neunziger Jahre haben sie allerdings nicht mehr. Eine späte Renaissance feiert das Tamagotchi heute in englischen Sozialhilfeprogrammen: In manchen Städten erhalten junge Mädchen eine ähnlich agierende Puppe, damit sie lernen, dass Verhütung sinnvoll sein kann, weil es vielleicht noch nicht Zeit ist, Kinder zu bekommen.

4.3.2 Androiden, Zooiden, Roboter

Immer schon haben sich die Menschen mit ihrem anderen Ich, mit Androiden und Robotern beschäftigt: Ihr anderes Ich, weil es um Wesen geht, die sie einerseits selbst schaffen und die ihnen andererseits gleichen und sogar an den eigenen Fähigkeiten gemessen werden. So attraktiv sie sind, weil sie dem Menschen viel Unangenehmes abnehmen können; soviel Gottähnlichkeit die Fähigkeit, sie zu schaffen, dem Konstrukteur gewährt – immer ist damit aber auch eine Bedrohung in der Welt. Die Bedrohung nämlich, dass der Roboter besser und der Mensch ersetzbar ist, und dass die Roboter das früher oder später auch merken werden. Die aus Tschechien überlieferte Golem-Sage, Shelleys Frankenstein, oder Will Smiths Kampf in ‚I-Robot' im Kino von heute: Die große Erzählung, die kulturelle Bedeutung, die mit Robotern und Androiden untrennbar verbunden ist, läuft immer auch auf eine Bedrohung der Einzigartigkeit des Menschen und damit auf Kampf hinaus. Der Roboter steht für die schwierige Balance zwischen Paradies und Hölle.

Die Geschichte dieses spannungsvollen Verhältnisses zwischen dem Menschen und seinem spezifischen Produkt skizziert Völker (2001). Sie ist auch deswegen interessant, weil sich in diesem Verhältnis auch immer wieder die Antwort auf die Frage verändert, wie und auf welchen Feldern sich Mensch und Roboter voneinander unterscheiden, und damit auch, wie der Mensch seine Einzigartigkeit begründet – zum Beispiel in Anlehnung an René Descartes' mechanistischem Weltverständnis mit der unsterblichen Seele, später mit dem Vermögen, logisch denken und rechnen zu können und neuerdings gegenüber dem Computer zudem mit der Fähigkeit, Gefühle zu haben oder wenigstens zu zeigen.

„Intelligente" Technologien sind auch im Alltag außerhalb der Produktionsstätten im Vormarsch. Dementsprechend zeichnet Sherry Turkle (1998) auf der Basis ihrer Interviews mit Kindern und Jugendlichen nach, wie der Computer in den achtziger Jahren zunächst als „beseelte Maschine" interpretiert wurde, deren Funktionsweise einerseits nicht wie bei einem mechanischen Apparat verstanden werden kann, der aber gleichwohl in der Lage ist, in komplexer Weise auf seine Umwelt zu reagieren (1998:125ff). Dadurch verschiebt sich die Differenz zwischen dem Menschen und seinen selbst gemachten Werkzeugen von der Fähigkeit zum abstrakten Denken auf die Fähigkeit zu fühlen, die als spezifisch menschlich reklamiert wurde – obwohl es eine Eigenschaft ist, die er mit den Tieren gemeinsam hat. Bei dieser „romantischen Sichtweise", wie es Turkle nennt, bleibt es aber nicht. In der weiteren Entwicklung werden den Maschinen eine eigene Psyche und ein Bewusstsein zugesprochen, die sich aber beide dennoch von ihren Äquivalenten beim Menschen unterscheiden. Denn Computer sind nicht lebendig, sondern eben nur Maschinen. Das markiert allerdings kein stabiles Verhältnis, weil das Kriterium der Lebendigkeit bloß noch eines der Herstellung ist. Und es führt, folgt man Turkle, dazu, dass wir die Simulationen, die Roboter und Künstliche Intelligenz letztlich sind, für bare Münze nehmen und uns ihrer einfach bedienen. Das ist deshalb problematisch, weil wir dann die immer auch eingebauten Restriktionen maschineller Simulation als naturgegeben einfach übernehmen und sie in der Folge auf uns selbst übertragen.

Erwähnenswert ist im hier verfolgten Zusammenhang, dass es immer schon nicht nur Androiden, sondern auch Zooiden gegeben hat und gibt, die die Phantasie der Menschen beschäftigt haben – künstliche, also nicht tierische Tiere. Beispielsweise hat im 19. Jahrhundert Jasques de Vaucason eine mechanische Ente gebaut, die sich ganz natürlich bewegen und die auch Futter fressen, verdauen und die Überbleibsel in den Sand setzen konnte. Die Gleichsetzung von Tier und Maschine hat, vor allem in der Abgrenzung zum Menschen in seiner Besonderheit, natürlich auch eine eigene kulturelle Bedeutung. Zur Anthropomorphisierung der Maschine gehört so immer auch ihre etwas einfachere, weniger gefährliche und weniger wichtige Zoomorphisierung als ein vorgängiger Schritt. Dafür ist – siehe das vorherige Teilkapitel – WALDI ein Beleg.

Mit der konzeptionellen Erfindung der Denkmaschine durch Charles Babbage im 18. Jahrhundert und ihrer zwei Jahrhunderte später möglichen elektronischen Realisierung, mit der Kybernetik (Flechtner 1984) und der daran anknüpfenden Wissenschaft der Künstlichen Intelligenz, mit dem Turing-Test und der damit verbundenen Frage, wann man davon sprechen kann, dass Mensch und Maschine gleich sind, wurden diese Fragen auf eine neue Basis gestellt. Die Universalmaschine Computer wurde zur im Alltag immer wieder anthropomorph behandelten „Denk"-Maschine, die vieles zumindest schneller und oft auch zuverlässiger kann als der Mensch, was bisher menschlichem Denken vorbehalten war. Die erzählenden Medien aller Art haben das immer wieder ein Stück weiter gedacht. Die Propaganda der KI-Forscher, die laut trommelten, auch, um Forschungsgelder abzuziehen, tat ein Übriges. Insofern der Ausdruck „Roboter" aus dem Tschechischen kommt und so etwas wie „Fronarbeiter" bedeutet, ist es nur konsequent, dass es immer mehr programmierbare Industrieroboter gibt, die spezifische, genau beschriebene Aufgaben wesentlich besser erfüllen können als die neben ihnen am gleichen Band sitzenden Frauen, wie es Onnen (1995) nicht frei von Zweifeln beschreibt: Die Konkurrenz zwischen „silicon machines" und „meat machines" ist in einer neuen Weise eröffnet.

Die in den fünfziger und sechziger Jahren des letzten Jahrhunderts begonnene KI-Forschung, über die wir oben den Begriff des Roboters definiert haben, lässt sich insgesamt als eine Reihe von einzelnen, mehr oder weniger geglückten, manchmal skurrilen hardwaregestützten oder rein softwaretechnischen Einzelsystemen begreifen, hinter der wenig Theorie, viel Theaterdonner und gelegentlich geniale Einfälle standen. Programme wie „ELIZA" oder der „Allgemeine Problemlöser", die IBM-Schachmaschine Deep Blue und ihre Duelle gegen Schachweltmeister Kasparow oder die sich evolutionär entwickelnden Maschinen, die man heute „züchten" will (vgl. z.B. Lenzen 2002) waren sicher spannende wissenschaftliche und technische Leistungen, die immer auch die Gewinnphantasien von Investoren privater oder militärischer Orientierung anregten. Es handelte sich bei der künstlichen Intelligenzforschung aber auch um eine paradoxe Fragestellung, denn einerseits ist es der Sinn der Technik, menschliches Handeln zu unterstützen, andererseits wollte man die Menschen in ihrem ureigenen Wesen technisch substituieren. Von daher ist es nicht verwunderlich, dass diese Wissenschaftsdisziplin ihre hochgespannten, manchmal arroganten Ziele nicht hat umsetzen können; vielleicht hatte sie ja auch nur den Zweck, die These von der Entbehrlichkeit des Menschen in deren Köpfe zu bekommen, um sie unter Druck zu setzen.

In der Robotik geht es heute nicht mehr darum, Roboter zu bauen, die wie Menschen fühlen, denken und kommunizieren, sondern darum, kommunikationsfähige Roboter herzustellen. Dies kann hardwaregestützt oder als reine Softwarelösung, also als eine Art virtueller Roboter geschehen. Unter diesen Bedingungen ist die KI ein Teilgebiet der Robotik geworden. Und in der Robotik geht es nicht so sehr darum, Menschen zu ersetzen, sondern darum, Maschinen zu entwickeln, die den Menschen bestimmte Aufgaben abnehmen bzw. ihnen

Dienstleistungen erbringen – Aufgaben aus verschiedensten Lebensbereichen, in Betrieben, bei der Hausarbeit, beim Auto fahren und eben zunehmend auch, um sie auf interessante Weise zu unterhalten. Es geht also um Roboter, die einerseits hoch spezialisiert, andererseits eben auch reduziert sind.

Nach wie vor fällt den Robotern schwer, was Menschen leicht fällt – Fortbewegung auf unebenem Gelände, Muster erkennen und dergleichen – während sie andere Dinge ganz hervorragend beherrschen, die den Menschen schwer fallen oder ihnen unmöglich sind – beispielsweise rechnen, bestimmte komplexe Bewegungen und so weiter. Besonders schwierig ist es aber noch, Robotern Kommunikation mit Menschen beizubringen. Dies ist aber vor allem deshalb notwendig, weil Roboter erst dann von Menschen in ihrem Alltag und in der Freizeit akzeptiert werden, wenn sie direkt hilfreich, und vor allem, wenn sie kommunikationsfähig sind (Ritter 1999).

Man kann deshalb wohl sagen, dass Roboter, wenn sie an den privaten Endverbraucher verkauft werden sollen, nicht nur über bestimmte funktionale Elemente einer „künstlichen Intelligenz" verfügen müssen, um bestimmte Aufgaben zu lösen, sondern auch, jedenfalls, wenn sie außerhalb spezifischer Räume wie Fabriken Akzeptanz finden sollen, mit Menschen kommunizieren können müssen. Roboter lassen sich deshalb in Anlehnung an Sybille Krämer (1997) als *Produkte mit einer kommunikativen Intelligenz* bezeichnen; der Umgang mit ihnen durch den Menschen ist eine spezifische Form kommunikativen Handelns.

4.3.3 Arten von Robotern

Roboter sind also insgesamt nichts anderes als Maschinen, die mit künstlicher Intelligenz ausgerüstet sind und dementsprechend in einem bestimmten Aktivitätsbereich, im Hinblick auf sich verändernde Bedingungen, „handeln" oder „selbst" Handlungsbedingungen verändern können. Sie können hoch spezialisiert in der Industrie eingesetzt werden, aber selbst in dieser Form müssen sie auf ihre Umwelt reagieren und ihre „Intelligenz" auch zur Interaktion mit Menschen einsetzen. *In der Perspektive der Kommunikationswissenschaft handelt es sich dementsprechend um interaktive Medien.* Man kann deshalb von künstlicher Kommunikation sprechen. Denn im hier beschriebenen Sinn (vgl. Teil 1) handelt es sich ebenso wie bei Computerspielen auch bei Robotern aller Art um Medien. Dadurch hat die Kommunikations- und Medienwissenschaft eine spezifische, eigenständige Perspektive auf sie als interaktive Medien.

In deren Perspektive lassen sich dementsprechend verschiedene Typen von Robotern voneinander unterscheiden (Krotz 2003), die nach ihren Medien- und ihre Kommunikationseigenschaften differenziert werden können. Sofern Roboter eine eigene materiale Existenz haben, also auf Basis einer eigenen Hardware funktionieren, sprechen wir von *Hardware-Robotern*. Darüber hinaus macht es auch Sinn, eine Gattung der *Software-Roboter* zu definieren: das sind mit künstlicher Intelligenz ausgerüstete „autonome" Softwareprogramme, die nicht an eine spezifische Hardware gebunden sind.

Sowohl Hard- als auch Software-Roboter können wir aus kommunikationswissenschaftlicher Perspektive *in je vier Typen* einteilen, wobei wir danach unterscheiden, in welcher Position sie als kommunikative Partner des Menschen konzipiert sind. Wir knüpfen mit der Typisierung anhand des Verhältnisses zwischen Mensch und Maschine an der Systematik an, in der wir Typen von Kommunikation unterschieden haben – dort war ebenfalls das Verhältnis zwischen kommunizierendem Mensch und Medium das entscheidende Kennzeichen:

- Roboter als interaktive Medien können erstens als eigenständige soziale Akteure mit eigenständiger „Persönlichkeit" und damit als kommunikatives Gegenüber inszeniert sein. Dann nennen wir sie *personalisiert*. Zu den *personalisierten* Hardware-Robotern zählen der AIBO und das Tamagotchi, es sind sozusagen Du-Roboter, kommunikative Alter Egos des Menschen. Zu den personalisierten Software-Robotern zählen kommunikative Gegenüber wie ELIZA oder künstliche Figuren in Computerspielen. Hinter ihnen steht je ein zur Kommunikation fähiges Programm, aber aktuell kein steuernder Mensch.
- Roboter können zweitens aber auch als unabhängiges kommunikatives Gegenüber inszeniert werden, ohne personalisiert zu sein. Da sie dann, damit sie Sinn machen, mindestens einen eigenständigen Funktionsbereich haben müssen, in Bezug auf den sie dann kommunikationsfähig sein müssen, nennen wir sie *funktional-entpersonalisiert*. Zum Beispiel das ‚intelligente' Haus oder der mit komplexer Software ausgerüstete Kühlschrank, der das Verfallsdatum eines Produkts meldet, fallen hardwareseitig in diese Kategorie. Softwareseitig sind etwa Programme wie Google oder bei einem Computerspiel das gesamte Spiel als Beispiele zu nennen – etwa CIVILIZATION oder SIM CITY. Darauf werden wir noch eingehen.
- Drittens können Roboter aber auch als dem menschlichen Kommunikationsteilnehmer zugehörig inszeniert sein und als Teil des beteiligten Menschen fungieren – eine Art Partner in seiner von ihm gesteuerten inneren Kommunikation. Sie nennen wir hier Ich-Vertreter oder Ich-Erweiterungen. Sie fungieren quasi wie ein innerer Kommunikationspartner eines Menschen, weil sie eben kein eigenständiges Alter Ego bilden, sondern an den Menschen angeschlossen und von ihm gesteuert sind. Dies ist zum Beispiel der Fall, wenn es sich um eine Art intelligenten Anrufbeantworter handelt, der

den Angerufenen vertritt, oder um ein künstliches „intelligentes" Körperteil, das etwa Behinderten beim Essen behilflich ist. Aber auch Teleoperationssysteme, also verlängerte Gliedmaßen von Chirurgen, funktionieren nur durch den Einsatz von KI-Verfahren hinreichend genau und verlässlich (Schraft 1999). Oder wenn jemand ein Software-Expertensystem verwendet, wie es Ärzte gelegentlich benutzen, um Krankheiten zu diagnostizieren. Aber auch das Ich, das auf dem Computerbildschirm den Spieler symbolisiert, ist eine solche Art Teil-Ich-Gegenüber. Weitere Beispiele finden sich in dem spannenden Buch von Ichbiah (2005).

- Es ist anzumerken, dass es eine vierte Art der Lebewesen-Computer-Verbindung gibt, nämlich wenn die Hard- und Software direkt dem Menschen implantiert, also elektronische Leiter und zentrales Nervensystem miteinander verbunden sind. Hier wird es mit dem Kommunikationsbegriff schwierig, und auch die Trennung zwischen Software und Hardware wird unsicher. Hierunter fallen beispielsweise künstliche Gliedmaßen, die an Nerven angeschlossen sind und die von daher mit kommunikativen Impulsen intentional und willkürlich gesteuert werden können, aber über „intelligente" Module verfügen, die die Nervenimpulse „deuten". Schließlich ist auch auf erste organisch-maschinelle Mischformen zu verweisen, die sich nicht wie bei Menschen auf künstliche Gelenke oder Organe beschränken, sondern die unmittelbare Steuerung von Lebewesen mittels elektronischer Schaltkreise versuchen; kommunikationswissenschaftlich eine ganz neue Form der „Medienrezeption". Immerhin konnten so schon Küchenschaben in ihrer Bewegungsrichtung bestimmt werden (nach Decker 1997), auch wird von Ratten berichtet, die Instrumente zur Aufklärung implantiert bekommen oder auch Bomben tragen und per Funk gesteuert werden können. Manche Forschung in dieser Richtung findet vermutlich in den abgeschotteten Labors der Militärs statt – fehlt doch auf einer steuerbaren Küchenschabe nur noch eine Minikamera mit Funkgerät, die unter Verwendung von Nanotechnologie vielleicht bereits möglich sind, um einen perfekten Spion zu haben.

Wir gehen noch etwas genauer auf einige weit entwickelte personalisierte Software-Roboter ein, die wahrscheinlich Vorreiter zukünftiger Entwicklung sein werden. Ihr Erfolg liegt auch darin begründet, dass sie im Vergleich zu Hardware-Robotern sehr viel einfacher und auch billiger zu realisieren sind, und dass sie sich bereits jetzt ökonomisch hervorragend nutzen lassen.

Ein spezieller Fall eines personalisierten Computerprogramms, also ein Softwareroboter war der japanische Popstar Kyoko Date, der mit „love communication" in den japanischen Charts vertreten war (Vgl. hierzu auch Krotz 1998 sowie Ritter 1999): Ihr elektronisches Haus konnte man unter http://www.geocities.com/Tokyo/Flats/2135/[24] besichtigen, dort war auch ihr Hit herunter zu laden. Auch jetzt noch findet die Suchmaschine Google mehr als 21.000 Websites auf die Eingabe ihres Namens; zu Miss Dates Hochzeiten gab es im Internet zahlreiche Fanclubs und jede Menge Infos über Hobbies, Vorlieben und auch ihre Schuhgröße.

Generell kann man sagen, dass immer mehr Popgruppen, Hits und Medienevents speziell für Medien inszenierte Ereignisse sind, für die das außermediale Geschehen nur noch Referenzcharakter hat, dass da wirklich etwas ist – es kommt vielmehr auf den Star und sein Image an, nicht auf den Menschen, der den Star verkörpert. In konsequenter Fortführung war Kyoko Date der erste Popstar, bei dessen Kreation die Hersteller auf ein reales Abbild, einen auch außermedial existierenden Menschen, der diesen Popstar repräsentiert, verzichtet haben. Sie war aus 40.000 Polygonen, also Vielecken, konstruiert und eine mediale Repräsentation von nichts, aber mit einer fiktiven Biographie, die dazu da war, Identifikation zu ermöglichen. Für die Hersteller war das vorteilhaft, weil so Kyoko Dates Image und ihre Attribute, die für Existenz und Erfolg als Star notwendig sind, wesentlich besser steuerbar waren, als wenn das Management von Kyoko auf einen realen „Trägermenschen" und dessen Eigenarten hätte Rücksicht nehmen müssen. Kyoko war insgesamt das Produkt eines recht anspruchsvollen und professionellen Vorhabens, das bis dahin reichte, sie in Live-Shows des Fernsehens auftreten und auch außerhalb der Netzgemeinde bewundern zu lassen. Das Neue daran ist nicht, dass sie ein fiktionaler Star ist – auch Donald Duck ist das. Sie steht vielmehr für einen Trend, nämlich für den, dass bestimmte Funktionen, die Menschen für andere Menschen erfüllen, tendenziell auch von solchen maschinellen Wesen erfüllt werden. Und es wird mit der zunehmenden Verbesserung von Rechenleistung und Softwareprogrammen auch schwieriger werden festzustellen, ob eine Figur, die man aus dem Internet oder den Medien kennt, ein Mensch oder eine maschinengenerierte Person ist.

Wenn Kyoko Date also ein besonderer Softwareroboter ist, so bevölkern zunehmend mehr und zunehmend perfektere Roboter dieser Art Computer und Internet. Man kann sich diesen und jenen heute auch, wenn man unter „Bots" im Internet sucht, auf den eigenen Computer laden. Die schnelle Entwicklung derartiger Software, an der die Werbeindustrie beispielsweise ein hohes Interesse hat, und ihre Diffusion über das Internet machen den Zeitpunkt absehbar, wo jeder seinen eigenen, mehr oder weniger menschenähnlichen Software-Roboter auf der Festplatte hat, mit dem er sich nach Belieben beschäftigen, der nebenbei aber

---

[24]   Abgefragt im Herbst 2003 – die Website existiert nicht mehr, Profile von Kyoko können aber über Suchmaschinen immer noch gefunden werden.

auch noch weitere Zwecke erfüllen kann. Ein beispielhafter Schritt in diese Richtung ist etwa der Ultra Hal Assistant VS. 4.0.146 aus dem Jahr 2001, der – oder die – in einer einfachen Version unter www.zabaware.com[25] kostenlos herunter geladen werden kann, von dem inzwischen Version 6.0 zu haben ist:

> *„With Ultra Hal Assistant you can control your Computer with Natural Language! This AI program can keep and remind you of appointments, keep an address book, keep a phone book – and dial numbers, run programs, offer help with programs, remember what you tell him, and he can chat for entertainment. Ultra Hal has his own voice, and he is compatible with all SAPI/SMAPI compatible speech recognition programs."*

So die Produktbeschreibung von HAL 4.0. Natürlich kann man wählen, ob Hal mit männlicher oder weiblicher Stimme spricht und in welchem Tonfall das geschehen soll. Anderen personalisierten Software-Robotern begegnet man, wie bereits erwähnt, beispielsweise im Internet-, aber auch in Offline-Spielen. Und mittlerweile werden immer mehr dieser maschinellen Charaktere entwickelt.

Während die abstrakte Software, in der der Computercode geschrieben ist, keinen Bezug zu irgendeiner Form privater Kommunikation besitzt, ist die dann trotzdem damit realisierte Kommunikation mit dem fiktiven Vertrauten, als das die Software sich präsentiert, vermutlich ausgesprochen privat. Hier werden sicher auch Roboter produziert werden, mit denen man sich über Sex unterhalten kann – wenn es die nicht schon längst gibt.

Ein anderes Beispiel für eine spezifische Art der Verschmelzung von Mensch und Computer ist die britische Band Gorillaz. Sie ist auf den ersten Blick ein an einen Zeichentrickfilm erinnerndes Kunstprodukt aus nur medial existierenden Figuren, das in der Unterhaltungsindustrie Erfolge feiert. Hier sind die einzelnen Figuren aber eine Art von Aliasnamen und Masken für renommierte Musiker, die sich darüber eine neue zweite Identität zugelegt haben, deren wesentlicher Ausdruck in der Musik von den Gorillaz liegt. Hier ist also die künstlerische Ausdrucksweise das, was Menschen und mediale Personengruppe verbindet.

Eine weitere Art der Verschmelzung liegt vor, wenn der Mensch dem digitalen Repräsentanten seinen Körper und seine Bewegungen leiht. Dies ist etwa der Fall bei der Figur des „Gollum" in der Spielfilm-Trilogie „Herr der Ringe". Gollum ist eine digital konstituierte und in den Film hinein inszenierte Figur, hinter der eigentlich ein Schauspieler steht, der seinen Bewegungsabläufe dafür hat filmen und digitalisieren lassen. Diese wurden dann zu den Bewegungen der Figur des Gollum verzerrt. Insofern ist Gollum damit eine Art digitalisierter und

---

[25] Letztmalig abgefragt November 2006.

im Computer verarbeiteter Mensch. Das Ziel der Hersteller ist in diesem Fall, die Figur des Gollum möglichst echt und natürlich gleichzeitig möglichst nicht-menschlich zu machen; die menschlichen Bewegungen werden mit dem Ziel aufgenommen, ein möglichst gutes Kunstprodukt zu entwickeln. Umgekehrt gibt es natürlich aber auch Mensch-Maschine-Verbindungen, die nicht die Software, sondern den Menschen befördern wollen. Man findet zu einem solchen Zweck konstruierte Figuren in ganz unterschiedlichen Zusammenhängen: intelligente Anrufbeantworter, die sich mit einem eventuellen Anrufer etwas hintersinniger unterhalten als nur die Tatsache zu beschönigen, dass niemand das Telefon abnimmt, Agenten, die sich für einzelne User auf die Suche im Internet machen, Avatare, die stellvertretend für die Mitspieler auf dem Bildschirm erscheinen und gegebenenfalls auch deren Fähigkeiten verbessern – hier deutet sich eine Vielzahl von Möglichkeiten für zukünftige Softwareprodukte an.

Wir haben damit eine kommunikationswissenschaftlich gerichtete Klassifizierung von interaktiven Medien entwickelt, die allerdings in vielfältiger Weise weiter ausdifferenziert werden muss – in dem Maße nämlich, wie interaktive Medien entwickelt werden, die immer weitere Felder menschlichen kommunikativen Handelns abdecken.

4.3.4 Schlussfolgerungen – Bezug zur Mediatisierung

Wir machen nun einige abschließende Anmerkungen, die dann auch dabei behilflich sind, das Potenzial der interaktiven Medien in ihrer Bedeutung für den Prozess der Mediatisierung abzuschätzen.

Alle interaktiven Medien sind heute und noch auf lange Zeit auf bestimmte Aufgaben spezialisiert, wie wir das bereits im Zusammenhang mit der Darstellung von ELIZA und WALDI begründet haben. Kommunikation zwischen Mensch und Medium funktioniert also nur, wenn der Mensch sich auf die Unzulänglichkeiten des Mediums einstellt. Universelle interaktive Medien, die den Turing Test bestehen, wird es noch lange nicht geben. Umgekehrt werden selbständig arbeitende Computersysteme, in welcher Form auch immer, zunehmend auf kommunikative Kompetenzen, zum Beispiel aus Sicherheitsgründen oder wegen ihrer Steuerung, angewiesen sein. Einen dritten Grund nennt Ritter (1999), nämlich, dass die Kommunikationsfähigkeit für eventuelle Käufer ein wesentlicher Akzeptanzfaktor sein wird, der den Roboter vom reinen Automaten unter-scheidet.

Eine thematisch zentrale Frage für die zukünftige Entwicklung von Robotern ist, ob es den Menschen in der Kommunikation mit Maschinen um kommunikative Verständigung oder um strategische Beherrschung geht bzw. wovon das abhängt (zu diesem Unterschied vergleiche etwa Habermas 1987). In Anlehnung an Turkle (1998) könnte man fragen, ob sich mit dem Aufkommen akzeptierter maschineller Kommunikationspartner tatsächlich das Selbstbild der Menschheit verändert, aber auch, wie sich solche Kommunikation auf Erfahrungen und die Konstitution des Selbst auswirken. George Herbert Meads (1973a) plausibel begründete Annahme, dass sich die inneren Strukturen der Menschen in und durch sein Handeln und insbesondere durch seine Kommunikation ausbilden, wäre hier die Basis. Herauszufinden wäre dann auch, wie die Motivlagen und die Formen der Wahrnehmung und auch die sozialen Beziehungen funktionieren. Ob das maschinelle Gegenüber als kommunikatives Gegenüber anthropomorphisiert, eher funktional betrachtet oder gar als eigener Teil ins Ich eingemeindet wird, wäre spannend, und auch, inwieweit dies mit der Personalisierung des maschinellen zusammenhängt.

Enger an kommunikationswissenschaftliche Fragestellungen angelehnt wird es um die Frage gehen, wie Menschen Beziehungen zu Robotern aufbauen, worauf sie sich beziehen und wie sie sich von den bisher untersuchten parasozialen Beziehungen zu Fernseh-Persona unterscheiden (Horton/Wohl 1956, Vorderer 1996, Krotz 2001). Man könnte solche Beziehungen zu einem interaktiven Medium vielleicht pseudosozial nennen.

An Konsumenten verkaufte Roboter werden vor allem auf dem Feld der Unterhaltung Akzeptanz finden. „Virtuelle Roboter können das Fernsehen möglicherweise weit übertreffen, wenn es um Unterhaltung im Alltag geht. Sie können dabei sogar aus ihrem Glaskasten herausschauen in die Welt desjenigen, mit dem sie sich unterhalten." (Ritter 1999:115). „Künftige Roboter werden so hervorragend an uns Menschen angepasst sein, dass wir sie uns selber zurechnen werden." (Ritter 1999:119). Ihre instrumentellen Fähigkeiten werden sie im Hintergrund entfalten – etwa, wenn sie als Oberflächen von PCs inszeniert sind. Aber auch der Bereich der menschlichen Sexualität wird betroffen sein, da Produzenten Sex mit Robotern anbieten und Nutzer sie dafür verwenden werden.

4.4 Die Welt im Computer. Überlegungen zu dem unterschätzten Medium „Computerspiele"

4.4.1 Ein Beispiel vorweg

Fünf Planeten sind es, auf denen sich im Jahr 2350 das Leben abspielt. Auf dem einen wird gewohnt, der zweite dient dem Vergnügen. Die anderen drei gehören Karstadt, dem universalen Kaufhaus und Arbeitgeber: Da ist der für die Hauptverwaltung, der mit dem Zentrallager und dann natürlich der Filialplanet zum

Einkaufen. Wer dort aus dem Raumgleiter steigt, steht in einer riesigen Eingangshalle, in der CocaCola Reklame flackert. Und auch beim Arbeiten im Lager erfährt man, welche Waren man bewegt. Wenn der Lehrling aufräumt und Kisten stapelt, teilt eine Kommentarzeile auf dem Bildschirm mit, dass in diesem Paket Fuji-4D-Videos, in jenem Fuji-Disketten und in anderen verschiedene Sorten CocaCola sind.

Interessanterweise kontrolliert in der postmodernen und, was den Konsum angeht, genussorientiert angelegten Welt von Karstadt die Polizei gelegentlich den, der zu lange aufbleibt, ganz einfach deshalb, weil er noch so spät unterwegs ist. Die Geschenkboutique auf dem Hauptverwaltungsplaneten hat noch in dreieinhalb Jahrhunderten Öffnungszeiten, wie sie das bundesdeutsche Ladenschlussgesetz zur Zeit der Entstehung des Spiels vorgeschrieben hat. Und es gibt Pluspunkte für den Angestellten, wenn man in der Volkshochschule einen Kurs in „Britzky-2-Space-Talk" belegt. Kunden von einem anderen Stern kann man freilich auch etwas verkaufen, wenn man nicht versteht, was sie eigentlich wollen – sie werden als etwas dämlich dargestellt. Vom oft beschworenen Wertewandel hin zum Hedonismus geprägt ist das alles nicht – aber vielleicht ist Karstadt bei seinen zukünftigen Angestellten daran ja auch nicht so interessiert wie bei seinen Kunden. Denn der Spieler steigt als Angestellter in das Spiel ein und soll natürlich Karriere machen.

Früher warben die Sparkassen in Rowohlts Taschenbüchern um Kunden, damals ein in der Öffentlichkeit heiß diskutiertes Thema. Aber niemand hätte wohl einen Roman gekauft oder gelesen, der von Karstadt herausgegeben ist, von Karstadt-Angestellten handelt und zwischendurch CocaCola-Reklame offeriert. Computerspiele dieser Art finden dennoch Anklang, auch wenn sie oft langweilig konzipiert, schlecht umgesetzt und vom Vergnügen der Spieler her allenfalls B-Ware sind: Sie inszenieren eine Wirklichkeit, von der Karstadt meint, dass Kinder und Jugendliche sie kennen sollten.

Der Kaufhauskonzern Karstadt hat dieses Offline-Computerspiel, das jeder für sich selbst am heimischen Computer spielt, Mitte der Neunziger Jahre vertrieben, es ist ein Beispiel, das schon viele Hinweise darauf enthält, wie man Computerspiele auch für nicht spielerische Zwecke einsetzten kann: Der Übergang vom Computerspiel zum E-Learning ist fließend. Wie alle Computerspiele entwirft es eine synthetische Welt, in der sich Spielerin und Spieler zu Recht finden müssen und zu Recht finden wollen. Dabei sind die Regeln, nach denen man spielt und unter denen man gewinnt, natürlich vom Hersteller vorgegeben. Es kommt bei einem bestimmten Typus von Computerspielen (vgl. Fritz/Fehr 1997, Klimmt 2001) auf Schnelligkeit und Reaktionsvermögen oder irgendeine andere Form der Geschicklichkeit an. Bei anderen Typen werden komplexe strategische Überlegungen, Findigkeit und Ausdauer verlangt, bei wieder anderen etwa Phantasie und Kreativität. Bei den Online-Computerspielen die man im Internet spielt, rückt zudem die Fähigkeit in den Vordergrund, mit „echten" Mitspielern computervermittelt adäquat umzugehen. Bei den so genannten Multi User Dungeon (MUDs), eine Art textueller Rollenspiele, liegt der besondere Reiz darin, dass das Spielen eine Inszenierung des Selbst, zugleich aber auch eine vermittelte Form des Kommunizierens mit den anderen Spielern ist – wobei kommunizieren im Extremfall auch das Erschießen von deren medialen Repräsentanzen bedeuten kann. Dieses Kommunizieren per Spiel ist oft auch von eigenen Sprachkanälen begleitet, über die sich die Spieler außerhalb des Spielgeschehens unterhalten können.

4.4.2 Was sind Computerspiele?

Computerspiele sind damit ein neues mediales Angebot und Teil eines interaktiven Entertainments, das es in dieser Form vor der massenhaften Verbreitung des PC und von Spielcomputern nicht gegeben hat. Die zuständigen Wissenschaften haben sich bisher nur sehr marginal damit beschäftigt, und auch die Öffentlichkeit hat allenfalls auf die Warnungen vor dem Suchtcharakter dieser Aktivitäten und vor ihren möglichen schädlichen Wirkungen reagiert. Genauere Analysen, was man mit Spielen eigentlich lernt, und ob bzw. unter welchen Bedingungen Unternehmen wie Karstadt oder die US-amerikanische Armee oder vielleicht auch Terrororganisationen solche Spiele entwickeln und verbreiten lassen dürfen, wurde bisher nicht diskutiert. Schädlichkeit wird ganz vordergründig nur mit Gewalt und Sucht gleichgesetzt.

Computerspiele eröffnen genau die digitalen Welten, die uns als Kultur der Simulation und als die Wunder des interaktiven Fernsehens schon lange versprochen worden sind. Und in ihrer Online-Form sind sie für alle, die sich darauf einlassen, eine neue, spielerisch verfremdete Form mediatisierter Kommunikation, die neue Erlebnisräume und Beziehungsmöglichkeiten, neue Konstitutionsweisen der Wirklichkeit und neue Dimensionen der persönlichen und sozialen Identität anbietet – ebenso, wie Chats neue Kontakt- und manchmal auch Beziehungsmöglichkeiten eröffnen.

Für Kinder und Jugendliche sind Computerspiele interaktive Massenmedien. Sie zirkulieren zu zehntausenden in den Schulen, und schon im Jahr 2000 lag der Umsatz von Produkten des interaktiven Entertainments auch in Europa höher als die Ausgaben fürs Kino (Europäische Audiovisuelle Informationsstelle (2001)); sie sind seither weiter gewachsen. Manche Spiele sollen sich über den Verkaufspreis refinanzieren – da gilt das unerlaubte Kopieren gleich als Raub. Andere sind billig zu haben oder werden, wie die Spiele der Frühstücksflockenfirma Kelloggs, der politischen Parteien oder der Bausparkassen umsonst verteilt. In diesem Fall ist jede Form der Weiterverbreitung natürlich äußerst erwünscht.

Was systematische Überblicke angeht, so ist eine universelle Katalogisierung nicht gefunden – in den Kaufhäusern werden Spiele anders aufgestellt als es die bisher wenigen und unfertigen Typologien verlangen – die Entwicklung ist im Fluss. Erwähnenswert ist aber ihre Intermedialität – nicht nur, dass es zum Spiel für die verschiedenen Plattformen Magazine und Filme gibt, es werden – etwa bei dem, für die meisten Erwachsenen ziemlich undurchschaubaren (und vom Hersteller extra für Kinder und gegen deren Eltern entwickelten) Spiel Pokemon auch Medien wie das Fernsehen oder Sammelkarten eingesetzt. (Dreier u.a. 2001).

Computerspiele sind damit eine neue mediale Form mit eigenständigen Genres. Sie sind wie die herkömmlichen Printmedien für den individualisierten Gebrauch bestimmt. Man kann sie immer wieder und zu jedem Zeitpunkt spielen, solange der Spaß reicht, man muss aber auch immer wieder von vorne anfangen, wenn die „Leben" ausgegangen sind. In dieser Wiederholbarkeit liegt ein wichtiges mediales Kennzeichen, das heute Computerspiele und allgemeiner, interaktive Medien in Abgrenzung zu standardisierten, allgemein adressierten Kommunikaten charakterisiert. Solange man mit einem Spiel beschäftigt ist, will man zwar immer weiter kommen, muss dazu aber immer wieder zurück auf Los: Der Kultur des Neuen ist ein „da Capo" eingebaut, damit man nicht zu schnell „Al Fine" kommt.

Diese Eigenschaften machen eine weitere Besonderheit von Computerspielen deutlich. *Faktisch sind Computerspiele interaktiv, aber sie sind es nur eingeschränkt.* Viele Spiele sind in Stufen aufgebaut, und erst nach dem Durchlaufen einer Hierarchie von Stufen ist es möglich, den „Endgegner" zu erledigen oder sonst das finale Problem zu lösen und das Spiel zu gewinnen. Dies hat neben dem Spielspass auch eine deutliche Assoziation zu Fernsehspielen wie „Deutschland sucht den Superstar", bei denen sich die Sache immer mehr verengt und zuspitzt. Computer haben damit eine gesellschaftspolitische Komponente, indem man den Spielern klarmacht, dass auch in den virtuellen Welten die Bäume nicht in den Himmel wachsen, sondern – in vielen Fällen eigentlich sinnlose – Regeln das Geschehen beherrschen, damit am Ende immer auch eine Hierarchie der Spieler herauskommt.

Wesentlich mehr als die Spielstrukturen differieren die Geschichten, um die sich ein Computerspiel rankt, oder anders ausgedrückt, die dem Nutzer einen sinnvollen Handlungskontext eröffnen. Der Sinn des Ganzen, den die Geschichte angibt, ist für den Spieler zentral, für den Programmierer handelt es sich dabei aber nur um die Bedienungsoberfläche, und für den Verkäufer ergibt sich daraus die Marketingstrategie. Auch das Prinzip der Egoshooter wie DOOM oder

HALF-LIFE, bei denen man die Welt über den Lauf eines Gewehrs oder einer anderen Waffe sieht und am besten auf alles feuert, was zu sehen ist, lässt sich ganz offensichtlich in ganz unterschiedlichen Geschichten inszenieren.

Eine weitere Dimension des Spielens entsteht durch die Online-Spiele, die derzeit in den Vordergrund rücken und die per Handy oder über Modem bzw. ISDN-Karte gespielt werden können. Hier werden die möglichen Spielformen komplexer, weil sich verschiedene Spieler daran beteiligen. Spielen heißt im Falle von Online-Spielen vor allem, in spielerischen Formen, nach vorgegebenen Regeln und auf bestimmte Ausdrucksformen begrenzt miteinander zu kommunizieren. Dabei ist der Übergang zu anderen simulierten Welten, die nicht nur als Spiel definiert sind, fließend: das Online-Leben in der digitalen Welt „SECOND LIFE" oder in ähnlichen Welten besitzt viele Elemente des Spiels, ist aber kein Spiel, sondern ein projiziertes Leben in einem stabilen Umfeld mit Rechten und Pflichten, Möglichkeiten und Alltagspraktiken. Diese sozialen Alltagspraktiken sind, am Rande vermerkt, natürlich keineswegs virtuell, sondern sehr real, auch wenn sie materiell nicht auffindbar sind. Neil Stephenson hat dazu einen großartigen SF-Roman geschrieben (1996).

Online-Computerspiele sind angesichts ihrer Besonderheit, darauf hat vor allem Sherry Turkle (1998) hingewiesen, für die Identität der Menschen von Bedeutung, weil sie Erfahrungen ermöglichen, die sonst so nicht zu gewinnen sind. In diesem Rahmen verändert sich vielleicht auch das Konstrukt Identität, weil es – vielleicht nur für zeitlich begrenzte Phasen – vielfältiger und buntscheckiger wird. Turkle hat für parallele Variationen den Terminus der multiplen Identitäten verwendet. Die These freilich, dass diese multiplen Identitäten pathologisch sind, insofern sich das Individuum damit gleich endgültig fraktioniert, ist eine These, deren Untersuchung noch fehlt (vgl. dazu etwa das von Tamotsu Shibutani (1955) entwickelte Verständnis von Identität als Abbild der Gesellschaft sowie die postmoderne Debatte um Identität). Damit soll natürlich nicht behauptet sein, dass diese Entwicklungen nicht viele Probleme aufwerfen. Wichtig ist aber in einer sozialwissenschaftlichen Perspektive eher, welche Macht- und Hegemoniekonstellationen es denn sind, die die Menschen dazu bewegen, im Internet und in Online-Spielen zu agieren, wer dort die Macht hat und auf welche Weise auch in den Spielwelten Selbstbestimmung gesichert werden kann.

4.4.3 Spielerinnen und Spieler

Kinder – und immer mehr nicht nur Kinder – spielen zunehmend in den simultanen Welten, die ihnen die neuen Medien anbieten. Bisher sind es meistens Jungen, die Computerspiele spielen. Denn die damit verbundenen Attribute von

Computerkompetenz zählen in den männlich dominierten Peergruppen, und auch die Inszenierungen und Rollenangebote der meisten Spiele machen es nicht gerade reizvoll für Mädchen, sich damit zu unterhalten. Aber die Industrie gibt sich zunehmend Mühe, auch die andere Hälfte ihres Himmels, nämlich des Absatzmarktes, zu erreichen. Mit dem Spiel SIMS, in dem auf recht perfekte Weise der Alltag von Menschen nachgespielt wird, einem der erfolgreichsten Spiele überhaupt, werden heute vor allem auch Mädchen erreicht.

Computerspiele haben dementsprechend bei Kindern und Jugendlichen hohe 'Einschaltquoten', und viele, die ein attraktives Spiel kennen lernen, wollen es oft über Monate hinweg immer wieder spielen. Solche Spiele verlangen, verglichen mit der körperlichen Bewegungslosigkeit vor der "Glotze", eine aktivere Partizipation am Geschehen. Spielerinnen und Spieler sind über eine (oder mehrere) Spielfigur(en), die sie auf dem Bildschirm repräsentiert und deren Eigenschaften sie zum Teil wählen können, als aktiv handelnde Personen in das Geschehen einbezogen: Es geht deshalb im Unterschied zum Fernsehen nicht um einen Rezeptionsmodus zwischen Beobachtung und Identifikation, und auch nicht, wie beim Lesen, um im Kopf stattfindende Dramen einer nur durch Worte beschriebenen Welt. Sondern um beobachtbares identifikatorisches Handeln in medialen Räumen und Szenarien unter Einbezug des Körpers der Spielenden, die oft Aspekte der traditionellen Welt aufgreifen und zum Element des Spieles machen können, sich aber als Spiel immer durch ihren Als-Ob-Charakter auszeichnen. Die Pleite beim Spekulieren an der Börse zwingt zwar auch nicht unbedingt zum Schlafen unter der Brücke, hat aber doch noch andere Konsequenzen als eine Pleite im Börsenspiel. Dieses Als-Ob-Charakters sind sich die Spieler im Allgemeinen bewusst, er macht gerade einen Teil des Vergnügens möglich und aus.

Dementsprechend sind Computerspiele für viele Kinder und Jugendliche eine Alternative zum Fernsehprogramm, die freilich dessen Nutzung keineswegs ausschließt. Vielmehr werden beide Medien häufig parallel zueinander betrieben. Und sofern es keine Alternative ist, entwickeln sich zunehmend Formen der Parallelnutzung von Computerspiel, Internetchat, Fernsehen und Handynutzung.

Neu ist vielleicht, dass die Kultur des Spiels so zur Basis der Realitätserfahrung wird. Das wäre ein Epochenwandel, wenn man die Konsequenzen daraus in Anlehnung (und Erweiterung) an Max Webers Theorie über die Bedeutung der protestantischen Welterfahrung für den Kapitalismus zieht. Denn Spielen ist für den Erwachsenen im Allgemeinen ein Modus des Aussteigens aus dem Alltag, ein Vergnügen, eine beschränkte Form der regelgeleiteten Kommunikation mit anderen, die im Allgemeinen keine weiteren grundlegenden Folgen hat. In der sich allmählich organisierenden Szenerie der Computerspieler gibt es allerdings mittlerweile Profispieler, die sich bei Spielermeetings im Auftrag der Firmen virtuos präsentieren, aber ebenso wie Fußballspieler eigentlich nicht mehr spielen. Aber Kinder und, sofern sie es tun, auch Erwachsene, spielen anders, aus einem kommunikativem Interesse heraus, gewissermaßen als ein temporäres Verlassen von Pflichten und Zwängen. Spielen ist so ein Teil der Kür des Lebens. In diesem Sinn spricht Huizinga (1956) vom Spiel als Basis aller Kultur – für das man Zeit, Interesse, Kreativität und emotionale Kompetenz aufbringen muss.

Für Kinder ist das Spielen noch wichtiger als für Erwachsene, weil sie sich darin in ihrem Sozialisationsprozess die Wirklichkeit aneignen. Heute gehen wir davon aus, dass Kinder und Jugendliche zwar in unserer, zugleich aber auch in einer eigenen, kindlichen Welt aufwachsen, in der sie sich von den Erwachsenen zunehmend distanzieren: Sie leben vielleicht in einer harmonieseelig gedachten Welt ("sind so kleine Hände....") oder aber innerhalb der sozialen Zwänge einer Peergroup, in der angesagt wird, was angesagt ist. In diesen zunehmend von der Erwachsenenkultur abgekoppelten Jugendwelten haben Computerspiele und alle Formen interaktiven wie sonstigen Entertainments einen wichtigen Platz.

4.4.4 Interaktivität und Körper: Die Verschmelzung von Realitäten

Computerspiele enthalten einerseits oft Sequenzen, in denen man 'nur' zusehen und zuhören kann. Etwa die in Anlehnung an die Indiana-Jones-Filme entwickelten Spiele zeigen immer wieder längere Episoden, in denen sich das Geschehen auch ohne Eingriffe des Spielers weiterentwickelt (die aber auch übersprungen werden können). Gespielt wird danach, und dann kommt der Spieler nicht mehr wie beim Fernsehen mit einer Fernbedienung aus. Spielen braucht komplexere Beteiligungsmöglichkeiten, weswegen es viele Tasten auf der Tastatur, der Joystick oder sonstige Geräte sein müssen. Denn es geht dabei nicht um Wahlentscheidungen, sondern auch um kontinuierliche und kreative Eingriffe durch den Spieler: Für Autorennspiele braucht man außerdem Steuerrad, Bremse und Gashebel, zum Teil mehr, für Tanzspiele zum Beispiel Matten, die an den PC angeschlossen sind und durch deren ausgelöste Kontakte der Computer kontrolliert, ob der Spieler die Tanzschritte auch richtig und im richtigen Moment ausgeführt hat.

Das hat zwei wichtige Konsequenzen für die Theorie und für die soziale Bedeutung von Computerspielen: Einmal kann man offensichtlich festhalten, dass zumindest ein Teil der Computerspiele sich in die Richtung hin ausdehnt, dass der *ganze Körper* mit seinen Bewegungen in das Spiel eingebracht werden muss. Das zeigen die obigen Beispiele, und insbesondere das Instrument des EYE-TOY ist dafür ein Prototyp. Dabei handelt es sich um eine Kamera, die an eine Play-Station angeschlossen wird. Sie nimmt dann den Spieler vor dem Bildschirm mit seinen Bewegungen auf und transferiert das Bild auf den Bildschirm, projiziert also den Spieler in das Spiel hinein. Der Spieler muss in der Folge, um im Spiel erfolgreich zu sein, seine Bewegungen vor dem Bildschirm mit dem Geschehen auf dem Bildschirm koordinieren. Er muss also beispielsweise so in die Luft schlagen, dass sein Abbild auf dem Bildschirm in der Folge einen nur auf dem Bildschirm vorhandenen Ball trifft und ihn in eine bestimmte Richtung bewegt. Oder der Spieler muss sich im Rahmen eines Karatelehrgangs vor dem Bildschirm so bewegen, dass er (genauer, sein projiziertes Abbild auf dem Bildschirm) mit seinen Schlägen einen bestimmten Gegenstand auf dem Bildschirm trifft. Mit dieser Technologie werden neue Nutzungsweisen von Interaktivität angeboten – Sport und Bewegungstraining etwa für Skifahren, Joggen oder Tennis. Die Technologie lässt sich auch dafür einsetzen, dass Menschen spezifische Bewegungen erlernen, die sie an ihrem Arbeitsplatz einsetzen können.

Wichtig ist aber auch, dass durch die Notwendigkeit einer ganzkörperbezogenen Steuerung des interaktiven Mediums die *emotionale Beteiligung des Spielers* gefördert wird. Denn Körperhaltungen und Körperbewegungen rufen in Menschen sehr leicht Gefühle wach, wie Psychotherapie und Theater wissen.

Zudem lässt sich hier ein weiterer Schritt einer Verschmelzung von Realitäten erkennen – besser ausgedrückt, die Realität auf dem Bildschirm und die Realität vor dem Bildschirm rücken auf eine neue Weise zusammen: Bereits jetzt rechnen sich Computerspieler wie bei anderen Spielen ja auch das Ergebnis des Spiels persönlich zu, sie sagen meist nicht, dass sie verloren haben oder dass ihre Spielfigur geschlagen wurde, sondern dass sie selbst "gestorben" sind oder "ihr Leben verloren" haben. So gesehen projizieren sich Spielerinnen und Spieler auch am Computer in eine vorgegebene, komplexe Umwelt hinein, in die man sich aufmerksam und sorgfältig hineindenken muss, in der man blitzschnell reagiert oder mit Gefühl für die Hintergründe Entscheidungen trifft. Das wurde schon immer und vermutlich im allgemeinen ohne jede Berechtigung als eine Gefahr für das Realitätsbewusstsein der Spieler angesehen – es handelt sich einfach um eine durch das Individuum selbst betriebene Projektion in das Als-ob-Geschehen Spiel (Huizinga 1956). Mittels des EYE-TOYs bezieht sich nun nicht mehr nur das Bewusstsein des Spielers auf seine Existenz „in" dem interaktiven Medium. Vielmehr inszeniert die Technologie auch seinen Körper als Teil des Geschehens. Der Spieler projiziert sich also „in das Medium hinein" – anders ausgedrückt, der Spieler erweitert den ihm zur Verfügung stehenden sozialen Handlungsraum über seine geistigen und intellektuellen Leistungen hinaus in eine andere, computergenerierte Umgebung. Die öffentliche Meinung wird hier demnächst die Befürchtung diskutieren, dass der Spieler in solchen Fällen – man denke etwa an eine sexuelle Nutzung derartiger Angebote – sich selbst nicht mehr direkt in seiner Körperlichkeit wahrnimmt, sondern über die Wahrnehmung seiner auch körperlichen Projektion in das Geschehen auf dem Bildschirm.

4.4.5 Wirkung und soziale Bedeutung

Damit sind wir auch bei Computerspielen mit der berühmten Frage nach deren "Wirkung" beschäftigt. Dabei ist aber zunächst einmal nicht nur oder vorrangig nach antisozialen Wirkungen zu fragen – was nicht heißen soll, dass Computerspiele keine Schäden anrichten können. Theoretisch viel bedeutsamer ist aber, welche sozialen, kulturellen und psychischen Konsequenzen die ideale Spielmaschine Computer denn auf lange Sicht hat. Spielen ist ein Fall sozialen Handels, und in unserem sozialen Handeln konstituieren wir Kultur und Gesellschaft, soziale Beziehungen und Identität. Die Frage ist dann, ob sich soziales Handeln durch das Potenzial des Computers und des Computerspielens langfristig verändert und was das genau bedeutet – nicht durch irgendwelche Spielinhalte, sondern durch ihre alltägliche Verwendung und die daran geknüpften Erwartungen, so, wie der Papyros gegenüber der Steintafel und die Druckmaschine gegenüber Handschriftenrolle die Menschen, ihre Identität und ihre Formen des Zusammenlebens verändert haben.

- *Computerspiele als vielfältige Erlebniswelten*: Im Hinblick auf Computerspiele als interaktive Medien muss man zunächst akzeptieren, dass Spiele unglaublich komplexe, informative und spannende Erlebniswelten entwerfen, wie es sie früher nicht gab, und sie den Spielerinnen und Spielern zugänglich machen. Damit tragen sie ebenso wie alle anderen Kommunikationsmedien auf komplexe Weise zu Vorstellungen von Wirklichkeit, zu Träumen und Phantasien, zu Erwartungen und Orientierungen, zu Selbstbildern und der Nutzung von Reflexionsebenen und damit insgesamt zur Alltagskonstruktion von Menschen bei. Diese "Wirkung" der Medien ist also eine Wirkung durch die medial inszenierten Welten, auf die sich die Menschen in ihrem Spielen, Kommunizieren und Rezipieren beziehen. Dies darf nicht mit der Wirkung von speziellen Inhalten wie etwa einzelnen Gewalttaten konfundiert werden, und wirft mindestens zwei Fragen auf: Was genau lernen Spielerinnen und Spieler auf spielerische Weise in diesen Computerwelten, und umgekehrt – wer gestaltet diese Welten eigentlich, in denen sich Kinder und Jugendliche inszenieren, vergnügen und erproben, und löst damit was aus?
- *Computerspiele als Räume für Kreativität, Handeln und Gestalten*: Die Computerspielforschung hat immer wieder betont, dass Spieler am Compu-

ter in einem unglaublichen Ausmaß handlungsfähig werden – sie selbst sind es, die etwas tun und etwas bewirken, so die eigene Wahrnehmung: die Medienpsychologie untersucht dies zum Teil unter dem Titel der Selbstwirksamkeit. Im Gegensatz zu den heute eher engen Handlungsspielräumen durch eine kinderfeindliche Umwelt sowie durch komplexe Organisations-, Planungs- und Lernzwänge in einer hoch technisierten Gesellschaft können Spieler im Computerspiel Städte bauen, Zivilisationen entwickeln, Kriege führen und sich auch sonst „virtuell" auf alle möglichen Weisen realisieren, und darin liegt auch ein wesentliches Motiv für die Beliebtheit des Spielens am Computer verborgen (Fritz/Fehr 1997). Was die Art des Lernens beim Computerspielen angeht, so handelt es sich folglich um ein aktives Lernen durch Gestalten, das auch deshalb ein Lernprozess ist, weil man unter den spielerischen Folgen nicht leidet und sie auch nicht zu verantworten hat – außer im Hinblick darauf, dass man eben ein Spiel verloren hat. Es ist unter diesem Aspekt bedauerlich, dass sich die meisten Erwachsenen, die nicht mit solchen Spielen aufgewachsen sind, diesen Erfahrungen verschließen.

▪ Die Bedeutung von Computerspielen liegt damit einerseits in der Freiheit, komplexe Welten in vielfältiger Weise zu inszenieren und zugänglich zu machen und andererseits in der Freiheit der Spielerinnen und Spieler, darin kreativ handeln und gestalten zu können - und sich so selbst in fremden Welten erleben und damit eigene Erfahrungen machen zu können. Im Zusammentreffen dieser beiden Bedingungen ist Computerspielen etwas Neues, das nicht hoch genug eingeschätzt werden kann. Natürlich kann dieses Potenzial auch missbraucht werden oder zu unglücklichen Ergebnissen führen. Mehrere Problemebenen können identifiziert werden.

▪ *Texts are made by their readers:* Leser und Zuschauer kontrollieren zu einem guten Teil selbst, was sie da tun und was ihnen die Beschäftigung mit diesen Inhalten bedeutet. Der Mensch ist keine Art Faxmaschine, die genau die Kommunikate verinnerlicht, die ihr zugeteilt werden. Denn jede Medienrezeption, jede Aneignung von Medieninhalten und erst recht das Spielen mit dem Computer verlangen interpretative Leistungen des Individuums. Und Interpretation als eine Form der Konstruktion von Erleben und Verstehen heißt ja nichts anderes als dass Nutzerinnen und Nutzer den medialen Text mit ihren eigenen, individuell für relevant befundenen Kontexten, mit ihren eigenen Deutungsweisen zusammen bringen und in diesem Prozess gleichsam festlegen, was sie erleben.

Das heißt aber natürlich nicht, dass Computerspiele nicht auch spezifische Mechanismen besitzen können, die antisozial sind, wie wir im nächsten Spiegelstrich diskutieren werden. Und es heißt nicht, dass alle Inhalte gleich geeignet sind, in Spiele umgesetzt zu werden – wir werden dies weiter unten unter dem Aspekt diskutieren, wer welche Inhalte produziert und warum. Und es heißt nicht, dass Kinder jeden Alters zu jedem Spiel Zugang haben müssen.

▪ *Computerspiele und Empathie?* Ungeklärt ist zunächst einmal die Frage, inwieweit Computerspiele der Empathie von Spieler bedürfen – hier gehen die Meinungen auseinander, weil der Empathiebegriff widersprüchlich benutzt wird. Einfühlung in das kommunikative Gegenüber ist – vergleiche Kapitel 2 – eine Grundbedingung für Kommunikation und Verständigung. Grundsätzlich bedarf es bei Spielen mit mehreren menschlichen Mitspielern folglich immer der Einfühlung in das Planen und Handeln der anderen, sonst ist kein Teamspiel unter Gleichberechtigten möglich. Manche Computerspiele wie TETRIS kann man vielleicht nur von einem Beobachtungsstatus aus spielen – zumindest muss man sich aber soweit in das spielerische Gegenüber hineindenken, als dass man antizipieren muss, was der Computer wohl als nächstes tut bzw. ob er wann etwas nicht routinemäßiges tut – sofern es sich nicht um erkennbare Automatiken handelt, bei denen das nicht notwendig ist.

Andererseits kann man Empathie aber auch im Sinne von Mitfühlen verwenden – das geschieht häufig, wenn Gewaltspiele kritisiert werden. Bei einer hinreichend schlechten Computerspielgraphik ist ein erkennbarer Anteil an derartiger Einfühlung auch deshalb nicht notwendig, weil es egal ist, ob ein Alien, ein anderer Mensch, eine Maschine oder sonst etwas als Bedrohung auftritt: Alles, was sich irgendwie bewegt, ist gefährlich und muss einfach abgeschossen werden. Je besser aber Graphikumgebungen werden und vor allem, je komplexer maschinelle Gegenüber auf das eigene Handeln reagieren (und so Antizipation verlangen), desto eher nehmen Spieler wahrscheinlich die anderen auftretenden Figuren als real wahr. Wenn man diese dann immer töten muss und letztlich keine andere Handlungsmöglichkeit hat, dann kann man wohl vermuten, dass derartige Computerspiele zu Abstumpfung führen können. Von daher gibt es zweifelsohne Computerspiele, die ungute Mechanismen eingebaut haben.

▪ *Welche Erfahrungen?* Einmal erfahren Spieler und Spielerinnen beim Spielen viel über die synthetisch hergestellte und medial offerierte Umwelt, die das Spiel ausmacht – das Spiel besteht auch darin, dass sie in diese Welt eingeführt werden und sie während des Spielens als wirklich erleben. Wenn sie sich auf das Geschehen einstellen, müssen sie sich an den Vorgaben des Konstrukteurs des Spiels orientieren, und zwar gewiss mehr als beim Fernsehen, das man auch mit geringem Involvement von außen beobachten und sogar folgenlos missverstehen kann (vgl. hierzu auch Kapitel 6.4).

Andererseits kann man sagen, dass Spielerin und Spieler dabei mehr über diese Umwelt als über sich selbst lernen. Denn das Geschehen kommt immer von außen auf die Spielfigur zu, und nur auf die äußeren Bedingungen kann und muss man Einfluss nehmen. Beziehungen zu anderen auftretenden Figuren oder Mitspielern werden dann vom Spieler meist nach Effektivitätskriterien organisiert. Damit das vernünftig und möglich ist, verändern Erfahrungen, die man beim Spielen macht, meist den Charakter und die Eigenschaften der Spielfiguren nicht, weil sie sonst inkonsistent wären, sie vergrößern meist nur nebenbei äußere und gelegentlich auch innere Ressourcen der Figuren wie Gesundheit oder Kraft. Und auch der Spieler kann seine Erfahrungen nur außerhalb des Spiels reflektieren: In der Simulation bleibt man im Prinzip immer der- oder dieselbe und Erfahrungen bleiben in mancherlei Hinsicht äußerlich. Insofern hat das Spielen am Computer eine Art Schlagseite, weil es nur spezifische, instrumentelle Erfahrungen zu nutzen gestattet. Es bedarf deshalb wie jede mediale Erfahrung einer Einbettung in soziale Kontakte und Gespräche, um diese Schlagseite auszugleichen.

- *Art der Wirkung*: Man kann einerseits vermuten, dass Computerspiele im Vergleich zum Fernsehen noch viel eindrücklicher wirken, weil der Spieler sie ja, manchmal Monate lang, immer wieder von vorne spielt und sich intensiv mit ihnen auseinander setzt. Wenn das umstandslos die Spieler erzieht, so wäre zu vermuten, dass die kommende Generation insgesamt aus Klempnern besteht, die sich auf die Jagd nach Prinzessinnen machen, wie es bei „SUPER MARIO", dem erfolgreichsten Spiel aller Zeiten, die Rahmengeschichte erzählt. Vermutlich kann man aus dieser Handlungsbezogenheit zunächst aber nur schließen, dass die Spielerinnen und Spieler bestimmte, isolierte Handlungstechniken lernen, die sie dann vielleicht in ihrem Leben vor dem Bildschirm auch anwenden können.

Möglich wäre aber auch die umgekehrte These, dass Computerspiele weniger „wirken" als Fernsehsendungen, weil sich der Spieler in den interaktiven Medien in immer neuen Anläufen zwar auf das Spiel einstellt. Aber der Zweck der Angelegenheit liegt nicht so sehr darin, sich wie bei standardisierten, allgemein adressierten Kommunikaten auf die Vorgaben des Regisseurs einzulassen, sondern darin, das Spiel kontrollieren zu lernen.

Jenseits der bisher vorherrschenden Vorurteile ist hier, nicht zuletzt wegen der Gewaltspiele, noch viel zu forschen. Vermutlich sind der spezifische Kommunikationsmodus mit interaktiven Medien generell und damit auch die „Wirkung" von Computerspielen entscheidend daran gekoppelt, von welchen Voraussetzungen aus und in welcher Weise jemand Zugang zu einem Computerspiel erhält: Wenn jemand, der gewalthaltige Computerspiele spielt, dann dem nächst besten, der ihm dumm kommt, auf die Fresse haut, so ist dies vermutlich eher in seinen alltäglichen Lebensbedingungen als Lösungsstrategie angelegt als einem Spiel anzulasten. Dass Jugendliche in ihrem Sozialisationsprozess besonders gerne und auch notwendiger Weise Tabus verletzen, die ihnen die existierende Gesellschaft aufzwingen will – im christlich geprägten Europa etwa Sexualität und Gewalt – ist jedenfalls nichts Neues.

- *Computerspiele als Produkte der Kulturindustrie:* Das Spielen am Computer findet nicht im luftleeren Raum und auch nicht in einer geschützten Kindheit statt, wie schon das eingangs angeführte Beispiel von Karstadt gezeigt hat. Vielmehr sind Spiele kulturindustriell hergestellte Produkte (Horkheimer/Adorno 1971), und private Unternehmen wie auch gesellschaftliche Institutionen versuchen, sie sich für ihre Zwecke dienstbar zu machen.

Dies geschieht einmal durch klassische Werbung, also die Einbindung von Firmenlogos oder Markenprodukten in das Computerspiel: Sie finden ganz selbstverständlich Verwendung und erscheinen als integrierter Teil der natürlichen Umgebung auf dem Bildschirm. Die Werbeflächen in der virtuellen Realität sind mithin schon vorbereitet. Dass dies zunehmen wird, ist zu erwarten, denn es trägt zur Refinanzierung der Spiele bei. Im Fernsehen fiele dies allerdings unter die Rubrik der Schleichwerbung, und was Kinder angeht, müssen an sie adressierte Sendungen eigentlich werbefrei bleiben.

Zum anderen werden immer mehr Computerspiele von Firmen, Parteien oder sonstigen gesellschaftlichen oder ökonomischen Akteuren konzipiert, organisiert und vertrieben. Man konnte in der kurzen Geschichte der Computerspiele durchs Land der Bifi-Würste ziehen, Moorhühner für Whiskey-Marken jagen, mit der Telekom Kommunikationsgegner bekämpfen oder als „Tony Tiger" Punkte im Kampf gegen die Ameisen gewinnen, wenn man die Vitamine in den Produkten von Kelloggs einsammelt. Weitere Beispiele finden sich zuhauf. Es sind neben den Spieleherstellern vor allem private Unternehmen, die Konsumprodukte vertreiben, aber auch alle Arten gesellschaftlicher Institutionen, die die Welten gestalten, die die Regeln festlegen und die Gewinnkriterien auswählen, nach denen Kinder spielen, und immer mehr Firmen nehmen diese Möglichkeiten wahr.

Während die Verwendung von Computerspielen für Werbezwecke bei den Spielern als Konsumenten ansetzt und Markenkenntnis verankern will, richtet sich die Konzeption von Computerspielen aber auch auf die Form, Gestalt und das Ergebnis der zukünftigen Sozialisationsprozesse selbst. Computerspiele werden synthetisch hergestellt, und sie offerieren Normen und Werte, Einstellungen und Handlungsweisen, die ihre Architekten darin angelegt haben. Erfolg im Spiel kann man nur haben, wenn man sich ihnen unterwirft, Zielsetzungen übernimmt und Strafen vermeidet. Diese gesetzten Normen und Werte sind aber nicht offen ausgewiesen und beim Spielen im Allgemeinen weder reflexions- noch gar diskussionsfähig, sondern in spannende und involvierende Szenarien versteckt. Die Spieler erarbeiten sie sich selbst, indem sie versuchen, das Spiel zu einem guten Ende zu bringen. Was in den Spielen, die vom Umweltministerium etwa zum Themenbereich Ökologie vertrieben wurden, eine Beeinflussung zu gesellschaftlich verantwortungsvollem Handeln bei den Spielern beabsichtigt, sie können in anderen Spielen natürlich auf ganz andere Ziele und Erfolge gerichtet werden.

Wir können also generell von in Computerspiele involvierten Ökonomisierungsprozessen sprechen. Kinder sind in der Welt der Computerspiele nach dem Jugendschutzgesetz und zudem durch die „Freiwillige Selbstkontrolle Unterhaltungssoftware" geschützt: Gewalt, Pornographie und Nazipropaganda können verboten oder indiziert werden. Ob das angesichts der beliebten Vertriebsform des massenhaften kollegialen Weitergebens wirksam ist, muss man bezweifeln. Aber damit ist auch noch lange nicht entschieden, ob denn – jenseits dieser Themen – jede beliebige Einrichtung Computerspiele nach ihren Interessen gestalten und vertreiben darf. Und auch nicht, ob all diese Spiele beliebig mit Werbung angereichert werden dürfen. Dies ist kein Plädoyer für Verbote und Kontrollen, aber dafür, dass die Zivilgesellschaft sich mit diesem Thema auseinandersetzt und entscheidet, ob dies so seine Richtigkeit hat.

4.4.6 Der Zusammenhang zur Mediatisierung

Das Spielen am Computer und allgemeiner, der Umgang mit interaktiven Medien und deren zunehmende Bedeutung sind Teil des Metaprozesses der Mediatisierung von Alltag, sozialen Beziehungen, Kultur und Gesellschaft, der im Zusammenhang mit Globalisierung und Ökonomisierung stattfindet und so auch theoretisiert werden muss. Das heißt insbesondere, dass dieser Metaprozess zurzeit einseitig nach den Zielen und Interessen der Hersteller abläuft. Schon die alten Medien tendierten zu einer Vermachtung und Enteignung des öffentlichen Diskurses, was sich etwa in der Presse durch die zunehmende Nachrangigkeit journalistischer Kriterien gegenüber wirtschaftlichen Zielsetzungen äußert, aber auch durch die zunehmende Kooperation zwischen Politik und Medien (Habermas 1987, 1990). Computerspiele lassen sich in vielen Fällen als eine Übernahme kindlicher Phantasiewelten durch Unternehmen begreifen. Hier ist die Zivilgesellschaft gefragt, die diese Prozesse beobachten, kontrollieren und entscheiden muss. Um solche langfristigen Entwicklungen beschreiben und analysieren zu können, brauchen wir einen historisch angelegten Begriff wie den der "Mediatisierung".

Wir schließen das Kapitel nun mit einigen ergänzenden Bemerkungen ab:

1. Computerspiele sind ein Teil der Populärkultur der Industrieländer, aber eben vor allem der Kinder und Jugendlichen, denn die Erwachsenen, soweit sie nicht schon mit Computerspielen aufgewachsen sind, finden dazu kaum einen Zugang. Sie bilden ein interessiertes und bereitwilliges Publikum, das über die Kompetenz verfügt, solche Angebote zu suchen, zu nutzen und zu genießen. Die kommende Generation erst konstituiert so den Computer als universelle persönliche Maschine nicht nur des instrumentellen Handelns, sondern auch des emotionalen Erlebens und lässt sich so auf das ein, was Computer und nur Computer anbieten: nämlich die Welt der Simulation und des interaktiven und reflexiven Kommunizierens. Medienrevolutionen, vor allem, wenn von ihnen erwartet wird, dass sie die Gutenberg-Galaxis überwinden sollen, brauchen eben ein bisschen länger, bis sie sich durchsetzen.

2. Computerspiele sind, sofern man sie alleine spielt, eine Form interaktiven Fernsehens und ein Umgang mit einem ‚intelligenten' Gegenüber. Gespielt mit anderen müssen sie als eine Form der computervermittelten Kommunikation mit anderen behandelt werden, in die ebenfalls ‚intelligente Vermittler' eingreifen. Das Leben in diesen virtuellen Welten lässt spezifische soziale und instrumentelle Kompetenzen entstehen, die genauer untersucht werden müssen. Aufgrund der Besonderheiten des PC und der telekommunikativen Vernetzung sind dabei auch tiefer gehende Einflüsse auf Realitätswahrnehmung und Identitätskonstruktion zu berücksichtigen. Auch das Problem, zwischen Spiel- und Realitätsbeziehungen zu unterscheiden, steht zumindest für Spielneulinge an – es ist hier daran zu erinnern, dass auch der Kinofilm dieses Problem aufwarf, die Menschen dann aber schnell lernten, damit umzugehen.

3. Spielen ist die wichtigste sozialisatorische Aktivität von Kindern und Jugendlichen im Hinblick auf die Konstitution von Kultur und Gesellschaft. Wenn sich also das Spielen der Kinder und Jugendlichen verändert, so verändert dies langfristig Kultur und Gesellschaft. Von Bedeutung ist dabei auch, dass Spielen eine geschlechtsspezifische Aktivität ist. Es liegt auch aus diesen Gründen nahe, Spielwelten und die Art des Umgangs damit auf ethnographische Weise zu untersuchen, um die Wirklichkeit des Spiels und des Spielens zu erforschen.

4. Eltern und Lehrer, soweit sie nicht schon mit Computern aufgewachsen sind, verstehen meist wenig von Computerspielen und kümmern sich im Allgemeinen auch kaum darum, was ihre Kinder da treiben. Sie sind meist

zufrieden, wenn sich ihr Sohn mit dem Computer beschäftigt, und wenn er sagt, er programmiere, dann sind sie sogar beglückt – was immer er damit meint, kümmert nicht. Denn unter Medienkompetenz verstehen Erwachsene häufig gerade das, was sie selbst so einigermaßen können: mit Word schreiben, im Internet einkaufen und vielleicht ein paar weitere instrumentelle Programme, besonders fürs Internet, bedienen. Ihre eigene mediale Kompetenz hat nur in seltenen Fällen eine emotionale Dimension, auf deren Grundlage sie sich auf simulierte Wirklichkeiten einlassen können, wie sie der Computer anbietet – sofern sie nicht selbst schon mit Computerspielen aufgewachsen sind. So bleiben Computerspiele Peer-group-Medien, und die meisten Eltern wissen nicht, dass auch ihr Kind spätestens ab 12 das eine oder andere indizierte Computerspiel auf der Festplatte hat.

5. Vielleicht ist dieses Abkoppeln ja eine Umleitung in eine Werbe- und Konsumwelt. Die Entwicklung der Computer-Spielwelt ist in medienübergreifende Strategiewelten eingebettet (Pokemon, Disney, ...). Die Branche der Spielhersteller (in einem weiten Sinn) wird mit den Potenzialen der Telekommunikation zur Großindustrie, die die spielerischen Phantasien und Praktiken der Kinder und Jugendlichen umfassend in den Griff nimmt. Dazu gehört auch die Vermarktung von Spielertreffen und das Entstehen von Profispielern – die Entwicklung im Bereich Digital Entertainment ist ähnlich wie in Musik, Sport oder Kino. Ein wesentliches Mittel der Durchsetzung der großindustriell entwickelten Angebote ist neben dem Medienverbund die Qualität der Spiele und ihre schnelle Anpassung an modische Entwicklungen. Welche sozialen Realitäten als Spiel angeboten werden, kann aber ebenso wenig der Industrie überlassen bleiben wie die Frage, welche sozialen Welten unter welchen Bedingungen im Fernsehen gezeigt werden und wie sie mit Werbung, Product Placement und anderem versetzt sind. Denn davon ist auf Dauer das Zusammenleben der Menschen berührt.

6. Die interaktiven Medien und insbesondere das Spielen sind das besondere Neue, das neben der Vernetzung durch die Digitalisierung möglich wird. Lernen wird sich durch das neue interaktive Lernen radikal verändern – selbst ein Universitätsstudium wird man als „Spiel" absolvieren, sofern man damit nicht meint, dass das alles unterhaltend angeboten wird, sondern Lernen als erprobende Erfahrung und deren Reflexion und Verarbeitung versteht. Das interaktive Umfeld wird die Umgebung der Zukunft, in der man handelt, und auch alle anderen Medien benutzt.

5   Fallstudien zum Wandel der mediatisierten interpersonalen Kommunikation: Die Erweiterung der kommunikativen Potenziale der Menschen

Dieses Kapitel beschäftigt sich mit dem Wandel mediatisierter interpersonaler Kommunikation. Durch den Prozess der Digitalisierung eröffnen sich den Menschen zahlreiche neue Kommunikationsmöglichkeiten – per mobilem Telefon, im Chat, per E-Mail und so weiter. Gleichzeitig werden traditionelle interpersonale Kommunikationsformen wie Telegramm, Brief oder Fax immer seltener verwendet – zum Teil bleiben sie nur in ihrer Form erhalten, werden aber digital verarbeitet. Diese Entwicklungen werden in diesem Kapitel durch vier Fallstudien dokumentiert.

Teilkapitel 5.1 beschäftigt sich mit der Bedeutung des mobilen Telefons, das sich immer mehr zum zentralen, individuell zugeordneten und genutzten Instrument für alle Arten von Kommunikation entwickelt. Abschnitt 5.2 skizziert Ergebnisse einer Studie, wie im Internet in Chats und Foren interpersonale Kommunikation entsteht, die an die Nutzung von Soaps und Talks anschließt, aber darauf nicht beschränkt bleibt. Diese Studie wurde in Zusammenhang mit zwei umfassenderen Studien über Daily Talks und Daily Soaps und deren Bedeutung für Kinder und Jugendliche durchgeführt. In 5.3 geht es dann um die daran anschließende theoretische Erkenntnis, dass diese Potenziale nicht nur die Kontakt- und Kommunikationsräume der Menschen erweitern, sondern sich darüber auch ihre Beziehungsnetze relevant verändern. Die Auswirkungen dieser Veränderungen werden dann im Hinblick auf einen Wandel von Identität skizziert. Der Zusammenhang dieser Entwicklungen mit dem Prozess der Mediatisierung liegt auf der Hand.

Beginnen wir mit einer Vorbemerkung. Beschäftigt man sich mit dem Wandel der mediatisierten interpersonalen Kommunikation durch die Potenziale der digitalen Medien, so stellt man rasch fest, dass manche Kommunikationsformen wie das Telegramm, der Brief, das Fax und das Festnetztelefon an Bedeutung verlieren. Das Telegramm beispielsweise hat nur als Schmucktelegramm überlebt. Es war einmal für dringende Nachrichten gedacht und wurde dementsprechend aufwendig und teuer zugestellt. Da sich ein derartiger Service nur für wichtige Leute lohnt, war die Zusendung eines Telegramms an eine Person immer auch eine symbolische Herausstellung – und diese Sekundärbedeutung, die sich nicht auf den Inhalt, sondern auf die Tatsache bezieht, dass jemand überhaupt ein Telegramm bekommt, ist es, die heute die Leute veranlasst, Schmucktelegramme zu verschicken. Briefe kommen heute zunehmend nur noch als Werbung, Rechnung oder behördliche Mitteilung ins Haus, und das Fax, das kurzzeitig die schriftliche Kommunikation von Institutionen dominiert hat, wird nur noch im Falle eines Transports von Faksimiles verwendet. Auch das traditionelle Festnetztelefon ist auf dem Rückzug. Auf der anderen Seite sind täglich bereits Milliarden E-Mails, SMS oder MMS mit Anhängen oder ohne unterwegs, Mobiltelefone, Mailing lists und Kommunikationsforen sowie Chats, die Verwendung von Instant Messengern und von Skype zum Online-telefonieren und gleichzeitigen Schreiben sind zumindest derzeit die neuen Formen interpersonaler Kommunikation.

Die Kommunikationswissenschaft hat sich in der Vergangenheit kaum um solche Formen interpersonaler mediatisierter Kommunikation gekümmert. Ihr Schwerpunkt lag immer schon in der öffentlichen Kommunikation – entstand sie doch zumindest in Deutschland aus der Zeitungswissenschaft. Die Sozialpsychologie ihrerseits hat sich auf Face-to-Face-Kommunikation konzentriert und deren mediatisierte Fortsetzung, Erweiterung und eventuell Substitution ignoriert. Immerhin kann man für Brief und Telefon neben einigen literaturwissenschaftlichen Ansätzen auf die Arbeiten von Klaus Beck (1989) und Joachim Höflich (1996) verweisen.

Diese kommunikationswissenschaftliche Ignoranz ist heute nicht mehr haltbar. Mit dem überraschenden Erfolg und der unglaublichen Bedeutung, die das mobile Telefon und die vielfältigen Formen der computervermittelten interpersonalen Kommunikation für die einzelnen Menschen, aber auch für Kultur und Politik, für Wirtschaft und Gesellschaft gewonnen haben, muss sich nun auch der Gegenstandsbereich der Medien- und Kommunikationswissenschaft erweitern. Nur noch einige Traditionalisten meinen, dass sich die Kommunikationswissenschaft um solche „Randbereiche" eigentlich nicht kümmern muss. Man muss sogar sagen, dass die Trennung zwischen im Wesentlichen mediatisierter öffentlicher Kommunikation und mediatisierter interpersonaler Kommunikation im Rahmen des Mediatisierungsprozesses auch in einem weiteren Sinn obsolet geworden ist. Zum Beispiel ist die Verabredung zu einer politischen Demonstration nicht nur private Kommunikation, ebenso wenig wie das per Telefon geführte Gespräch über besondere Ereignisse oder politisches Geschehen – als Trennungskriterium könnte vielleicht taugen, ob es nur private oder aber auch andere, übergreifende Betroffenheiten eines Telefonats gibt.

Allgemeiner kann man heute nicht mehr so klar sagen, ob ein bestimmtes Medium wie das mobile Telefon oder der PC mit Internetanschluss Medien der öffentlichen oder der privaten, der beruflichen oder sonst auf ein bestimmtes Feld bezogenen Kommunikation sind. Deshalb gibt es keinen Grund mehr dafür, die Kommunikationswissenschaft als eine der notwendigen Basiswissenschaften der Informations- und Mediengesellschaft (oder wie immer man die zukünftigen Formen des menschlichen Zusammenlebens nennen will), künstlich auf einen faktisch und logisch nicht mehr abtrennbaren Teil mediatisierter Kommunikation, nämlich Massenkommunikation zu beschränken[26].

5.1 Die Bedeutung des mobilen Telefons

Um sich über die derzeitige Forschung über mobile Telefone zu informieren, kann man Höflich/Rössler (2001) und die von Christoph Nyíri (2005, 2003, 2003a) sowie von Höflich und Gebhardt (2002) herausgebrachten Sammelbände zu Rate ziehen. Mehr Literatur wollen wir hier nicht angeben – die Forschungslage entwickelt sich geradezu explosiv. Die genannten Publikationen machen deutlich, dass die Bedeutung des mobilen Telefons nicht mehr allein im mobilen Telefonieren liegt; das Handy ist auf dem Weg, als persönliches Universalgerät die einzelnen Subjekte in ein dauerhaftes Netz mediatisierter Kommunikation einzubinden, das zu immer mehr Zwecken genutzt wird.

Eigentlich gibt es das mobile Telefon schon seit vielen Jahrzehnten. Bestand es ganz zu Anfang aus einem Gerät, mit dem man unterwegs Telefondrähte irgendwo in der Landschaft anzapfen konnte, war es nach dem zweiten Weltkrieg auf der Basis analoger Technik ein riesiger und teurer Apparat, der nur in die Autos der Reichen und Mächtigen passte – die ihren exklusiven Besitz gleichzeitig über eine zweite Antenne anzeigten, denn auch damals war das Image schon wichtig.

Aber erst durch die Digitalisierung und die Miniaturisierung konnte das mobile Telefon zu dem werden, was es heute ist: Ein Gerät, das in den industrialisierten Ländern beinahe jede und jeder hat und oft ständig mit sich führt und das sich auch in den nicht industrialisierten Ländern ausbreitet. Dabei war es auch in seiner digitalen Ausführung bekanntlich ursprünglich als mobiles Gerät zum miteinander Sprechen gedacht. Dass man mit seinen Tasten auch kurze Botschaften schreiben und versenden konnte, es also nicht nur der oralen, sondern auch der schriftlichen Kommunikation diente, galt zunächst bekanntlich als

---

[26] Vgl. hierzu auch Teil I sowie Kapitel 6 dieses Bandes.

kleines und nettes Zusatzangebot, aber niemand hatte davon etwas besonderes erwartet. Dabei lässt gerade dieses Zusatzangebot das breite Potenzial des Mobiltelefons erkenntlich werden. Es macht nämlich erstens klar, dass der Begriff des Mobiltelefons ein Etikettenschwindel, besser vielleicht, ein guter Marketingtrick ist. Eigentlich ist das Handy nämlich ein vernetzter Kleincomputer mit den typischen Zutaten, aus denen ein Computer besteht – also einem Prozessor, Speicher, Ein- und Ausgabeeinheiten – hinzu kommt ein Funknetzanschluss. Im Gegensatz zum frühen PC waren beim Telefon Mikrofon und Lautsprecher von Anfang an die wichtigsten Ein- und Ausgabeeinheiten. Das mobile Telefon besteht ferner aus einer Reihe von Software-Programmen, die auf einem Betriebssystem aufsetzen. Dazu zählt heute meistens das interaktive Programm T9, das Routinen der künstlichen Intelligenzforschung aufnimmt (wenn auch auf recht elementare Weise): Es ist dafür gedacht, der Nutzerin/dem Nutzer zu helfen, indem die Software „vorausdenkt", welches Wort wohl für eine SMS getippt werden soll und so den Eingabeprozess vereinfacht.

Vermutlich wäre das Mobiltelefon nie von den Konsumenten in dem Ausmaß akzeptiert und gekauft worden, wenn es als vernetzter Kleincomputer angepriesen worden wäre – es hätte dagegen viel mehr Vorbehalte gegeben, und vermutlich wäre auch seine Bedienung viel komplexer erlebt worden: Wer Fehler beim Bedienen eines mobilen Telefons macht, schreibt sich dies – im Gegensatz zu Bedienungsfehlern bei Computern – viel schneller selber zu.

Es ist jedenfalls nicht zu übersehen, dass das Mobiltelefon sehr viel mehr als ein bloßes Telefon ist, wie es als Festnetztelefon vorher in fast allen westdeutschen Haushalten stand. Die Vielfalt seiner Nutzungsmöglichkeiten bewirkt mittlerweile, dass immer mehr Haushalte ihr Festnetztelefon abschaffen, weil es technisch immer mehr veraltet – die alten Telekoms, denen eigentlich daran hätte liegen müssen, auch für die bereits vorhandenen Telefone mindestens gleichwertige Nutzungsweisen und Nutzungsvorteile wie für das Handy zu vermarkten, haben dies lange verschlafen.

Das Festnetztelefon verliert aber seine Bedeutung nicht nur aus technischen Gründen, sondern auch, weil mit dem mobilen Telefon ganz allgemein eine neue Telefonkultur entstanden ist, in die ein für den ganzen Haushalt und nur für den Haushalt zur Verfügung stehendes Telefon zunehmend weniger passt. Denn das besondere am Mobiltelefon und seiner kulturellen Nutzbarmachung durch den Menschen ist nicht, was es technisch so alles kann, sondern, dass es eine Antwort auf eine Reihe von Bedürfnissen der individualisierten und mobilisierten Gesellschaft von heute ist. Genauer muss man sagen, dass hier von den Herstellern ein Kleincomputer entwickelt und als Telefon vertrieben wurde, den die Menschen „domestiziert" (Silverstone/Haddon 1996, Röser 2005) haben, indem sie es als

Potenzial in ihr Alltagshandeln integriert haben. *Diese Domestizierung*[27] *passt das Mobiltelefon nicht in einem stationären Haushalt ein, sondern macht es zu einem integralen Teil des mobilen Bewegungssystems, das wir ein Individuum mit seinen mobilen Habseligkeiten nennen.* Diese Entwicklung wird und wurde von verschiedenen Subkulturen in unterschiedlichen Geschwindigkeiten und mit unterschiedlichen Zwecken vorangetrieben, allen voran waren die urbanen Jugendlichen der individualisierten Gesellschaften daran beteiligt. Die Industrie ihrerseits hat auf deren Verwendungsweisen und die dahinter stehenden Bedürfnisse flexibel reagiert und ihr Angebt an sie angepasst. Die Art der Domestizierung und die Reaktionsweisen der Industrie zusammen haben das Gerät kulturell und gesellschaftlich definiert; es wird aber immer weiterentwickelt und hat seine endgültige Form, so diese existiert, noch nicht gefunden.

Die auffälligste Besonderheit des mobilen Telefons besteht natürlich in seiner *Mobilität*, also in der Tatsache, dass es überall hin mitgenommen werden kann und – mit geregelten Ausnahmen wie Schwimmbad oder Kino – im Prinzip überall und jederzeit aktiv und passiv nutzbar ist. Dadurch machen mobile Telefone, soweit sie der interpersonalen Kommunikation dienen, die Menschen stets erreichbar, sie können auch stets selbst Kontakt zu anderen herstellen. Zusammengenommen muss man sagen, dass dadurch die Menschen in einer früher kaum vorstellbaren Weise an ihre sozialen Kommunikations- und Beziehungsnetze gebunden sind[28].

Darüber hinaus sind mobile Telefone Schmuckstücke, Imageträger, Spielzeuge und insgesamt soziale Accessoires, mit deren Besitz und Verwendung (für was auch immer) man abhängig von der Situation und den sozialen Handlungsbedingungen vielfältige Aussagen über sich und die anderen machen kann. *Schon mit ihrer Präsentation und erst recht mit ihrem Gebrauch kann man Nähe und Distanz, Gemeinsamkeit oder Isolation herstellen. Mit den Klingeltönen kann man kulturelle Kompetenzen, subkulturelle Zugehörigkeiten, persönliche Interessen und politische Meinungen demonstrieren.* Sie dienen obendrein als Videokamera, Fotoapparat und Fotoalbum, als Musikinstrument und Musikabspielgerät, als Anrufbeantworter, Nachrichtengeber und Übersetzer, als Terminkalender, Plattform für mobile Spiele und zum Notieren von Ideen, als Aufnahmegerät von Geräuschen, Wegweiser, Uhr, Alarmanlage und Adressbuch.

Wichtig ist bei all den Angeboten vor allem, dass Mobiltelefone individuell zugeordnet und damit als Accessoires und Zeichen einer persönlichen Identität

---

27   Wir sind auch im vorigen Kapitel bereits auf den Domestizierungsansatz eingegangen.

28   Wenn wir hier oder im Folgenden von „Beziehung" sprechen, meinen wir keine Paar- sondern ganz allgemein Beziehungen zwischen Menschen, wie wir in 5.3 noch genauer definiert werden.

und einer Zugehörigkeit zu spezifischen Kommunikationsnetzen sind. Dies unterscheidet sie von vielen anderen Medien und insbesondere vom Festnetztelefon: Es gibt kaum Familienhandys oder Gruppenhandys, und die meisten Personen besitzen heute, auch wenn sie gelegentlich andere Telefone benutzen, ihr eigenes und individuelles Handy mit einer eigenen, individuellen Telefonnummer. Gerade für Kinder und Jugendliche ist es ein Element der persönlichen Freiheit, über einen eigenen institutionalisierten Zugang zu den eigenen Freunden zu verfügen. Es ist deshalb kein Zufall, dass sie besonders auf einem eigenen Handy beharren. Ihre Eltern können in der Regel zwar die anfallenden Kosten, nicht aber die Telefonnutzung kontrollieren.

Vielleicht ist es in Zukunft nicht mehr die Sozialversicherungsnummer, die einen Menschen eindeutig charakterisiert, sondern seine bzw. ihre Handynummer. Mobile Telefone werden dementsprechend auch nur selten und dann nur kurzzeitig verliehen. Darauf bauen sich mittlerweile ebenfalls neue kommunikativ gerichtete Ausdrucksformen auf. So ist es in manchen Subkulturen ein Zeichen von Liebe, jemandem auf längere Zeit sein mobiles Telefon zu leihen, und es ist ein Symbol für einen radikalen Bruch, fast schon für einen sozialen Selbstmord, wenn jemand seine gesammelten gespeicherten Telefonnummern löscht.

Umgekehrt kann man Mobiltelefone deshalb natürlich auch hervorragend nutzen, um sich Kontrollen zu entziehen, indem man etwa vorübergehend die SIM-karte austauscht. Die Benutzung mehrerer SIM-karten bzw. mehrere Handys verweist natürlich noch viel allgemeiner auf den Versuch, verschiedene soziale Kommunikationsbezüge voneinander zu trennen – etwa ein Gerät für die beruflichen, eins für die persönlichen Anrufe, eins für die Familie und eins für den oder die Geliebte(n). Dies entspricht den verschiedenen sozialen Identitäten der Menschen, die sie zum Teil auch über verschiedene Internet-„Identitäten" aufgebaut und betrieben werden. Man kann daran die Vermutung anschließen, dass die Lebenswelten eines Menschen immer weiter zerfallen.

Das Handy ist also ein vernetzter Kleincomputer, und damit ein Konkurrent für den per Internet vernetzten Computer. Das mobile Telefon ist leichter zu transportieren und seine Verwendung als Verbindung zu anderen ist an viel mehr Orten möglich. Auch ist er leichter verbal, jedoch schwieriger zum Schreiben und Lesen zu nutzen als ein ans WLAN angeschlossener Laptop[29]. Zudem verfügt dieser Kleincomputer über vielfältige zusätzliche Nutzungsmöglichkeiten, die meist recht einfach zu bedienen sind.

---

[29]   Wenn die Ideen, Wireless Local Area Networks für ganze Städte (etwa Paris) einzurichten, tatsächlich umgesetzt wird, so wird man dort auch überall per Skype oder mit ähnlichen Diensten telefonieren können.

Mit einem voll entwickelten UMTS-Netz (oder einer weiter entwickelten und verbesserten Nutzung der vorhandenen technischen Möglichkeiten) wird sein Nutzwert weiter steigen. Wahrscheinlich ist es in absehbarer Zeit in der Folge weiterer Miniaturisierungen möglich, einen Beamer einzubauen, der den Nachteil des kleinen Displays hinfällig macht: Damit kann man das Bild auf dem kleinen Bildschirm in beliebiger Größe auf jedes weiße Blatt Papier oder gleich auf eine Wand projizieren und hat ein hinreichend multimediales Endgerät – ganz zu schweigen von der technisch bereits realisierbaren Möglichkeit, Bilder oder Texte in Brillen einzublenden, die im Rahmen des Ubitious sowie des Wearable Computing (Mattern 2002) entwickelt wird. Auch wenn diese Möglichkeit nicht für alle Inhalte sinnvoll ist – sie wird zu einer wesentlichen Verbesserung der Nutzbarkeit beitragen.

Bleibt beim Mobiltelefon das Problem, dass die Eingabe von Texten oder Bildern mühselig ist. Dies wird aber spätestens mit der irgendwann möglichen Eingabe per Stimme überwunden sein. Aber auch schon vorher sind verbesserte Eingabeformen zu erwarten – zum Beispiel ist es technisch möglich, eine Tastatur aus Papier zum Schreiben zu benutzen, die nicht weiter an irgend etwas angeschlossen ist. Was man tippt, kann das mobile Telefon aber trotzdem feststellen, weil es per Videokamera beobachten kann, auf welches Feld die Finger zielen. Wir wollen hier nicht die marktgerichteten Vorstellungen der Industrie weiter entwickeln helfen, wir wollen aber deutlich machen, dass es durchaus möglich ist, das Handy so weiter zu entwickeln, dass es die Vorteile des bisherigen Mobiltelefons beibehält, sich aber immer mehr auch für Funktionen nutzen lässt, die bisher dem vernetzten Notebook vorbehalten sind. Die Vorstellung, dass ein Haushalt der Zukunft mit einem (oder mehreren) stationären Gerät(en) an der Fernsehwand sowie mit hochgerüsteten und mit Zubehör versehenen Mobiltelefonen auskommt, ist angesichts der Computernutzungsmuster vieler Haushalte nicht unrealistisch.

Weitere Nutzungsweisen des Mobiltelefons werden dafür sorgen, dass seine Alltagsrelevanz noch weiter steigen wird. In manchen Städten existiert bereits die Möglichkeit, per Handy nach der nächsten U-Bahn oder dem nächsten Bus zu fragen, der an einer bestimmten Haltestelle abfährt oder ankommt. Auf Handys kann man auch GPS- oder Galileosysteme installieren, die den Weg weisen – zu einem per Straße und Hausnummer bestimmten Ort, aber auch, wenn man nur den Weg in die nächste Pizzeria wissen will. Das System kann auch in jeder Hinsicht mit Werbung gekoppelt werden. Ferner ist es jetzt bereits möglich, per Handy Geld zu spenden, eine Eintrittskarte zu bezahlen oder einen Strichcode einzuscannen, der dann einen Kauf veranlasst oder eine Information bereitstellt.

Bisher ist das alles noch recht kompliziert und kaum üblich, aber es werden sicher nicht die letzten Dienste sein, die entwickelt werden, die dann, wenn jemand Geld damit verdienen kann, den Verbrauchern schmackhaft und dazu auch einfacher und leichter bedienbar gemacht werden. Die Herstellung von M-Lerning-Modulen, an denen die Bildungsindustrie arbeitet, verdeutlicht, dass dem Mobiltelefon auch Bildungsrelevanz zukommen wird – sich zum Beispiel auf dem Waldlehrpfad oder im Museum per Handy informieren zu lassen, geht auch in seinen Möglichkeiten weit über die üblichen Museumsführer-Abspielgeräte hinaus, die es bisher gibt (vgl. z.b. Nyiri 2005, 2003).

Wir wollen abschließend auf eine weitere Dimension der zunehmenden Handy-Verbreitung verweisen, nämlich auf das darin angelegte Kontrollpotenzial. Neben der Aufzeichnung von angerufenen Nummern und von genutzten Diensten sowie dem Abhören vollständiger Gespräche ist hier die wesentliche und nutzbare technische Eigenschaft, dass das Telefonnetz jederzeit weiß, wo sich ein Handy befindet – darüber lassen sich detaillierte Bewegungsprofile zeichnen. Es mag sein, dass Eltern in manchen Fällen das Recht und die Pflicht haben, über einen spezifischen Abfragedienst heraus zu finden, wo sich ihre Kinder gerade aufhalten – problematischer ist es aber, wenn das mit Mitarbeitern oder mit Beziehungspartnern gemacht wird. Dass diese Möglichkeit mehr und mehr von Polizei- und Sicherheitsdiensten benutzt wird, ist aber durchaus problematisch. Und schließlich: Wer ein paar Mal im Kaufhaus mit seinem Handy bezahlt hat, braucht sich nicht zu wundern, wenn er einen Anruf von eben diesem Kaufhaus erhält, wenn er daran vorbeiläuft. Zum Beispiel weil die Überwachungskamera ein Bild gemacht und der Computer dieses Bild mit einer Telefonnummer und verschiedenen gekauften Gegenständen verbunden hat: man kaufe doch gerne dies und das, es gebe da eine Reihe Sonderangebote, ob man nicht mal schnell vorbeischauen wolle ….

Dass dies alles viel mit Mediatisierung von Alltag zu tun hat, wie wir sie in Teil I dieses Buches definiert haben, liegt auf der Hand. Man sollte hier vielleicht aktive und vom Nutzer erwünschte von passiven Nutzungsweisen unterscheiden, die dann eigentlich einen Datenmissbrauch beinhalten. Aber das wird die Wirtschaftslobby wohl anders sehen.

5.2 Anschlusskommunikation: Von Soap und Talk im Fernsehen zum Chat im Internet

5.2.1 Das Projekt und seine Zielsetzungen

Der folgende Text ist im Zusammenhang mit einer Studie über die Bedeutung von Daily Talks und Soaps im Alltag von Jugendlichen Ende der neunziger Jahre entstanden: es geht um die Untersuchung der Internetkommunikation, die an den

Daily Soaps und Daily Talks im Fernsehen ansetzt (Paus-Haase et al. 1999, Göttlich et al. 2001). Die hier genauer beschriebene, zum Teil ethnographisch angelegte, explorative (Teil-)Studie sollte ein neues Feld erkunden und dessen Dimensionen erschließen, dabei aber auch im Blick haben, welche Bedeutung derartige Anschlusskommunikation zu Sendungen und Genres des Fernsehens im Internet für die Menschen, für die Fernsehveranstalter und Programmproduzenten und außerdem für die Landesmedienanstalten und ihren gesetzlichen Auftrag haben mag. Wir beschränken uns hier auf die Darstellung einer Reihe von Ergebnissen, die auch heute noch interessant sind, weil sie den Prozess der Mediatisierung im Hinblick auf den Wandel interpersonaler mediatisierter Kommunikation beschreiben. Die Ergebnisse des Projekt, das vor sieben Jahren durchgeführt wurde (vgl. Krotz 2001) sind für die vorliegende Publikation insofern aktualisiert, als dass der Schwerpunkt bei empirisch gewonnenen Einsichten in die Kommunikationsstruktur und deren Konsequenzen liegt, während zeithistorische Beobachtungen eher ausgelassen werden.

Wegen des erkundenden Charakters dieses Teilprojekts wurden die Untersuchungen in einer Abfolge von explorativen Schritten durchgeführt, die aufeinander aufbauten. Dabei haben wir[30] uns an den Grundsätzen der heuristischer Sozialforschung (Kleining 1995, vgl. auch Krotz 2005) orientiert, sind aber bei einer erkundenden Fragestellung stehen geblieben[31]. Die Besonderheit der Untersuchung liegt darin, dass die nach heuristisch/ethnographischem Muster durchgeführte Erkundung sich auf unterschiedliche Weisen und von unterschiedlichen Zugängen aus den Themen nähert, auf deren Aufklärung die Erkundung hin angelegt ist. Eine Erkundung in diesem Sinn variiert also Fragen und Perspektiven auf den zu untersuchenden Sachverhalt, und sie variiert auch was die Forscherinnen und Forscher in das Projekt einzubringen haben an Vorwissen und Intentionen, an Graden der Vertrautheit mit dem neuen Medium Internet wie auch mit den Soaps und Talks, um die es geht. Die so gewonnenen Daten und Einsichten müssen dann im Laufe der Untersuchung zusammengebracht werden, indem eine die einzelnen Perspektiven übergreifende, gegenstandsbezogene Theorie und darüber ein umfassendes und in seinen Dimensionen hinterfragtes Bild entstehen. Wie dies gemacht wird, ist eine Frage der Auswertung, die auf neue und zugleich überprüfte Theorien zielen sollte (Krotz 2005).

Bei den Nutzungsuntersuchungen wurde zum Teil nach ethnographischen Regeln vorgegangen. Ethnographie wurde dabei als eine breit angelegte Forschungsstrategie begriffen, die dazu dient, fremde oder – etwa in der Volkskunde

---

[30]   Ich danke insbesondere Eva Baumann und Susana Flörchinger, die die hier dargestellten Ergebnisse mit erarbeitet haben.

[31]   Es soll deswegen hier betont werden, dass heuristische Sozialforschung sich eigentlich nicht als explorativ versteht, sondern auf die Entwicklung geprüfter Theorien zielt (vgl. z.B. Krotz 2005).

- als fremd unterstellte Kulturen zu untersuchen (vgl. auch Krotz 2005 mit weiteren Literaturangaben). Gemeinsam ist den unter Ethnographie subsumierten Vorgehensweisen dabei zweierlei: Einmal wird davon ausgegangen, dass man fremde Kulturen nicht a priori verstehen kann, sondern die dort wesentlichen Bedeutungsstrukturen und die damit verbundenen Ausdrucksformen *erst durch Partizipation im Feld erlernen muss.* Zum anderen wird damit unterstellt, dass der Erkenntnisprozess nicht nur ein Akkumulieren von, etwa durch Fragebögen provozierten, Ergebnissen ist, sondern *dass die fremde Kultur praktisch und reflektierend erlernt werden muss – ein Prozess, in dessen Verlauf sich auch Forscherin bzw. Forscher verändern, da sie mit einem Teil ihrer Existenz Teil der zu untersuchenden Kultur werden.*[32] Geht man davon aus, dass sich in Internetchats und an ähnlichen Orten subkulturelle Mitgliedschaften und Teilhabe daran entwickeln und dass sich Fankulturen generell durch eigene kulturelle Sprechweisen, Praktiken und Bedeutungszuweisungen auszeichnen, deren Verwendung die Beteiligten in ihren Identitäten verändern und ihre kulturelle Einbindung modifizieren, ist ein ethnographischer Ansatz geradezu geboten. Dabei ist freilich eine spezifische Internet-Ethnographie notwendig, weil eine Internet-Kultur im Gegensatz zu den Themenfeldern der klassischen Sozialanthropologie von der Kultur der Forscher weder räumlich noch sozial, thematisch oder zeitlich wirklich getrennt ist (Baym 1999, Hine 2000, Hakken 1999). Aus all diesen Gründen wird Ethnographie gerade auch im Rahmen der Cultural Studies angewandt (Rainer Winter 2005), wobei man hier im Hinblick auf Deutschland auf die Trierer Gruppe um Vogelgesang (z.B. 1991, 1996, 2004) verweisen muss.

Im vorliegenden Zusammenhang wurde vor allem das Verfahren der Tagebuchaufzeichnungen im Feld aus dem Kanon der Ethnographie übernommen, ferner wurden wie bei Ethnographen ebenfalls üblich Informanten im Feld gesucht, deren Kenntnisse und Erfahrungen erfragt wurden. Ethnographie ist andererseits natürlich auch ein Verfahren einer differenzierten Auswertung, Gruppierung und Bewertung der Daten – dies ist im Detail aus Zeitgründen im Rahmen des vorliegenden Projekts nur insoweit geschehen, als dass einige Ergebnisse in die folgende systematisierende Darstellung konzeptualisierend eingeflossen sind.

Die Untersuchung fand in drei Schritten statt. Der erste Schritt der Untersuchung diente der Erarbeitung einer allgemeinen Übersicht über die interpersonale Kommunikation im Internet im Anschluss an Daily Talk und Daily Soap Sendungen im Fernsehen. Im zweiten Schritt wurden Nutzungsmodi und Nutzungsmuster studiert, im dritten Schritt dann mit dem Instrumentarium der Ethnographie die Chat-Subkulturen untersucht. Dem lag die an Christine Hine (2000)

---

[32]   Für eine detaillierte Auseinandersetzung mit der Methode der Ethnographie ist hier kein Raum. Ich verweise deshalb pauschal auf Krotz 2005 mit weiteren Hinweisen.

anknüpfende These zugrunde, dass das Internet einerseits als ein kulturelles Artefakt, andererseits als ein eigenständiger kultureller Raum verstanden werden muss, in dem sich neue Formen der Kommunikation und der Sinnkonstruktion entwickeln.

Dabei wurde unter anderem deutlich, dass es vor allem die Internetangebote der Sender bzw. der Produktionsfirmen sind, die die Anschlusskommunikation zu Daily Soaps und Talks im Internet strukturieren und damit auch kontrollieren, und nicht die Fans auf unabhängigen Internetsites. Das zweite grundlegende Ergebnis besagt, dass der Aufwand, der für Soaps im Fernsehen getrieben wird, auch im Internet höher ist als der für Talks: Generell gilt, dass sich die interpersonale Internet-Kommunikation im Anschluss an die Daily Talkshows von der im Anschluss an die Daily Soaps unterscheidet, insofern sie, sowohl was die Angebote, als auch was die Nutzung angeht, enger und weniger komplex angelegt und zudem weniger intensiv auf das Fernsehgenre bezogen ist.

5.2.2 Das Internet als Kommunikationsraum und Integrationsmedium und seine Genres

Das Internet ist Hybridmedium, da dort alle drei Typen von Kommunikation möglich sind (Krotz 1995, 1997a): Websites werden wie Bücher oder Fernsehsendungen als standardisierte, allgemein adressierte Angebote rezipiert, wobei dies manchmal ohne, manchmal mit zeitlichen Restriktionen (etwa im Fall von synchronen WebCam-Angeboten) passiert. Ferner findet dort computervermittelte interpersonale Kommunikation in ganz unterschiedlichen Formen statt: per E-Mail oder in mailing lists, in Chats oder etwa – spielerisch verschlüsselt und auf bestimmte fiktive Themen bezogen – in Multi User Dungeons (MUDs), also vertextlichten Rollenspielen. Zudem gibt es im Internet auch Orte interaktiver Kommunikation; jede Website kann interaktive Elemente enthalten. Das Internet ermöglicht obendrein (neue) Formen der Individual- und Gruppenkommunikation, und es bietet allen Nutzern auch die Möglichkeit, selbst mediale Angebote aufzubauen und anderen zugänglich zu machen.

Vor diesem Hintergrund ist das Internet ein Netz aus Knoten, den einzelnen Websites, und Verbindungen, nämlich Verlinkungen. Diese Verbindungen kontextuieren eine Website – das Internet erhält so eine Struktur als Aggregation von in Nachbarschaften aggregierten einzelnen Websites. Wir begreifen das Internet deshalb hier als einen vernetzten Kommunikationsraum, in dem sich spezifische, durch ihre strukturelle Einbindung definierte Orte auf Daily Soaps und Talks beziehen, mit denen Menschen vor ihren Bildschirmen verbunden sind, die damit und darüber auf unterschiedliche Weisen kommunizieren.

Wir werden uns im Folgenden zunächst auf die standardisierten, allgemein adressierten Angebote, also die Websites zu Talkshows und Soaps konzentrieren, und dann die in diesem Rahmen stattfindende interpersonale Kommunikation untersuchen, die an den durch diese Websites definierten Orten stattfindet. Dabei verstehen wir diese Kommunikation als Anschlusskommunikation im Internet zu Daily Talks und Daily Soaps im Fernsehen.

Dabei ist freilich zu berücksichtigen, dass der Bereich der Websites, die mit Bezug auf Daily Talks und Daily Soaps in Beziehung stehen, seinerseits in verschiedene Teilbereiche zerfallen kann, die nicht in erkennbarem Zusammenhang zueinander stehen müssen und die auch nicht immer gleichberechtigt zugänglich sind – so haben proprietäre Anbieter wie AOL durchaus auch Internet Sites zu Fernsehsendungen, die aber nur von Mitglieder genutzt werden können.

Neben seiner Netzcharakteristik lässt sich das Internet auch als Medium verstehen:

> *"Sucht man in den neueren Positionen der Medientheorie nach einem gemeinsamen Horizont, so muss man in Medien nicht bloß Verfahren zur Speicherung und Verarbeitung von Informationen, zur räumlichen und zeitlichen Übertragung von Daten erkennen; sie gewinnen ihren Status als wissenschaftliches, d.h. systematisierbares Objekt gerade dadurch, dass sie das, was sie speichern, verarbeiten und vermitteln, jeweils unter Bedingungen stellen, die sie selbst schaffen und sind." (Pias et al., 2000:10).*

Weil das Internet Kommunikation und Erwartungen strukturiert und damit auf seinen institutionalisierten Charakter verweist, lässt es sich als gesellschaftliches Medium und als Integrationsmedium ansehen, weil es die alten Medien in digitaler Form ‚enthält', ‚übernimmt' oder ‚simuliert': Zeitungen und Bücher, Spiele und Musikangebote, Bewegtbilder und Werbespots. Insofern ist das Internet ein integrierendes, ein Metamedium, und wie es schon McLuhan (1964) behauptet hat, werden die alten Medien im Laufe der Entwicklung zu Teilmedien der neuen Medien.

Deshalb lässt sich das Internet also zugleich als komplexer Kommunikationsraum, als Netz und als Medienverbund begreifen, in dem Informationen verarbeitet, transformiert, transportiert und aufbewahrt werden, das den Menschen neue Kommunikationspotenziale eröffnet. Dabei entstehen ganz unterschiedliche Genres bzw. kommunikative Gattungen.

Unter *Genres*[33] werden hier typische Inszenierungen verstanden, die sich in immer neuen Realisierungen spezifischer Inhalte in charakteristischen Formen

---

[33]   Hutchings (1995) gibt einen Einblick in die Entwicklung der medienwissenschaftlichen Diskussion um das Konzept Genre.

und spezifischen Nutzungsformen manifestieren, manchmal aber auch zu einem vielleicht auch vorläufigen Ende kommen (wie es zum Beispiel beim Western-filmen derzeit der Fall ist). Genauer handelt es sich bei einem Genre um einen auf die Produktion, auf die Nutzung und auf die Vermarktung bezogenen Begriff: es geht dabei mit Blick auf die Produktion um einen spezifischen Zusammenhang bestimmter Inhalte, Bilder, Techniken, Formen, Strukturen, mit Blick auf die Publika um spezifische Erwartungen und Vorstellungen, die die Inszenierungen kontextualisieren und so für die Publika wichtig sind, und schließlich unternehmensseitig um eine aufeinander bezogene Menge von Kalkulationsgrundlagen und Gewinnerwartungen.

Zu berücksichtigen ist, dass Genres immer Genres in Bezug auf ein Medium sind. Eine der relevanten Fragen ist deshalb, wie sich Genres des einen Mediums in Genres des anderen Mediums transformieren. Dies geschieht im Falle des Internet als Anschlusskommunikation.

5.2.3 Anbieter von einschlägigen Websites

Fernsehsendungen werden von einer Produktionsfirma hergestellt, von einem Sender ausgestrahlt, von Zeitschriften promoted, diskutiert und begleitet; ferner gibt es eine Reihe von weiteren beteiligten Akteuren, etwa Sponsoren, Merchandising-Unternehmen, Agenturen, die für Schauspieler oder Moderatoren tätig werden, sowie Musikverlage, die Musiktitel der Schauspieler oder Musik aus den Sendungen vermarkten. All diese ökonomischen Akteure sind mehr oder weniger mit ihren Produkten auch im Internet vertreten. Hinzu kommen weitere ökonomische Akteure im Internet. Zu den lizenzierten gehören beispielsweise Firmen, die Online-Gewinnspiele anbieten oder kommerzielle Fanbetreuungsfirmen. Nicht lizenzierte oder beauftragte ökonomische Akteure sind dagegen beispielsweise Pornoanbieter, die Texte wie „Verbotene Liebe" so in ihren Websitetext aufnehmen, dass sie von Suchmaschinen zu diesem Thema gefunden werden, wenn jemand die entsprechenden Worte eingibt (sie werden uns hier nicht weiter beschäftigen).

Insgesamt sind die Internetakteure gegenüber den Akteuren im Hinblick auf das Fernsehen weiter ausdifferenziert. Man kann ihre Angebote im Hinblick auf ihre thematische Nähe zum Fernsehangebot auf folgende Weise unterscheiden:

- senderabhängige bzw. mit dem Sender kooperierende Angebote, also Websites, die über die Adresse des jeweiligen, die Serie ausstrahlenden Senders erreicht werden können und die keine Links sind. Sie werden als Angebote des Senders wahrgenommen, auch dann, wenn sie das nicht sind. Zu den senderabhängigen Sites zählen wir insbesondere auch ausgelagerte Angebote wie www.gzsz.de, die gemeinsam vom Sender und von der Produktionsfirma betrieben werden.

▪ Weitere kommerziell organisierte Angebote (z.b. Homepages von Stars oder Moderatoren oder kommerzielle Fanclubsites). Hier ist es im Allgemeinen kaum möglich herauszufinden, wer hinter der Website steht. Auch bei ausgewiesenen Fanclubsites kann es sich um ein vom Sender veranstalteten Auftritt, aber vielleicht auch um ein unabhängiges Angebot handeln. Eine Faustregel zur Unterscheidung ist, ob Senderlogos etc. verwendet werden – denn das ist i.A. genehmigungspflichtig.

▪ Schließlich gibt es private und unabhängige Websites zu bestimmten Fernsehsendungen. Sie haben im Allgemeinen eine eigene Webadresse, können aber auch auf Websites zu finden sein, deren Geschäftsmodell darin besteht, Interessenten Websites und Diskussionsforen zur Verfügung zu stellen.

All diese Websites müssten sinnvoller Weise in Anlehnung an Vesper (1989) als „Auftritte" analysiert werden. Im Gegensatz zu den Fernsehsendungen, die trivialer Weise immer Prozesscharakter haben, sind die Internetauftritte als Gesamtangebote statisch und durch eine mehr oder weniger klare Architektur strukturiert. Diese Auftritte besitzen dabei bestimmte Charakteristika, auf deren systematische Beschreibung die Auftrittsanalyse zielt, wie sie Vesper entwickelt. Dazu werden spezifische Umsetzungen auf jeder Ebene herausgearbeitet – etwa die Verlinkung beschrieben oder formale Darstellungselemente und deren Art aufgelistet. Sie sind für die hier verfolgte Fragestellung darüber hinaus vor allem auch deshalb wichtig, weil diese Strukturen der Auftritte der lizenzierten Kommunikatoren Bedingungen für die Kommunikation von Nutzern setzen, wie wir noch genauer sehen werden. Die hier untersuchten Genres des Fernsehens, Daily Soaps und Daily Talks, generieren damit Genres der Anschlusskommunikation im Internet.

Wir halten hier drei Ergebnisse fest: Einmal sind die angebotenen Genres für Anschlusskommunikation zu Soaps und Talks in beiden Fällen im Wesentlichen die gleichen: Foren, Chats, Guestbooks (siehe unten), Inhaltsangaben bzw. Themenübersichten, werbliche Angebote, etwa einer Weiterleitung zu anderen Websites, Merchandising Angebote und Verlinkungen machen den Großteil dieser Angebote aus. Zudem finden sich gelegentlich ein Gewinnspiel, eine Telefonhotline oder bei Talks die Möglichkeit, eine Eintrittskarte zu erbitten – darauf beschränken sich die Angebote in beiden Fällen. Sowohl für Soaps als auch für Talks sind die senderseitig angebotenen Websites die Websites mit dem größten Traffic.

Zweitens aber sind die Angebote auf den Soap-bezogenen Seiten breiter als auf den Talk-bezogenen Seiten. Während sich die Talkshow-Angebote auf den Moderator oder die Moderatorin konzentrieren, stehen hier der Inhalt der Soap und die einzelnen Stars im Vordergrund. Dieser bereits 1999 festgestellte Unterschied hat sich bis heute verstärkt: die Websites zu Soaps und der gesamte Traffic dazu sind mittlerweile wesentlich komplexer und vielfältiger als die, die zu Talks angeboten werden. Schon damals gab es ausdifferenzierende Vorformen wie Memoryspiele um Soap-Stars, heute sind sehr viel mehr Angebote unterschiedlicher Art hinzugekommen. Vor allem bei den Daily Soaps werden auch Eigenständigkeit und Unverwechselbarkeit der Sendungen betont sowie die durch die Serien geschaffenen Lebenswelten unterstützt.

Als Ursache für diese höhere Differenziertheit in der Ausführung von Soap-bezogenen Websites betrachten wir den unterschiedlichen Stellenwert, den Soaps und Talks für unterschiedliche Nutzerinnen und Nutzer haben, und der sich einerseits in der besseren Verwertbarkeit von Soaps ausdrückt (dort kann man die Stars einzeln vermarkten, Kleidungsstile und Musikhits generieren etc.) und andererseits in der Tatsache, dass sich Fangruppen eher zu Soaps als zu Talks bilden. Die Alltagsrelevanz, die sich darin ausdrückt, ist eben auch maßgeblich für die Internetpräsenz (Göttlich et al., 2001).

Insgesamt ist festzustellen, dass eine komplementäre Nutzung von Sendung und senderbezogenem Internetangebot und somit die Vernetzung zwischen TV- und Internet-Angebot auch von Seiten der Sender sehr forciert wird. So wird während der Sendung selbst immer wieder neben dem Verweis auf Telefon-Hotlines mündlich und per Einblendung auf das Internet-Angebot der Talkshow oder der Soap hingewiesen. Die Anschlusskommunikation der Zuschauer im Netz wird auch mit dem Ziel der Publikumsbindung vom Sender angeregt, indem z.B. Life-Chats mit dem Moderator oder einem Schauspieler im Anschluss an die Sendung stattfinden und diese in der Show beworben werden. *Dabei wird deutlich, dass das Internet-Angebot eine andere Art von Gratifikationen als das Fernsehangebot bereithält. Es geht hier also nicht um eine "Entweder-Oder-Nutzung" von TV und Internet, sondern um eine "Sowohl-Als-Auch-Nutzung", ohne dass der Zuschauer bzw. Internet-User dadurch Inhalte doppelt serviert bekommt.* Bei allen Sendern und Sendungen wird das Internet-Angebot als inhaltliche Unterstützung der Fernsehsendung genutzt.

Es ist abschließend zu vermerken, dass die „offiziellen" Websites zum Zeitpunkt der Untersuchung (2000) eher schlecht konzipiert und auch schlecht gewartet waren. Foren und Gästebücher insbesondere von Talks waren auch im Allgemeinen nicht moderiert und kaum kontrolliert. Man konnte dort alles Mögliche unterbringen, und Aussagen wie "...hat keiner geile Bilder von Birte ....?" blieben ebenso im Netz stehen wie direkte Liebeserklärungen oder Heiratsangebote. Gästebücher zu Soaps wurden demgegenüber sehr viel genauer kontrolliert. All das hat sich mittlerweile geändert. Die Angebote von heute sind im Vergleich zu damals wesentlich professioneller, aber auch wesentlich werbelastiger geworden und werden von den Veranstaltern sehr viel genauer kontrolliert.

Drittens verweisen wir darauf, dass es vor allem zu den Soaps neben den quasi „offiziellen" Websites eine Reihe unabhängiger Websites gibt, auf denen ebenfalls über die entsprechenden Sendungen diskutiert wird. Hier finden oft komplexe Auseinandersetzungsprozesse statt, wie die Untersuchung von Nancy K. Baym (1999) ergeben hat. Sie hat über Jahre hinweg an der US-amerikanischen Usenet-Version einer Soap-bezogenen Newsgroup teilgenommen und sie dann zum Thema ihrer wissenschaftlichen Arbeit gemacht. In ihrem Buch finden sich auch zahlreiche Hinweise auf die Funktionen und die Arbeitsweise dieser Gruppen sowie auf ihre Bedeutung für die Teilnehmerinnen und Teilnehmer.

Generell bewirken Daily Soaps durch ihre Handlungsstränge und ihre wiederkehrenden Charaktere offensichtlich eine höhere Bindung der Fans, was sich dann auch in deren stärkere Eigeninitiative ausdrückt. Viele der privaten Homepages sind mit erheblichem Aufwand und Engagement konzipiert und verlangen kontinuierliche Pflege und Aktualisierung.

In Deutschland hat die hier beschriebenen Erkundung von 2000 allerdings ergeben, dass die freien, also nicht von kommerziellen Akteuren betriebenen Foren zu Soaps und Talks, sofern es sie überhaupt gibt, eine sehr geringe Kommunikationsfrequenz der Besucher aufweisen.

5.2.4 Angebote für die interpersonale Kommunikation der Website-User

Wir beschäftigen uns nun vor allem mit den Genres der Soap- und Talkbezogenen Webauftritte, die interpersonale Kommunikation zwischen Nutzern ermöglichen und damit auch strukturieren. Auf den Websites wurden drei Genres der interpersonalen Kommunikation gefunden, zudem zwei Website-unabhängige Genres:

Unabhängig von der jeweiligen Website können einander bekannte Nutzer über E-Mails und über so genannte Telegramme bzw. Instant-Message-Systeme synchron miteinander kommunizieren. Diese beiden Arten von Kommunikation hängen von den allgemeinen Regeln im Internet sowie von den Teilnehmern ab, nicht aber von den Organisatoren der Website.

Für eine Website-abhängige Kommunikation stehen die drei kommunikative Genres des Chat, des Forum sowie das so genannte Guestbook zur Verfügung.

Bei diesen Kommunikationsrahmen sind je unterschiedliche Bedingungen gegeben. Sowohl Foren als auch Guestbooks sind Genres einer asynchronen Kommunikation. In beiden Fällen werden die eingehenden Beiträge geordnet und archiviert und so anderen Nutzern zugänglich gemacht. Sie unterschieden sich aber durch die Art, wie sie organisiert sind. Foren sind thematisch organisiert, d. h. neue Beiträge werden bereits vorhandenen Beiträgen zugeordnet, auf die sie sich inhaltlich beziehen, was dann auch durch die (räumliche) Anordnung von Beiträgen auf dem Bildschirm direkt nachvollzogen werden kann. In Guestbooks dagegen sind Beiträge in der Reihe ihres Eingangs, also zeitlich strukturiert angeordnet.

In Chats, dem dritten im Allgemeinen angebotenen Genre findet demgegenüber synchrone Kommunikation statt, und jeder, der partizipiert, kann jederzeit einen Beitrag hinzufügen. Diese so mögliche Flut wird von den Betreibern mit zwei Regeln kanalisiert: Es gibt erstens meistens eine Begrenzung für die Länge von „Rede-Beiträgen". Zweitens ist stets nur eine begrenzte Zahl von Beiträgen auf dem Bildschirm sichtbar, wobei jeder neue Beitrag den ältesten der bereits vorhandenen Beiträge vom Bildschirm verdrängt. Man kann also eigentlich immer nur die letzten Beiträge auf dem Bildschirm sehen, nur in den wenigsten Chats ist es möglich „zurückzublättern".

Es ist offensichtlich, dass diese verschiedenen Rahmungen interpersonaler Kommunikation im Internet unterschiedliche Potenziale für die Beteiligten beinhalten. Die für thematische Diskussionen beste Form ist zweifelsohne das Forum, das gegenüber einem Guestbook ein thematisches Nachschlagen leichter macht. Demgegenüber sind die meisten Guestbooks, auch wenn manche Einträge auf frühere Eintragungen Bezug nehmen, Sammlungen von einzelnen Kommentaren. Chats hingegen folgen schon mit ihrer Struktur ganz anderen Regeln – sie sind für komplexe Diskussionen weitgehend ungeeignet, jedenfalls dann, wenn mehrere User teilnehmen oder gar mehrere Diskussionen parallel geführt werden. Auf die Ergebnisse der Untersuchung von Chats werden wir deshalb getrennt weiter hinten eingehen. Hier ist jedoch bereits deutlich geworden: *Will ein Websiteanbieter inhaltliche Diskussionen möglich machen, wird er Foren einrichten, andernfalls eher Chats oder Guestbooks.*

Empirisch zeigt sich, dass alle kommerziell angebotenen Websites Guestbooks und meist auch Chats aufweisen, aber nur selten Foren. Das lässt sich so deuten, dass die Veranstalter an Beiträgen zwar interessiert sind, aber nicht an kontinuierlichen, insbesondere kritischen Diskussionen. Man will Fans, aber keine Rezensenten. Insofern ist das Internet hier hegemonial strukturiert.

Wir fassen zusammen, dass die kommerziellen Websiteanbieter einerseits den meisten Traffic haben und man deshalb sagen kann, dass sie die interperso-

*nale Internetdiskussion über ihre Produkte erfolgreich organisieren und mono-
polisieren. Fragt man nach dem, was sie im Hinblick auf ihr Thema, die Soap
oder den Talk anbieten, so sind sie an thematischen Diskussionen nicht interessiert, sondern ermöglichen eher unverbundene Einzelaussagen.*

Notwendig wäre es deshalb genauer zu untersuchen, in wieweit die vielen
Milliarden Sites im Internet, von denen immer die Rede ist, nicht auch deswegen
so große Beachtung außerhalb des Mediums Internet finden, weil ihre pure Zahl
verhüllt, dass sich die Internetnutzung zu bestimmten Fragestelllungen dann eben
doch wieder auf nur wenige kommerziell hergestellte Produkte konzentriert, wie
es ja viele Untersuchungen eher am Rande immer wieder bestätigen.

5.2.5 Fernsehnutzung und Internetpräsenz

Nachdem wir bis dahin das Verhältnis der Angebote untersucht haben, beschäftigen wir uns nun mit den Nutzungsweisen. Ebenso wie sich die Anbieter beim
Übergang vom Medium Fernsehen ins Medium Internet ausdifferenzieren, gilt
dies auch für die User im Internet.

Im Hinblick auf das Medium Fernsehen kann man bezüglich einer Sendung
drei Gruppen von Nutzern unterscheiden: Gelegentliche Sendungsnutzer, regelmäßige Sendungsnutzer sowie Fans[34] und Fangemeinschaften. Diese bezüglich
des Fernsehens unterschiedenen Gruppen zerfallen nun im Internet bzw. es entstehen dort weitere relevante Gruppen: Zunächst setzt sich jede der fernsehbezo-
genen Gruppen aus je einer Gruppe zusammen, die im Internet auf sendungsbezogenen Sites aktiv ist und aus einer, die das nicht ist. Ferner gibt es umgekehrt
Internetnutzer, die gelegentlich oder regelmäßig die Website besuchen, aber die
Sendung nicht oder nur sehr selten sehen; sie alle bilden zusammen das, was
Howard Rheingold (1996) als virtuelle Gemeinschaft bezeichnet hat. Jede dieser
Gruppen müsste eigentlich gesondert untersucht werden, weil sich hier unterschiedliche Motiv- und Interessenslagen vermuten lassen. Dabei stellt sich im-
mer auch die Frage, ob im einzelnen Fall der Zugang zur Fernsehsendung den
Zugang im Internet und zur sendungsbezogenen Website bewirkt hat, oder ob es
umgekehrt ist.

Die Anschlusskommunikation im Internet lässt sich vor dieser Unterscheidung im Verhältnis zur Nutzung von Sendungen betrachten: Sie kann ergänzend
angelegt, als Ersatz stattfinden oder eigenständig sein. Von Ergänzung kann man
sprechen, wenn beispielsweise jemand, der eine Folge einer Soap versäumt hat,

---

[34]   Wir nennen hier Menschen dann Fans, wenn sie sich in der Öffentlichkeit als Fans inszenieren,
also zu dieser Rolle bekennen. Dies ist gerade im Internet eine empirisch hilfreiche Definition,
weil man dazu die Websites von Fans untersuchen kann.

sich im Internet informiert, was da passiert ist. Von Ersatz kann man etwa sprechen, wenn manche Internetnutzer aussagen, dass sie inzwischen lieber mit den Menschen in den sendungsbezogenen Chats reden als sich alle ausgestrahlten Folgen anzusehen. Und von eigenständiger Internetkommunikation kann man sprechen, wenn sich aus den kommunikativen Praktiken im Internet eigenständige kommunikative Handlungsweisen entwickeln, die nur noch zufällig mit den Soaps und Talks des Fernsehens zusammenhängen – etwa dann, wenn sich die Nutzung von genrebezogenen Chats völlig von dem eigentlichen Bezugsgenre des Fernsehens ablösen. In allen Fällen wirken die Internetpraktiken natürlich auf das ursprüngliche Rezeptionsverhalten bezüglich der Fernsehsendungen und generell auch auf das Image von Sendung und Sender zurück, wenn auch in ganz unterschiedlicher Art und Ausmaß.

5.2.6 Die Art der Nutzung Soap- und Talk-bezogener Internetangebote

In diesem Abschnitt können nur einige informative Beispiele für Nutzungsweisen angegeben werden, die auf teilnehmenden Beobachtungen und auf Aussagen von interviewten Personen beruhen.

- *Nutzungszeiten*: Die Aktivitäten in den Foren und Chats beschränken sich keineswegs auf Zeiten im Umfeld der Sendungen und konzentrieren sich auch nicht auf diese Zeiten. Die Hauptzeiten liegen in der Regel in den frühen Abendstunden (ab 18.00 Uhr) und später am Abend (ab 21.00 Uhr). Der Chat-Besuch scheint sich also eher nach der verfügbaren Freizeit der Nutzer zu richten und im Übrigen davon abzuhängen, wie einfach ein Zugang zum Internet im jeweiligen Haushaltskontext der Nutzer zu realisieren ist. Die intensivste Nutzung der Foren wurde am Samstagabend festgestellt – ein beobachtetes Forum wuchs zwischen 20.00 und 01.30 Uhr um etwa 330 Einträge.

- *Kommunikationsformen und Kommunikationsstile*: Eigentlich sind Foren eher auf eine nieder-frequente Nutzung hin angelegt. Jedoch wurden sie in manchen Fällen wie eine spezifische Form eines Chats, also für quasi synchrone Kommunikation verwendet. Durch die in Foren vorhandene Möglichkeit, Beiträge auf die Beiträge zurückzuführen, auf die hin sie erfolgt sind, Zusammenhänge also über einen längeren Zeitraum zurückzuverfolgen und durch die Gliederung der Beiträge in einzelne Gesprächsstränge, die sich aus mehreren Einzelbeiträgen zusammensetzen, lassen sie dem Schreiber mehr Zeit, auf Einträge zu reagieren und geben ihm die Möglichkeit, relativ viel zu schreiben. Im Gegensatz zu den Chats sind Foren deshalb von mehr Ruhe und gegenseitiger Bezugnahme geprägt. Es besteht auch die Möglichkeit, sich ein umfassenderes Bild vom Gegenüber zu machen, da mehr Raum zur Beschreibung der eigenen Person, von Handlungen und Gefühlen zur Verfügung steht. In den Chats ist dies wegen der nicht zu ändernden Kommunikationsbedingungen höchstens mit plakativen Sprüchen möglich. Die Gespräche im Chat sind dementsprechend situationsbezogener, die Beiträge kürzer und eine „Geschichte" über eine Person oder eine Sache oder ein tiefer gehendes Gespräch können sich kaum entwickeln.

▪ *Kommunikation im Chat*: Die Atmosphäre im Chat ist häufig durch Anonymität geprägt. Viele Teilnehmer schreiben unter Phantasienamen und sprechen sich auch mit diesen an. In manchen Chats scheint eher aggressiveres/destruktiveres Verhalten der Teilnehmer untereinander und auch gegenüber der Fernsehmoderatorin, in „deren" Chat dies beobachtet wurde, vorzuherrschen – auch politische Parolen, Provokationen oder sexistische Anspielungen und Beleidigungen waren zu beobachten. Als Inhalte von Chats lassen sich Alltagsprobleme und -gefühle, Werturteile über Personen, (meist Moderatoren oder Stars), gegenseitige Zuneigungs- oder Ablehnungsbekundungen nennen. Sachliche Themen werden eher selten diskutiert, im Vordergrund steht die explizite Äußerung der eigenen Meinung und der eigenen emotionalen Zustände. Häufig stehen gerade unter Mädchen die Themen Liebe und Beziehungen stark im Vordergrund. Vom verständigungsorientierten Diskurs à la Habermas kann insgesamt nur schwer die Rede sein.

▪ *Guestbooks*: Auch Guestbooks können von den Internetnutzern ganz unterschiedlich verwendet werden können – für Diskussionen, für Kritik an Sendungen, für Einträge, die sich an die jeweiligen Fernsehmoderatoren richten oder für ganz andere Dinge. Andererseits ist es häufig der Fall, dass in Guestbooks von Fernsehmoderatoren die meisten Eintragungen von gegengeschlechtlichen Usern zu lesen waren. Das heißt, Männer besuchten eher Websites von weiblichen Moderatorinnen und Frauen eher die von Männern. Insofern handelt es sich auch um spezifische Formen von geschlechtsspezifischem Fantum.

▪ *Chat statt Sendung*: Bei einem Besuch zur Sendezeit der Talkshow „Sonja" in deren Chat ist dieser gut besucht. Auf die Frage in dem Chat, ob denn keiner die Sendung sieht, hat aber niemand reagiert – offensichtlich ist die Bindung der Akteure an die Namensgeberin des Chats relativ schwach. Gechattet wird meist von zu Hause aus, teilweise auch in Konflikt mit den Eltern ("Mutter zieht Stecker raus"), oft aber auch vom Arbeitsplatz aus, wenn dies möglich ist. Beim Chatten von zu Hause wird offensichtlich häufig nebenbei ferngesehen. Aktuell ausgestrahlte Sendungen werden manchmal auch im Chat besprochen, wobei sich die Fernsehnutzung, obwohl dies in Chats zu Soaps oder Talks geschieht, keineswegs auf solche Genres beschränkt.

- *Die Sendung und der Chat*: Wer sich in einem Gästebuch äußert, tut dies in der Regel gezielt genau dort. Beim Chatten dagegen scheint es weniger wichtig zu sein, wie der Chatraum heißt, in dem man sich aufhält, was zählt, sind die Leute, die dort anzutreffen sind.

„Also wenn ich ehrlich bin, ich halte auch nicht so viel von den ganzen Talkshows! Es gibt mittlerweile einfach zu viele davon. ... . Du liegst mit deinem Gefühl ganz richtig [dass Sonja kein wichtiges Thema im Sonja-Chat ist], denn es wird ganz selten darüber geschrieben. Es kommen manchmal neue rein die nach Sonja fragen. Das finde ich dann immer etwas naiv zu glauben die war da die ganze Zeit !! Manchmal gibt sich auch jemand als Sonja aus, der wird dann aber meistens gar nicht für ernst genommen!!" (A., im Sonja Chat).

Daraus lassen sich Vermutungen ableiten: Offensichtlich sind Fans von Talkmoderatoren in deren Chats eher Fremdkörper. Das Etikett des Chat ist nur noch ein Anlass fürs Chatten. Dies mag sich freilich für andere Fangemeinschaften anders darstellen, und es mag sein, dass es den Redaktionen und Organisatoren in anderen Chats gelingt, hier mehr Bezug und Verbindlichkeit im Hinblick auf Sendung und Sender herzustellen.

- *Motive der Nutzung*: Ein Motiv, sich ohne besonderen Anlass/Frage im Chat oder Forum zu melden, ist sehr häufig Langeweile. Teilnehmer nutzen Chats sonst meist, um sich zu verabreden, sich virtuell zu treffen ("Bin nur hier um nette Leute kennen zu lernen!"). Der Chat-Room dient in vielen Fällen also zur Kontaktaufnahme, die dann über E-Mail oder auf anderen Wegen fortgesetzt wird. Häufig ergaben sich auch Hinweise darauf, dass es angestrebt wurde, die doch reduzierten Formen der Internetkommunikation durch Telefonkontakte oder persönliche Treffen zu erweitern. Das Internet ist so die Basis für eine neue Form zwischenmenschlicher Begegnungen und dient als Medium zur Kontaktaufnahme mit der „Außenwelt".

- *Kerngruppen*: Es scheint bei gut frequentierten, schon länger bestehenden Chats eine Kerngruppe aus regelmäßigen Nutzern zu geben, die sich oft auch untereinander persönlich kennen. Dabei ist diese Kerngruppe eher klein. Sie scheint aber im Prinzip für neue Kontakte offen zu sein, denn es war kein Problem, daraus Informanten zu rekrutieren. Mit der Existenz dieser Kerngruppe ist aber verbunden, dass ein oft oberflächlich erscheinender Chat keineswegs für alle Beteiligten oberflächlich sein muss: „....das kommt dir vielleicht am Anfang nur so vor, dass alles tierisch oberflächlich ist, denn wenn man die Leute schon etwas länger kennt und sich auch so noch mailt, dann kann man sich echt ganz gut unterhalten". Welche zeitliche Stabilität derartige um Chats konstituierte, auf Kommunikation angewiesene Gemeinschaften haben, ist ebenfalls eine genauer zu untersuchende Frage. Und auch, ob diese Stabilität durch persönliche, nicht netzvermittelte Treffen hergestellt oder geschwächt wird, wäre zu untersuchen.

- *Nutzertypen*: Vermutlich lassen sich auch die Nutzer Soap- und Talk-bezogener Internetangebote ebenso als Typen charakterisieren, wie es mit Talkshow- oder Soapnutzern möglich ist. Auf jeden Fall finden sich Kontaktsuchende, die auf längerfristigen Beziehungen aus sind, einfach nur Mitteilungsbedürftige, Unterhaltungssuchende, die auf kurzzeitige Ablenkung aus sind, Selbstdarsteller, Rat- und Hilfe Suchende, die irgend ein Problem bearbeiten wollen, "echte Fans", die eine Möglichkeit suchen, ihre Begeisterung auszudrücken und Gleichgesinnte zu finden sowie Nutzer, die nicht unter diese Typen fallen (die sich selbstverständlich überschneiden können).

- *"Emigrierte"*: In manchen Foren finden sich immer wieder Postings von Menschen, die es weit weg von Deutschland verschlagen hat, die aber dennoch in Kontakt mit den Fernsehsendungen in Deutschland bleiben wollen. Hier eröffnet das Internet natürlich neue Möglichkeiten.

- *Fangruppen*: Die Möglichkeiten der Internetkommunikation lassen sich hervorragend für Fanarbeit nutzen. So finden sich auf allen Websites immer wieder Hinweise auf (von den Redaktionen akzeptierte und gestützte) Fanclubs und deren Aktivitäten, es gibt häufig auch Verlinkungen zu deren Websites. Die Redaktionen der Talkshows, die ja auch die senderseitigen Internetsites betreuen, werden von den Nutzern einerseits als Experten betrachtet, es werden ihnen Auskünfte und Hilfestellungen abverlangt. Die Teilnehmer erwarten prinzipiell auch, von der Redaktion über Neuigkeiten informiert zu werden und sind äußerst verstimmt, wenn die "Betreuung" nachlässt. Auf der anderen Seite tolerieren die Forums-Teilnehmer die Redaktion als übergeordnete Instanz, die im Zweifelsfall auch sanktionieren darf. Ob die Redaktionen die Internetkommunikation tatsächlich nutzen, um die Akzeptanz der Serie oder Talkshow zu erhöhen, indem sie auf die dort gemachten Äußerungen hören, wie immer wieder behauptet wird, erscheint im Lichte der Ergebnisse eher unwahrscheinlich, wäre aber natürlich einer genaueren Untersuchung wert.

Zusammenfassend kann man sagen, dass es im Rahmen der Anschlusskommunikation zu Talks weniger um die Sendungen, sondern mehr um die Kommunikation der Nutzer untereinander geht. Man könnte hier den Analogieschluss ziehen, dass an den Talks und Soaps ebenfalls nicht so sehr die behandelten Themen, Probleme, Gäste oder Schauspieler interessieren, sondern dass es das Gespräch,

*die Diskussion, der Streit zwischen den Menschen ist, was die Zuschauer sehen
wollen, und dass sie sich darüber die Sendungen in einem ganz anderen Sinn
aneignen als die Programmmacher sich das vorstellen. Dies ist allerdings eine
weit reichende These, die genauer untersucht werden muss.*
Der Vorteil der Internet-Kommunikation im Vergleich zur Face-to-Face-
Kommunikation besteht für die Nutzer offensichtlich neben der möglichen Anonymität darin, dass sie die volle Kontrolle über ihre Kommunikation haben können. Sie können sie jederzeit ohne Begründungszwang und ohne sich rechtfertigen zu müssen abbrechen, sofern es sich nicht um eine Bekannte oder einen
Bekannten handelt. Es fällt deshalb im Internet wohl leichter, entspannt, selbst-
bewusst und locker zu wirken, in eine Rolle zu schlüpfen, die man eventuell in
echten sozialen Beziehungen gar nicht repräsentieren kann oder für deren Erpro-
bung man sonst keine Gelegenheit hat, als in anderen Formen interpersonaler
Kommunikation. Man ist auf eine Art unerreichbar und unverwundbar, was möglicherweise die häufige Artikulation aggressiver, provokanter bis hin zu perver-
sen Statements erklärt. Es ist auch möglich, Gefühle zu zeigen, ohne der Gefahr
zu unterlaufen, bloßgestellt zu werden.

5.2.7 Abschließende Bemerkungen und der Zusammenhang zur Mediatisierung

Wir fassen zusammen:

- Die Inhalte der eigentlich auf Talks und Soaps bezogenen Anschlusskom-
  munikationen haben, sofern es sich um die oben beschriebene Foren und
  Chats handelt, in der Regel kaum oder keinen Bezug zur Talkshow oder der
  Soap. Sie werden als Plattform zur allgemeinen Kommunikation genutzt.
  Auch die Teilnehmer an den Chats haben nur zum Teil eine Beziehung zu
  den Fernsehsendungen.
- Zudem bestimmen die Sender die Formen der Kommunikation im Internet
  über ihre Angebote. Angesichts des weitgehenden Fehlens von freien Dis-
  kussionszusammenhängen, angesichts der Einbindung der Fangruppen in
  die senderseitigen Strategien sowie angesichts der Bevorzugung von
  Guestbooks und Chats anstatt Foren, die die Diskussionen schwieriger machen, ist dies eine diskussionswürdige Entwicklung. Man könnte hier von
  Formen kommerziell organisierter Alltagsgestaltung zu sprechen.
- Problematisch ist nicht nur, dass die Sender die Diskussion über ihre Sendungen beeinflussen, sondern auch, dass es im Internet generell schwierig
  ist festzustellen, wer für welches Angebot verantwortlich ist. Zudem steigt
  der Werbedruck ständig an und trifft vor allem junge Fans. Das folgende Zi-

tat zeigt, wie etwa die Moderatorin Arabella auf ihre Sponsoren verweist: Eine 14jährige Alice, fragt auf der Website: "Deinen Stil, Dich zu kleiden, finde ich einfach toll! Wer ist dafür verantwortlich und woher bekommst Du all die Sachen?". Sie bekommt die folgende Antwort: "Erst mal Danke für das Kompliment! Ich habe eine Stylistin, die für mich immer auf der Suche nach schönen Sachen ist. Vor der Sendung schaue ich dann, was mir am besten gefällt und worauf ich gerade Lust habe, und das ziehe ich dann an. Achte bei meiner nächsten Sendung auf den Abspann. Dort kannst du lesen, von welchen Firmen mein Outfit ist."

▪ Es ist offensichtlich, dass die neuen kommunikativen Potenziale durch das Internet als ein Teil des Prozesses der Mediatisierung theoretisiert werden müssen. (Standardisierte) Medienangebote erzeugen daran anknüpfende Kommunikation per Medien oder Face-to-Face, und immer mehr Kommunikation nimmt mediale Angebote als Ausgangspunkt und findet über Medien statt. Insgesamt muss hier auf die Notwendigkeit einer aufklärenden Rolle einer unabhängigen Institution wie einer Stiftung Medientest (Krotz 1995e) verwiesen werden.

5.3 Mediatisierte interpersonale Kommunikation per digitalen Medien: kommunikative Kontakte und kommunikativ vermittelte Beziehungen

5.3.1 Die Fragestellung

Im ‚richtigen' Leben lernt man sich normalerweise erst kennen und redet dann über Persönliches und Intimes. Im Chat redet man miteinander, ohne das voneinander zu wissen, was man bei Real-Life-Begegnungen voneinander weiß. Man kommt meist schnell auf private Themen und lernt sich darüber kennen. Im Allgemeinen können die daran Beteiligten Intensität, Nähe und Konsequenzen von internetvermittelten Kontakten kontrollieren, dadurch bauen sie sich meist in einer bestimmten Reihenfolge auf, die vermutlich auch hochgradig kulturell definiert ist. Ergebnisse von Untersuchungen dazu fasst Döring (2003) zusammen, und auch wir haben in den in 5.2 zum Teil wiedergegebenen Interviews im Internet dazu Beschreibungen erhalten: Man lernt sich etwa in einem Chat kennen, tauscht dann zusätzlich Mails aus, telefoniert in einer nächsten Phase und trifft sich schließlich Face-to-Face. Alle Beteiligten müssen dabei jedem neuen Schritt zustimmen, sonst funktioniert es nicht.

Aber wenn ein Schritt einmal gemacht wurde, kann man ihn nicht rückgängig machen. Deshalb beschäftigen sich viele Berichte über Kommunikation im

Internet damit, dass man zunächst im Netz jemanden getroffen hat, den nett fand und über die üblichen Zwischenschritte näher kam, den man dann aber bei einem „wirklichen" Treffen völlig ätzend fand. Möglich ist in solchen Fällen, wo das aufeinander Zugehen bis hin zum Face-to-Face-Begegnen nicht geklappt hat oder nicht symmetrisch war, nur der Abbruch der Beziehungen – in etwa ein „Gehe zurück auf Los und stecke keine 4000 Euro ein".

Wer immer solche Erlebnisse berichtet, steht freilich vor einem kommunikativ erzeugten Dilemma. Entweder spricht er sich so selbst die Menschenkenntnis ab, weil er den andern nicht richtig eingeschätzt hat. Oder aber er unterstellt dem anderen, er habe ihn von vorneherein getäuscht und sich als etwas ganz falsches ausgegeben. Üblich scheint es zu sein, den Fehler beim anderen zu Suchen, obwohl gerade in Liebesbeziehungen Fehleinschätzungen wohl eher die Regel als die Ausnahme zu sein scheint.

Fälle, in denen einer der beiden, die sich im Internet kennen gelernt haben, lügt, solange es nicht zu seinem persönlichen Treffen kommt, gibt es zwar, und sie sind vermutlich auch nicht gerade selten – die Frage ist aber, wie umfassend so ein Täuschverhalten ist. Interessant wäre es zu untersuchen, ob in rituellen Verkleidungsfesten wie es Karneval und Fasching sind, ebenfalls Täuschungen vorkommen und wie dort damit umgegangen wird.

An den Kontakten im Internet entzündet sich angesichts dieser Kommunikationsbedingungen häufig Kritik, weil das vielen Menschen unnatürlich vorkommt. Richtig daran ist, dass sich durch die Bedingungen der Internetkommunikation eigenständige Formen sozialer Kontakte und darauf aufbauend Beziehungen entwickeln können, die anders begründet sind und andere Verläufe nehmen als wenn sie Face-to-Face in Gang kommen. Deswegen sind sie aber nicht unnatürlich oder schlechter. Es handelt sich einfach um eine Art, Kontakte zu beginnen und zu pflegen, und diese brauchen in anderen Formen entstandene und gepflegte Kontakte und Beziehungen nicht zu verdrängen, und sie tun es, sieht man von problematischen Sonderfällen ab, anscheinend auch nicht.

Die häufig gehörte These von der sozialen Verarmung durch das Internet (z. B. auch Nie/Erbring 2002) macht ohnehin nur dann Sinn, wenn man meint, dass Internetbeziehungen und -kontakte selbst nicht als richtigen Beziehungen und Kontakte gelten können. Aber ebenso, wie E-Commerce nicht in dem Sinn virtuell ist, dass man eine Bestellung nicht zu bezahlen hat, ebenso sind auch Internetkontakte nicht in dem Sinn virtuell, dass es den Gegenüber nicht wirklich gibt – immer kommunizieren hier Menschen miteinander.

Hinzu kommt, dass das Wissen, das man über Gesprächspartner zu haben meint, oft unsicher ist, ganz gleich, ob man diese Gesprächspartner aus dem Internet, aus der Kneipe oder vom Job her kennt. In allen Fällen kennt man nur einen bestimmten Ausschnitt von ihnen.

In den Chats, die wir – siehe 5.2 – beobachtet haben, wurde deutlich, dass man einen Menschen auch unter einem Pseudonym kennen lernen kann. Wichtig sind eine Konstanz im Auftreten und Anwesendsein und die Tatsache, dass man eine Person durch seine Kommunikation kennen lernt, wichtig ist nicht, dass man den anderen life vor sich sieht oder weiß, wie er rechtlich korrekt heißt. Auch das Internet führt – wie jedes Medium – von daher nicht zwangsläufig zu beziehungsmäßiger Verarmung der Menschen, sondern zu andersartigen Beziehungen. An diesem Punkt hat die Kommunikationswissenschaft allerdings ihre Defizite, wie ich im folgenden Punkt darlegen werde.

5.3.2 Kommunikation und Beziehungen als Medienwirkung

In diesem Abschnitt wollen wir uns nun mit einem Ergebnis von Kommunikation in einzelnen Kontakten, nämlich mit Beziehungen beschäftigen. Dabei handelt es sich für die Kommunikationswissenschaft um Neuland, weil auf der Basis von Medienkommunikation entstandene oder gepflegte Beziehungen zwischen einzelnen Menschen angesichts der Orientierung der Kommunikations- und Medienwissenschaft auf die Massenkommunikation bisher nicht zu ihren Themen gehörten.

Jedoch können wir uns bei unserem Vorgehen an Begriffen und Aussagen orientieren, die die Kommunikationswissenschaft im Hinblick auf so genannte parasoziale Interaktion und parasoziale Beziehungen erarbeitet hat und so dennoch an ihr anknüpfen, wenn wir uns mit Beziehungen beschäftigen. Unter parasozialer Interaktion – wir werden bei unserer Beschäftigung mit Massenkommunikation in Kapitel 6 noch genauer darauf eingehen – versteht man in Anlehnung an Horton/Wohl (1956) und Horton/Strauss (1957) (vgl. auch Vorderer 1996) die scheinbare Interaktion des Zuschauers mit Moderatoren oder allgemeiner, mit Fernsehfiguren. Der Begriff beschreibt also allgemein den Prozess der Rezeption von Radio- und Fernsehsendungen durch den Nutzer, der nicht auf sozialer Interaktion beruht, weil die Fernsehfiguren in ihrem Handeln auf dem Bildschirm ja von den Aktivitäten des Zuschauers unabhängig sind. Der Begriff knüpft damit daran an, dass Kommunikation mit standardisierten und allgemein adressierten Medieninhalten als ein „Als-Ob"-Prozess stattfindet: Menschen verhalten sich Fernsehfiguren gegenüber mehr oder weniger so, als ob es wirkliche Personen in wirklichen Handlungssituationen seien, insofern sie Medienkommunikation auf der Basis ihrer vorgängigen Erfahrungen mit Face-to-Face-Kommunikation erproben (und dann gegebenenfalls an das anpassen, was möglich ist). Genau diese Handlungsweisen nimmt ja dann auch der Tagesschausprecher auf, wenn er „Guten Abend, meine Damen und Herren" sagt, obwohl er keine Ahnung hat, ob und wen er damit eigentlich anspricht.

Parasoziale Beziehungen sind dann (emotional begründete) Beziehungen von Mediennutzern zu Medienfiguren, die auf derartigen parasozialen Interaktionen beruhen. Es wird bei dieser Begrifflichkeit häufig angenommen, dass derartige emotionale parasoziale Beziehungen für die Menschen ein Motiv für die Rezeption einer Radio- oder Fernsehsendung ist.

Die traditionellen Massenmedien – und zwar nicht nur Radio und Fernsehen, sondern, wenn man den Begriff der parasozialen Interaktion auch auf Bücher oder Bilder überträgt, man denke nur an die Bedeutung der Mona Lisa oder Marienfiguren oder -bildern – haben den Menschen also eine neue Art von Beziehungen ermöglicht. Solche Beziehungen gelten allerdings meist als ein Beleg für die ungute Macht der Medien und insbesondere des Fernsehens, was aber so nicht gesagt werden kann. Auch Mohammed, den Papst, Platon und Goethe kenne ich nur als mediale Figuren, ebenso wie die Politiker, denen ich das Schicksal unserer Demokratie anvertrauen muss. Beziehungen zu durch Medien vermittelten Figuren sind also keinesfalls per se schlecht, sondern zunächst einmal nur anders.

Deshalb kann man sagen, dass jeder Mensch, der einen Kommissar im „Tatort" oder Ally McBeal, die Ankerpersonen der Tagesthemen, Donald Duck oder die Teletubbies immer wieder gern im Fernsehen sieht, der Faust durch Goethe oder Sokrates durch Platon kennen- und schätzen gelernt hat, bereits parasoziale, also einseitige und medienvermittelte Beziehungen eingeht. Zudem gibt es natürlich negativ konnotierte parasoziale Beziehungen, etwa, wenn ich Herrn Westerwelle nicht leiden mag und ihn beim Fernsehen immer wegschalte. Parasoziale Beziehungen sind also in der Mediengesellschaft in allen möglichen Formen ausgesprochen üblich. Man könnte sogar sagen, dass jeder Mensch eigentlich kontaktgestört ist, wenn er immer wieder dieselben Menschen per Medium miterlebt und trotzdem nicht in eine innerlich definierte Beziehung zu ihnen tritt.

Klugerweise definiert die Kommunikationswissenschaft parasoziale Beziehungen aus all diesen Gründen nicht durch häufige Kommunikation, sondern erhebt sie mit Tests auf der Basis von Befragungen. Meistens geschieht das nicht, um das parasoziale Beziehungsnetz eines Fernsehzuschauers zu bestimmen. Vielmehr wird der Existenz von parasozialen Beziehungen im Allgemeinen nachgegangen, weil sie als ein Motiv für ein bestimmtes Verhalten von Menschen gegenüber bestimmten medialen Angeboten gedeutet werden – es mag ein Motiv für häufige Nutzung, es kann aber auch ein Motiv für ein konsequentes Vermeiden einer „Begegnung" per Medium sein. Konsequenterweise muss man eine parasoziale Beziehung als etwas Situationsübergreifendes verstehen, das sich auf ein nicht nur während der Rezeption vorhandenes inneres Bild im Rezipienten und auf eine emotionale Bewertung dieses Bildes bezieht.

Diese Überlegungen, die wir in Kapitel 6 noch vertiefen werden, übertragen wir jetzt in analoger Weise auf die Medien interpersonaler Kommunikation. *Wenn zwei Menschen miteinander kommunizieren, wollen wir das als einen kommunikativen Kontakt bezeichnen. Kommunikative Kontakte können Face-to-Face oder mediatisiert stattfinden; ausschlaggebend ist, dass die Beteiligten – etwa, wenn sie telefonieren oder im Chat am gleichen „Ort" sind, dies auch als eine aktuelle Situation empfinden. Dies wird der Fall sein, wenn die Kommunikation synchron oder mindestens zeitnah stattfindet. Medien interpersonaler Kommunikation ermöglichen also kommunikative Kontakte zwischen Menschen und lassen sich deswegen als Räume potenzieller Kontakte begreifen. Mediatisierte Kontaktmöglichkeiten sind von deshalb spezifische mediale Arrangements.*

Wir können Medien interpersonaler Kommunikation dann danach unterscheiden, *ob sie Kontakte zwischen Unbekannten zulassen oder nicht.* Offensichtlich ist es bei einem Internetchat möglich, dass sich einander Unbekannte begegnen und miteinander kommunizieren. Das Telefon oder der Brief dagegen verlangen, dass man eine Adresse, eine Straße mit Hausnummer oder eine Telefonnummer kennt, bevor man mit jemandem kommuniziert. Deshalb können wir hier festhalten, dass Kommunikation im Internet und Kommunikation per (Mobil-)Telefon unterschiedlich organisiert sind.

Weiter verstehen wir unter Beziehungen ein situationsübergreifend (oder übersituativ) definiertes Verhältnis zwischen Menschen oder zwischen Menschen und sozialen Gruppe, das dadurch gekennzeichnet ist, dass der Mensch von der anderen Person (oder der Gruppe) eine situationsübergreifende innere Vorstellung hat, an die er immer wieder anknüpfen kann, wenn er mit dieser Beziehungsperson oder Gruppe in einem inneren Dialog, also denkend kommuniziert, oder wenn es zu einem tatsächlichen kommunikativen Kontakt kommt. Dieses situationsübergreifende Verhältnis ist also nicht durch wiederholte Kommunikation[35] mit den gleichen Menschen definiert und kann dadurch auch nicht operationalisiert werden, weil eine Beziehung auch in Ablehnung oder Hass bestehen oder auch zu Toten oder weit entfernten Menschen bestehen kann. Während Kontakte situative Kommunikationsprozesse zwischen Menschen sind, fasst der Begriff der Beziehung situationsübergreifende Verhältnisse zwischen Menschen und bezieht sich damit auf deren innere Wirklichkeiten: Liebesbeziehungen, Arbeitsbezie-

---

[35] Wenn der Begriff der Beziehung in den Sozialwissenschaften heute überhaupt verwendet wird, wird er oft auf Liebes- oder Paarbeziehungen verkürzt. Oder aber er wird über eine bloße Kontakthäufigkeit definiert, wie beispielsweise bei Döring (2003). Das ist aber auch deswegen unangemessen, weil ich mit meinem verstorbenen Großvater zwar keine Kontakte pflege, aber eine intensive Beziehung zu ihm habe.

hungen, Freundschaften, Feindschaften, Verwandschaftsbeziehungen, Sportsfreunde oder Nachbarn – sie alle sind Beziehungen im hier gemeinten Sinn. *Damit können wir weiter sagen, dass E-Mail- und Telefonkommunikation einen Raum kommunikativer Kontakte zwischen Menschen eröffnen, die sich im Prinzip schon kennen – entweder persönlich oder funktional über Dritte. Demgegenüber ermöglicht es das Internet im Falle von Chat und mit anderen Formaten interpersonalen Austauschs, dass Menschen miteinander kommunizieren, die sich schon kennen, aber auch, dass man neue Kommunikationspartner kennen lernt.* Daran anschließend kann man plausibel behaupten, dass der derzeitige Mediatisierungsprozess durch das damit verbundene Vordringen der digitalen Medien, die in ihren Entwicklungen noch lange nicht zu einem Ende gekommen sind, nicht nur die Kommunikationsumgebungen und damit die Kontakträume der Menschen verändert, sondern dass hier völlig neue Beziehungsnetze entstehen. Sie ersetzen die alten Kommunikationsformen und Beziehungen nicht, sondern überlagern sie; es ist zu vermuten, dass die Menschen des Internetzeitalters mehr Beziehungen haben; es ist aber auch zu vermuten, dass diese Beziehungen anders strukturiert sind und vielleicht auch andere Bindungskräfte beinhalten.

Wir behaupten damit weiter, dass die Wirkung interpersonaler Kommunikation in der Entstehung, der Erhaltung und Entwicklung oder dem Ende von Beziehungen liegt, ebenso, wie parasoziale Interaktion und parasoziale Beziehungen eine Folge der Angebote allgemein adressierter standardisierter Medienangebote und ihrer Nutzung und damit Thema der Kommunikations- und Medienwissenschaft sind. Bisher werden allerdings Kontaktmöglichkeiten, Kontakte und Beziehungen, ganz gleich, um welche Medien es geht, nicht zu den Medienwirkungen gerechnet, anders ausgedrückt, schlicht ausgelassen, wie zum Beispiel ein Blick in einschlägige Lehrbücher (Winterhof-Spurk 1999) zeigt. Merkwürdiger Weise ist auch die Bedeutung der sich verändernden Beziehungsmuster meines Wissens bisher nicht sehr detailliert untersucht worden, jedenfalls nicht so, dass man am Beziehungsnetz der einzelnen Menschen ansetzt.

Wir halten zusammenfassend fest, dass die hier vorgeschlagene Definition von Beziehung eine wichtige Konsequenz hat, auf die wir später noch zurückkommen werden: *Menschen leben in einem zeitlich überdauernden Beziehungsnetz, und dieses Beziehungsnetz hat eine äußere und eine innere Realisierung, die nicht übereinstimmen müssen.* Dieses innere und sich in inneren Dialogen entwickelnde Beziehungsnetz ist zugleich eines, das Erfahrungen mit wichtigen Beziehungspersonen umfasst und das deshalb für die Identität eines Menschen von Bedeutung ist (vgl. hierzu auch das nächste Teilkapitel 5.3.3). In diesem Beziehungsnetz finden sich soziale Beziehungen zu anderen Menschen, parasoziale Beziehungen zu Medienfiguren und Beziehungen aus interaktiven Kommunikationsverhältnissen, die wir in Kapitel 4 pseudosoziale, weil simulierte soziale Beziehungen genannt haben – beispielsweise zu Weizenbaums ELIZA, aber auch zu Tamagotchis oder einem AIBO.

Wir können zusammenfassend sagen, dass Menschen ihr Leben in einem sich stets weiter entwickelnden Beziehungsnetz gestalten, wobei sie auf ihre früheren Erfahrungen zurückgreifen, und dass dieses Beziehungsnetz für ihre Identität und ihr Leben grundlegend ist. Für kleine Kinder wird dieses Beziehungsnetz im Allgemeinen im Verlauf ihres Aufwachsens größer, während es für alte Menschen immer kleiner wird.

5.3.3 Wandel von Identität

Im Anschluss daran wollen wir, ohne dies hier im Detail ausführen zu können, herausarbeiten, dass die Beziehungen der Menschen zu den anderen Menschen von zentraler Bedeutung für ihre Identität sind und daraus einige Konsequenzen ziehen (vgl. hierzu Krotz 2003 mit weiteren Literaturverweisen, sowie Bauriedl 1980, Burkitt 1991, Erikson 1984, Freud 1990, Moreno 1967, Zeintlinger 1981). Dies liegt, kurz gesagt daran, dass sich Struktur und Art von Identität in Kommunikation und insbesondere interpersonaler Kommunikation ausbilden, stabilisieren und weiter entwickeln, und dass die subjektiv bedeutsamste und deshalb wirkungsreichste Kommunikation jedes Menschen mit den Menschen stattfindet, zu denen er eine Beziehung unterhält. *Insofern machen auf mediatisierte interpersonale Kommunikation gründende soziale, auf interaktive Kommunikation gründende pseudosoziale (siehe Kapitel 4) und auf allgemein adressierte, standardisierte Kommunikation basierende parasoziale Beziehungen das Netz der Beziehungen des Menschen aus.*

Das heißt, wir versuchen die folgende These argumentativ zu begründen: *Der Wandel vor allem der interpersonalen Kommunikation, wie sie Mobiltelefon und Internet ermöglichen, aber auch die zunehmende Bedeutung interaktiver Kommunikation und der Medienkommunikation überhaupt bewirken einen Wandel des auf Kommunikation basierenden Beziehungsnetzes der Menschen, und darüber verändert sich deren Identität strukturell.* Dies wäre freilich im Detail genauer zu beschreiben und empirisch zu prüfen.

In Rahmen der Philosophie und insbesondere der Logik lässt sich Identität als Postulat begreifen, nach dem jedes Ding sich selbst gleich ist. Identität ist in dieser Perspektive also ein an materiellen Vorstellungen orientiertes, essentialistisches Konzept, das auf die Aristotelische Philosophie zurückgeht (Schischkoff 1965). Demgegenüber ist die soziale und kulturelle Welt als Gegenstand von Kultur- und Kommunikationswissenschaft eine sich ständig verändernde Welt;

sie existiert für den Menschen nur als unter seiner Beteiligung hergestellter Prozess (Berger/Luckmann 1980, Schütz 1971). Sie ist ein fragiles und immer nur versuchsweise funktionierendes, immer weiter zu entwickelndes Produkt menschlichen Kommunizierens. In einer solchen Wirklichkeit sind essentialistische Vorstellungen von einer an Dingen und Materie angelehnten Identität eines Menschen, die sein „eigentliches Wesen" ausdrückt, unangemessen.

Stattdessen muss ein kommunikationswissenschaftlich gerichtetes Konzept von Identität auf das kommunikative Handeln der Beteiligten bezogen sein, und zwar in doppelter Weise: Wir können nur im Rahmen von Kommunikation, also im „Gespräch" mit einem anderen feststellen, was seine Identität ist, und wir können ebenso nur auf der Basis von Kommunikation eine eigene Identität erwerben, entwickeln und präsentieren.

Lothar Krappmann (1975) nennt *die situationsübergreifende, spezifische, eigentümliche Art, wie ein Mensch die so immer vorhandene Aufgabe löst, sich in ganz unterschiedlichen Situationen, zu ganz unterschiedlichen Themen und mit ganz unterschiedlichen Kommunikationspartnern und deren Erwartungen als etwas Eigenständiges zu erleben und zu präsentieren, seine Identität.* Dabei greift jeder Mensch auf die ihm situativ angemessen erscheinenden Ressourcen zurück, die ihm im Rahmen der kulturellen und sozialen Strukturen verfügbar sind. Diese Ressourcen sind erkennbar kommunikativ strukturiert und wandeln sich im Zusammenhang mit der Entwicklung der Medien, weil sich dadurch Kontaktpotenziale, Kommunikationsweisen und Beziehungsmuster aller Art wandeln. Wer zum Beispiel in allen kritischen Situationen per Mobiltelefon auf sein engstes nahes Beziehungsumfeld zurückgreifen kann, wird Konflikte und Krisen auf Dauer in anderer Weise bearbeiten und die daraus resultierenden Erfahrungen anders in seine Identität und Biographie aufnehmen als jemand, der auf sich allein gestellt ist. Etwas Ähnliches gilt für den, der sich immer mit innerlich präsenten Talkshow-Moderatoren oder mit weiterentwickelten elektronischen Psychiatern wie ELIZA „beraten" kann.

Das Konstrukt „Identität" ist damit etwas Zusammenhängendes und Übergreifendes, das aber gleichwohl aus Teilprozessen besteht, da es in wechselseitig angelegten Kommunikationsprozessen zustande kommt. Wir nennen diese Art von Teilprozessen in Anlehnung an Hegel im Folgenden „Momente". Damit soll ausgedrückt werden, dass es sich dabei nicht um abgrenzbare Teile, und auch nicht um „Dimensionen" oder „Ebenen" von Identität handelt. Mit „Moment" wird vielmehr ein Teilprozess des komplexen Prozesskonstrukts „Identität" bezeichnet, der auf seine eigene Weise zustande kommt, aber nur durch seinen Bezug auf das Ganze der Identität Sinn macht. Wie das gemeint ist, wird deutlich werden, wenn wir im Folgenden vier Momente von Identität voneinander unterscheiden.

▪ Das erste Moment von Identität als dialektischer Prozess entsteht durch die sozialen Bezüge der Menschen zueinander. Jemand ist zum Beispiel Professorin, Bürgermeister oder Hausmann, und im Rahmen der Gesellschaft ist sie oder er durch diese Rollen in konkreten Situationen und übergreifend durch den damit verbundenen Status definiert. So bestimmte soziale Identität spielt in jeder Kommunikation eine wesentliche Rolle, weil sie der Charakterisierung der anderen und damit der Orientierung dient. Natürlich hat jeder Mensch im Allgemeinen viele solcher sozialen Identitäten, die dann insgesamt zu seiner Identität beitragen.

▪ Andererseits ist Identität natürlich immer persönliche Identität. In jedem Gespräch, das ich führe, bin ich nicht nur als Inhaber einer sozialen Position, sondern immer auch als unverwechselbare Person präsent. Denn jede Rolle bestimmt sich zwar durch die sozialen und kulturellen Erwartungen, die wir an sie haben, aber niemand kann diese Erwartungen erfüllen, ohne dies auf seine ganz persönliche Weise zu tun und sich damit als Individuum kenntlich zu machen – selbst Soldaten, der Inbegriff des mechanisierten und seiner Individualität beraubten Menschen, werden in ihrem Handeln als besondere Personen kenntlich. Als Individuen sind wir zudem auch Teil eines Netzes persönlicher Beziehungen. Deren besondere Qualität liegt darin, dass das Verhältnis der darüber verbundenen Menschen nicht in erster Linie sozial definiert ist, sondern dass einzelne Individuen gemeint sind: Während Arbeiter in der Perspektive des Kapitalisten ebenso austauschbar sind wie Kapitalisten für den Arbeiter, trifft dies auf das Verhältnis einer Mutter zu ihrem Kind, eines Menschen zu seinen Geschwistern oder Freunden nicht zu.

▪ Die bereits angekündigten beiden weiteren Momente von Identität ergeben sich aus dem Kommunikationsprozess, den wir als ein Face-to-Face- oder ein medienvermittelt geführtes „Gespräch" verstehen, das zwischen zwei Menschen stattfindet. Daraus resultiert ganz einfach, dass Identität sowohl zugeschriebene als auch präsentierte Identität sein kann: Ich kann in der sozialen Identität des Muslim auftreten, ich kann diese Identität aber auch von meinem Gesprächspartner zugeschrieben bekommen. In den präsentierten wie in den zugeschriebenen Identitäten sind zugleich immer auch individuelle Erfahrungen und biographische Momente aufgehoben und dadurch präsent.

Einige Anmerkungen sollen dieses vierfache Konzept ergänzen. Zunächst einmal soll festgehalten werden, dass es sich bei diesen vier Unterscheidungen um Momente der oben postulierten Art handelt. Denn offensichtlich ist jeder Mensch in jeder kommunikativen Situation in diesen vier (Teil-)Identitäten zugleich präsent, die sich immer neu verschränken und aufeinander verweisen. Jede Situation wird dadurch auch zu einem Prozess des Aushandelns darum, wer die Beteiligten genau sind, gleich worum es immer auch sonst in der Kommunikation gehen mag (Krotz 1992).

Präsentierte Identität greift dabei ebenso wie zugeschriebene Identität auf Ressourcen zurück, die für die beteiligten Menschen von Bedeutung sind. Medieninhalte lassen sich dementsprechend als Ressource der Präsentation verwenden. Wenn ich zum Beispiel Fan von Hip Hop oder von Bluesmusik bin, dann mache ich das in meiner Selbstdarstellung etwa durch meine Kleidung und durch die Art, wie ich mich ausdrücke, kenntlich. Medien inszenieren etwa spezifische Attribute, und diese werden dann von interessierten Menschen aus bestimmten sozialen Gründen übernommen und als Teil der eigenen Identität arrangiert – im Rahmen von Auftreten, Kleidung oder Verhaltensensembles. In diesem Zusammenhang ist allerdings zu betonen, dass solche Attribute auch häufig der Handlungsorientierung und der sozialen Integration dienen, zumal sie ja immer auch den Zweck haben, Kommunikation zu ermöglichen. Zugleich ist festzuhalten, dass die Bedeutung von Medieninhalten für Menschen eher überschätzt wird. Im Allgemeinen sind spezifische Typen von Medieninhalten während einzelner Entwicklungsphasen eines Menschen von Bedeutung, und sie werden dann im Rahmen weiterer Entwicklungen „zurückgelassen" und durch andere ersetzt. Wichtiger – und bisher viel weniger verstanden – ist der strukturelle Einfluss der Medien als Kommunikationsweisen auf Alltag und Identität.

(Präsentierte) Identität darf im Übrigen nicht mit Authentizität oder „wie ich wirklich bin" verwechselt werden. Denn unabhängig davon, ob Kommunikation Face-to-Face oder mediatisiert stattfindet – in dem bisher entfalteten Begriffssystem kann es keine absolute, keine „wahre" Identität und damit auch kein objektives Kriterium für Authentizität geben, weil dies immer ein Rückfall in eine essentialistische Sichtweise wäre.

Alfred Schütz (1971) hat erläutert, wie wir unser Wissen um soziale Identität verwenden, um mit neuen Situationen zu Recht zu kommen, und dafür den Begriff der Typisierung eingeführt. Typisierungen sind nach Schütz einerseits Abstraktionen von der vollen Wirklichkeit, wie sie von der in allgemeinen Begriffen aufgebauten Sprache nahe gelegt werden, andererseits werden sie in je einer spezifischen Perspektive vorgenommen. Sie sind nicht wahr oder unwahr, sondern adäquat oder nicht. Wenn ich mit einem Fahrkartenkontrolleur verhandle, bin ich an der biographischen Einzigartigkeit seiner Person ebenso wenig interessiert wie er an meiner. Typisierungen sind deshalb die Basis meiner Handlungsfähigkeit in einer sich verändernden Welt, mittels derer ich meine Erfahrungen von einer Situation in eine andere transferieren kann, wobei hinter dem Typus Menschen mit persönlichen und unverwechselbaren Identitäten stehen.

Typisierungen als (soziale) Identitäten können an eher oberflächlichen oder an eher fundamentalen Eigenschaften festgemacht werden. Geschlecht, Sprache und Ethnie prägen individuelles Handeln und Erfahrungen auf nachhaltige Weise und sind für jede Kommunikation relevant. Wenn jemand sich dagegen als Star Trek Fan, Campari-Trinker oder Nike-Schuh-Träger darstellt, ermöglicht das seinem Gegenüber erste Orientierungen. Jedoch ist der Zusammenhang zwischen einer solchen Attribuierung und dem Charakteristischen, das in Kommunikation Identität ausmacht, eher dünn – allen Versprechen der Werbung zum Trotz.

Die heute möglichen interpersonalen Kommunikationspraktiken hängen mit unterschiedlichen Bedürfnissen, Alltagsnotwendigkeiten und Zwecken, aber auch Kompetenzen und Mediennutzungsgewohnheiten zusammen. Darüber entstehen neue Reflexionsebenen, neue Wissensbestände, neue Potenziale der Inszenierung von Identität, neue Gruppenzugehörigkeiten und Orientierungen, neue interpersonale, parasoziale und künstliche Beziehungen – all dies spielt eine wesentliche Rolle für die Konstitution von Identität.

5.3.4 Mediatisierung – Mediumstheorie und weitere Überlegungen

Damit liegt nun ein theoretisches Bezugsmuster vor, über das man die Veränderung von Identität durch digitale Medien, und zwar insbesondere durch den Wandel der interpersonalen Kommunikation, theoretisch begründen und in der Konsequenz wohl auch empirisch untersuchen kann. Denn man kann auf der Ebene der vorstehenden Überlegungen sagen, dass sich die Identitäten der Menschen von Inhalt, Struktur und Art her verändern.

Identität, die Struktur des Menschen, seine Beziehungen, seine alltäglichen Erfahrungen beruhen immer in erster Linie auf seiner Kommunikation und seinem Erleben dieser Kommunikation. Das geschieht auf der Ebene von Inhalten, aber vorgängig schon auf der Ebene der Kommunikationsstrukturen, in denen Menschen leben.

Mit Fragen dieser Art beschäftigt sich die so genannte Mediumstheorie, die an die Arbeit von Harold Innis, Marshall McLuhan, Joshua Meyrowitz und anderen anknüpft, aber bisher noch keinen geschlossenen Ansatz präsentieren konnte. Eine typische Einsicht hier ist die folgende: Religiöse Großreiche, so hat etwa Innis (1950, 1951, 1997, vgl. auch Gießen 2001) festgestellt, bedürfen überlieferter Offenbarungen, um ihre Legitimation abzuleiten, deshalb sind zum Beispiel die christlichen zehn Gebote ebenso wie viele angeblich direkte Aussagen Gottes oder der Götter nicht auf Papier geschrieben, sondern in Stein gehauen. Ein Reich wie das Alexanders des Großen dagegen, das um diesen charismatischen Kriegsherrn herum entsteht, bedarf eher leicht transportierbarer Medien für Befehlsübermittlung, die nicht unbedingt Äonen überdauern müssen, aber schnell zu den Armeen gebracht werden können – insofern hängen spezifische Herrschaftssysteme nach Innis mit spezifischen vorherrschenden Mediensystemen zusammen. Entsprechende Überlegungen lassen sich für andere Gesellschaftsformen anstellen – die Industriegesellschaft beispielsweise ist ohne die Basisfähigkeiten wie Lesen, Schreiben und Rechnen und damit ohne Buchdruck und Schulen nicht möglich, und die Printmedien waren eines der ersten industriell hergestellten Konsumprodukte. Das Werk des auf Harold Innis aufbauenden Marshall McLuhan wird beispielsweise in Krotz 2001 dargestellt.

Zu den spezifischen Gesellschaftsformen mit ihren Medien gehören deshalb jeweils auch spezifische Lebensformen und Kommunikationsverfahren und damit Identitätsmuster und Sozialcharaktere (Krotz 2001). Spezifische Gesellschaften verlangen von ihren Mitgliedern spezifische Eigenschaften und Charakteristika, wie es zum Beispiel Norbert Elias herausgearbeitet hat (1972), denn sie praktizieren andere Formen der Arbeitsteilung, des notwendigen Wissenserwerbs, des Denkens, des Triebaufschubs und der Triebregulierung und brauchen dafür geeignete Menschen, die das beherrschen und für natürlich halten.

Die so skizzierten Entwicklungen lassen sich insgesamt als Mediatisierungsprozess beschreiben (Krotz 2001). Dieser Metaprozess beinhaltet in seiner heutigen Form eine grundlegende und weit reichende Umwandlung der Gesellschaft, weil sich die Folgen der computervermittelten Kommunikation ebenso wie die Folgen der Erfindung der Druckmaschine nicht auf den Freizeitbereich beschränken, sondern alle Bereiche des Lebens betreffen. Zugleich werden sich aber auch die Menschen in ihren Eigenarten, in der Art wie sie leben und kommunizieren, wie sie sich selbst und die anderen sehen, wie sie denken und fühlen, verändern.

Nicht nur, was man liest, prägt also, sondern insbesondere, dass man liest, weil das Verhältnis zwischen Lesen und darüber Reflektieren anders ist als das Verhältnis zwischen Fernsehen und darüber Reflektieren – und dies gilt für alle Medien. Über die sich wandelnde Bedeutung der Medien verändern sich insbesondere auch Beziehungsnetze und potenzielle wie realisierte Kommunikationsräume nach Art und Bedeutung für den Menschen. Wir sind fundamental von ihnen geprägt, ohne genau zu wissen, wie.

Freilich ist dies alles in vieler Hinsicht noch empirisch genauer zu untersuchen. Das betrifft insbesondere auch die Frage nach der langfristigen Bedeutung dieser Veränderungen für das Zusammenleben der Menschen und der Sozialisation kommender Generationen. Die hier vorgestellte Theorie von Kommunikation, Identität und Beziehungen kann zusammen mit einer Basistheorie der „Mediatisierung von Alltag, Kultur und Gesellschaft" (Krotz 2001) als Rahmen dafür dienen, um derartige Untersuchungen auf einer allgemeinen Ebene möglich und sinnvoll zu machen.

6 Von der Massenkommunikation zur Produktion und Rezeption allgemein adressierter, standardisierter Kommunikate

In dem vorliegenden Kapitel geht es um den Wandel dessen, was bisher als Massenkommunikation Objekt der Kommunikationswissenschaft gewesen ist. Zu Beginn der derzeitigen Mediatisierungsschübe wurde immer wieder ihr Ende prognostiziert. Aber nicht die Massenkommunikation verschwindet, sondern nur der Begriff „Massenkommunikation", weil es sich dabei nicht mehr um Kommunikation der Massen handelt. Stattdessen eignen sich Begriffe wie Produktion und Rezeption von standardisierten, allgemein adressierten Kommunikaten vor allem da besser, wo man sich exakt ausdrücken will. „Massenkommunikation" wird auch nicht mehr länger der einzige Typus von Kommunikation sein, mit der sich die Kommunikationswissenschaft beschäftigt; auch interaktive und mediatisierte interpersonale Kommunikation gehören zu ihrem Objektbereich.

Mit diesem Wandel beschäftigt sich Abschnitt 6.1, er zeichnet auch nach, wie man in Bezug auf den Ansatz der parasozialen Interaktion von Horton, Strauss und Wohl einsehen kann, dass es sich bei der früheren Massenkommunikation um einen von der Face-to-Face-Kommunikation her zu verstehenden Kommunikationstypus handelt, den es weiter geben wird, der aber mit Massen nichts mehr zu tun hat. Daraus lässt sich zudem ein theoretisches Modell zur Beschreibung und Analyse von Medienrezeption ableiten, das Modell der Rezeptionskaskade. Danach werden zwei Fallstudien vorgestellt, die auf den derzeitigen Prozess der Mediatisierung verweisen: in Unterkapitel 6.2 geht es um die beobachtbare Entwicklung, dass immer mehr öffentliche Plätze mit Fernsehgeräten bestückt und diese auch genutzt werden. Es wird skizziert, was da passiert und wie sich darin Medien von einem Teil der Kultur zu Medien als einem Teil wirtschaftlich gerichteten Handelns wandeln – Informationsgesellschaft ist nicht nur eine auf neue Weise medial vernetzte Gesellschaft, sondern auch eine, in der die Medien zur Kommerzialisierung von Alltag und Gesellschaft wesentlich beitragen.

Das darauf folgende Teilkapitel 6.3 skizziert eine Reihe von Überlegungen zu dem immer wichtiger werdenden medialen Genre des Medienereignisse: Olympische Spiele, Gipfelkonferenzen, Nationalfeiertage oder „Deutschland sucht den

Superstar" – immer häufiger versuchen Medien, Events aufzugreifen oder zu setzen und sich darüber Publika anzueignen. Sie tragen damit zu Integration, aber auch zu Spaltung und zu hegemonialen Sinnsetzungen bei, wie wir sehen werden.

In einer erweiterten Perspektive kann man sagen, dass hier vor allem der räumliche und der zeitliche Wandel von Medien und Mediennutzung exemplarisch diskutiert wird und dass sich daraus ein erheblicher sozialer und kultureller Wandel ableiten lässt.

6.1 Kommunikation als separierte Produktion und Rezeption standardisierter, allgemein adressierter Kommunikate – Lesen, Hören, Sehen, Surfen

6.1.1 Massenkommunikation: Warum ein Begriff disfunktional wird

In diesem Kapitel geht es also um den Wandel der Massenkommunikation im Verlaufe des Prozesses der Mediatisierung. Dabei gehen wir wie in Teil I erläutert davon aus, dass jede mediatisierte Form der Kommunikation und damit auch Massenkommunikation eine Modifikation der ursprünglichsten aller Kommunikationsformen, des Gesprächs ist. Massenkommunikation ist aber, und das ist im bisherigen Text hinreichend deutlich geworden, nur ein Typus von mediatisierter Kommunikation; andere Typen sind mediatisierte interpersonale sowie interaktive Kommunikation.

In den achtziger und neunziger Jahren des 20. Jahrhunderts war oft die These zu hören, dass ein Ende der Massenkommunikation abzusehen sei. Diese These hat sich als voreilig und falsch herausgestellt. Nicht die Massenkommunikation wird verschwinden, vielmehr werden die Menschen auch weiterhin Bücher lesen, fernsehen, Musik hören und Websites besuchen. Trotzdem hat sich auch im Hinblick darauf etwas Entscheidendes geändert: der Begriff der Massenkommunikation ist unzutreffend und sogar irreführend geworden. Denn die mitgelieferte Konnotation, dass hier „Massen" gemeinsam oder gleichartig kommunizieren, die immer zweifelhaft war (Ang 1991), ist heute nur noch in Ausnahmefällen angemessen.

Der Begriff der Massenkommunikation war, wenn man ihn genauer betrachtet, immer doppelt festgelegt:

- ▪ er bezog sich einerseits auf ein spezifisches Medienangebot, nämlich vor allem auf Zeitungen und Zeitschriften, Fernsehen, Bücher und Radio, also, systematisch ausgedrückt, auf standardisierte, allgemein adressierte Kommunikate, und die Art, wie man diese Kommunikate zur Kenntnis nahm – nicht reziprok, sondern arbeitsteilig produziert bzw. rezipiert. Die Rezeption des Nutzers unterscheidet deshalb prinzipiell, wie man interpersonal oder interaktiv kommuniziert – wie man persönliche Briefe oder heimliche Memoranden liest, bei Telefongesprächen spricht oder mit einem GPS-System kommuniziert. Insofern handelt es sich bei dem, was mit Massenkommunikation gemeint ist, um eine besondere Kommunikationsart.

- Andererseits bezog sich der Begriff „Massenkommunikation" darauf, dass diese Angebote an ‚Massen', also an breite und disperse Publika (Maletzke (1972) gerichtet waren und im allgemeinen von derartigen Publika auch zeitgleich oder mindestens zeitnahe rezipiert wurden, auch wenn diese das nicht so einheitlich taten, wie man sich das oft gedacht hat – darauf haben die Cultural Studies und insbesondere James Carey (1987) und Ien Ang (1991) verwiesen. Im Falle von Ablaufmedien wie Radio und Fernsehen geschah dies faktisch gleichzeitig, im Falle von Periodika wie Zeitungen und Zeitschriften in zeitnah gedachten Zeiträumen, im Allgemeinen vor dem Erscheinen der nächsten Ausgabe. Insofern handelt es sich hier um die Erwartung einer bloß vermuteten oder aber tatsächlich vorhandenen Breite der Rezeption.

Diese beiden Bestimmungen, die im Konzept der Massenkommunikation angelegt sind, fallen heute auseinander. Was die Art der Kommunikation angeht, so handelt es sich aus Sicht des Rezipienten wie aus Sicht der Produzenten um allgemein adressierte, standardisierte Kommunikate, die einerseits für sich produziert, andererseits davon unabhängig rezipiert werden. Dabei werden manche dieser Kommunikate – von der Bildzeitung bis zum Hollywoodfilm – für Massen hergestellt, andere wie die Website eines kleinen Vereins dagegen nur mit der Erwartung eines Besuchs weniger Individuen. Manche dieser Kommunikate werden tatsächlich so rezipiert, wie es sich die frühere Massenkommunikationsforschung vorgestellt hat, andere Kommunikate dieser Art werden nicht mit dem Anspruch produziert, mehr als einige wenige Individuen zu erreichen und sie erreichen in aller Regel auch nicht viele.

Die allgemein adressierten, standardisierten und getrennt produzierten Angebote oder Kommunikate gibt es natürlich weiterhin, und für die Aktivitäten der Nutzer damit werden wir auch weiterhin den Begriff der Rezeption verwenden. Aber bei den meisten dieser Produkte kann heute nicht mehr von Massenkommunikation gesprochen werden – selbst das Fernsehen ist nur noch in Teilen Massenmedium. In einem wissenschaftlichen Kontext sollte man deswegen wie hier von standardisierten, allgemein adressierten Kommunikaten sprechen, die arbeitsteilig produziert und rezipiert werden. Nur manche davon lassen sich noch mit dem Begriff der Massenkommunikation belegen.

Eigentlich wären auch die Theorien der Produktion und Distribution derartiger Kommunikate neu zu bedenken, diese liegen jedoch im Moment außerhalb meines Interesses; wir werden uns im Folgenden vor allem mit der Rezeption beschäftigen. Man muss heute nämlich berücksichtigen, dass die Kommunikation des Nutzers als Rezeption allgemein adressierter, standardisierter Angebote häufig vermischt mit den anderen Kommunikationstypen stattfindet – eine Website im Internet kann auch interaktive Angebote enthalten, die in standardisierte Angebote eingebettet sind oder umgekehrt. Zudem muss man davon ausgehen, dass jede Medienrezeption von anderen, etwa interpersonalen mediatisierten Kommunikationsprozessen begleitet wird. Insgesamt kann man die Bedeutung von derartigen Kommunikationsweisen nicht mehr ohne Referenz auf andere Kommunikationsweisen ermitteln und würdigen – ebenso, wie man heute zunehmend die Intermedialität medialer Inhalte berücksichtigen muss: zum Beispiel muss, früher nahezu ausschließlich massenkommunikativ angelegte, politische Kommunikation heute auch berücksichtigen, wie sich die Menschen per mobilem Telefon bzw. per Internet darüber verständigen bzw. welche zusätzlichen Informationen und Wissensbestände sie sich zugänglich machen, auch wenn dies nur selten geschieht. Und im Hinblick auf die Produktion muss man berücksichtigen, dass ein- und dieselben Inhalte zunehmend über ganz unterschiedliche Medien distribuiert werden – etwa als Buch, Computerspiel, Film und Fernsehangebot etc..

Wir betonen deshalb nochmals, dass die Kommunikations- und Medienwissenschaft diese Entwicklung nachzeichnen muss, und zwar nicht nur als randständige Besonderheit, sondern als Entwicklung, die ihren Gegenstandsbereich und ihre Vorgehensweisen fundamental beeinflusst: Für die Individuen geht die Entwicklung von einer recht reduzierten Teilhabe an massenkommunikativ gedachten Prozessen zur Nutzung und Rezeption einer Vielfalt unterschiedlicher, miteinander vernetzter standardisierter, allgemein adressierter, auf den unterschiedlichsten Kanälen transportierter Kommunikate, die stets auch auf andere Kommunikationstypen verweisen und die meist auch disparat, assoziativ und zu ganz unterschiedlichen Zeitpunkten in unterschiedlichen Kontexten zur Kenntnis genommen werden.

Die digitalen Medien bewirken also zumindest langfristig sogar eine tendenzielle Auflösung der kommunikationswissenschaftlichen Kommunikationsvorstellungen und machen eine Überprüfung von als gesichert geltenden empirischen Resultaten notwendig. Niemand würde beim Nachschlagen in einem Wicki, beim Benutzen einer Suchmaschine oder beim Lesen einer Website von Massenkommunikation sprechen, unbeschadet der Tatsache, dass es gelegentlich

Massen sind, die so etwas parallel tun. Das heißt aber natürlich nicht, dass Fernsehkanäle, Radiosender oder Zeitungen verschwinden. Zu ihren Gunsten wirkt vielmehr die Macht der Tradition und der Rezeptionsgewohnheiten. Obendrein ist es schlicht praktisch, jeden Morgen eine Zeitung ins Haus zu bekommen, in der alles Wichtige steht, oder jeden Abend eine Tagesschau, die garantiert, dass man damit einen, wenn auch groben und staatstragenden Überblick darüber hat, was politisch ansteht.

Aber vielleicht hat eher die Tagesschau eine Zukunft als die gesamte ARD, denn man muss nicht mehr das gesamte ARD-Programm kennen, um sie zu benutzen. Und man muss Politik heute nicht mehr so und nur so zur Kenntnis nehmen, wie es bisher der Fall war, nämlich pünktlich um 20 Uhr für 15 Minuten. Man muss unter Nachrichten heute auch nicht mehr eine additive Folge von einzelnen Geschehnissen verstehen, deren Wichtigkeit und Zentralität objektiv festgelegt ist, wie es die bisherigen Nachrichtenmedien verlangen. Die netzbezogenen Möglichkeiten der Verlinkung bieten jetzt schon an, dass wir ganz andere, individuenzentrierte „Packages" erhalten können, aber auch, dass wir in Hypertextstrukturen Verlinkungen folgen, die logisch-systematisch oder assoziativ strukturiert sind und durch die Nachrichten als zusammenhängendes Geschehen erscheinen. Es ist auch zu erwarten, dass die „Nachrichtensendung" der Zukunft nur noch aus einem Kern besteht, der dann für verschiedene Rezipienten durch unterschiedliche Supplemente ergänzt wird. Zeitung lesen und Nachrichten schauen werden vielleicht in Zukunft auch intermedial oder in verschiedenen Kommunikationstypen betrieben, weil die Lektüre etwa mit einem diskursiv angelegten Forum, verbunden ist.

Aber wenden wir uns nun der genaueren Analyse der spezifischen Kommunikationsart „Rezeption" von standardisierten, allgemein adressierten Kommunikaten zu.

6.1.2 Die Rezeption standardisierter, allgemein adressierter Inhalte als Modifikation von interpersonaler Face-to-Face-Kommunikation

In diesem Paragraphen werden wir nun den Kommunikationstypus der Rezeption standardisierter, allgemein adressierter Kommunikate genauer untersuchen, indem wir seine Besonderheiten herausarbeiten, die er als Modifikation des „situativen Gesprächs zwischen Menschen" besitzt. Daraus lässt sich dann auch ein handlungsbezogenes Rezeptionsmodell dieser Art von Kommunikation konstruieren. Dahinter steht einmal die These, dass auch diese Form der Kommunikation im Verlaufe des Metaprozesses der Mediatisierung an Umfang und Bedeutung zunimmt.

Rezeption von standardisierten Medieninhalten findet heute als Fernsehen, als Lesen öffentlich zugänglicher Texte, als Bilder ansehen, als Besuch von Websites, als Hören von Radio oder von Datenträgern, als Lesen von Comics und auf vielerlei anderen Weisen statt. Wir werden uns hier vor allem auf das Fernsehen als Beispiel konzentrieren, obwohl die Aussagen im Wesentlichen auch für die Rezeption anderer Medien dieser Art gelten.

Wer das Fernsehen einschaltet geht davon aus, nach Bedienen des Einschaltknopfs durch mediale Kommunikate angesprochen zu werden, denen er folgen will oder die ihn begleiten sollen. Er will darüber etwas über die Welt oder andere Menschen erfahren, Musik hören, Gefühle erleben oder sich die Zeit auf unterhaltsame Weise vertreiben – Motive dieser Art, die sich auf die Inhalte beziehen, wurden im Uses-and-Gratifications-Ansatz immer wieder untersucht (Drabzynski 1982, Rosengren/Wenner/Palmgren 1985). Es gibt aber auch andere, nicht an Medieninhalte gebundene Gründe, Medien zu nutzen. Man kann nämlich den Fernsehapparat auch einschalten, um sich vor anderen Kontaktangeboten zu schützen, um Kontakte zu anderen Menschen aufzunehmen oder sie zu managen. Die Rezeption von standardisierten Medienprodukten wird oft auch deswegen gewählt, weil sie gerade nicht interpersonal ist und entsprechende Zwänge etwa des Zuhörens oder Antwortens beinhaltet, aber auch, weil sie ohne Bemühungen immer weiter geht.

Andererseits konkurriert jede Art von Medienkommunikation prinzipiell mit Face-to-Face-Kommunikation, weil menschliche Aufmerksamkeit im Allgemeinen auf einen Vorgang gerichtet ist. Deswegen, aber auch, weil die eine Kommunikationsart von der anderen abgeleitet ist, macht es Sinn, sich über den Zusammenhang dieser beiden Kommunikationsweisen Gedanken zu machen.

Wenn man Medienkommunikation als Modifikation von Face-to-Face-Kommunikation betrachtet, so muss man ganz offensichtlich nach den Gemeinsamkeiten und den Unterschieden der beiden Kommunikationstypen fragen. Einmal gilt dann ganz offensichtlich, *dass Rezeption als Kommunikation mit standardisierten, allgemein adressierten Kommunikaten ebenso wie Kommunikation zwischen Menschen in Situationen und Rollen der Teilnehmer geschieht, dass jedes Verstehen auf imaginativen Rollen- und Perspektivübernahmen beruht und dass es immer eines inneren Dialog bedarf, wenn das Kommunikat verstanden und angeeignet werden soll.* Insbesondere ist damit jede Medienkommunikation eine Art Interaktion und insbesondere eine Form symbolisch bezogenen Handelns. Diese Ausgangsannahmen gründen in dem hier vertretenen Verständnis von Kommunikation, wie sie vor allem in Teil 1 dieses Buches umrissen wurden.

Neben dieser grundlegenden Gemeinsamkeit aller Arten von Kommunikation finden sich dann natürlich vielfältige Unterschiede zwischen je zwei Kommunikationsarten, die auf die unterschiedlichen Funktionsweisen der verschiedenen Kommunikationstypen und damit natürlich auf den vergesellschaftlichten Medientechniken beruhen – Kommunikation mit dem Radio funktioniert anders als die mit einem computergesteuerten Hund oder einem Computerspiel, beide sind verschieden von der Kommunikation von Menschen miteinander, und auch mediatisierte Kommunikation zwischen Menschen unterliegt anderen Bedingungen als Face-to-Face-Kommunikation. Um nun den Unterschied zwischen Face-to-Face-Kommunikation und Medienrezeption genauer zu bestimmen, wollen wir uns hier noch einmal ausführlich und mit einem anderen Schwerpunkt mit dem bereits eingeführten Ansatz von Medienkommunikation als parasozialer Interaktion beschäftigen. Wir heben zunächst hervor, dass man nach Horton und Wohl (1956) parasoziale Interaktion nicht mit parasozialen Beziehungen verwechseln darf (Krotz 1996a), wie das häufig im Rahmen des Uses-und-Gratifications-Ansatzes geschieht, der sich vor allem für Nutzungsmotive interessiert. Horton/Wohl (1956) und daran anschließend Horton/Strauß (1957) fassen mit „parasozialer Interaktion" nicht Beziehungen zu Medienfiguren und darin gründende Motive für Mediennutzung, sondern entwickeln in Ansätzen eine in der Perspektive des Rezipienten gründende symbolisch-interaktionistische Modellvorstellung für Kommunikation mit Medien: „The Term ‚parasocial' was proposed to differentiate it from actual Face-to-Face Interaction" (Horton/Strauss 1957:579).

Basis der Überlegungen von Horton und Wohl ist das typische kommunikativen Interagieren zwischen Menschen, also das Gespräch, das sie als „simulacrum of conversational give and take" (Horton/Wohl 1956:215) bezeichnen. In Analogie zur sozialen Interaktion, wie sie der Symbolische Interaktionismus als grundlegend begreift, führen sie den Begriff der 'parasozialen Interaktion' ein, der im wesentlichen die Kommunikation zwischen Mensch und Kommunikat bezeichnet und diese als ein Als-Ob fasst: der Zuschauer kommuniziert im Prinzip etwa mit dem Moderator auf dem Bildschirm oder im Radio, als ob er es mit einem Menschen zu tun hätte. Nutzung und Rezeption audiovisueller Medien wie des Radios oder Fernsehens werden so als kommunikativ ausgerichtete, prozessuale Aktivitäten verstanden, in denen Rezipientin und Rezipient eine Einbindung in kommunikatives Geschehen beabsichtigen und in deren Verlauf sie aktiv das Geschehen auf dem Bildschirm für sich konstruieren, und sie tun das ohne weiteres Nachdenken, indem sie ihr alltägliches Handlungswissen über Kommunikation auf die Kommunikation mit den Medienfiguren anwenden.

In der Perspektive des Mediennutzers funktioniert Kommunikation mit standardisierten, allgemein adressierten auf den ersten Blick im Prinzip also genauso wie interpersonale Kommunikation:

„The social-psychological processes involved in an audience's subjective participation in the television program are not radically different from those occurring in everyday social activity, and it is not necessary to postulate special mechanisms, for example, of fantasy and dream, to understand either the behavior of the performers or the viewer's involvement in the performance." (Horton/Strauss 1957:587).

Face-to-Face-Kommunikation mit Menschen und Kommunikation mit Medien sind aber natürlich nicht gleich, wie Rezipientin und Rezipient selbstverständlich wissen. Jeder kennt den zentralen Unterschied zwischen diesen beiden Kommunikationsweisen, den Horton und Wohl im Hinblick auf den Meadschen Ansatz formulieren: „The crucial difference in experience lies in the lack of effective reciprocity...: The interaction, characteristically, is one-sided, nondialectical, controlled by the performer, and not susceptible of mutual development." (Horton/Wohl 1956:215).

Im Unterschied zur interpersonalen Kommunikation ist Kommunikation mit den allgemein adressierten, standardisierten Kommunikaten also einseitig. Ihre Bedeutung gewinnt diese Einseitigkeit, wenn man sie in Bezug auf den Symbolischen Interaktionismus analysiert. Der Symbolische Interaktionismus versteht wie in Kapitel 2 erläutert Kommunikation als auf wechselseitigem imaginativen Rollentausch beruhend, der den abwechselnd ausgeübten Rollen von Sprecher und Zuhörer folgt. In dieser Betrachtungsweise hat diese Einseitigkeit bei der Medienrezeption dann zwei prinzipielle Dimensionen: Einmal gilt, dass es seitens des Produzenten eines derartigen medialen Kommunikats grundsätzlich keine situative, sondern nur eine antizipierte Perspektivübernahme, einen antizipierten Rollentausch gibt. Denn die an der Herstellung von standardisierten Kommunikaten beteiligten Menschen, seien es Moderatoren oder Schauspieler, haben bei der Herstellung des Kommunikats kein konkretes Gegenüber, an das sie ihre Kommunikate adressieren. Allenfalls orientieren sie sich an allgemeinen Vorstellungen, wie Zuhörer und Zuschauer sind oder sein können, die nicht weiter personalisiert zu sein brauchen – gewissermaßen an einem Idealtypus oder einem generalisierten Anderen.

Hingegen muss das Individuum als Rezipient die Aufgabe der ständigen Perspektivenübernahme und darauf folgenden Rückkehr zu sich selbst, *also eines imaginativen Rollentauschs, genauso wie bei der interpersonalen Kommunikation* betreiben, um das kommunikative Angebot zu verstehen. Dies bleibt beim Fernsehen wie beim Radiohören oder Lesen seine ständige und fortdauernde Aufgabe, solange sie oder er zuhört bzw. -sieht. Insofern sind die Aufgaben bei der Kommunikation mit Medien, also die Rezeption von allgemein adressierten, standardisierten Kommunikaten einseitig verteilt.

Akzeptiert man diese Argumente in Anlehnung an das Konzept der parasozialen Interaktion, so lässt sich nun leicht einsehen, dass es Sinn macht, Medienkommunikation dieser Art als Modifikation von Face-to-Face-Kommunikation zu betrachten. In der Folge wird deutlich, dass *Medienrezeption anderen Kommunikationsbedingungen und anderen Notwendigkeiten unterliegt, aber auch andere Möglichkeiten beinhaltet als Face-to-Face-Kommunikation.* Damit werden wir uns im Folgenden genauer beschäftigen. Wir halten aber fest, dass sich ebensolche Überlegungen auch im Vergleich zwischen Face-to-Face-Kommunikation und mediatisierter interpersonaler Kommunikation bzw. zu interaktiver Kommunikation anstellen lassen. Dort haben wir derartige Überlegungen nur nicht explizit ausgeführt, sondern direkt an das Wissen um diesen Unterschied angeknüpft.

6.1.3 Unterschiede zwischen Face-to-Face-Kommunikation zwischen Menschen und der Rezeption von standardisierten, allgemein adressierten Kommunikaten

Wir werden diese Unterschiede hier als Unterschiede im Kommunikationsprozess, als Unterschiede für den Kommunikator und als Unterschiede für den Rezipienten diskutieren.

Beginnen wir mit den Unterschieden im Hinblick auf den *Kommunikationsprozess.* Wir können Face-to-Face-Kommunikation – also ein Gespräch – als eine wechselseitige, von allen Beteiligten in einer gemeinsamen Situation simultan getragene, prozessuale Verkettung von Kommunikationsbeiträgen verstehen, deren Glieder durch das sich Einstellen jedes Beteiligten auf die anderen Beteiligten ständig neu aufeinander bezogen werden müssen. Dabei werden die früheren Kettenglieder rückwirkend im Lichte neuer Einsichten und Vereinbarungen immer neu interpretiert. Im Falle standardisierter Kommunikate wie Fernsehsendungen, aber auch gedruckter oder geschriebener Texte oder Internet-Sites sind die (beiden) 'Gesprächsteilnehmer' dagegen voneinander entkoppelt. Auf der einen Seite findet ein stetiger Angebotsprozess statt, auf der anderen Seite ein mehr oder weniger stetiges Verfolgen dessen, was das Angebot ist. Diese Entkoppelung, die Horton und Wohl als Einseitigkeit thematisiert haben, hat eine Reihe von Konsequenzen.

- Die „Antworten" des oder der Zuschauerinnen und Zuschauer verändern das aktuelle Kommunikat ebenso wenig wie die darauf folgenden. Jedes Kommunikat, etwa eine Fernsehsendung, kann nur entweder verfolgt oder nicht verfolgt werden. Der Rezipient kann also die Kommunikation mit allgemein adressierten, standardisierten Kommunikaten nicht gestaltend beeinflussen (Horton/Wohl 1956:215), weil das Medienangebot von ihm nicht so abhängig ist, wie das in einem Gespräch der Fall ist, wo man sich gegenseitig zuhört und aufeinander eingeht. Er ist folglich für den Fortgang des kommunikativen Geschehens *strukturell bedeutungslos* (Krotz 1992a, vgl. auch Jäckel 1996), oder, anders ausgedrückt, er konsumiert oder verbraucht die Kommunikate, wie sie sind.

- Zwar heißt das nicht, dass der Zuschauer passiv ist, vielmehr ist er damit beschäftigt, das Geschehen auf dem Bildschirm sinnvoll zu konstituieren. Jeder Verstehensprozess ist in diesem Sinn ein aktives Gestalten dessen, was man versteht. Aber während es für ein Gespräch zwischen Menschen notwendig ist, dass alle Beteiligten einzelne Glieder der Kette aus Kommunikaten beitragen und damit auf das Gespräch als Ganzes gestaltend Einfluss nehmen, weil dann die folgende ‚Antwort' auf die vorhergehende ‚Antwort' Bezug nimmt, ist dies bei einem ‚Gespräch' mit einem Ablaufmedium wie dem Fernsehen nicht nur nicht nötig, sondern nicht möglich. Mit dem Verfolgen oder nicht Verfolgen eines Kommunikats – wobei hier unterschiedliche Grade von Involvement möglich sind – reduzieren sich die Beteiligungsmöglichkeiten der Zuschauer auf ein Wählen zwischen gleichzeitig vorhandenen Angeboten, etwa Fernsehkanälen, und ermöglichen gerade kein Gestalten des Ablaufs. Das hat eine *bedeutsame Konsequenz: Kommunikation mit allgemein adressierten, standardisierten Kommunikaten braucht prinzipiell nicht zu glücken – der Rezipient kann verstehen, was er will, Kommunikator und Rezipient können auf Dauer „aneinander vorbeireden", was sie bei Face-to-Face-Kommunikation kaum auf Dauer tun.*

- Die Wahlmöglichkeiten des Rezipienten beinhalten wegen der ständigen Verfügbarkeit des Fernsehens insbesondere die ständige Möglichkeit, *die Kommunikation zu jedem Zeitpunkt zu beginnen und zu jedem Zeitpunkt abzubrechen.* In der Kommunikation der Menschen miteinander gibt es für die Prozesse einer Einleitung und einer Beendigung von Kommunikation dagegen differenzierte zeitliche, räumliche und vor allem soziale Regeln und Bedingungen, wie das geschieht – angefangen bei einem zeitlichen Vorlauf, der mit der räumlichen Annäherung verbunden ist, Formen des Vorstellens und Grüßens oder des Verabschiedens, Wissen vom und Einschätzungen über den anderen aufgrund des Ortes oder des sozialen Status' – Goffman (1974, 1977) hat dies im Detail untersucht. Im Hinblick auf die Kommunikate in den Medien und deren Rezeption sind derartige Regeln belanglos, weil sie nichts regeln.

- Umgekehrt nimmt das mediale Angebot auf die situativen Bedarfe und Interessen der Zuschauer keine Rücksicht und kann das auch nicht, weil es vorab allgemein adressiert ist. Deshalb steht es den Fernsehveranstaltern frei, ihr Programm auf andere Ziele hin auszurichten, und deshalb erst ist es möglich, Fernsehen als Free-TV gewinnbringend zu organisieren, also Werbung einzublenden oder die Kommunikation der Zuschauer sonst in irgendeiner Art zu funktionalisieren, was in Gesprächen nicht einfach hingenommen würde, sondern – zum Beispiel – Rechtfertigungsdruck erzeugte.

- Aus all dem lässt sich bei der Konstitution der Inhalte und Formen standardisierter Kommunikate im Vergleich zum Gespräch eine Distanz der Zuschauer zu den Produkten ihres medienbezogenen kommunikativen Handelns vermuten. Diese Distanz ist in der Perspektive des Symbolischen Interaktionismus vor allem – aber nicht nur – durch die fehlende soziale Form und Verbindlichkeit bewirkt, in der Medienrezeption abläuft. Darin liegt auch ein wesentlicher Unterschied zwischen der Nutzung und Rezeption von Ablaufmedien und der Beteiligung an Gesprächen mit anderen. Denn sie signalisiert auf eine ständige, unmittelbare und unübersehbare Weise, dass der Beitrag des Zuschauers unnötig und ungeeignet, dass er als aktiver Gestalter nicht notwendig ist und dass es weder der Einhaltung irgendwelcher Regeln noch irgendeiner sozialen Kompetenz bedarf, mit der das Fernsehen als Gesprächspartner behandelt werden will und muss. In Analogie dazu ließe sich sagen, *dass man das Medium Fernsehen als Kommunikator noch weniger sozial kompetent und noch willkürlicher behandeln kann als ein Herr seinen Sklaven.*

- Bedeutsam ist ferner die in der Kommunikation mit Medien angelegte Reduktion dessen, was im Verlauf dieser Kommunikation möglich ist. In der Alltagspraxis sind Menschen in ihrer Kommunikation zwar im Allgemeinen durch ihre Sozialisation und habituell auf bestimmte Themen und Ausdrucksformen beschränkt. Es ist aber immer möglich, dass sie im Dialog miteinander den Rahmen überwinden, den sie sich in ihrer Anfangsdefinition der Situation zunächst gesetzt haben. Im Falle der Kommunikation mit den Medien ist dies nicht der Fall: Das, was im Verlauf einer Sendung zwischen Rezipient und Fernsehfigur entstehen kann, ist beschränkt auf einen vorgegebenen Rahmen, der durch das Genre und die darin gründenden Erwartungen der Zuschauer definiert ist (Horton/Wohl 1956:217). Diese Rahmungen können allenfalls einseitig in der Vorstellung durch die Rezipienten durchbrochen werden. Das spezifisch Menschliche einer kreativ hergestellten, genuin neuen oder zumindest ungeplanten Erfahrung ist in der *medialen Kommunikation mit allgemein adressierten, standardisierten Kommunikaten als gemeinsame Aktivität der Beteiligten ausgeschlossen. Deshalb sind Fernseherfahrungen qualitativ anders als in interpersonalen Beziehungen gewonnene Erfahrungen.*

Kommen wir nun auf die Unterschiede im Hinblick auf den Kommunikator.

- Die allgemein adressierten, standardisierten Kommunikate, die die Medien distribuieren, sind prinzipiell selektiert und inszeniert. Dies unterscheidet sie zwar nicht von den Kommunikaten in Gesprächen – auch dort inszenieren die Teilnehmer sich selbst oder ihre Themen, wie vor allem Goffman (1974) gezeigt hat. Aber natürlich werden in beiden Fällen *unterschiedliche Selektions- und Inszenierungsprozesse wirksam.* Dabei wird vor allem bedeutsam, dass die Medien als Ganzes heute in erster Linie in einem ökonomischen Kontext und auf diesen bezogen operieren.

- Generell muss der Kommunikator die Antworten seiner Zuhörer antizipieren, um einerseits seine Dramaturgie entsprechend einzurichten, um andererseits im Bereich dessen zu bleiben, was die Zuschauer erwarten und verstehen können. Er hat im Gegensatz zum Gespräch weder die Möglichkeit, sich notfalls genauer zu erklären, noch die Chance, sich auf ein konkretes Gegenüber situationsadäquat einzulassen, weil er keine aktuelle Rückmeldung erhält.

- Genau diese Situationsunabhängigkeit und Distanz zwischen Kommunikator und Rezipient beinhaltet für den Kommunikator im Falle standardisierter Kommunikate aber auch Möglichkeiten, Inhalte gemäß seiner Interessen zu inszenieren. Nämlich nicht so, dass das Verhältnis von inszeniertem Inhalt zur Bedeutungskonstitution des Zuschauers im Vordergrund steht, sondern so, dass die Kommunikate bestimmte Handlungsweisen der Zuschauer befördern. Hier wird wirksam, dass die früheren Massenmedien und die heutigen Medien der Distribution allgemein adressierter, standardisierter Kommunikate Teil des ökonomischen Systems sind: Fernsehen ist Ware. Die Normen, nach denen die Kommunikatoren handeln, ergeben sich folglich im Prinzip weder aus einer Verpflichtung der Sache gegenüber, um die es inhaltlich geht, noch aus einem Interesse, bedeutsames oder wichtiges zu kommunizieren, sondern im Grunde nur daraus, dass es vom Publikum akzeptiert und goutiert wird – bis der Werbeblock kommt, der für Einnahmen sorgt.

- Weil die Kommunikate des Fernsehens an möglichst große potenzielle Publika gerichtet sind, ist der Kommunikator zudem um eine breite Verständlichkeit bemüht. Daraus entsteht natürlich die Gefahr, Kommunikate herzustellen und auszustrahlen, deren Verstehbarkeit allzu breit gesichert ist und die nur noch in vorhersehbarer Weise mit Klischees operieren.

- Zudem liegt es für die Kommunikatoren nahe, den Zuschauern keine Zeit zum Nachdenken, Beurteilen und Wegschalten zu lassen, aber auch, im Rahmen des noch Akzeptablen möglichst schockierende und überraschende Dinge zum Ausdruck zu bringen, um die Zuschauer zu fesseln oder zum Zurückkommen zu bewegen. Die von Herta Sturm beklagte fehlende Halbsekunde (Sturm 1984, 1988, 1989) beim Fernsehen ist eine Konsequenz davon. Das heißt fürs Fernsehen im Übrigen, in Antizipation des Nutzerverhaltens möglichst keine zu langen oder zu komplexen Spannungsbögen zu inszenieren, sondern eher Szene an Szene zu reihen, von Meldung zu Meldung zu hüpfen, um möglichst geringe Verständlichkeitsbarrieren zu produzieren. In derartigen Inszenierungspraktiken schlägt sich nieder, was gemeinhin als fehlende Qualität des Mediums kritisiert wird.

Schließlich ist danach zu fragen, wie und worin sich die Kommunikation mit Ablaufmedien für Rezipientin und Rezipient von Face-to-Face-Kommunikation, also vom Gespräch zwischen Menschen, unterscheidet. Hier ist zunächst offensichtlich, dass Kommunikation mit allgemein adressierten, standardisierten Kommunikaten für den Nutzer in mancher Hinsicht einfacher als Kommunikation mit anderen Menschen, in anderer Hinsicht aber wesentlich komplizierter ist.

- Komplizierter ist Kommunikation mit allgemein adressierten, standardisierten Kommunikaten deshalb, weil sich je nach verwendeter Medientechnik die Zahl und Art der beanspruchten Wahrnehmungssinne verringert – dies ist insbesondere deutlich beim Radio, wo man nur auf das Hören, und bei Schriftkommunikation, wo man nur auf das Lesen angewiesen ist. *Reduzierte Kommunikationskanäle machen ein Verstehen des gemeinten Sinns schwieriger.* Hinzu kommt, dass der Zuschauer Sachverhalte immer zuerst durch die Brille der Inszenierung des Kommunikators sehen muss und damit auf die impliziten Perspektiven, Ausschnitte und den Sinngehalt angewiesen ist, die das Arrangement prägen – die eigene Kontextualisierung kommt erst danach: *Fernsehen geht wie jedes andere Medium auch in einer doppelten Inszenierung durch den Kommunikator und durch den Rezipient vor sich.*

- Komplizierter als interpersonale Kommunikation ist die Rezeption von standardisierten Kommunikaten in den Medien ferner deswegen, weil die Menschen dort mit einer Vielfalt von Themen, Situationen, Rollen, Komplementärrollen und Handlungsweisen konfrontiert werden, zu denen sie sonst keinen oder wenig Zugang haben. Die räumliche, zeitliche und soziale Entfernung der Inhalte und Inszenierungen zu den eigenen alltäglichen Erfahrungen, Lebensbereichen und Beziehungen macht das Medium einerseits attraktiv, macht es aber andererseits dem Zuschauer schwer, den gemeinten Sinn aus dem medialen Angebot brauchbar zu konstituieren – und könnte sich in manchen Fällen, wenn Medien aufgebläht inszenieren, dahingehend auswirken, dass der eigene Alltag und die eigenen Beziehungen als banal und belanglos erscheinen.

- Bei einem Face-to-Face-Gespräch sind die Beteiligten gehalten, ihre Aufmerksamkeit und ihr Verständnis von dem, um was es geht, ständig aufrechtzuerhalten und dies auch zu signalisieren, damit die Kommunikation weiter gehen kann. Dies ist im Umgang mit dem Fernsehen nicht der Fall, insofern ist Kommunikation mit allgemein adressierten, standardisierten Kommunikaten einfacher. Es bedarf keiner ausschließlichen Zuwendung zum Fernsehen, wie es in einem Gespräch üblich ist, bei dem man in vielen Fällen weder nebenher etwas Weiteres tun, noch etwa einfach zwischendurch den Raum verlassen kann: *Der Zuschauer kann sich dagegen bei der Medienrezeption verhalten wie er will, er kann sie auch beginnen und abbrechen, wie er will.* Im Falle der Kommunikation mit allgemein adressierten, standardisierten Kommunikaten lässt sich in diesem Zusammenhang von einem Kontinuum zwischen Aufmerksamkeit und Abwendung sprechen, innerhalb dessen Nutzer und Nutzerin sich folgenlos bewegen können. Ferner lässt sich im Falle der Aufmerksamkeit die Haltung des Rezipienten zu dem inszenierten Geschehen auf dem Bildschirm zu jedem Zeitpunkt durch eine Position auf einem Kontinuum von Haltungen beschreiben, die zwischen einem eher analytischen Beobachten und einem identifikatorischen Gepacktsein liegt (Vorderer 1992).

- Es gibt bei der Rezeption für den Zuschauer im Gegensatz zu einem Gespräch zwischen Menschen, bei dem die Beiträge stets aufeinander abgestimmt werden müssen und stets korrekturbedürftig sind, keine Notwendigkeit zu verstehen, was gemeint ist, weil er nicht angemessen antworten muss: *Der Zuschauer kann verstehen, was er will,* und dies macht Mediennutzung einfacher als Face-to-Face-Kommunikation. Aus diesen Gründen ist die Kommunikation mit allgemein adressierten, standardisierten Kommunikaten aber wiederum auch komplizierter, weil es schwieriger ist festzustellen, ob man etwas falsch oder richtig verstanden hat. In interpersonaler Kommunikation bemerkt das Individuum Diskrepanzen aufgrund der Reaktionen der anderen, die auf ein eventuelles Missverstehen reagieren. Wer etwas falsch versteht, kann und muss dies im Fortlauf eines Gesprächs mit Menschen meist korrigieren. Im Falle von Kommunikation mit Ablaufmedien ist das dagegen nicht notwendig und auch nicht ohne weiteres möglich. Weil das mediale Gegenüber unbeeinflussbar und endlos weiterfunktioniert, steht dem aufnehmenden Individuum für das, was es versteht, keine Rückmeldung mehr außerhalb seiner eigenen Bezugsmuster zu Gebote: *Man merkt nicht, dass man nicht versteht, wie etwas gemeint ist, sondern man versteht es falsch* (Lindesmith/Strauss 1983II). *Damit fehlt der Kommunikation mit allgemein adressierten, standardisierten Kommunikaten ein Element sozialer Verbindlichkeit, das interpersonaler Kommunikation imma-*

nent ist, nämlich, sich selbst in seinem Verstehen und Antworten an anderen zu überprüfen.

- Es wurde bereits gesagt, dass die Antworten des Fernsehnutzers für den Verlauf des Geschehens auf dem Bildschirm bedeutungslos sind. Dies ist den Menschen auch bewusst; insofern ist in ihrem auf Rollenübernahme und damit verbundener emotionaler Beschäftigung basierendem Verständnis und damit auch in der Reflexion dessen, was sie erleben, stets ein distanzierendes Element enthalten: Man kann sich materiellen, physischen, emotionalen und intellektuellen Konsequenzen als Medienrezipient sehr viel leichter entziehen als dies in interpersonalen Kommunikationssituationen möglich ist. Dadurch nimmt der Rezipient am Geschehen, obwohl es im Allgemeinen im Wohnzimmer, dem Kernbereich des bürgerlichen Individuums stattfindet, zwar teil, *tritt ihm aber nicht im Rahmen einer gleichartig und gleichberechtigt konstituierten Wirklichkeit gegenüber. Dies macht den prinzipiell spielerischen und unverbindlichen Charakter der Nutzung und Rezeption allgemein adressierter, standardisierter Kommunikate aus.*

- Das Angebot an allgemein adressierten, standardisierten Kommunikaten ist insgesamt für den Rezipienten nichts als ein Angebot von Symbolen, ein Vorprodukt, eine Modelliermasse, die er in ganz unterschiedlichen Perspektiven und nach seiner eigenen Befindlichkeit interpretieren kann oder auch nicht. Dies offeriert mehr Freiheitsgrade (Teichert 1973), insofern der Rezipient damit in der konkreten Nutzungssituation sehr viel freizügiger und nach seinem Geschmack verfahren kann. Er ist damit auch von Machtansprüchen und Handlungsnormen befreit, die beim Kommunizieren immer impliziert sind. Die Kommunikationsumgebung, die sich das Individuum herstellt, wird zur Umgebung für das Individuum, und die Art, wie ein Kommunikat gemeint ist, besitzt nur geringe Verbindlichkeit. Kommunikation mit allgemein adressierten, standardisierten Kommunikaten erweist sich so als sehr viel individueller nutzbare Kommunikation als Face-to-Face-Kommunikation, bei der sich jeder Beteiligte längst nicht so ausschließlich um sein eigenes Erleben kümmern kann.

- Weiter ist der Körper als kommunikatives Symbol für Kommunikation mit Medien wie Fernsehen, Radio oder Zeitung nicht notwendig. Der Rezipient wird sein Verstehen auch in seinem Körper spüren und ausdrücken, etwa, wenn er mit Emotionen auf das mediale Angebot reagiert. Aber dabei dient ihm der Körper nur als Basis seiner Existenz und als eine Art Resonanzkörper. Die anzeigende und oft auch aktivierende Funktion, die dies in Face-to-Face-Kontakten hat, ist belanglos für das Funktionieren des Fernsehgeräts. Es lässt sich deshalb *ein anderes Verhältnis zum Körper vermuten*, als es bisher auf der Grundlage der Kommunikation zwischen Menschen bestanden hat. Auch dies trägt vermutlich dazu bei, dass Kommunikation mit allgemein adressierten, standardisierten Kommunikaten im Vergleich zu Face-to-Face-Kommunikation distanzierte Kommunikation ist.

▪ Im Prinzip ist jedem Nutzer bewusst, dass er mit dem Verfolgen eines Mediums eine andere Art der Kommunikation praktiziert als das direkte Gespräch mit Menschen, dass es sich eigentlich um Kommunikation des Rezipienten für sich selbst und nicht mit anderen handelt. Dabei wird dieses Wissen in unterschiedlichen Phasen der Medienrezeption in unterschiedlicher Form aktuell und relevant. Wer hoch involviert einen Film sieht, dem ist dies im Moment zumindest zum Teil gleichgültig, auch wenn er während dieses involvierten Miterlebens doch immer weiß, dass er selbst vor materiellen Folgen geschützt ist. Wer dagegen über das Medium an sich oder über einzelne Medieninhalte spricht, stellt oft die Differenz zum Alltag in den Vordergrund. Zwischen diesen beiden Extremen finden sich viele Zwischenpositionen. Und auch jemand, der eine parasoziale Beziehung zu einer Medienfigur und damit ein inneres Abbild von ihr besitzt, behandelt diese vermutlich anders als eine reale Person (vgl. hierzu auch Krotz 1996 mit weiteren Details).

Insgesamt schafft die Nutzung und Rezeption von Hörfunk, Fernsehen und den anderen Medien dieser Art, im Vergleich zur interpersonalen Kommunikation dem Nutzer also ein Verarbeitungsproblem. Es schließt Rückkopplung und Selbstkontrolle aus oder vermindert deren Chancen und entbindet von situationsbezogenen Verhaltensmodifikationen – Kommunikation mit Medien ist deshalb *Kommunikation für das Individuum, nicht zwischen Menschen.* Die Nutzung elektronischer Medien bedingt und *prägt damit nicht nur eine andere Zeit- und Raumstruktur, sondern auch eine andere soziale Kommunikationsstruktur, und sie führt dementsprechend zu anderen Erfahrungen.* Dies lässt sich auch als eine zu vermutende Konsequenz des hier diskutierten Metaprozesses ‚Mediatisierung' begreifen.

6.1.4 Ein symbolisch-interaktionistisch fundiertes Rezeptionsmodell: Die Rezeptionskaskade

In diesem Abschnitt werden weitere Ansätze einer Weiterentwicklung der symbolisch-interaktionistischen Theorie der Mediennutzung vorgestellt, und zwar insbesondere zur Kommunikation mit allgemein adressierten, standardisierten Kommunikaten. Ziel ist es dabei, exemplarisch deutlich zu machen, dass in diesem

Kommunikationsmodell wesentliche Potenziale der Kommunikationsforschung liegen. Dies geschieht einmal, indem wir das auf die Kommunikationsvorstellungen des Symbolischen Interaktionismus rekurrierende Rezeptionsmodell der Rezeptionskaskade darstellen, das eine immer wieder beklagte Lücke schließen kann. Ergänzend soll es um Medienwirkungen gehen, dabei wird ein spezifisches, noch zu erklärendes, prozesshaftes Wirkungsmodell der Resonanz entwickelt, das auf den Interpretationsvorgang der Nutzer und nicht auf Kausalitätskonzepte Bezug nimmt.

In Teil I dieses Buches hatten wir Kommunikation in Bezug auf die symbolisch-interaktionistischen Konzepte ‚Situation', ‚Rolle', Perspektive' und ‚imaginären Rollentausch', also imaginative Übernahme der Perspektive des anderen beschrieben und daraus die Notwendigkeit eines inneren Dialogs hergeleitet. Dieser innere Dialog dient dem Rezipienten dazu, die verschiedenen möglichen und für ihn in verschiedenen Rollen relevanten Deutungs- und Wahrnehmungsweisen zu managen und in Bezug zueinander zu setzen – wobei hier die verschiedenen eigenen wie auch die imaginativ übernommenen fremden Rollen wichtig sind. Die implizite Behauptung war, dass dies bei jeder Kommunikationsform, nicht nur bei Face-to-Face-Kommunikation stattfindet und stattfinden muss. Hier wird nun dieses Prinzip auf die Medienrezeption als Kommunikation mit allgemein adressierten, standardisierten Kommunikaten angewandt, die wir ja als Modifikation von Kommunikation begreifen.

Beispielsweise ist es für erfolgreiche interpersonale Kommunikation logisch wie auch sozial notwendig, dass die Beteiligten ihre eigenen aktuellen Perspektiven von denen der anderen getrennt halten können, während zugleich deren Meinungen und Rezeptionsweisen wichtig sind. Die Pausenlosigkeit des Angebots im Fernsehen, die eingeschränkte Vorhersehbarkeit des Geschehens auf dem Bildschirm und die Tatsache, dass es schwierig ist, sich einen, den Moment übergreifenden Überblick zu verschaffen, um was es geht, machen es bei diesem Ablaufmedium im Vergleich zu einem Gespräch schwieriger, die eigene Perspektive zu wahren sowie sie zugleich von denen der anderen Beteiligten getrennt zu halten. Sie erschwert damit Reflexion und Verarbeitung (vor allem analytischer Art): der innere Dialog des Individuums wird durch stets neue, oft überraschend ausgelegte Symbolzusammenhänge überlagert, behindert und unterbrochen. Dies ist zum Teil dem Medium immanent, zum Teil aber auch durch seine Organisation bewirkt: Kommerzielles Fernsehen (und anderes Fernsehen, das damit konkurriert) zielt ja vor allem darauf ab, die Menschen bei der Stange zu halten und bedient sich dazu gern immer neuer, möglichst überraschender Wendungen.

Die ständige Perspektivverschränkung als imaginative Rollenübernahme muss, wie oben erwähnt, auch im Prozess der Kommunikation mit allgemein adressierten, standardisierten Kommunikaten stattfinden. Sie erfüllt im Falle der Kommunikation mit anderen Menschen, so hatten wir argumentiert, zwei Aufgaben: Einmal dient sie dem Verständnis dessen, was der andere tut, insofern sein Handeln durch die imaginative Rollenübernahme rekonstruiert wird. Offensichtlich bleibt dies aus Sicht des Rezipienten eine notwendige Bedingung für Kommunikation mit allgemein adressierten, standardisierten Kommunikaten, damit man ihr kommunikatives Angebot verstehen kann. Zum andern dient Perspektivverschränkung dazu, sich selbst aus der Perspektive des anderen zu sehen und die eigenen Haltungen und Handlungen auf dessen Situationsverständnis abstimmen zu können, also als Voraussetzung dafür, vom anderen verstanden zu werden: Diese zweite Aufgabe fällt beim Rezipieren von Fernsehen oder anderen standardisierten und allgemein adressierten Kommunikaten natürlich nicht an, weil der Ablauf des Kommunikats von den Aktivitäten des Rezipienten ja nicht abhängt. Das Individuum muss sich selbst in seinem Erleben und Handeln nicht auf den Kommunikationsprozess, an dem es teilhat, abstimmen, es kann dem inszenierten Geschehen einfach folgen oder nicht folgen. Insofern entkoppeln sich beim ‚Gespräch' mit dem Fernsehen nicht nur, wie bereits erläutert, das Mitteilen und Zuhören, sondern auch die damit verbundenen situativen inneren Prozesse, die mit dem imaginären Rollentausch zusammenhängen und für Face-to-Face-Kommunikation unumgänglich sind.

Dabei ist zu berücksichtigen, dass für den Zuschauer bei der Kommunikation mit standardisierten, allgemein adressierten Kommunikaten eine doppelte Kommunikationssituation besteht, wie wir gesagt hatten: Auf der einen Seite gibt es die auf dem Bildschirm inszenierte Folge von Situationen, auf der anderen die eine reale Situation, in der er als körperliche Bewegungseinheit präsent ist. Beide Handlungsebenen müssen bei der Rezeption koordiniert werden, was das Kommunizieren mit Medien insgesamt komplizierter als Kommunikation mit einem Gegenüber macht. Denn der Rezipient muss sowohl die reale wie auch die Bildschirmszenerie im Blick behalten, weil sonst erhebliche Koordinationsprobleme entstehen können.

Im Folgenden wird nun ein in der Perspektive des Symbolischen Interaktionismus entwickeltes Modell des Rezipierens kurz dargestellt, das sich an den sozialen Bedingungen von Kommunikation orientiert und das hier das *Modell der Rezeptionskaskade* (Krotz 1997c) genannt wird. Dieses Modell macht im Kern deutlich, dass Rezeptionskontexte nicht beliebig sind, sondern sich in symbolisch-interaktionistischer Perspektive als in Kultur und Gesellschaft eingebettete Rollen, Perspektiven und Solidaritäten systematisieren lassen, und dass es der innere Dialog der Menschen ist, mit dem sie ihr Verstehen herstellen und ihr Erleben verarbeiten.

Ganz wie jede Sequenz in einem Gespräch zwischen zwei Menschen heißt Rezeption nicht nur situative Aufnahme des Mitgeteilten oder gar schlichte Übernahme medialer Inhalte, sondern verlangt Verarbeitung und mentale Integration. Deshalb macht es Sinn, wenn Alexander und Fry (1985; vgl. auch Fry, Alexander und Fry 1989) *Rezeptionskontexte erster und zweiter Art* voneinander unterscheiden. Rezeption als Prozess findet zunächst im Moment des Wahrnehmens des Kommunikats, also des Herstellens von Rezeptionskontexten statt – die dazu herangezogenen Rezeptionskontexte nennen wir Kontexte erster Art. Damit ist der Rezeptionsprozess aber noch nicht abgeschlossen. In darauf folgenden Momenten, die in ganz unterschiedliche Situationen eingebettet sein können, werden weitere Kontexte zur Interpretation herangezogen. Dann sprechen wir von Rezeptionskontexten zweiter Art. In allen Situationen geht es dabei aber gleichzeitig immer auch darum, die eigene Identität zu schaffen, zu definieren und darzustellen. Dies wirkt sich, wie Alexander und Fry (1985) empirisch belegen, beispielsweise dahingehend aus, dass eine moralisch eher geächtete Aktivität wie das Sehen einer Fernsehserie tagsüber in manchen sekundären Kontexten, also etwa im Nachhinein gegenüber Arbeitskollegen, schnell längs einer Rechtfertigungsdimension kommuniziert wird, um eine damit riskierte Stigmatisierung zu vermeiden: Die Rezeptionskontexte zweiter Art verändern, wie dieses Beispiel deutlich macht, die Rezeptionsweise „im ersten Moment" möglicher Weise relevant.

Rezeption als Aneignung standardisierter, allgemein adressierter medial vermittelter Kommunikate meint also nicht etwa nur einen zur Präsentation des Angebots gleichzeitig und parallel laufenden Prozess vor dem Fernsehgerät, sondern muss als eine Kaskade von verschiedenartigen, über die Zeit und die sozialen Handlungsräume hinweg aufeinander bezogenen Rezeptionsakten verstanden werden, die sich intern zwischen den verschiedenen Perspektiven und Standpunkten des Rezipienten und extern im Bezug auf die relevanten Felder seiner sozialen und kommunikativen Umwelt abspielen. Beides zusammen konstituiert, wie „Texte von Lesern gemacht werden", und es macht auch deutlich, dass der "gelesene Text" nicht nur von dem offerierten Text abhängt, sondern auch von den Vorerfahrungen des Rezipienten und von seiner strukturellen wie situativen Einbettung in Alltag, Kultur und Gesellschaft, die sich über seine konkreten Lebensbedingungen herstellt.

Wer sich auf das Fernsehen konzentriert und seinem inhaltlichen Angebot folgt, befindet sich, abstrakt gesehen, in diesem Moment primär in einem Dialog zu zweit – die erste Stufe der Rezeptionskaskade. Jeder rezipiert zwar unter den Bedingungen der Situation, in der er sich mit anderen befindet, aber im Augenblick des unmittelbaren Miterlebens des Bildschirmgeschehens kann man sich den Rezipienten zunächst ganz für sich vorstellen, in einer eigenen, aktuell eingenommenen Rolle mit einer eigenen Perspektive mit ganz persönlichen Erwartungen und Bedürfnissen, Vorstellungen und Solidaritäten. Weil jedes Handeln und Erleben in einer individuellen Perspektive stattfindet, sieht ein jeder und eine jede ein ganz spezifisches Geschehen, einen eigenen Film, hört eine eigene Geschichte: Ob also jemand eine Nachricht als Kommunikationswissenschaftler zwecks Inhaltsanalyse ansieht, einen Bericht über Gorleben als Atomkraftgegner oder eine religiöse Verkündungssendung als Zyniker, bleibt zunächst ihm überlassen.

Bei dieser Sicherheit des unmittelbaren Verfolgens und perspektivischen Verstehens einer Sendung in einer festen Perspektive bleibt es aber nicht. Jeder und jede hat viele Perspektiven und Solidaritäten zu Bezugsgruppen, unter denen er bzw. sie das Bildschirmgeschehen für sich interpretieren kann. Nimmt der Rezipient eine andere Perspektive ein, so verändert sich auch das, was er versteht. Und bei jeder Rezeption werden gleichzeitig oder nacheinander unterschiedliche, oft auch widersprechende Perspektiven berücksichtigt. Rezeption bedarf folglich immer eines inneren Dialogs des Rezipienten zwischen den unterschiedlichen, für ihn bzw. sie relevanten Perspektiven, mit den verallgemeinerten Anderen und deren situativ als stabil unterstellten Ansichten und Bewertungen. Dieser innere Dialogs ist dann zugleich ein Für und Wider, ein Gegenüberstellen und ein Abgleichen und Vermitteln: der Mensch ist zugleich Atomkraftgegner und Zyniker, Kommunikationsforscher und manches andere, und dazwischen muss er seine Position beim Kommunizieren finden. Charlton/Neumann-Braun (1990) haben für Kinder, aber mit einer umfassenderen Gültigkeit, gezeigt, in Bezug auf welche individuellen Handlungsinteressen, Lebensthemen, soziale Beziehungen und Entwicklungsthemen Zuschauer ihre aktuelle Rezeption strukturieren und die Inhalte für sich verwenden, auf welche Weise und in Bezug auf welche Kontexte sie sich das Kommunikat also aneignen.

Dieser *zweiten Stufe der Rezeptionskaskade als innerer Dialog des Rezipienten in verschiedenen Rollen folgt prinzipiell eine dritte. Sie besteht darin, dass das abstrakt allein rezipierende Individuum von seinem Gegenüber 'Fernsehen' und seinem inneren Dialog in die (kollektive) Situation (mit anderen) vor dem Fernsehapparat zurückkehrt und so die Perspektiven der Anwesenden oder die Perspektiven wichtiger, auch nicht anwesender Bezugspersonen berücksichtigt.* Dies geschieht, um sich mit deren Erleben, deren Perspektiven und deren Bewertungen auseinanderzusetzen und aktuelle Gleichheiten und Unterschiede zu verstehen: real durch ein darüber Sprechen oder virtuell in der eigenen Phantasie. In beiden Fällen übernimmt der Rezipient imaginativ die Perspektive der anderen, um zu verstehen, wie sie verstehen und um sich darauf einstellen zu können – es kommt dadurch zu weiteren inneren Dialogen, die zur Aneignung beitragen und auch die Art der Aneignung mitbestimmen. Die Fernsehberichterstattung über ein Spiel von Bayern München sieht sich aufgrund unterschiedlicher sozialer Situationen und Perspektiven der anderen Anwesenden im St.Pauli-Fan-Laden anders als zu Hause, und auch die Rezeption eines Splatter-Films ist nicht unabhängig davon, mit wem zusammen man fernsieht.

Natürlich sind diese drei Stufen der Rezeptionskaskade ebenso wie die im Folgenden umrissenen nicht unbedingt zeitlich oder bewusstseinsmäßig voneinander getrennt. Sie markieren in ihrer Abstraktheit aber unterschiedliche Orientierungsmuster des Rezipienten, die in der Rezeption wirksam werden können und vermutlich in aller Regel auch werden.

Schließlich *folgen weitere Stufen der Kaskade*, wenn der Rezipient das Geschehen auf dem Bildschirm aus der Situation heraus in seinen Alltag und in seine sonstigen sozialen und kommunikativen Bezüge mitnimmt. Da mag man rechtfertigen müssen, wieso man am helllichten Vormittag vor der Glotze sitzt, da sprechen Kolleginnen und Kollegen am Arbeitsplatz über die zur Kenntnis genommenen Themen, da ruft ein Gesprächspartner mit einem Bild oder Stichwort das Geschehen wieder hervor, da diskutiert oder klatscht man beim Abendessen über eine Fernsehfigur oder ein Genre. Auch diese weiteren Stufen verlangen komplexe Vermittlungsprozesse zwischen unterschiedlichen Perspektiven, also einen inneren Dialog, der den Text aufs Neue umarbeitet, ihn auch erneut bewertet und ihn in andere eigene Erfahrungen einbettet.

Angela Keppler (1994) hat differenziert beschrieben und analysiert, wie mediale Erlebnisse in den familiären Gesprächen aufscheinen und be- und verarbeitet werden und sich damit auf den aus Gesprächen erschließbaren Teil der Rezeptionskaskade bezogen. Wenn dann Kinder in ihrer Peergroup oder die Erwachsenen mit ihren Kollegen übers Fernsehen reden, dann werden neue Perspektive auf das am Fernseher Erlebte hergestellt. In diesen Folgegesprächen gelten prinzipiell andere Regeln als im situativen Rezeptionsarrangement des Wohnzimmers. In ihnen wird aber ganz genauso definiert und damit weiter daran gearbeitet, wie Sendungen oder Serien zu verstehen sind und was sie bedeuten.

Durch diese *Stufen einer kaskadenförmigen Verarbeitung werden die gesehenen Inhalte* auf die individuellen, biographisch organisierten und in sozialen Bezügen und Rollen realisierten Erfahrungen bezogen. Stellt man sich diese Bezüge und Erfahrungen als ein mit Person und Identität verknüpftes Geflecht vor, das im folgenden alltäglichen Handeln der Menschen in verschiedenen Interpretationsperspektiven und in Form von Rückwirkung durch dialogische Vermittlungsinstanzen wirksam wird, so wird dadurch auch dieses Geflecht verändert und weiter entwickelt. *In diesen Prozessen entwickelt sich Rezeption als Aneignung, es entstehen Meinungen, Einstellungen, Beurteilungen und Verantwortungen, Bestätigungen und Veränderungen von Wirklichkeitskonzepten, die auch im Gesehenen und Miterlebten gründen – aber eben nur ,auch'.* Darüber setzen sich nicht nur persönliche Erfahrungen, sondern auch Gesellschaftsstrukturen als Strukturen der Erfahrung durch, wobei im Einzelfall aber nicht sicher ist, wie und wohin.

Abbildung 4:   Die Rezeptionskaskade

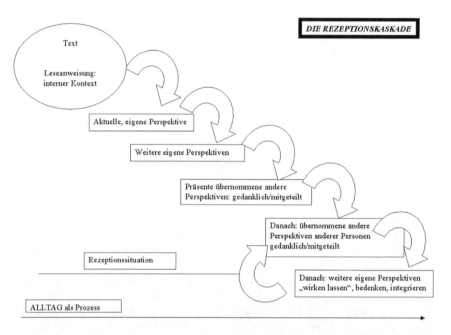

Rezeption ist insbesondere nach diesem Modell nicht nur von Inhalt und Form des Präsentierten, von der Lage des Individuums und seinem Platz in der kulturellen und gesellschaftlichen Struktur abhängig, sondern auch von der Art der sozialen Beziehungen zu denen, mit denen man übers Ferngesehene zu sprechen pflegt, sei es real, sei es imaginativ, und hat dementsprechend eine Dimension, die vom Alltag als Folge von Situationen geprägt ist.

Dieses Modell der Rezeptionskaskade ist in seinen wesentlichen Strukturen Abbildung 4 zusammengefasst. Angesichts des Fehlens eines Modells, das darstellt, wie welche inneren Prozesse bei der Rezeption stattfinden, *ist es ein konzeptioneller Schritt zu einer sozialen Theorie der Rezeption.* Es bedarf natürlich empirischer Untersuchungen, um es zu validieren und seinen Wert einschätzen zu können. Seine Vorteile liegen darin, dass es empirisch validiert werden kann, dass Rezeption als situativer Prozess gefasst ist und dass es die Art der Interpretation an die sozialisierte Person in ihrem sozialen Umfeld bindet, ohne individuelle Erfahrungen und Strukturen zu ignorieren: *Die Rezeption allgemein adressierter, standardisierter Kommunikate ist weder die Übernahme des Kommunikats in seinem gemeinten Sinn, noch ist sie rein dispositional/individuell festgelegt. Rezeption ist ein Fall sozialen Handelns eines sozial eingebetteten Individuums in der Gesellschaft.*

Dem ist hinzuzufügen, dass dieses Modell im Hinblick auf die Struktur des vergesellschafteten wie individuellen Rollenselbst empirisch umgesetzt werden kann. Hier ist neben Verfahren der Rollenanalyse (Krotz 1993a) und introspektiven Verfahren (vgl. hierzu www.introspektion.net) sowie Methoden lauten Denkens (Bilandzic/Trapp 2000) auch an Verfahren zu denken, die sich auf Rollenspiele beziehen – sie haben den Vorteil, dass die im Rezeptionsprozess aktualisierten Rollen externalisiert und ihr Zusammenwirken untersucht werden kann (Sader 1986).

Im Modell der Rezeptionskaskade sind zwei Schwerpunkte gesetzt, die weitere Überlegungen anstoßen können. Einmal ist es ein prozessuales Modell, zum andern ist es ein Modell, das Rezeption als etwas versteht, was im audiovisuellen Kommunikat einerseits, den realen Lebensbedingungen des Rezipienten und seinen Erfahrungen andererseits gründet. *Eine daran anschließende Theorie der Medienwirkung kann sich natürlich nicht auf das „Hypodermic needle modell" beziehen, nachdem Medien quasi wie Spritzen funktionieren, sondern muss Wirkung als Konsequenz der Verarbeitung definieren.* Dies kann auf zwei Arten geschehen.

Erstens kann man hier am physikalischen *Konzept der Resonanz* ansetzen, einem der wenigen der Physik entlehnten Konzepte, das keine statischen Zustände, sondern Prozessformen beschreibt. Resonanz hieße hier, dass die im Modell der Rezeptionskaskade skizzierten Verarbeitungsschritte gleichsinnig ablaufen und sich zugleich positiv auf den gemeinten Sinn des Kommunikats stützen. Dies ist etwa bei den Fans einer Musikgruppe, die ein Konzert dieser Gruppe im Fernsehen sehen, der Fall. Von ihnen werden das Kommunikat und sein Sinn gleichartig konstituiert und beurteilt. Dadurch ist ihr Erleben geprägt und auch ihre Fanorientierung mag sich dadurch stabilisieren. Ein anderes Beispiel wäre eine politische Ansicht, die durch das für den Rezipienten relevante soziale Umfeld bekräftigt wird und auch sonst in seine Erfahrungen passt und die dafür sorgt, dass das Ergebnis von Rezeption in diesem Fall nichts anderes als eine Verstärkung vorheriger Ansichten ist. Diese Resonanz kann in Bezug auf das Kommunikat sowohl konsonant als auch dissonant sein – in beiden Fällen ist es Resonanz.

Wirkungsüberlegungen können zweitens auch daran ansetzen, dass Kommunikation mit allgemein adressierten, standardisierten Kommunikaten eine Form der Kommunikation ist. *Wie wir im vorigen Kapitel über interpersonale Kommunikation deutlich gemacht haben, ist es eine mögliche „Wirkung" von Kommunikation, dass sie Beziehungen und damit Gemeinschaft zwischen den Menschen herstellt.* Dies gilt dann potenziell natürlich auch für Kommunikation mit allgemein adressierten, standardisierten Kommunikaten, die zu parasozialen Beziehungen (Horton/Wohl 1956) führen können.

Dies bedeutet, dass die Medienfiguren im Nachgang von Rezeption durch kognitive und emotionale Bezüge zu inneren Repräsentanzen des Rezipienten und damit quasi inkorporiert werden. Der Rezipient konstituiert in seinen inneren Dialogen zugleich aus kommunikativen Notwendigkeiten heraus auch sich selbst in einer zur Medienfigur komplementären Rolle: als Freund oder Freundin, als Bewunderer irgendwelcher Kompetenzen oder Persönlichkeitsanteile, vielleicht auch als Liebhaber, Rächer oder Opponent.

Diese inneren Repräsentanzen von Medienfiguren, die dem Rezipienten aufgrund emotionaler Zuordnungen und kognitiver Orientierungen etwas bedeuten, wird er in seinem inneren Dialog verwenden, insofern sie Auskunft geben oder ihre Meinung äußern über das, wofür sie kompetent sind. „Extrem" werden diese immer einseitigen Beziehungen nicht nur dann, wenn ein Zuschauer einer Medienfigur in der außermedialen Wirklichkeit nachstellt, sondern vermutlich schon dann, wenn die innere Repräsentanz der Medienfigur erhebliche Wichtigkeit für den Rezipienten oder die Rezipientin gewinnt und zum inneren Dialogpartner in immer mehr Alltagsbereichen auch außerhalb medialer Bezüge wird, für die sie eigentlich nicht gedacht war. Ein Beispiel dafür wäre ein Fan von Arnold Schwarzenegger, der die innere Repräsentanz seines Idols zu Rate zieht, wenn er politische Probleme hat und ihn zum Gouverneur wählt.

Es ist hier ergänzend darauf hinzuweisen, dass derartige Medienbeziehungen mit ziemlicher Sicherheit von anderer Art sind als Beziehungen, die auf interpersonaler Kommunikation beruhen, ebenso, wie Kommunikation mit allgemein adressierten, standardisierten Kommunikaten anders, also etwa distanzierter ist als Kommunikation mit Menschen. *Vermutlich sind Medienbeziehungen flüchtiger, vielfältiger, auch brüchiger als die Repräsentanzen realer Personen, mit denen Face-to-Face-Beziehungen bestehen, und die innere Repräsentanz einer Fernsehfigur ist wohl auch nicht so kompetent wie Repräsentanzen von Menschen, die man aus Face-to-Face-Beziehungen kennt.* Anzumerken ist schließlich, dass Beziehungen zu Medienfiguren meist als minderwertig beurteilt werden – man vergleiche dazu etwa die typischen Untersuchungen von parasozialen Beziehungen (Vorderer 1996). Es wäre aber erstaunlich, wenn Menschen, die in einer Mediengesellschaft leben und viele Stunden pro Tag Medien nutzen, nicht auch Beziehungen zu Medienfiguren oder zu anderen medialen Phänomene entwickelten und diese inneren Repräsentanzen nicht auch für bestimmte Fragestellungen oder Lebensbereiche als positive oder negative Bezugspunkte oder als imaginäre Interaktionspartner zu Rate zögen. Es ist auch keineswegs bewiesen, dass die Möglichkeit solcher Beziehungen, die die Medien anbieten, automatisch die Chance sozialer Beziehungen schmälert. Dass die Menschen heute vermutlich mehr Medienbeziehungen haben als in einer Gesellschaft ohne Fernsehen, stellt einen Zusammenhang zum Prozess der Mediatisierung her. Dass sie weniger andere, auf interpersonaler Kommunikation beruhende Beziehungen haben, ist, wenn es denn so ist, vermutlich eher anderen gesellschaftlichen Veränderungen geschuldet, dem Individualisierungsprozess, der zunehmenden sozialen Mobilität oder den Arbeitsbedingungen, die zur Stabilität im Alltag in vielen Berufen und Arbeitsfeldern heute nur noch wenig beitragen. Gerade unter Berücksichtigung des hier präsentierten Modells der Rezeptionskaskade wird deutlich, dass die realen sozialen Bedingungen für Rezeption und Aneignung von Medientexten und auch für deren Konsequenzen von erheblicher Bedeutung sind und nicht nur das Kommunikat – *ohne stabile soziale Bezüge ließe sich ein Kommunikat ebenso wenig dauerhaft verarbeiten wie Menschen auch sonst lebensfähig wären.*

6.2 Standardisierte Medienangebote überall: Public Viewing und Fernsehen im öffentlichen Raum

6.2.1 Das Projekt und seine methodische und inhaltliche Anlage

Hier geht es nun um eine von der DFG finanzierte Fallstudie zu den früheren Massenmedien bzw. eines spezifischen Angebots und spezifischer Rezeption allgemein adressierter, standardisierter Nutzung und Mediatisierung, und zwar um die Ausbreitung von Fernsehen im öffentlichen Raum. Das heißt, es wurden sowohl das zunehmende Angebot von Fernsehen im öffentlichen Raum als auch die Nutzung untersucht, ein Thema, zu dem es vor dieser Ende der neunziger Jahre durchgeführten Studie nur ganz wenige Untersuchungen gab. Heute haben sich derartige Formen der Fernsehnutzung zumindest zum Teil unter dem Titel des Public Viewing auch in Deutschland und für spezifische Events etabliert, wobei in der öffentlichen Meinung das Vergemeinschaftungserlebnis im Vordergrund steht.

Die Bedeutung des Mediatisierungsprozesses drückt sich in dieser Untersuchung in der Behauptung aus, dass das Fernsehen, und allgemeiner, die audiovisuellen Medien zunehmend im öffentlichen Raum angeboten und auch genutzt werden. Dadurch verändern sich die öffentlichen Räume selbst, aber auch die audiovisuellen Medien differenzieren sich aus, es entstehen neue Nutzungsformen, und darüber verändern sich wiederum die Medien, die von ihnen präsentierten Inhalte und beider soziale und kulturelle Bedeutung. Um dafür Indizien sammeln zu können und dabei auch die kulturelle Bedingtheit solcher Entwicklungen berücksichtigen zu können, wurde die Studie als vergleichende Studie in Hamburg und in Indianapolis zusammen mit Susan Eastman durchgeführt. Ergebnisse wurden in Krotz/Eastman (1999) sowie im Detail im Vorläufer des hier vorliegenden Buches (Krotz 2001) publiziert. Hier wird im Folgenden nur eine Kurzversion präsentiert, die die Bedeutung der Ergebnisse für den Mediatisierungsprozess deutlich machen soll.

Methodisch war das Projekt Theorie generierend angelegt und einer Mischung aus Grounded Theory, heuristischer Forschung nach Kleining (1980) sowie ethnographischer Forschung verpflichtet (vgl. generell dazu Krotz 2005). Das heißt beispielsweise, dass Verfahren des theoretical sampling, also einer Fragestellungs- und Theoriegeleiteten Auswahl von Befragten benutzt wurden, um möglichst unterschiedliche Befragte auszuwählen, die dann möglichst unterschiedliche Perspektiven auf die zu untersuchenden Sachverhalten einnehmen, die dann analysiert werden können. Ferner wurde schrittweise und spiralförmig vorgegangen – das heißt, dass einer Phase der Datenerhebung eine der Auswertung folgte und dann wieder eine der neuerlichen Erhebungen. Zudem wurden gegenstandsnahe, Fallbezogen vergleichende Codierungsverfahren insbesondere zur Ermittlung von Gemeinsamkeiten über verschiedene Perspektiven hinweg benutzt. Der prüfende und bestätigende Aspekt derartiger heuristischer Forschung wird hier nicht weiter ausgeführt – es geht vielmehr um die Begründung theoretisch brauchbarer Einsichten. Erhebungsmethoden waren in erster Linie teilnehmende Beobachtungen sowie Befragungen.

Zunächst wurden Orte mit öffentlich zugänglichen Fernsehangeboten in Hamburg und Indianapolis gesucht, und zwar durch Ablaufen von spezifischen Stadtteilen, durch Befragung von Bekannten und darauf aufbauend durch eine selektive Suche an spezifischen Plätzen. Die Orte wurden dann allgemein in Typen (Restaurants, Einzelhandelsgeschäfte, Flughäfen/Bahnhöfe etc.) zusammengefasst und zwar im Hinblick auf die Gründe, wofür sie ursprünglich eingerichtet worden waren und warum sie von Menschen besucht werden. Vertreter der einzelnen Typen von Orten wurden dann im Hinblick auf das jeweilige räumliche und soziale Arrangement hin untersucht, in dem Fernsehen angeboten wurde, ferner bezüglich des gezeigten Programms und der Sendung sowie der Bedingungen der Fernsehnutzung, die sich aus dem gesamten Arrangement für das Publikum ergaben: Verfügbarkeit, Zugangs- und Nutzungsbedingungen, Gründe und Interessen für das Aufstellen der Geräte und des gezeigten Programms, Zeiten, in denen und wie lange die Geräte dann eingeschaltet waren, akustische und räumliche Bedingungen der Rezeption sowie weitere relevante Charakteristika.

Sodann wurden an ausgewählten öffentlichen Plätzen die anwesenden Menschen als Fernsehnutzer unter variierten Bedingungen – beispielsweise zu verschiedenen Tageszeiten und Wochentagen – beobachtet und ihr Sehverhalten ermittelt: dabei wurde einerseits auf sozialstrukturelle, andererseits auf situationsabhängige Merkmale sozialen Handelns sowie drittens auf die Art geachtet, wie die Zuschauer mit dem Medium und seinen Angeboten umgingen. Geschlecht, Alter und die Gründe für die jeweilige Anwesenheit am Ort, die Art des Umgangs mit dem Programmangebot, begleitende bzw. alternative Kommunikation mit Freunden und Bekannten, Kommunikation mit anderen, beobachtbare Reaktionen und Umgangsweisen, Gründe für das Verlassen des Orts bzw. für das Ende der Zuwendung der Aufmerksamkeit zur gezeigten Sendung wurden auf der Basis von Beobachtungen oder Kurzinterviews festgehalten. Hierbei wurden natürlich auch Nichtzuschauer, also Anwesende, die das Fernsehangebot erkennbar nicht nutzten, beobachtet bzw. befragt, um alternative Meinungen und Handlungsweisen bei der Theoriebildung berücksichtigen zu können.

Während die deutsche Untersuchung neben dem Autor von studentischen Hilfskräften betrieben wurde, wurde die Studie in Indianapolis im Rahmen zweier empirischer Praktika von Studenten durchgeführt, dem schlossen sich einige Nachuntersuchungen an. Die Untersuchung in den USA konzentrierte sich vor allem auf die Angebotsseite, dies auch vor dem Hintergrund, dass Susan Eastman zusammen mit verschiedenen Kollegen schon vorher eine Reihe von Analysen zur Fernsehnutzung in Sportkneipen durchgeführt hatte (z.B. Eastmann/ Riggs 1994).

Zentraler theoretischer Begriff der Studie war der Begriff der „Situation" und damit der situative Kontext von Fernsehangebot und Fernsehnutzung: Auf einem öffentlichen Platz, etwa in einem Restaurant, einem Bahnhof oder einem Laden stellt ein Fernsehangebot einen neuer Kontext für das Handeln der Menschen dar, der die vorher oder sonst übliche Situationen und die darauf bezogenen Handlungsweisen verändert. Thema der Beobachtungen ist deshalb die Frage danach, *ob das „Hinzukommen" eines Fernsehgerätes die Situationsdefinition der Menschen beeinflusst, unter welchen Bedingungen dies gegebenenfalls geschieht, inwieweit und wie dies das weitere Handeln einerseits, die Rezeption andererseits prägt.* Das kann ja auf unterschiedliche Weise geschehen, wie es die Lewinsche Figur-Grund-Gestalt ausdrückt: Fernsehen kann die Figur, also Vordergrund und Hauptthema sein, um das sich die Situation herum entwickelt, es kann aber auch nur ein Hintergrund für Erleben und Handeln der Menschen sein. In beiden Fällen aber müssen die Menschen an solchen Plätzen ihr Handeln im Vergleich zu derartigen Plätzen ohne Fernsehen neu und anders konzipieren.

6.2.2 Angebot und Arrangements von Fernsehen auf öffentlichen Plätzen

Für die Art, wie Fernsehen in der Öffentlichkeit genutzt wird, sind erstens der Ort und das gezeigte Programm, darüber hinaus aber auch das gesamte situative Arrangement, in dem sich die Fernsehnutzung entwickeln soll, von Bedeutung. Unter dem Einfluss von Bedingungen dieser Art, die größtenteils vom für einen öffentlichen Platz verantwortlichen Management festgelegt sind, wird ja das Publikum konstituiert. Dabei spielt natürlich eine besondere Rolle, wie viele und was für Fernsehgeräte vorhanden sind und wie der Ton eingestellt ist. Allgemein sind aber auch weitere vom Ort bestimmte Bedingungen für einen eventuellen Aufenthalt und für die Fernsehnutzung von Bedeutung.

- Im Hinblick auf die Orte kann man mehrere Typen von öffentlichen Plätzen mit Fernsehen voneinander unterscheiden: Läden (z.B. Sportgeschäfte), Abteilungen von Kaufhäusern und Hotelfoyers, Kneipen, Restaurants und Imbisse, ferner Orte des Wartens wie Bahnhöfe, U-Bahnen und Flughäfen. Hinzu kommen ‚semiöffentliche' Orte wie Gemeinschaftsräume in Studentenwohnheimen und dergleichen. In den USA gibt es eine Vielzahl weiterer Orte mit Fernsehen, etwa Wartezimmer von Arztpraxen, Tankstellen oder eigens für Fernsehen eingerichtete Sportbars.

- Überwiegend hängen Programm und Ort zusammen – in den Läden sind es meistens Musiksendungen, an vielen anderen Orten, insbesondere in Kneipen und Sportläden, werden Sportsendungen gezeigt, in Hotelfoyers laufen meist Nachrichtensender, manchmal gibt es in Kaufhäusern und Spezialgeschäften Kindersendungen.

- Anzahl und Art der Fernsehgeräte sind unterschiedlich. Meistens gibt es in einem Geschäft nur ein oder nur wenige Fernsehgeräte, die oft unter der Decke angebracht sind, um das Einkaufen nicht zu behindern. Nur selten finden sich große Leinwände mit einem großen Bild wie an Bahnhöfen – obwohl gerade durch solche Angebote eigentlich ein Mehrwert gegenüber dem Fernsehen zu Hause entstehen könnte.

- Der Ton ist, wie die übrigen Nutzungsbedingungen, meist vorgegeben und nicht veränderbar, ebenso wenig wie der eingestellte Sender. Im Allgemeinen behält sich das Platzmanagement die Kontrolle darüber vor, um nicht gegebenenfalls Kunden bei ihren sonstigen Aktivitäten zu irritieren. Von daher passen die verschiedenen Elemente des Arrangements aber auch häufig nicht zusammen – zum Beispiel finden sich in Hotels Nachrichtensender, die ohne Ton laufen, was darauf hindeutet, dass das Angebot nicht auf eine wirkliche Nutzung zielt, sondern auf ein bestimmtes Image des Ortes und damit der Menschen, die sich da aufhalten.

Tabelle 2: Funktionen öffentlichen Fernsehens in der Perspektive des Platzmanagements, die dem Publikum angeboten werden (basierend auf US-amerikanischen und deutschen Untersuchungen, vgl. Krotz&Eastman, 1999).

Funktion des Angebots	*Beispielorte*	*Funktion für Nutzer*
Zerstreuung: Beschäftigung für Wartezeiten für Anwesende	Bahnhöfe, Friseure, Wartezimmer, Wäschereien, Tankstellen	Annehmlichkeit: füllt Wartezeiten
Fernsehen als Dekoration: schafft Image und trägt zum Verkauf bei	Musikläden, Schuhläden, Sporthandel, Radiohandel, Sexshop	Schafft Atmosphäre für Käuferin und Käufer
Attraktion: zieht Kunden an, denen Essen oder Getränke verkauft werden	Restaurants, Kneipen, Bistros, Sport Bars, (Fast Food)	Bietet zusätzliche Unterhaltung für Individuen oder Gruppen

6.2.3 Thesen zum Angebot von Fernsehen auf öffentlichen Plätzen

Wir fassen nun einige Ergebnisse über das Angebot von Fernsehen auf öffentlichen Plätzen in Thesenform zusammen:

▪ Der wichtigste, allgemeinste und am häufigsten gefundene Grund, warum Fernsehgeräte im öffentlichen Raum aufgestellt werden, ist der, dass dadurch *die Attraktivität des Ortes erhöht werden soll*, aber ohne dass dabei neue Verhaltensweisen wie etwa eine intensive Rezeption an dem jeweiligen Ort möglich wird. Durch entsprechende Programmauswahl kann eine bestimmte Atmosphäre geschaffen, zur Anwesenheit oder zur Verlängerung eines Aufenthalts eingeladen und auch für spezifische Produkte geworben werden. Das vorgeführte Bewegtbild mit Musik *suggeriert oft auch Modernität und Luxus* und soll dadurch den Ort aufwerten. Dies gilt insbesondere für Imbisse und für viele Kneipen, die über ein entsprechendes *modernes oder US-amerikanisches Ambiente* verfügen: derartige Orte haben besonders häufig laufende Fernsehgeräte, meist ohne oder nur mit leisem Ton.

- Gelegentlich werden Fernsehgeräte auch aufgestellt, um Wartezeiten zu überbrücken, zum Beispiel auf Flughäfen, Bahnhöfen oder in der U-Bahn. Dienstleistung ist öffentlich zugängliches Fernsehen vor allem da, wo Kaufhäuser oder Einkaufszentren Eltern die Möglichkeit bieten, ihre Kinder von den audiovisuellen Medien betreuen lassen. Dort und in manchen Kneipen soll das öffentliche Fernsehangebot eine Möglichkeit der Freizeitgestaltung sein, wodurch sich Kneipen Kundschaft sichern und sich etwa für Treffen von Gruppen von Sportfans zum Fernsehen anbieten. Ähnliches gilt für das Fernsehangebot bei Friseuren: Derartige Angebote sollen zur Bindung der Menschen an bestimmte Orte und Dienstleistungen beitragen. Oft sind solche Angebote in erster Linie an eine Stammkundschaft gerichtet.

- In Geschäften, die aktuelle Trendklamotten verkaufen wollen, wird durch die Musikvideos eine *Einkaufsatmosphäre* geschaffen, die den Kunden angenehm sein soll. An manchen Orten fungiert ein eingestellter Musiksender als preiswerte Musikuntermalung, die im Gegensatz zu CDs oder Kassetten keinen Betreuungsaufwand erforderlich macht. In Schaufenstern haben Fernsehgeräte *in der Regel typische Dekorationsfunktionen*: Sie können das Warenangebot bebildern oder einen Blickfang darstellen, der das Interesse der Vorbeigehenden auf sich zieht.

- Sendungen von Nachrichtensendern wie Euronews oder CNN, die bei der Untersuchung z.B. in Hotelfoyers und im Bahnhof zu sehen waren, sollen angesichts der schwierigen Nutzungsbedingungen öffentlichen Fernsehens in Hotels vermutlich eher Nachweise für die Kompetenz des Hotels sein und vor allem die Bedeutung der Gäste betonen.

- *Fernsehangebote* sind entweder auf einen anlockenden und bindenden Zusatznutzen oder auf Dekoration ausgerichtet: *Die intentionale Bestimmung des Ortes, soweit sie vom Management definiert ist, soll bestehen bleiben. Fernsehgeräte in der Öffentlichkeit ermöglichen es damit aber nicht, sich mit gezeigten Inhalten über einen längeren Zeitraum hinweg zu beschäftigen.* In aller Regel werden Fernsehgeräte in der Öffentlichkeit nicht für eine Nutzung aufgestellt, die an die Fernsehnutzung zu Hause anknüpfen soll. Denn man kann meist weder den Ton regulieren noch das Programm einstellen, es ist zum Beispiel am Bahnhof zugig und laut und es sind im Allgemeinen auch keine Sitzgelegenheiten mit einem unverstellbaren Blick vorhanden. Auch kann die Nutzung von Interessenten nicht recht geplant werden, weil i. A. nicht bekannt ist, welcher Sender eingestellt ist. Inhaltlich überwiegen generell Musik und Sport. Informationssendungen werden selten gezeigt, noch seltener aber Unterhaltsangebote wie etwa Serien oder längere Filme.

- Insgesamt sind es in Deutschland zum Zeitpunkt der Untersuchung (1998) im Vergleich zu den USA verhältnismäßig wenige Orte, an denen es öffentlich zugängliches Fernsehen gibt. Bisher sind zudem sehr wenige Fernsehangebote in der Öffentlichkeit festzustellen, die einer Fernsehnutzung in den Haushalten Konkurrenz machen – in den USA gibt es hier immerhin Sportbars, die explizit zum Fernsehen besucht werden.

- Hervorzuheben ist schließlich, dass Fernsehen auf öffentlichen Plätzen meist werbefinanziertes Fernsehen ist und so einen öffentlichen Platz – etwa die U-Bahn – in einen kommerziell gerichteten Raum verwandelt einen neuen Charakter gibt. Hierauf werden wir noch genauer eingehen.

6.2.4 Thesen zur Nutzung von Fernsehen auf öffentlichen Plätzen

Die öffentlich aufgestellten Fernsehgeräte bieten den anwesenden Menschen *nur einen Zusatznutzen zu ihren vorgängig vorhandenen Absichten, warum sie den jeweiligen Ort frequentieren.* Das Angebot fernzusehen konstituiert dementsprechend eigentlich kein Publikum; vielmehr wird es von einzelnen *in einer Weise genutzt, die die Intention des Ortes und seine Regeln erhält und nicht stört*: In erster Linie isst man, kauft ein, flaniert oder ist in der Kneipe.

- Dementsprechend ist die Bereitschaft, Fernsehgeräten an den verschiedenen Orten, an denen sie aufgestellt wurden, Beachtung zu schenken, *sehr unterschiedlich und muss sich der individuellen Intention*, warum jemand sich an einen solchen Ort aufhält, anpassen. Das gilt für die Frage, *ob, inwieweit und mit welchem Involvement sie bzw. er sich dem Fernsehgerät oder einem spezifischen Fernsehangebot zuwendet* oder wie lange und wie intensiv sie bzw. er eine Zuwendung aufrechterhält. *Dafür spielen an zweiter Stelle das Programm, die gezeigte Sendung und die sonstigen Bedingungen eine Rolle*, wobei Sport am ehesten die Aufmerksamkeit erregen kann. Von daher hat Fernsehnutzung in der Öffentlichkeit *immer einen vorübergehenden Charakter.*

- *Gruppen lassen sich seltener auf Fernsehangebote in der Öffentlichkeit ein als Einzelpersonen.* Für sie entstehen Kohärenz- und Abstimmungsprobleme, aber auch Entlastung von Gruppendruck, ferner Gesprächsthemen und gemeinsame Aktivitäten. Handelt es sich um Familien mit Kindern, die sich gerne auf Fernsehen einlassen, versuchen die Eltern die Oberhand zu behalten.

- In manchen Fällen ist es möglich, dass Sport die Leute veranlasst, *bis zu einer halben Stunde vor einem Bildschirm im Schaufenster stehen zu blei-*

ben. Innerhalb von Geschäften ist das eher selten der Fall, weil der öffentliche Raum dort stärker auf den Zweck des Einkaufens bezogen erlebt wird. Passantin und Passant brauchen jedoch *zum Stehen bleiben* auf der Straße und vor einem Fernseher ebenfalls *einen guten Grund*, der aber immerhin im Programm bzw. der Sendung (oder vielleicht auch einem anderen sozialen Zusammenhang) angelegt sein kann. Akzeptiert dafür, was übliche Fernsehangebote angeht, sind Sport, Spektakuläres und manchmal Nachrichten, andere Sendungen eher nicht. *In Kneipen wird Fernsehen dagegen oft als attraktives oder entspannendes Zusatzangebot wahrgenommen.*

- Es entstehen über das Fernsehen nur selten, aber doch *gelegentlich interpersonale Kontakte.* Beobachtet wurden sie nicht nur in Kneipen, sondern auch vor Schaufenstern bzw. auf dem Bahnhof. Kommunikationsstiftend ist nicht die Tatsache, dass in der Öffentlichkeit ein Fernsehgerät steht, sondern es sind *die gezeigten Inhalte, die in geeigneten Kontexten Gesprächsthemen werden können.* Das Verhalten gegenüber Fremden, wenn ein Fernsehgerät gemeinsam genutzt wird, ist u.a. abhängig von der Zugänglichkeit und Aufstellung des Apparats: Ein großer Bildschirm oder mehrere Fernseher, die höher als ein Mensch angebracht sind, verlangen weniger *Rücksichtnahme* von anderen Nutzern oder vorbeikommenden Passanten als ein kleiner in Augenhöhe. Aber auch das offensichtlich große Interesse der Zuschauer (beim Fußball schauen in der Kneipe) kann zu höherer Rücksichtnahme führen.

- Selbst in den seltenen Fällen, in denen es möglich ist, den in der Öffentlichkeit laufenden Fernsehapparat abzuschalten oder das *Programm zu wechseln, geschieht dies in der Regel nicht.*

- *Die Menschen suchen einen Ort nur sehr selten wegen des aufgestellten Fernsehgeräts auf und ändern ihr Verhalten angesichts eines derartigen Angebots, wenn überhaupt, allenfalls kurzzeitig. Fernsehen wird an öffentlichen Orten auch im Allgemeinen nicht erwartet. Die Menschen gehen insgesamt mit den Medien souverän und nach ihren Interessen um.*

- Wenn Menschen in der Öffentlichkeit das Fernsehen erkennbar beachten, so lässt sich daraus nicht unbedingt schließen, dass das Programm interessant ist. Fernsehen liefert ja auch das Recht, auf der Straße vor dem Bildschirm stehen zu bleiben, es dient der Kontaktaufnahme und dem Anpassen an eine Gruppe. Es kann auch zur Kontaktvermeidung oder zur vorübergehenden Entlastung von Pflichten oder von Gruppendruck verwendet werden. Es dient den Nutzern also auch dazu, Beziehungen zu anderen zu regulieren.

Zusammenfassend kann man sagen, dass sich die Fernsehnutzung zu Hause von der im öffentlichen Raum wesentlich unterscheidet. Das heißt auch, dass das gesammelte kommunikationswissenschaftliche Wissen über Fernsehnutzung überprüft und relativiert werden muss, weil es sich eben nur auf Fernsehnutzung zu Hause bezieht. Zum Beispiel individualisiert sich die Fernsehnutzung zu Hause mit zunehmender Gerätezahl in den Haushalten (Krotz 1994a), und es entwickeln sich spezifische Nutzungsformen wie Nebenbeinutzung beim Computerspielen oder Telefonieren. Andererseits zeigt sich beim Fernsehen im öffentlichen Raum, dass hier gemeinschaftliches Fernsehen stattfindet; dass sich sogar Menschen im öffentlichen Raum verabreden, um gemeinsam fernzusehen. Dies gilt vor allem für Sportevents (Eastman/Riggs 1994, Eastman/Land 1995, Wenner 1996), wie auch die Public Viewing Euphorie im Sommer 2006 in Deutschland gezeigt hat.

Es gibt im Übrigen im öffentlichen Raum auch *ungewollte, extremer ausgedrückt, erzwungene Fernsehnutzung*, gegen die man sich nicht immer ohne weiteres wehren kann. Dies hängt damit zusammen, dass die Platzverantwortlichen sich die Kontrolle vorbehalten, ob ein Gerät angeschaltet ist oder nicht, sowie, welches Programme eingeschaltet und wie gut der Ton zu hören ist. Für Gespräche kann dies störend sein, es ist aber auch möglich, dass das Fernsehen Gespräche hervorruft.

Ferner kann man allgemein sagen, dass sich durch Mediatisierung, durch Fernsehen im öffentlichen Raum das Verhalten und Handeln der Menschen verändert. Dies haben bereits die Untersuchungen von Dafna Lemish über Fernsehen im öffentlichen Raum in den USA Anfang der achtziger Jahre gezeigt (1982a, 1982b). Lemish hat ihre Ergebnisse zu vier Regeln zusammengefasst. *Deren erste drei besagen, dass sich ein öffentlicher Fernsehnutzer auf das Setting, auf die anderen Nutzer und auf das Fernsehen und seine Inhalte einstellt, und wie sie bzw. er dies tun muss. Die vierte besagt, dass ein Nutzer von Fernsehen in der Öffentlichkeit für fernsehbezogene soziale Interaktion mit anderen Menschen offen sein muss.*

In einer weiteren Perspektive muss man das Fernsehen im Öffentlichen Raum im Rahmen der Beschäftigung mit den so genannten place-based Media (McAllister 1995) diskutieren, die sich mit spezifischen Formen des Fernsehangebots an spezifischen Plätzen, beispielsweise in Fitness-Clubs und Supermärkten oder wie School- oder McDonalds-TV mit für den jeweiligen Platz entwickelten Programmen beschäftigen. In vielen Ländern, etwa in Italien, aber zum Teil auch in Deutschland haben Kneipen schon immer ein Fernsehgerät vorrätig gehabt, vor allem, um ihre Besucher zu besonderen Anlässen zu versammeln. Aber die genannten Beispiele wie place-based Media oder Business TV (Bullinger/Broßmann 1997) lassen erkennen, dass sich dieser Tradition gegenüber etwas Neues entwickelt und dass sowohl Fernsehangebot als auch damit angestrebte Fernsehnutzung auf andere Ziele und Absichten hin zugeschnitten werden: *bis-*

her vor allem im Haushalt und Freizeit genutzte Medien dringen im Rahmen des Prozesses der Mediatisierung in neue Bereiche des menschlichen Lebens vor.

6.2.5 Kulturelle Differenzen, die sich in Fernsehangebot und -nutzung ausdrücken

Wir heben im Folgenden eine Reihe von empirisch gefundenen Unterschiede zwischen Fernsehangebot und Fernsehnutzung auf öffentlichen Plätzen in USA und BRD hervor, die auf kulturelle und soziale Unterschiede verweisen und so deutlich machen, wie Mediennutzung in Alltag und Kultur eingebettet ist. Dieser Absatz soll dementsprechend zeigen, dass auch der hier beschriebene Metaprozess der Mediatisierung kein kultureller Hobel ist, der alles glatt macht, sondern dass sich dieser Prozess wie jeder andere mit den kulturellen und sozialen Bedingungen in den verschiedenen Teilen der Welt verbindet – weil das zentrale Scharnier nicht die überall gleichen Medien, sondern der aktive Umgang der Menschen damit ist. Dieser findet unter jeweils spezifischen kulturellen und sozialen Bedingungen statt – *Mediatisierung hat dementsprechend in verschiedenen Kulturen und Gesellschaften unterschiedliche Ausprägungen.*

- *Differenz der Plätze:* Fernsehen in Schaufenstern findet sich nur in Deutschland. Dies mag daran liegen, dass sich Angebot und Nutzung öffentlichen Fernsehens in Schaufenstern an eine Kultur des Promenierens richten, die es auch ermöglichen muss, stehen zu bleiben. Diese gibt es in Hamburg vor allem im historisch gewachsenen Stadtzentrum. Dementsprechend finden sich öffentlich zugängliche Fernsehgeräte in Schaufenstern vor allem dort und nicht etwa in Einkaufszentren am Stadtrand. In den USA sind Stadtzentren bekanntlich anders. Einkäufe werden dort überwiegend in auf eine Anfahrt per Auto angelegten Malls getätigt. Hinzu kommen in den USA die Unsicherheit und Angst vor Gefahren, die – in der öffentlichen Wahrnehmung – auf öffentlichen Plätzen und Straßen bestehen. Von daher findet ein Promenieren in Indianapolis fast ausschließlich in privat kontrollierten Räumen, etwa dem mehrstöckigen zentralen Einkaufszentrum statt, und dort stehen Fernsehgeräte zwar hier und da in den Gängen, aber nicht als Aufmerksamkeitsfänger in den Schaufenstern (vgl. hierzu auch Fiske 1994). Ein weiterer öffentlicher Ort, an dem sich in Deutschland im Gegensatz zu den USA Fernsehen findet, sind Räume in Kaufhäusern und Einkaufszentren, in denen Kinder warten können, während die Eltern ihre Besorgungen erledigen. Dies liegt wohl daran, dass in den USA Eltern bekanntlich sehr schnell vor den Richter geraten, wenn sie ihr Kind nicht ständig unter Aufsicht halten.

Dies tun sie im Unterschied zu Deutschland etwa schon dann nicht, wenn sie den Kinderwagen mit einem schlafenden Kind vor einem Restaurant stehen lassen, in dem sie essen. Weiter finden sich in US-amerikanischen Hotels nach Auskunft von Hotelmanagern in den Lobbys keine oder nur selten Fernsehgeräte, weil sonst mit ungebetenen Gästen zu rechnen sei. Das gleiche Argument verhindert in den USA, aber nicht in Deutschland, dass in Fast-Food-Restaurants Fernsehgeräte aufgestellt werden. Auch wurden in den USA keine Spielhallen oder Sexshops gefunden, in denen das Angebot an Videoclips entsprechender Fernsehsender die sonst übliche Musikuntermalung preiswert übernimmt. Schließlich gibt es in Deutschland einen vergleichsweise gut ausgebauten öffentlichen Nah- und Fernverkehr, an dessen Haltepunkten immer häufiger Fernsehgeräte oder Displays zu sehen sind, und auch ICE-Züge oder U-Bahnen sind zum Teil mit Fernsehgeräten ausgerüstet. In den USA spielt dies mangels öffentlichen Nahverkehrs keine Rolle, und auch in den Greyhound Stationen ist die Situation eine andere. Umgekehrt findet sich das Angebot fernzusehen in den USA an sehr viel mehr öffentlichen Plätzen, beispielsweise auch bei Ärzten und sogar Tankstellen, bei denen die Zeit des Benzineinfüllens durch Werbeclips unterlegt wird. Die auch in Deutschland zu findenden Typen von öffentlichen Plätzen mit Fernsehen sind in den USA zudem sehr viel häufiger mit meist sehr viel mehr Geräten ausgestattet. Ferner finden sich in Nordamerika auch nicht kommerzielle Orte wie Aufenthaltsräume und Mensen der Universitäten, in denen man fernsehen kann, was in Deutschland nicht der Fall war. Und an Orten wie Flughäfen, an denen in Deutschland nur wenige oder keine Geräte stehen, kann man in den USA unter sehr vielen und sehr gut nutzbaren Fernsehgeräten auswählen, an denen die Leute auch ihre Programme und die Lautstärke selbst einstellen. Hinzu kommt, dass sich in den USA mit den Sportbars, in denen manchmal Großbildschirme, immer aber viele Fernsehgeräte stehen, die auf unterschiedliche Sender eingestellt sind, ein eigenständiger Typus von Fernsehkneipen entwickelt hat, der in Deutschland (noch?) sehr selten ist. Insgesamt zeigt der Vergleich in dieser Dimension, dass Fernsehen in der Öffentlichkeit in den USA sehr viel üblicher ist.

- *Differenz der Angebote:* In den USA entspricht das Spektrum von Genres, die an öffentlichen Plätzen gesehen werden können, sehr viel mehr den Genres, die insgesamt von den Sendern ausgestrahlt werden. In Deutschland beschränkt sich das Angebot hingegen mit wenigen Ausnahmen auf Musik und Sport. Dementsprechend sind es insbesondere die fiktionalen und die nonfiktionalen Fernseh-Unterhaltungsangebote und in zweiter Linie Dokumentationen und Informationssendungen, die in den USA, aber nicht in Deutschland auf öffentlichen Plätzen rezipiert werden können. Dies liegt

zum Teil auch daran, dass es in den USA leichter ist, den Sender eingeschaltet zu bekommen, den man haben will, und die Leute solche Wünsche
auch äußern. Die Unterschiede in dieser Dimension verweisen darauf, dass
es in den beiden Ländern unterschiedliche Einstellungen gegenüber dem
Fernsehen gibt.

▪ *Differenzen in Erwartungen und Umgangsweisen*: Im Hinblick auf den
Vergleich zwischen den USA und Deutschland stellt sich vor allem die Frage, inwieweit Nutzungs- und Rezeptionsverhalten kulturell genormt sind
und womit dies zusammen hängt. Es ist ein empirisches Ergebnis, dass die
deutschen Zuschauer einerseits viel seltener Fernsehen an öffentlichen Plätzen erwarten als die US-amerikanischen. Indikator dafür ist, dass in den
USA Ärzte, Friseure und andere Berufsgruppen in Zeitungen und Zeitschriften und auch im Telefonbuch damit werben, dass es an den Orten, an
denen sie ihre Dienstleistungen erbringen, auch Fernsehen gibt. In Deutschland scheint dies so gut wie nie der Fall zu sein. Andererseits gehen die US-
Amerikaner mit Fernsehen in der Öffentlichkeit viel offener und selbstverständlicher um. So wurde beobachtet, dass ein Kunde eine Sportsbar wieder
verließ, weil das Fernsehen nicht angeschaltet war – er machte damit öffentlich, dass es ihm ganz konkret um Fernsehnutzung ging. Eine Situation wie
in einer deutschen Kneipe, wo der Barmann nach der Übertragung eines
Fußballspiels den Fernseher mit der Bemerkung, nun sei es aber genug, einfach abschaltet, und dies von allen akzeptiert wird, erscheint in den USA
kaum vorstellbar. In den USA wurden auch sehr viel mehr Menschen gefunden, die sich, wenn ihnen das Programm interessant erschien, auf das
Fernsehangebot in der Öffentlichkeit tatsächlich einließen oder die andernfalls für eine Programmänderung sorgten. In Deutschland findet entweder
das eingestellte Programm Interesse oder die Menschen kümmern sich in
der öffentlichen Situation nicht mehr um das Gerät. Insofern lässt sich die
deutsche Öffentlichkeit im Hinblick auf den Umgang mit Fernsehen als ri-
gider genormt begreifen. Dahinter steht vermutlich auch, dass Fernsehen in
Deutschland viel mehr moralische Institution ist als in den USA, an der sich
die Geister scheiden, Fernsehen also in Deutschland einen sehr viel proble-
matischeren Ruf hat.

▪ *Differenzen im Verhältnis von Fernsehen zu anderen Aktivitäten:* Diese
Unterschiede sollen hier vor allem am Verhältnis von Fernsehen und Bildung illustriert werden, das in den USA anders gehandhabt wird als in
Deutschland. Da ist einmal das mit Werbung durchsetzte US-amerikanische
Schulfernsehen, das in Deutschland auf absehbare Zeit kaum denkbar erscheint (siehe auch Krotz 2001). Empirisch finden sich zudem an der Universität Hamburg in studentischen Aufenthaltsräumen und Mensen keine

Fernsehgeräte, weil Lernen und Fernsehen sich in deutscher Perspektive nicht so recht vertragen. Hingegen sind in US-amerikanischen Hochschulen an vielen Orten Geräte, nicht nur in den zentralen Mensen, und man kann immer wieder Studenten und Studentinnen sehen, die mit dem Textbuch und dem Stift in der Hand ganz nahe vor dem Bildschirm oder vor einer großen Bildwand sitzen, auf der z. B. eine Soap läuft. Ebenso gibt es in den USA Studierende, die ihre Lehrveranstaltungen so gewählt haben, dass sie in den Lücken dazwischen mit Freundinnen bzw. Freunden ihre Lieblingssendungen sehen können – in Hamburg wurden derartige Fan- und Rezeptionsgemeinschaften auch in Studentenheimen nicht entdeckt. In dieser Dimension zeigt sich also, dass Fernsehen in den USA als selbstverständlicher gilt und mehr als in Deutschland als Alltagsbegleiter in allen Situationen akzeptiert ist.

- *Differenzen im Hinblick auf Geschlechtsunterschiede:* Schließlich ist auf die geschlechtsspezifische Dimensionen zu verweisen, die im Sinne von gender ja ebenfalls kulturell bedingt sind. Während in Deutschland Männer leichter und häufiger Fernsehen in der Öffentlichkeit nutzen als Frauen und das Programm, aber auch die Tradition von öffentlichen Räumen dies nahe legt, scheint die Differenz in den USA längst nicht so groß zu sein.

Insgesamt zeigen diese Ergebnisse, dass Fernsehen in den beiden Kulturen Unterschiedliches bedeutet, insofern es in den USA längst nicht die moralisch zu beurteilende Anstalt zu sein scheint, die es in Deutschland ist. Die öffentlichen Räume in Deutschland erscheinen darüber hinaus als stärker verregelt als die US-amerikanischen.

Im Gegensatz dazu steht die Tatsache, dass Fernsehen in den USA fast vollständig kommerziell ist, während der deutsche Umgang mit dem Medium jedenfalls bisher noch von den öffentlich-rechtlichen Fernseherfahrungen geprägt ist (vgl. auch Newcomb/Hirsch 1986) – die öffentlich-rechtlichen Rundfunkveranstalter haben sich bei aller Kritik letztlich doch stets darum bemüht, Mindeststandards für Qualität zu beachten und auch Minderheiten zu bedienen. Das führt zu einem offensichtlichen Widerspruch: Obwohl die öffentlich-rechtlichen Anbieter in Deutschland in Einklang mit den Urteilen des Bundesverfassungsgerichts Fernsehen nicht nur als Unterhaltung, sondern auch als Information, Bildung und Kultur distribuieren, ist das Fernsehen in der deutschen öffentlichen Meinung sehr viel weniger wert ist als das US-amerikanische in der öffentlichen Meinung der Vereinigten Staaten, wo Qualitätserwägungen an ein Fernsehen als kultureller Akteur im europäischen Sinn fehlen oder faktisch im öffentlichen Bewusstsein keine Rolle spielen; dort geht es primär um Quotenoptimierung unter Akzeptanzbedingungen.

6.2.6 Fernsehen auf öffentlichen Plätzen als Teil des Mediatisierungsprozesses

Fernsehangebote und Fernsehnutzung in der Öffentlichkeit sind kein neues Thema – in vielen Ländern und Kulturen sind Kneipen oder Restaurants bestimmter Art ohne Fernsehgerät kaum denkbar. Auch in Schaufenstern oder Läden gab und gibt es immer wieder laufende Fernsehgeräte, früher allerdings meist in Geschäften, die Fernsehgeräte zum Kauf anboten.

Demgegenüber zeigt die hier beschriebene Untersuchung, dass *es sich bei der heutigen Verbreitung von Fernsehgeräten in der Öffentlichkeit um einen neuartigen Prozess handelt. Im Gegensatz zu früher stehen Fernsehgeräte heute nicht mehr nur in Schaufenstern von Radiogeschäften oder Elektronikshops zum Verkauf, und Fernsehen wird auch weder in Deutschland noch in den USA primär deshalb auf öffentlichen Plätzen aufgestellt, damit die Menschen, die zu Hause kein Fernsehgeräte haben, hier an allgemeinen Ereignissen teilhaben können. Ferner existiert weder in Deutschland noch in den USA eine Tradition des Kollektivsehens wie etwa in Mexiko oder Brasilien. Und die gemeinschaftliche Nutzung von Fernsehen außer Haus ist nicht mehr nur vorwiegend familiär oder freundschaftlich strukturiert, sondern erfolgt über thematisches Interesse oder über Bedingungen des Arrangements. Fernsehgeräte werden heute zu anderen Zwecken in der Öffentlichkeit aufgestellt als früher*, und sie zielen auf andere Nutzungsweisen und Zielgruppen als früher: als Bewegttapete und Imagelieferant, als ständig präsenter Werbeträger auf spezifischen öffentlichen Plätzen und in U-Bahnen, als Überbrückungshilfe in Situationen des Wartens wie auf dem Flughafen und als Attraktion, um den Aufenthalt an besonderen Plätzen wie etwa in spezifischen Läden erstrebenswerter zu machen. Das heutige Fernsehangebot auf öffentlichen Plätzen in Deutschland ist nicht historisch gewachsen, sondern appelliert gezielt an ein spezifisches Konsumentenverhalten in der Öffentlichkeit, das als charakteristisch postindustriell bzw. konsumkapitalistisch induziert angesehen werden kann.

Empirisch zeigte sich im Untersuchungszeitraum eine allmähliche Zunahme von öffentlichen Plätzen mit Fernsehgeräten in Hamburg, mit neuen Ausdifferenzierungen von Orten wie der Eröffnung einer Sportsbar mit vielen Fernsehgeräten oder Friseuren mit Fernsehen. Nach den Beobachtungen der US-amerikanischen Projektpartner war auch in den USA in Zuwachs zu verzeichnen (vgl. Krotz/Eastman 1999). Die häufiger werdende Präsenz von Fernsehgeräten in die Öffentlichkeit schließt an die Zunahme von Fernsehgeräten in den Haushalten an; dort finden sich in immer mehr Räumen, in Schlaf- und Wohnzimmern, in Garagen und Hobbykellern, in Kinderzimmern und Küchen immer mehr Fernsehapparate. Auch die Verwendung von tragbaren Fernsehgeräten zu Picknicks, am Strand oder an anderen Freizeitorten scheint zumindest in den USA zuzunehmen. Sofern sich dies wieder abschwächt, wird dies wohl auch damit verbunden sein, dass inzwischen Computer und Internetanschlüsse häufiger in der Öffentlichkeit zugänglich bzw. immer mehr Leute mit mobilen Medien unterschiedlicher Art ausgerüstet sind. Ähnliche Entwicklungen findet man auf anderen Feldern, wo Fernsehen in neuen Kontexten auftaucht, zum Beispiel als Business TV, School TV oder als "place-based media" in Fitnessclubs (Easter 1998) oder point-of-sales-Radio.

Insofern lässt sich plausibel behaupten, dass das heute zu beobachtende Vordringen von Fernsehen in die Öffentlichkeit Teil eines Mediatisierungsprozesses ist, mit dem sich die Gesellschaft zur „Medien- oder Informationsgesellschaft" entwickelt, und in dessen Verlauf Fernsehen sowohl in neuen Kontexten erscheint und neue Funktionen übernimmt als auch neue Nutzungsformen entstehen.

„Medien- oder Informationsgesellschaft" bedeutet dementsprechend nicht oder nicht nur, dass digital vermittelte Kommunikation mit all ihren Möglichkeiten und Konsequenzen immer wichtiger wird, sondern auch, dass Medien überhaupt (und damit auch die so genannten alten Medien, die zunehmend von den digitalen simuliert werden) in sich immer weiter ausbreitenden Kontexten angeboten und genutzt werden. *Charakteristisch für „Mediatisierung" ist also nicht nur Fernsehen via PC mit Zusatzangeboten, sondern eben auch Fernsehen auf öffentlichen Plätzen, Schul- und Universitätsfernsehen sowie Business-TV am Arbeitsplatz. Insofern sind mit der Untersuchung von Fernsehen an öffentlichen Plätzen nicht nur neue Kontexte von Fernsehen angesprochen, sondern es sind auch neue Verknüpfungen dieses Mediums mit Alltag, Kultur und Gesellschaft kenntlich geworden.* Eine üblicherweise raum-zeitlich bestimmte Situation, in die dann auch ein laufendes Fernsehgerät eingeführt wird, verändert sich nicht zu einer Situation, die im wesentlichen bleibt, was sie war, vermehrt um ein Fenster in die Außenwelt. Vielmehr entsteht eine neue, nicht mehr nur raum-zeitlich mehr oder weniger stabil festgelegte Situation, wie Meyrowitz (1990a) ganz allgemein betont. Ein Essen, beispielsweise während der Live-Übertragung der Beerdigung von Lady Di, ist nicht nur ein Essen mit begleitendem Fernsehen, sondern verändert seinen Charakter insgesamt.

Die Präsenz von Fernsehen gestaltet also alltägliche Situationen neu, die vorher ohne Fernsehen ihren Verlauf nahmen. Seine Präsenz auf öffentlichen Plätzen transformiert den Charakter des jeweiligen Ortes, insofern sich die Situation ändert, in der sich der Rezipient befindet. *Fernsehen wird, von der Nutzungsseite aus gesehen, damit auf neue Weise zum Alltagsbegleiter in vielen neuen Situationen. Dabei wird Fernsehen aber – vielleicht mag sich dies durch Handys mit Fernsehmöglichkeit ändern – nicht selbst mobil wie das Radio, son-*

dern es wird allüberall platziert und ist damit überall oder an vielen Orten präsent. Vermutlich werden sich auch neue Fernsehgenres entwickeln, deren Rezeption vor allem in der Öffentlichkeit Sinn macht. Public Viewing von Sport markiert vielleicht einen Schritt dahin. Andererseits haben in der Öffentlichkeit aufgestellte Fernsehgeräte etwas mit den an immer mehr Orten fest installierten Videokameras gemeinsam – ist das eine die Rezeption öffentlich angebotener Kommunikate, ist das andere die Produktion öffentlichkeitsbezogenen Fernsehens, das sich aus Sicht der abgebildeten Menschen allerdings eher als eine Art des passiven Zwangsfernsehens begreifen lässt.

Welche Konsequenzen dies für die interpersonale Kommunikation in der Öffentlichkeit hat, ist offen. Zwar zeigen die hier präsentierten Beobachtungen im Großen und Ganzen, dass das Fernsehen interpersonale Kontakte keineswegs zum Erliegen bringt, sondern Gespräche und Kontaktaufnahmen durchaus auch fördern kann. Gleichwohl verändern sich die Bedingungen von Kommunikation, da mediatisierte und interpersonale Face-to-Face-Kommunikation sich überlagern und vermischen. Auf derartige ‚Wirkungen' von Medien hat auch Meyrowitz (1990b) verwiesen, wenn er betont, dass sich beispielsweise schon in der Vergangenheit die Definition von Alleinsein verändert hat: Vom Alleinsein spricht man heute auch dann, wenn jemand mit dem Fernsehgerät zusammen ist.

6.2.7 Folgen von Mediatisierung: Die Kommerzialisierung öffentlicher Plätze mittels Fernsehen

Die Analyse der Funktionen öffentlichen Fernsehens macht deutlich, dass Fernsehen bei seiner Ausbreitung auf öffentliche Plätze neuen Zwecken dient. Denn den Sinn dieser Orte definiert das jeweils zuständige Management, und es muss dementsprechend auch dafür sorgen, dass dieser Sinn eingehalten wird. Fernsehen ist so nicht mehr die vertraute und häusliche Beziehung zwischen Gerät und Rezipient, die durch Inhalt und Fernbedienung vermittelt ist und bei der Nutzung und Kontrolle über das Angebot zusammen fallen. Vielmehr hat Fernsehen auf öffentlichen Plätzen immer auch etwas mit der Herrschaft über den Ort zu tun, weil das Platzmanagement diese Herrschaft nicht an die Nutzer abgeben kann: Das Fernsehen darf den Charakter dieses Ortes nicht soweit verändern, dass die Menschen, die eigentlich an diesen Platz wollen, nicht mehr kommen; andererseits dient die Installation von Fernsehen auch dazu, den Ort mit Hilfe des Fernsehgeräts zu kontrollieren. Unterhalb der Priorität, den Sinn des Ortes zu erhalten, werden Fernsehgeräte, wie oben erläutert, deswegen aufgestellt, um möglichst viele Kunden anzulocken bzw. ihnen ihren Aufenthalt angenehm und attraktiv zu machen.

Diese Prioritätenliste lässt zunächst offen, welche Sender und Programme dafür geeignet sind[36].

Insofern dafür private Sender gewählt werden (oder eigenständig über Werbung finanzierte Spezialkanäle, wie es mit den Point-of-Sales-Radios oder dem U-Bahn-Fernsehen der Fall ist), *erhält der öffentliche Platz durch deren Werbespots einen (potenziell) kommerziellen Charakter bzw. der kommerzielle Zweck eines Ortes wird vertieft oder verbreitet.* Von *Verbreiterung des kommerziellen Zwecks* kann man sprechen, wenn etwa in einer Kneipe Werbespots zu sehen sind und Reklamesprüche kaum überhört werden können, wo sonst allenfalls Bierdeckel für eine Biermarke dezent Werbung machen. Von *Vertiefung des kommerziellen Zwecks* dagegen kann man sprechen, wenn beispielsweise in Sportgeschäften Sportsender laufen, in denen für Sportartikel geworben wird, die man in dem Geschäft erwerben kann.

Diese Beobachtung eröffnet eine weitere Diskussionslinie des Angebots von Fernsehen auf öffentlichen Plätzen, nämlich die Perspektive einer Kommerzialisierung öffentlicher Räume und damit einer *Ökonomisierung und Kommerzialisierung von Kultur und Kommunikation*, wie sie – in anderer Hinsicht – Schiller (1989) beschrieben hat. Mit dieser Frage hat sich – und auch im Hinblick auf die neuen Funktionen von Fernsehen – McAllister (1996) beschäftigt.

McAllister geht davon aus, dass Werbung eigentlich auf Verhaltenskontrolle aus ist, die individuelles Handeln auf ein bestimmtes Ziel lenkt. Dazu nehmen die werbetreibende Industrie und ihre Agenten Einfluss auf die Symbole und deren Bedeutungen, die sie in ihren Spots und Mitteilungen präsentieren, aber auch, sofern möglich, auf das Umfeld der Präsentation, auf mediale Inhalte und das Verhalten der Nutzer. McAllister unterscheidet interne Kontrolle innerhalb des Werbetextes von externer Kontrolle, die das Umfeld im Griff haben will. Diese Kontrollbestrebungen äußern sich nicht nur in dem Einfluss auf gezeigte Medieninhalte, sondern auch sehr viel allgemeiner, weil sie gebündelt Art und Charakter des Fernsehens insgesamt beeinflussen, zum Beispiel den Grad seiner Unterhaltungsorientierung (und der darauf bezogenen Erwartungen) verändern. In diesem Zusammenhang weist McAllister auch auf die Intention der werbetreibenden Industrie hin, bestimmte Begriffe und Gefühle dadurch zu besetzen, dass sie die Assoziation an bestimmte Produkte nahe legen.

In den neunzehnhundertachtziger Jahren verlor die Werbung nun nach McAllister (in den USA) die vorher vorhandene Kontrolle über das Mediennutzungsverhalten, weil sich die Gesellschaft fragmentierte, weil die gängigen Pub-

---

[36] Beispielsweise gab es in Hamburg-Eppendorf den Versuch, Einkaufswagen in einem Supermarkt mit Geräten auszurüsten. Diese Geräte begrüßten den Kunden und wiesen ihn auf spezifische Angebote hin. Sie wurden jedoch von den Kunden nicht akzeptiert und wurden deshalb schnell wieder abgeschafft.

likumsmodelle an Erklärungskraft verloren, weil sich das programmliche Umfeld der Commercials veränderte und weil sich andere Sehgewohnheiten durchsetzten. Allerdings gewann die Werbung aber auch an Einflusspotenzial, weil Medienvielfalt und Deregulierung Widerstände gegen eine Einflussnahme der Werbung auf einzelne Sendungen leichter überwindbar machten. Mit verschiedenen Strategien versuchte die werbetreibende Industrie jedenfalls, die Kontrolle wieder zurück zu gewinnen bzw. zu stärken. McAllister behandelt in diesem Zusammenhang die empirisch beobachtbare Veränderung von Werbespots, das Aufkommen von Sponsoren für Sendungen und eben das so genannte „place-based advertising" als Versuch, Kontrolle durch den Ort auszuüben und dadurch Werbung unter günstigen Bedingungen an die richtigen Zielgruppen, die sich an diesem Ort aufhalten, zu verteilen.

Im Detail berichtet McAllister von Bestrebungen, alle irgendwie geeigneten Plätze mit Fernsehen auszurüsten und den Aufenthalt der Menschen dort werblich auszunutzen – bis hin zum Aufenthalt in der Schule, der von dem in den USA durch Werbung finanzierten Schulfernsehen begleitet wird. Er zeigt auch auf, dass dieser Markt sich erst in seinen Anfängen befindet und mancher groß angelegte Versuch zunächst einmal gescheitert ist, weil er wohl zu früh kam. Insgesamt vertritt er aber die These, dass diese Strategie, die schon in den zwanziger Jahren, also vor der Zeit des Fernsehens, mit anderen Medien verfolgt wurde, heute und in Zukunft als wichtiges Wachstumsfeld für Fernsehen und neue Medien gesehen werden muss, und mittlerweile „less a frontier and more of a civilized promotional option" (1996:66) ist. Dieser Prozess einer Durchdringung alltäglichen Handelns und Erlebens durch Werbung als einem wesentlichen Entwicklungsmotor wird derzeit auch auf dem Feld der computervermittelten Kommunikation in ähnlicher Dynamik deutlich, wie sich beispielsweise am Internet als Prototyp dieser Kommunikation zeigt.

Der damit angesprochene Prozess einer Ökonomisierung bzw. Kommerzialisierung des Sinns von Medien, der Alltagskommunikation und der Gesellschaft ist in dem hier verfolgten Kontext zweifelsohne von Bedeutung, wenn auch – vielleicht zum Teil wegen der Beschränkung der Untersuchung hier auf öffentliche Plätze und wegen der damit verbundenen Auslassung etwa von Fitnessstudios und dergleichen – nur zum Teil im Sinne eines zunehmenden Werbedrucks. *Deutlich ist aber, dass die Fernsehnutzung zunehmend in ökonomische Zusammenhänge integriert wird. Dabei wird nicht nur Fernsehen als Ware und Mittel behandelt, sondern auch das thematische und unterhaltende Interesse der Fernsehnutzerinnen und -nutzer auf ökonomische Prozesse und in wirtschaftlichem Interesse betriebene Plätze bezogen.*

Daraus kann man die These ableiten, dass der Metaprozess der Mediatisierung nicht nur in seinen Grundlagen ökonomisch bedingt ist. Vielmehr bedeutet

Mediatisierung auch ganz konkret, medien- und werbefreie Plätze, an denen die Menschen in erster Linie mit anderen Menschen kommuniziert haben, in Plätze mit Medien und damit mit Werbung zu verwandeln, der man sich nicht immer leicht entziehen kann.

In der Begrifflichkeit der Cultural Studies heißt dies, dass öffentliche Plätze hegemonial umstrukturiert werden[37]. Diese Tendenz findet sich beispielsweise auch in Fußballstadien, in denen normale Sitz- oder Stehplätze zunehmend durch privat zu mietende, teure Lounges ersetzt werden. Die unmittelbare und aufeinander bezogene Kommunikation der Menschen im Stadion, die dessen Atmosphäre und für viele auch einen wesentlichen Grund ausmacht, dorthin zu gehen, wird jetzt durch *Separierung nach finanziellen Ressourcen beeinträchtigt.* Die Privatisierung spezifischer Typen öffentlicher Räume, die bekanntlich in den USA sehr viel leichter durchzusetzen und dementsprechend weiter fortgeschritten ist als in der Bundesrepublik (beispielsweise von Fußgängerzonen in Malls zum Einkaufen, vgl. auch Fiske 1994), ist eine der Entwicklungstendenzen, die damit in Zusammenhang betrachtet werden können, aber auch die Durchkommerzialisierung des Internet steht damit in Zusammenhang.

Öffentliche Plätze sind Orte öffentlichen Geschehens und öffentlichen Austauschs, Orte des sich Zeigens und gesehen Werdens, der Beobachtung und Auseinandersetzung. *Die Entwicklung wirft deshalb die Frage auf, welche Folgen es für ein Gemeinwesen hat, wenn seine öffentlichen Plätze kommerziell durchstrukturiert werden.* Bisher beschränkt sich diese Entwicklung überwiegend zwar noch auf ohnehin kommerziell strukturierte Plätze, verändert aber auch U-Bahnen, Bahnhöfe und Flughafen als nicht nur kommerzielle Orte. Ganz spurlos wird dies an der Bereitschaft der Menschen, sich an ihrem Gemeinwesen in Eigenverantwortung zu beteiligen, vermutlich nicht vorbeigehen. Für sie entsteht auf jeden Fall eine verstärkte Notwendigkeit, sich durch verbesserte Selektionsleistungen von für sie irrelevanten Medienangeboten abzugrenzen.

6.3 Medienereignisse: Die Erzeugung von Sinn und Orientierung für viele

6.3.1 Medienangebote in der Zeit

In dieser zweiten empirischen Fallstudie wollen wir auf ein bisher unterkomplex behandeltes Thema eingehen, nämlich auf das Genre „Medienereignisse" und

---

[37] Vgl. grundsätzlich zu diesen Fragen: Kellner 1995, Mcehan 1994 sowie, was etwa Forschung im Hinblick auf Werbenutzung bis hin zu Plakaten angeht, Kent 1995.

seine Bedeutung. Medienereignisse finden als Ereignisse zu bestimmten Zeitpunkte statt, und werfen deswegen zunächst einmal die Frage nach der Zeit strukturierenden Bedeutung von Ablaufmedien auf.

Im Hinblick auf Zeit kann man zunächst immer verfügbare (wie DVD oder Computerspiele) von zeitpunktbezogenen Angeboten in Ablaufmedien unterscheiden. Zeitpunktbezogene Angebote können einmalig/erstmalig (z.B. die Direktübertragung des Angriffs auf das World Trade Center in New York) oder eine Wiederholung etwa eines Films sein. Es kann sich aber auch um Fortsetzungsangebote (wenn es weitere Sendungen gibt, die sich auf das Geschen am 11. 9. 2001 beziehen) oder um rhythmisch distribuierte Angebote (wie die Tagesschau) handeln – wir sprechen hier zunächst nicht von Ereignissen, sondern von Medienangeboten. Wir berücksichtigen in dieser Unterscheidung auch nicht Medien insgesamt (Fernsehen ist rund um die Uhr nutzbar), sondern einzelne thematische Angebote allgemein adressierter, standardisierter Art.

In den mediatisierten Gesellschaften von heute sind die Medien Alltagsbegleiter, und deswegen gewinnen die zeitlichen Distributionsmuster neue Bedeutung. Ihre zunehmende Bedeutung äußert sich auch darin, dass sie das Leben der Menschen ganz generell an die Programmstrukturen ketten, und in diesem Rahmen rhythmisieren regelmäßig wiederkehrende Angebote den Alltag vieler Menschen. Sie tun das durch regelmäßige Taktgebung, die sich als Gewohnheitsbildung der Menschen äußert, insofern diese ihren Alltag bewusst oder unbewusst darauf einrichten. Daily Soaps und Daily Talks, Daily News, Daily Weather und Daily Sport zu bestimmten Zeiten machen das ebenso deutlich wie der regelmäßige Tatort am Sonntag Abend oder die Late Night Show von Harald Schmidt, auf die Fans ihren Alltag und ihre sozialen Beziehungen einstellen. Vermutlich ist jeder Fernsehnutzer mittlerweile auf diese Weise an das eine oder andere rhythmisierte Angebot gebunden, auch wenn sie oder er es nicht jedes Mal nutzen.

Komplementär müssen Medien wegen ihrer immer größeren Anzahl und ihrer Angebote immer wieder darum kämpfen, überhaupt als eigenständig wahrgenommen zu werden – gerade bei Radioprogrammen wissen heute viele nicht, welchen Sender sie gerade hören. Darauf versuchen Sender bekanntlich etwa dadurch zu reagieren, dass sie Angeboten die Aura des Kultigen, des Besonderen und Einmaligen in der Zeit zu geben. Dies geschieht unter anderem auch durch die Veranstaltung oder Übertragung von *Medienereignissen*, also einmaligen besonderen medialen Angeboten – mit einer genaueren Definition werden wir uns noch beschäftigen. Medienereignisse sind Anlässe der Orientierung, der Welterklärung und der Sinngebung für die Menschen einer bestimmten Kultur. Sie durchbrechen die gewohnten Programmstrukturen von Ablaufmedien wie dem Fernsehen oder das übliche Layout bei Printmedien und machen dadurch auf die Ereignisse und damit die Sinnstrukturen aufmerksam, die sie thematisieren wollen.

Beispiele für Medienereignisse und deren Bedeutung liegen auf der Hand: Staatsfeiertage legitimieren Politiken und Gemeinwesen – etwa der Staatsfeiertag Österreichs, der auf Neutralität verpflichten soll, oder der Sturm auf die Bastille in Frankreich, der die Revolution von 1789 einleitete. Medienereignisse können eine erhebliche Rolle für die Konstitution nationaler Identitäten spielen – beispielsweise das berühmte Fußball-WM Endspiel in der Schweiz 1954, wo „die Helden von Bern", wie die deutsche Nationalmannschaft danach gern apostrophiert wurde, die favorisierten Ungarn besiegten und (West-)Deutschland nach dem Elend des zweiten Weltkriegs und dem Holocaust erstmals wieder international in einem positiven Sinn zur Kenntnis genommen wurde. Auch in unterdrückten Kulturen (wie z.b. in Irland vor der Unabhängigkeit von England) haben Sportarten und damit verbundene Sportevents in den Medien eine große Rolle für den Prozess der Identitätsfindung gespielt – man denke nur an die Boxkämpfe Muhammed Alis und ihre Bedeutung für die US-amerikanische Bürgerrechtsbewegung oder die Erfolge der tschechoslowakischen Eishockeymannschaft gegen die UdSSR nach der Besetzung des Landes 1968.

Über ihre Bedeutung haben Medienereignisse manchmal auch dazu beigetragen, dass ein neues Medium sich durchgesetzt hat – so war die Krönung der Queen Elisabeth in den fünfziger Jahren ein Ereignis, das den Verkauf von Fernsehgeräten beflügelt hat, und später in den siebziger Jahren half die Fußballweltmeisterschaft, das Farbfernsehen in Deutschland durchzusetzen. Das Verhör von US-Präsident Clinton vor dem zuständigen Senatsausschuss in der Folge der Lewinsky-Affäre im Internet ist ein Beispiel dafür, dass nicht nur das Fernsehen, sondern auch andere Medien (zusammen mit anderen Publika) Medienereignisse kreieren können.

Ein Ereignis ist, folgt man dem etymologischen Duden, etwas, was eräugt werden soll und will. Ein Medienereignis ist, so könnte man daran anschließend sagen, ein Geschehen irgendwo auf der Welt und irgendwann, von dem die Medien als etwas Besonderem berichten und das die Publika, die Menschen in der Gesellschaft auch als einen hervorgehobenen Sinnzusammenhang zur Kenntnis nehmen – beispielsweise der angekündigte Beginn des verunglückten Krieges gegen den Irak, das Endspiel der Fußball-Weltmeisterschaft oder die Landung auf dem Mond.

Wenn wir ‚Medienereignis' so definieren, so würden wir allerdings die Rolle der Medien im Zeitalter der Mediengesellschaft unterschätzen: Sie besteht nicht nur darin, von etwas zu berichten, das passiert. Die Medien und insbesondere das Leitmedium Fernsehen wollen nicht nur berichten, sondern selbst „eräugt", also gesehen, beachtet und rezipiert werden – ganz gleich, ob sie auf Gewinn angelegte Unternehmungen oder um ihre Legitimation besorgte öffentlich-rechtliche Institutionen sind. Die Medien der Mediengesellschaft wollen (und müssen) nicht nur von Ereignissen erzählen, sondern sie auch selbst produzieren. Auch das ist ja gerade etwas, was eine hoch mediatisierte Gesellschaft von anderen Gesellschaftsformen unterscheidet.

Deshalb soll hier unter einem Medienereignis zunächst einmal eine besondere, hervorgehobene, räumlich und zeitlich bezogene mediale Inszenierung eines extramedial stattfindenden, zeitpunktbezogenen Geschehens verstanden werden, die die Menschen als etwas Besonderes wahrnehmen und behandeln.

6.3.2 Die Privilegierung der Publika vor den Teilnehmern und die Interessen der Medien

Während wir bisher Medienereignisse nach ihrer inneren Struktur und ihrem Platz in Kultur und Gesellschaft beschrieben haben und dies auch noch in weiteren Abschnitten fortsetzen werden, wollen wir die Rolle der Medien im Hinblick auf das Geschehen nun etwas genauer beleuchten. Denn die Medien sind nicht nur die Boten, die von etwas berichten, sondern gerade bei der Konstitution von Medienereignissen immer auch als Akteure in größerem Ausmaß beteiligt. Dies liegt daran, dass sie die Menschen als Publika in ein inszeniertes Geschehen einbeziehen können, auch wenn diese bei dem Geschehen selbst nicht präsent sind oder sein können, und daran, dass die Medien im Zeitalter rasch voranschreitender Mediatisierungsprozesse Medienereignisse bei Bedarf selbst in Gang bringen können.

Bereits 1951 führte der Chicagoer Soziologe Kurt Lang eine empirische Studie dazu durch. Es ging dabei um den Triumphzug des Generals McArthur, den der Stadtrat von Chicago veranstaltete. Das war damals ein brisantes Thema, weil der Koreakrieg gerade mit einem Waffenstillstand sein Ende gefunden hatte – gegen den Willen des Oberbefehlshabers McArthur, der für eine harte Kriegsführung bis hin zum Atomschlag eingetreten, dann aber suspendiert worden war. Angesichts dieses politischen Hintergrunds wurde der Triumphzug vom Fernsehen übertragen. Lang postierte nun einerseits 31 Beobachter, alle Soziologen, an den wichtigen Stellen der Stadt und ließ sie beschreiben, was sie sahen – und er ließ andererseits andere beschreiben, was man vor dem Fernsehschirm sah (vgl. Boorstin 1987:54ff).

Manche der Ergebnisse kommen uns heute trivial vor, sie sind aber gleichwohl wichtig: die meisten Live-Zuschauer waren gelangweilt, weil sie kaum etwas sahen, und wenn, dann nur kurz. Die Fernsehzuschauer dagegen bekamen alles bis ins Detail mit, weil die Kameras bereits damals bevorzugt behandelt wurden und überall präsent sein durften. Obendrein verstärkte der Kommentator den Eindruck, es finde ein ganz besonderes Spektakel statt, indem er es immer wieder als etwas Einmaliges bezeichnete. Er behauptete überdies durchweg, die beim Umzug anwesenden Massen seien hoch motiviert und tief bewegt – ein bis heute immer wieder angewandter Inszenierungstrick. Die Beobachter allerdings konnten das nicht bestätigen.

Das Medium Fernsehen schafft offensichtlich seinen Zuschauern einen privilegierten Zugang zu dem Geschehen, durch den man zwar nicht live dabei ist, aber dennoch oft mehr vom Geschehen mitbekommt als die Zuschauer vor Ort. Üblich ist es heute auch, dass das Fernsehen seine Zuschauer motiviert, indem es ihnen vorgaukelt, die Anwesenden seien intensiv dabei und es handle bei dem Geschehen um etwas ganz Besonderes. Die Menschen vor Ort werden so zum Beispiel für die Zuschauer, wie man sich dem Ereignis gegenüber richtig verhält. Gegebenenfalls werden dazu dann auch bezahlte Claqueure eingesetzt, die dem Publikum Hinweise geben, und auch die Sendungen mit der Lachspur, die vor allem aus den USA stammen, sind Einrichtungen ähnlichen Zwecks.

Nicht nur, dass die Fernsehzuschauer etwas anderes sehen als die Teilnehmer vor Ort – durch die Präsenz des Fernsehens wird das Ereignis auch insgesamt verändert, insofern die Veranstalter dem Fernsehen einen Platz einräumen. Und auch die tatsächlich präsenten Zuschauer werden sich an diesem Prozess beteiligen – wer bei derartigen Gelegenheiten wissentlich in den Bereich einer Kamera gerät, wird sein Gesicht in noch würdigere oder freudigere Falten legen als es ohnehin schon der Fall ist. Boorstin (1987) entnimmt der Langschen Studie sogar, dass die meisten Leute eigentlich nur deswegen einen enthusiastischen Eindruck machten, weil sie gerne einmal vom Fernsehen aufgenommen werden wollten.

Der Triumphzug General McArthurs, seine öffentliche Inszenierung und seine Übertragung machen aber auch klar, warum Medien sich für derartige Ereignisse interessieren – vor allem in der Mediengesellschaft. Das Fernsehen und allgemeiner, die damit befassten Medien überhaupt dienen als Transmissionsriemen, aber sie profitieren auch in erheblichem Ausmaß davon: Sie treten als Berichterstatter auf, obwohl sie meist bei weitem mehr sind, sie verbessern ihr Image durch die Besonderheit des Übertragenen, sie sammeln interessierte Publika ein, die sie an werbetreibende Firmen weiterreichen können, und sie sichern darüber ihre Existenz, weil sie entweder ihr Einkommen erhöhen oder ihre Legitimation verbessern. Sie tragen darüber aber auch dazu bei, den Bürgerinnen und Bürgern Sinnzusammenhänge anzubieten, insofern sie etwas zum Ereignis machen und anderes nicht; vermutlich trägt dies zur gesellschaftlichen Integration der Menschen in der entsprechenden Gesellschaft bei. Aus all diesen

Gründen kann man davon ausgehen, dass Medienereignisse ganz besonders ein Genre der Mediengesellschaft sind und zunehmend sein werden.

Medienereignisse finden natürlich schon immer Beachtung – Homer berichtet vom Marathonlauf nach dem Sieg Athens über die Perser, ein Bericht, der bis heute „wirkt". Modernere Medienereignisse wie zum Beispiel das berühmte Hörspiel von Orson Welles über den „Krieg der Welten", das in Form von Nachrichten und Sondersendungen inszeniert war und manche Menschen in Panik versetzt haben soll, wurden ebenfalls wissenschaftlich untersucht (Cantril 1955). Aber die Idee, Medienereignisse als eigenständiges Genre der Medien der Mediengesellschaft zu betrachten und dafür eine eigenständige Theorie zu entwickeln, ist neueren Datums. Die beiden israelischen Wissenschaftler Dayan und Katz (1994), haben das dafür bis heute grundlegende Buch geschrieben, in dem sie sich mit Feiertagen und so genannten rituellen Medienereignissen beschäftigt haben. Eine ergänzende Theorie populärer Medienereignisse haben Hepp/Vogelgesang (2003) entwickelt. Wir orientieren uns hier vor allem an den rituellen Medienreignissen, werden aber auch noch kurz auf die populären eingehen.

6.3.3 Medienereignisse, die damit erzählten Geschichten und der damit verbundene Sinn

Prototypisch kennt jeder Medienereignisse: Die Olympischen Spiele, die Wahl eines Papstes, die Beerdigung von Lady Diana – die Medien greifen hier im Allgemeinen mit viel Aufwand ein Geschehen auf, das irgendwo auf der Welt stattfindet und das sie als besonderes Ereignis in jeden Haushalt transportieren. Zum Teil beziehen sie sich dabei nur auf bestimmte Kulturen und Länder, manchmal nur auf bestimmte Teilkulturen, etwa, wenn es um einen Nationalfeiertag geht. Zum Teil finden solche Ereignisse aber auch in der ganzen Welt Aufmerksamkeit – es wurde zum Beispiel schon für 1992 geschätzt, dass mehr als zwei Milliarden Menschen bei den Olympischen Spielen in Barcelona via Fernsehen ‚dabei' waren (Moragas Spa/Rivenburgh/Larson 1999): Der Begriff der Massenmedien hatte hier noch Sinn. Allerdings müsste man auch berücksichtigen, dass heute solche Events nicht nur durch allgemein adressierte, standardisierte Kommunikate in Gang gebracht werden, sondern oft auch die Handy- und Internetkommunikation dafür eine Rolle spielen.

Wir wollen uns vor diesem Hintergrund mit einigen Überlegungen zur medialen Inszenierung von Medienereignissen beschäftigen, um die obige Definition von Medienereignis zu konkretisieren.

- Medienereignisse sind in den Medien natürlich ebenso wie sonstige Berichte keine Abbildungen, sondern mediale Inszenierungen. Medien *selektieren und gestalten, was sie darstellen:* eine Beerdigung ist mit dem, was das Fernsehen daraus macht, nicht identisch. Denn die Kamera wählt Ausschnitt und Perspektive, der Regisseur inszeniert eine Handlungsfolge, und als Sendung oder Teil einer Sendung verändert sich das so Produzierte noch einmal, weil es in Programmkategorien eingeordnet wird und bei der Ausstrahlung auch sonst in neue Kontexte gerät. Hinzu kommt, dass Medien heute ihre Produktion auf *spezifische Publika und Zielgruppen hin arrangieren.* Diese Arrangements sind thematisch, da immer nur bestimmte Aspekte interessieren, sie sind aber auch ästhetisch, weil jedes Publikum an spezifische Darstellungsformen gewöhnt ist.

- Wenn Medien etwas zum Medienereignis küren, müssen sie auch begründen, warum es sich dabei um ein Medienereignis handelt und warum der damit betriebene Aufwand gerechtfertigt ist. Dafür ist es wichtig, dass die Medien deutlich machen, wie das dem Ereignis zugrunde liegende Geschehen zustande gekommen ist, worauf es sich auswirkt und was es insgesamt bedeutet. Um diesen Anforderungen zu genügen, werden Medienereignisse wie jedes Genre immer in bestimmten Formen inszeniert, zumal sie an eine oder mehrere *Geschichten* gebunden sind. Unter „Geschichte" verstehen wir hier eher naiv einen Text, der eine Reihe von zusammenhängenden Ereignissen im Prinzip in sinnvoller zeitlicher und logischer Reihenfolge beschreibt und dabei dramaturgischen Regeln folgt. Es gibt immer auch Akteure, die in dieser Geschichte auftreten und ihr einen Zusammenhang geben. Die Geschichte wird immer auch in einer bestimmten Perspektive erzählt, die das Geschehen ordnet und rahmt, und die damit auch eine „Moral" nahe legt (die natürlich auch im darüber Lachen oder durch Spott deutlich werden kann). Die mit einem Medienereignis verbundene Geschichte bildet den Hintergrund des jeweiligen Medienereignisses und trägt den damit verbundenen Sinn. So verweisen Nationalfeiertage im Allgemeinen auf ein Geschehen, das das bestehende politische System legitimiert. Olympische Spiele sind über die Erfindung des Marathonlaufs als Sportart mit dem Sieg der Athener über die Perser verbunden, in ihrer modernen Form aber auch mit der Behauptung, der Beste werde siegen – wozu allerdings die Nationenlisten in Art einer Bundesligatabelle nicht so recht passen, die alle Zeitungen abdrucken. Medienereignisse vermitteln insgesamt auf einer allgemeinen kulturellen Ebene Sinn und Orientierung.

- Medienereignisse werden immer kulturell bezogen arrangiert. Wenn beispielsweise eine Beerdigung im Fernsehen übertragen wird, erwarten wir eine ganz bestimmte Form, wie dies geschieht. Kein fetziger Rap, sondern eher getragene Klassik, keine aufdringlichen Werbeeinblendungen für Telefonsex, sondern höchstens für schwarze Limousinen, keine hastigen und immer neuen Bildfolgen, sondern eher langsame Schnitte – andernfalls halten wir es für eine Beerdigung in einem Spielfilm. Und wenn wir nicht wissen, wer da beerdigt wird, werden wir nicht ruhen, bevor wir es wissen, weil dies eine Voraussetzung dafür ist, ob und wie wir an der Beerdigung medienvermittelt Anteil nehmen: mit klammheimlicher Freude, Trauer oder nicht. Medienereignisse knüpfen so an bereits vorhandene Deutungsmuster ihrer Publika an, um verstanden werden zu können. Sie verstärken zudem bestimmte Deutungsmuster, wenn sie ihrer Aufgabe als Sinn und Orientierung stiftende Veranstaltungen nachkommen. Das drückt sich dann darin aus, dass bestimmte Werte, Normen und Traditionen in den Vordergrund gerückt und andere ignoriert oder abgewertet werden. Dies ist etwa der Fall, wenn die Medien vom Fairplay beim Treffen der Jugend bei den Olympischen Spielen berichten, zugleich aber auch die nationalen Gefühle durch national strukturierte Medaillenlisten stimulieren. Insofern sich Gedenktage, die Medienereignisse sind, auf Vergangenes beziehen, betonen sie ganz allgemein, was wichtig und unwichtig, was gut und böse, was ein Fort- und was ein Rückschritt ist. Sie können also erinnernd oder restaurativ, manchmal auch transformativ sein, wenn sie für ein soziales Problem verschiedene Wege aufzeigen.

- Es ist damit natürlich klar, dass Medienereignisse nicht nur mit *einer* Geschichte verbunden sind, sondern die vorhandenen Geschichten sortieren und ideologisch bewerten. Über einen Sieg können ebenso wie um eine Revolution oder einen Krieg ganz unterschiedliche Geschichten erzählt werden, und darin drücken sich ganz unterschiedliche Sichtweisen von Gut und Böse aus. Deshalb muss in diesem Zusammenhang an den Gramsci-schen Begriff der Hegemonie erinnert werden: es sind im allgemeinen die Geschichten der Sieger und der Herrschenden, die erzählt werden, und in Bezug auf die ein Medienereignis inszeniert und arrangiert wird. Beispiele dafür sind Krönungen, die letztlich alte Traditionen der Ungleichheit festschreiben, aber auch die aufwändige Direktübertragung einer öffentlichen Hinrichtung einer Ehebrecherin im Iran.

- Medienereignisse drücken also meist gerade in ihrer medialen Inszenierung die Werte der herrschenden Klasse aus, auch in dem, was sie nicht thematisieren. Der Nationalfeiertag der USA feiert beispielsweise die Boston Tea Party mit großen, im Fernsehen übertragenen Veranstaltungen, also den Aufstand der weißen Siedler gegen die Abhängigkeit von den Briten. Dass die so gefeierte Gleichheit weder die Frauen noch die Schwarzen oder die Indianer umfasst, kümmert nicht – einen weiteren Nationalfeiertag gibt es für sie aber nicht. Weiter kann man auf das Milleniumspektakel verweisen – der Übergang von 1999 auf 2000 fand im Rahmen der christlichen Zeitrechnung statt, am Medievent waren aber auch Japan, Arabien und andere nichtchristliche Kulturen beteiligt. Ein Milleniumjahr 1500 nach islamischer Zeitrechnung würde in Deutschland wohl kaum gefeiert werden. Auch hier muss man also von hegemonialen Sinnstrukturen sprechen.

Wie die Medien die jeweilige Geschichte bei etwa wiederkehrenden Medienereignissen erzählen, ändert sich deshalb im Zeitablauf ebenfalls. Die Olympischen Spiele in Berlin von 1936 wurden anders inszeniert als die in München 1972, und der 3. Oktober stellt sich 1990 anders dar als 1998. Der Erzähler kann die dramaturgischen Elemente einer Geschichte in einem gewissen Rahmen modifizieren, sie auf das aktuelle Geschehen und die Sichtweise beziehen – und dafür auch noch Glaubwürdigkeit verlangen[38]. Dabei wird auch darüber entschieden, was nun dazugehört und was nicht und manches anders betont und anderes beiseite gelassen. Weil einzelne Fakten ihre Bedeutung erst im breiteren Kontext gewinnen, kann sich der Sinn einer Erzählung schnell verändern.

▪ In den Elementen der medialen Ereignisinszenierung, in ihrer medialen Ordnung und im intentionalen Einbezug des Publikums konstituiert sich der Sinn des Geschehens, der den Anspruch rechtfertigen muss, den das Fernsehen formuliert und dafür die sonst erwarteten Sendungen ausfallen lässt. Damit wird zudem deutlich, dass Medienereignisse nicht nur ganz spezifische Darstellungsweisen in den Medien haben, sondern auch an ganz bestimmte Erwartungen und Gewohnheiten des Publikums anknüpfen.

Von daher können wir nun unsere obige Definition von Medienereignissen sinnvoll präzisieren: *Unter einem Medienereignis verstehen wir eine besondere, abgegrenzte (aber möglicherweise wiederholbare oder fortgesetzte) Erzählung mit raumzeitlichem Bezug, die die Medien in besonderer Weise inszenieren und präsentieren und mit der sie dem Publikum, der Gesellschaft oder einem Teilpublikum bzw. einer Teilgesellschaft ein besonderes Sinnangebot machen, das das Publikum oder ein Teil davon als etwas Besonderes zur Kenntnis nimmt.*

---

[38] Knut Hickethier hat in einem verdienstvollen Aufsatz für die Kommunikationswissenschaft deutlich gemacht, welche Rolle diese Form für Nachrichten überhaupt spielt. „‚Erzählen' stellt einen Vermittlungsmodus dar, für den der ‚Erzähler' konstitutiv ist, ... Der Begriff der Nachrichtenerzählung schließt die Aspekte der Vermittlung, der Geschehens- und Darstellungssukzession, der Perspektivität der Darstellung (point of view) und der Herstellung von Ordnungen durch die Darstellung ein." (Hickethier 1997:6).

6.3.4 Charakteristika von Medienereignissen

Nachdem wir nun eine Definition entwickelt haben, werden wir einige ergänzende Fragen besprechen.

▪ Ein Medienereignis muss als *etwas Besonderes* inszeniert sein, das dementsprechend mindestens Programmroutinen und im besten Fall sogar den Alltag der Menschen unterbricht oder verändert. Medienereignisse sorgen also dafür, dass der Flow des alltäglich angebotenen und auch erwarteten Fernsehflusses (Williams 1974) unterbrochen wird. Ein Indikator für ein Medienereignis in der Mediengesellschaft *könnte es deshalb sein, dass im Hinblick auf die Unterbrechung von Programmroutinen eine Konsonanz mehrerer Medien bzw. Fernsehsender beobachtbar sein muss – sie alle müssen das Gleiche übertragen und dafür ihren jeweiligen Programmfluss unterbrechen.* Das heißt im Extremfall, dass alle Medien eines Landes davon berichten müssen, wie zum Beispiel am 3. Oktober 1990 der ganze Zeitungskiosk schwarz-rot-gold geschmückt zu sein schien, weil alle Journale damit aufmachten. Diese Konsonanz alleine kann natürlich aber noch kein Medienereignis konstituieren.

▪ Ein Medienereignis muss *von den Medien in einer dem Ereignis angemessenen Weise* „with reverence and ceremony" (Dayan/Katz 1994) dargestellt werden. Dementsprechend beschränken sich die Fernsehveranstalter bei Medienereignissen immer wieder darauf, nur Bilder und Töne vom außermedialen Geschehen zu übertragen und kommentieren es nur spärlich. Immer wieder wird dabei auch auf die Werbeeinblendungen verzichtet, was angesichts der Abhängigkeit der Fernsehveranstalter von den damit verbundenen Einnahmen ein deutliches Zeichen für den zeremoniellen, nahezu sakralen Charakter des Geschehens ist.

▪ Damit lässt sich nun sagen, dass *Medienereignisse als ein eigenständiges Genre des Fernsehens bzw. der Medien* begriffen werden müssen, das quer zu sonstigen Genredefinitionen wie Nachrichten, Shows etc. liegt: Genres beinhalten eine spezifische Art der Darstellung, sie prägen darüber die Erwartungen und den Umgang der Menschen mit diesem spezifischen Medienangebot und sie stoßen auch auf Erwartungen, an die sie anknüpfen können und müssen. Empirische Untersuchungen wie etwa die von Rothenbuhler (1988) zeigen zudem, dass die Zuschauer mit Medienereignissen auf ganz spezifische Weise umgehen – sich darauf vorbereiten, sofern das möglich ist, Chips und Getränke kaufen, Freunde einladen etc. Auch das rechtfertigt es, von einem eigenständigen Genre zu sprechen.

- *In dieser Besonderheit kann man nun Medienereignisse danach unterscheiden, ob sie erwartet werden können oder nicht.* Vulkanausbrüche, Tsunamis oder sonstige plötzliche Katastrophen wie Attentate oder die Explosion eines NASA-Shuttles gelten für Dayan und Katz (1994) nicht als Medienereignisse, ebenso wenig wie die Ermordung Kennedys. Seine Beerdigung ist demgegenüber aber ein Medienereignis, denn auf diese kann man sich angemessen vorbereiten und ihren symbolischen Bedeutungsgehalt in die eigene Haltung dazu integrieren. Gegen diese Sichtweise lässt sich auf der anderen Seite argumentieren, dass jedes unerwartete Geschehen durch die technischen und organisatorischen Möglichkeiten in Windeseile in die Medien transportiert werden kann, und die Medien haben dann die Möglichkeit, es zu einem Medienereignis aufzubauen. Ein gutes Beispiel dafür das Attentat auf die Welthandelszentrum in New York am 11. 9. 2001, dessen Bilder vielen Menschen bis heute nicht aus dem Kopf gehen. Das Fernsehen brachte durch seine rasche Präsenz vor Ort und seine Recherchetätigkeiten jede Menge Bildmaterial zusammen, das immer wieder wiederholt und durch weitere Elemente der Berichterstattung ergänzt wurde – im deutschen Kabelnetz zeigten spät in der Nacht mit Ausnahme des einen oder anderen Sport- und Musiksenders alle Kanäle derartige Bilder. Der normale Alltag war durchbrochen, das Geschehen als Medienereignis eingefangen und inszeniert.

  In der öffentlichen Wahrnehmung macht das Fernsehen, das sich darauf einstellt und die suggestivsten Bilder immer wieder überträgt, daraus ein originäres Medienereignis. Die meisten Menschen denken ohnehin, sie hätten von einem überraschenden politischen Ereignis oder einer Katastrophe aus dem Fernsehen erfahren – was nicht unbedingt richtig ist. Jedenfalls wird auch ein überraschendes Ereignis durch Sondersendungen, durch immer wieder vorgeführte Wiederholungen, durch eine fortwährende Thematisierung in Talkshows und Moderationen, für Informationsmagazine und andere Genres manchmal noch im Nachhinein zu einem Medienereignis.

- *Medienereignisse sind aber jedenfalls (als Ereignisse) zeitlich abgegrenzt.* Als etwas Besonderes darf ein Medienereignis kein ständiges, kontinuierliches Geschehen sein. Es muss vielmehr möglich sein, zwischen einem vorher, einem währenddessen und einem nachher zu unterscheiden. Deswegen ist es schwierig, von einem *Medienereignis Krieg (*Löffelholz 1993) zu sprechen. Natürlich kann aber der Beginn eines Krieges ein Medienereignis sein.

- Man könnte daran anschließend vermuten, dass Medienereignisse nicht nur zeitlich, sondern auch anders *abgegrenzt sein müssen:* nämlich *räumlich,* da ‚Geschehen' einen spezifischen Raum hat, in dem es stattfindet, *sozial,* weil sich Anbieter und Publika, die gemeinsam Medienereignisse herstellen, zunächst einmal auf bestimmte Gemeinsamkeiten verständigen müssen, um ein solches Medienereignis zu konstituieren, und *kulturell*, weil Medienereignisse ja Sinnbezüge aufgreifen und verstärken und deshalb auf Kontextualisierungen angewiesen sind. Man findet aber leicht Beispiele von räumlich nicht begrenzten Medienereignissen – der Jahreswechsel von 1999 auf 2000 wurde weltweit als etwas besonderes gefeiert, die Mondlandung berührte in ihrer Bedeutung wohl das Selbstbild der gesamten Menschheit, auch wenn dieses Ereignis in China nicht bekannt gemacht worden ist. Derartige Ereignisse sind kulturell und sozial übergreifend.

▪ Dass ein Medienereignis trotz seines Ereignischarakters *wiederholbar oder fortsetzbar* sein kann (und wie ein Wanderzirkus durch die Welt verschoben werden kann), ist offensichtlich und kein Widerspruch zu seinem Ereignischarakter oder seiner Besonderheit: Die Olympischen Spiele sind ein Beispiel dafür, ebenso jedes GrandPrix-Autorennen. Die Geschichte, die die Medien mit einem Medienereignis erzählen, kann dementsprechend sogar eine Fortsetzungsgeschichte sein – für ein wiederkehrendes Sportereignis wie die NBA-Finals oder die Fußballweltmeisterschaft ist das jedenfalls der Fall.

Ein weiterer Schritt in eine breitere Theorie der Medienereignisse bestünde nun darin, eine thematische *Typologie von Medienereignissen* zu konstituieren. Die dafür relevanten Unterscheidungsdimensionen sind aber bisher nicht bekannt, weil es keine Einigkeit darüber gibt, was zu der Kategorie „Medienereignis" zählen soll. Sieht man sich in der Forschungsliteratur um, so kann man das, was wir in Bezug auf Dayan und Katz bisher berücksichtigt haben, als rituelle Medienereignisse bezeichnen; ein anderer Typus sind populäre Medienereignisse. Rituelle Medienereignisse lassen sich inhaltlich zumindest zum Teil typologisieren. In inhaltlicher Hinsicht unterscheiden Dayan und Katz drei Typen:

▪ Mit „Conquest" oder Eroberungen bezeichnen sie Medienereignisse, die große Fortschritte der Menschheit zelebrieren, so etwa die Mondlandung oder den Sieg in einer Schlacht, vor allem wenn sich David gegen Goliath durchgesetzt hat – sie liefern charismatische Legitimation, sie befriedigen vielleicht den Bedarf nach Helden und sie laden die Zuschauer zu einer emotionalen Beteiligung ein.

▪ „Coronations" oder Krönungen sind Medienereignisse, die etwas erhöhen und an erhabene Traditionen anknüpfen: Krönungen oder Paraden, Beerdigungen, Triumphzüge oder die Verleihung des Oscar (Real 1989). Hier werden die Menschen zu bestätigenden Teilnehmern und Zeugen gemacht.

- „Contests" oder Kämpfe sind regelgeleitete Auseinandersetzungen von einzelnen oder kollektiven Helden, wie sie im Fußball, bei Präsidentschaftsdebatten oder bei den Olympischen Spielen zu beobachten sind. Sie stellen den Rationalitätsaspekt in den Vordergrund, da sie meist eine regelgeleitete Rahmung von Konflikten und eine Ritualisierung von Auseinandersetzungen zelebrieren und so auch Rivalität reduzieren. Dazu trägt auch bei, dass derartige Kämpfe von einem Gleichstand ausgehen und nach spezifischen Regeln ausgetragen werden. Sie beinhaltet im Fall von großen Sportereignissen manchmal die Möglichkeit einer Revanche, die ein Verlieren erträglicher macht. Dem Publikum bieten sie die Rolle dessen, der Partei ergreift und zugleich des Schiedsrichters, der entscheidet.

Auf die Unvollständigkeit dieser an Max Webers Herrschaftsformen angelehnten Unterscheidung hat James Carey (1998) hingewiesen. Danach können öffentliche Hinrichtungen ebenfalls Medienereignisse sein, sie haben aber in der Dreiteilung zwischen Coronation, Contest und Conquest keinen richtigen Platz: Die McCarthy-Anhörungen der fünfziger Jahre in den USA zu den so genannten unamerikanischen Umtrieben vieler Personen, das öffentlich übertragene Verfahren gegen Präsident Clinton im Zusammenhang mit der Lewinsky-Affäre oder die öffentlichen Hearings im US-amerikanischen Senat für Ministerkandidaten sind zweifelsohne ebenfalls Medienereignisse.

Neben diesen rituellen Medienereignissen gibt es als zweiten Großtypus die *populärkulturellen Medienereignisse*, die von Hepp/Vogelgesang (2003) untersucht wurden, und auf deren Darstellung wir uns hier beziehen.

Eines der bekannteren neueren Medienevents dieser Art in Deutschland war die Geschichte vom Maschendrahtzaun und Knallerbsenstrauch. Die Geschichte wurde zunächst in der SAT.1-Sendung „Richterin Barbara Salesch" vom 28. 10. 1999 ganz unspektakulär als eine Art Gerichtsverhandlung inszeniert: Die sächsische Sekretärin Regina Zindler stritt dort, gewissermaßen vor „Gericht", mit ihrem Nachbarn Trommer um einen Strauch auf der Grenzlinie ihrer beider aneinander grenzender Gärten und um Abgrenzungsversuche mit Zäunen. Das Team des Entertainers Stefan Raab nahm ihre Aussage und insbesondere die sächsisch gefärbte Aussprache von „Maschendrahtzaun" und „Knallerbsenstrauch" zum Anlass, darüber ein Lied zu komponieren, das in drei aufeinander folgenden Sendungen seiner Nightshow „TV-Total" im November strophenweise vorgestellt wurde, das auf viele Zuhörer komisch wirkte und als CD mehr als eine Million mal verkauft wurde.

In der Folge kochte ein breites Interesse an der Sache hoch. Regina Zindler wurde zum „Alltagspromi". Es kam auch zu einem mehrere Monate dauernden Kampf zwischen Pro7, dem Sender Stefan Raabs, mit RTL und SAT.1, die alle die Aufmerksamkeit der Publika nutzen wollten. Zum Teil entstanden daraus massive Beeinträchtigungen für die beteiligten Protagonisten, deren Häuser von Fans zeitweise richtig belagert wurden.

Hepp und seine Mitarbeiterin untersuchten 73 Fernsehsendungen und 99 Zeitungsartikel darüber, sie machten ferner 18 Leitfadeninterviews mit Menschen aus dem Publikum und vier Experteninterviews mit Medien-Mitarbeitern. Daraus entwickelten sie ein grobes Ablaufschema, das von einer Frühphase über eine Hochphase bis hin zu einer Auslaufphase reicht. Angesprochen werden von solchen mediengemachten Events, so eine ihrer Schlussfolgerungen, ganz spezifische soziokulturell beschreibbare Publika, der Fall und seine Inszenierung greifen sozusagen die Bereitschaft mancher Szenen und Gruppen auf, solche Fälle zu ihrem Vergnügen zur Kenntnis zu erleben. Man kann dementsprechend sagen, dass die Medien hier die populärkulturellen Präferenzen der Bevölkerung nicht nur bedienen, sondern ausgesprochen schadenfroh und hämisch, aber erfolgreich organisieren.

Als weitere populärkulturelle Medienereignisse können Filme wie Titanic, aber auch *Stars als eine Art personalisierter Medienereignisse benannt werden.* Stars repräsentieren etwas Besonderes, und die durch sie erzählte Geschichte ist in ihrer Biographie und in spezifischen Leistungen angelegt, die Teilgeschichten bilden. Ihr Publikum sind ihre Fans, die letztlich den Star ja herstellen.

6.3.5 Die Rolle des Publikums

Eine der vernachlässigten und auch empirisch kaum untersuchten Fragen richtet sich auf die Rolle des Publikums bei Medienereignissen. Klar ist: *Medienereignisse werden trotz aller anderen notwendigen Bedingungen letztlich vom Publikum gemacht.* Nicht alles, was die Medien mit großem Lärm inszenieren, braucht auch ein Medienereignis zu sein, ihre Anstrengungen sind nur eine Voraussetzung. Erst wenn das Publikum den als Besonderheit arrangierten Sinnzusammenhang auch adäquat zur Kenntnis nimmt, kann von einem Medienereignis die Rede sein.

Es gibt auch Beispiele dafür, wo Publika gegen Staat und Medien Medienereignisse erzwungen haben: Bei der öffentlichen Trauer um die Familientrennung in Folge des Koreakriegs in Südkorea, viele Jahre nach Ende dieses Krieges. Es ist dokumentiert, dass das südkoreanische Fernsehen dazu eine Sendung machte, in der einzelne Hörer nach ihren Verwandten suchten und ihren Verlust beklagten. Dies war zunächst kein Medienereignis, aber die Nachfrage aus dem Publikum nach derartigen Ausdrucksmöglichkeiten und Informationen war derart groß, das es binnen einiger Tage zu stunden- und tagelangen Übertragungen dieser Art kam. Hier konstituiert das Publikum ein Medienereignis, und zwar eines, das nur über die Medien stattfindet.

Wie sehr solche Events in den Alltag der Menschen eingreifen können und wie sehr sie Alltagsverhalten durchbrechen können, zeigt eine interessante Arbeit aus wirtschaftswissenschaftlicher Perspektive von Rott und Schmidt (2001). Sie beschäftigen sich mit Programmereignissen, also programmlichen Events im Fernsehen und deren Auswirkungen auf die Fernsehnutzung. Dazu untersuchen sie in Anlehnung an ökonomische Konzeptionen der Absatzforschung die telemetrisch gemessenen aggregierten Sehdauern, die sich durch ein derartiges Programmevent ja verändern. Dabei unterscheiden sie drei Anteile:

Ein Programmevent findet erstens auf einem bestimmten Kanal statt, auf den während einer bestimmten Phase auch sonst ein bestimmter Teil der aggregierten Sehdauer entfallen wäre – die Änderungen unter diesem Aspekt nennen sie Kannibalisierungseffekt eines Programmevents. Ein auf einem Sender inszeniertes Programmevent lockt zweitens Zuschauer an, die sonst zu dieser Zeit andere Sendungen betrachtet hätten – dies bezeichnen sie als Substitutionseffekt. Und schließlich drittens kann ein Programmevent Leute anlocken, die sonst nicht ferngesehen hätten – das heißt bei ihnen Kreationseffekt. Solche Effekte lassen sich auf der Basis langer Zeitreihen bestimmen.

Natürlich kann man solche Maße auch benutzen, um den Einfluss des Wetters, des Wochentags oder eines Feiertags auf die Fernsehnutzung zu bestimmen – beispielsweise wird an Heiligabend 34 Minuten weniger ferngesehen als an einem statistischen Durchschnittstag, am Ostersonntag dagegen 46 Minuten mehr. Im Hinblick auf Medienereignisse finden Rott und Schmidt einen durch die Olympischen Winterspiele in Japan ausgelösten Kreationseffekt von knapp 14 Minuten – das bedeutet also, dass im Schnitt jeder deutsche Zuschauer 14 Minuten mehr pro Tag fern sah, um diese Übertragungen sehen. Die damals letzte Fußballweltmeisterschaft 1998 schlug in dieser Hinsicht mit 17,3 Minuten, die Europameisterschaft mit 10,5 Minuten zu Buche. Der absolute Renner war aber die Übertragung der Beerdigung der Prinzessin von Wales: Im Schnitt hat jeder Bundesdeutsche an diesem Tag, einem Samstag, mehr als 75 Minuten mehr Fernsehen gesehen als sonst.

Wie die Menschen im Detail damit umgehen, zeigen die bereits genannten Untersuchungen von Rothenbuhler (1988), der die Inszenierung von Gemeinsamkeit vor dem Bildschirm aufgezeigt hat. Bekannt ist auch, dass für das Publikum nicht nur die symbolische Teilhabe an dem mediatisierten Event wichtig ist, sondern dass schon die Tatsache der Ausstrahlung und der Unterbrechung des gewohnten und alltäglich erwarteten Programmschemas eine Rolle spielt. Auch die Ästhetik der Übertragung, das Arrangement und die nahe gelegte oder vorgeführte Interpretation spielen dabei eine Rolle. Vermutlich sind – das wäre empirisch zu prüfen – diese Faktoren für das Publikum auch ein Indikator dafür, welche Bedeutung einem Geschehen zukommt, sie signalisieren dem Publikum gewissermaßen die Wichtigkeit des Geschehens.

Medienereignisse kreieren danach geradezu eine Norm des Sehens und Verhaltens an einem solchen Tag und ermöglichen es den Menschen, sich am gemeinsamen sozialen und kulturellen Geschehen zu beteiligen (vgl. hierzu auch Carey 1989). Medienereignisse bewirken so oft, dass die Seher das Geschehen feiern, sich hier und da auch in Gruppen versammeln; häufig hat das Publikum auch eine aktive Rolle bei dem Geschehen, sofern es eine Art Saalpublikum stellt oder die Fernsehkameras überall im Lande individuelle Reaktionen einholen. Insgesamt integrieren diese Sendungen Gesellschaften zu einem „kollektiven Herzschlag", wie es Dayan und Katz (1994) formulieren.

Medienereignisse wenden sich trotz oder wegen dieser gesellschaftsstiftenden Funktion heute meist an Fernsehnutzer in ihrem häuslichen Zusammenhang und unterstellen, dass die Menschen sich dort im Kreise ihrer Lieben auf die inneren Werte des Geschehens einlassen – gelegentlich auch mit Freunden und Verwandten. Dies gilt allerdings nur für bestimmte Ereignisse. Hinzu kommt, dass Sportveranstaltungen, die sich als eher geschlechtsspezifisch adressierte und wahrgenommene Ereignisse vor allem an Männergruppen wenden, immer wieder auf öffentlichen Plätzen wie etwa Gasthäusern (Eastman/Riggs 1994, Marr/Stiehler 1995, Krotz/Eastman 1998) oder in Kinos rezipiert werden. Wie die Rezeption im Detail verläuft, haben auch Krotz et al. (1991) am Beispiel des 3. Oktober 1990 mit Tagebüchern untersucht – dabei wurde deutlich, dass die einen diesen Tag als etwas lang Gewünschtes zelebrierten, andere geradezu krampfhaft einen ‚normalen' und unspektakulären Tagesablauf beschrieben, um zu zeigen, wie unwichtig das Ganze ist.

6.3.6 *Mediale und soziale Wirklichkeit: Zum Realitätsbezug von Medienereignissen*

Wer sich mit Inhalt, Form und Bedeutung medialer Inszenierungen beschäftigt, muss sich immer auch mit dem Verhältnis von Medien und Wirklichkeit auseinander setzen[39]. Im Falle von Medienereignissen geht die Frage über diese allgemeinen Probleme jeder Medien- und Kommunikationstheorie (vgl. etwa Schulz 1989) noch hinaus. Unsere obige Definition von Medienereignis setzt an der Inszenierung der Medien an. Sie beinhaltet explizit, dass ein hinter einem Medienereignis stehendes reales, außermediales Geschehen nicht notwendig ist,

---

[39]   Vgl. hierzu auch die Dissertation von Stephan Weichert (2006), die gerade erschienen ist.

damit man von einem Medienereignis sprechen kann, sondern nur, dass das Publikum die mediale Inszenierung als etwas Besonderes zur Kenntnis nehmen muss: Medien sind natürlich Teil der Wirklichkeit, erst recht in der Mediengesellschaft. Das impliziert viererlei.

- Einmal müssen wir uns genauer Gedanken darüber machen, dass es sinnvoll ist, von Medienereignissen auch dann zu sprechen, wenn der medialen Inszenierung eigentlich nichts erkennbar Gleichwertiges außerhalb der Medien oder von einer anderen Institution organisiertes Geschehen gegenübersteht.
- Zum zweiten müssen wir uns Gedanken darüber machen, worin genau der Bezug zwischen medialer Inszenierung und realem Ereignis besteht, wenn es ein solches Ereignis gibt.
- Daraus entsteht drittens die Frage, was denn überhaupt als reales Äquivalent eines etwa nationalen Gedenktags verstanden werden kann – bei einer aktuell stattfindenden Beerdigung oder einer Fußballweltmeisterschaft ist das klar, aber auch der Sturm auf die Bastille hat ein reales Äquivalent, das aber nicht mehr live übertragen werden kann.
- Und zum vierten schließlich muss es darum gehen zu überlegen, inwiefern durch die These, dass das Publikum letztlich ein Medienereignis erst generiert, dann doch wieder eine, jetzt aber andere Realität geschaffen wird, die das Medienereignis außerhalb der Medien repräsentiert.

In einem einfachen Sinn sind die meisten Beispiele, die wir bisher benannt haben, Medienereignisse gewesen, denen ein reales, unabhängiges Geschehen zugrunde lag, das dann meist live übertragen wurde. Die Beerdigung von Lady Diana, die Olympischen Spiele, der Beginn des Golfkriegs, die Öffnung der Berliner Mauer. Andererseits ist offensichtlich, dass einem von den Medien inszenierten und vom Publikum mit viel Aufmerksamkeit bedachten Geschehen nichts Außermediales gegenüber stehen muss. Medien können ein Ereignis auch einfach nur darstellen und dafür sorgen, dass es stattfindet. Ein Beispiel für ein nur für und durch die Medien veranstaltetes und nur durch die Medien wirksames Ereignis wäre etwa der Grand Prix Eurovision oder auch die Verleihung der Oscars (Real 1989), die jeweils Millionen von Menschen vor den Bildschirm locken. Anders ausgedrückt: Weil ein Medienereignis nach der obigen Definition ,nur' als Sinnzusammenhang inszeniert sein muss, braucht es kein eigenständiges, reales, von den Medien unabhängiges Geschehen zu geben, das hinter der Inszenierung der Medien steht. Niemand muss sterben oder gekrönt werden, und es braucht kein Boxkampf stattzufinden, damit die Medien mit viel Tamtam ein großartiges Ereignis präsentieren können.

Ein besonderes und klassisches Beispiel für ein Medienereignis, dem eigentlich kein reales Geschehen gegenübersteht, das aber dennoch ein sehr komplexes Verhältnis zur ‚wirklichen Realität' hat, ist die bereits erwähnte Sendung „Krieg der Welten" von Orson Welles (Cantril 1955): ein Hörspiel in Form einer Nachrichtensendung, das deshalb zu einem Medienereignis wird, weil sich das Publikum im Charakter der Sendung irrt und es als Bericht missversteht und in Panik gerät. Nach der These von Brosius/Esser (1998) waren es in diesem Fall allerdings eigentlich die anderen Medien gewesen, die daraus ein Medienereignis gemacht haben – es waren nach ihrer Recherche gar nicht so viele Menschen gewesen, die dieses Hörspiel für wahr gehalten und darauf mit Panik reagiert hätten, wie die Medien immer behaupten.

Dieses letzte Beispiel unterscheidet sich natürlich von den anderen, ‚realitätslosen' Beispielen dadurch, dass es beim Grand Prix Eurovision oder bei der Verleihung der Oscars immerhin eine Veranstaltung gegeben hat, die im Fernsehen übertragen worden ist. Wenn man also genauer hinblickt, ist offensichtlich, dass diese beiden Typen von Ereignissen, die Medienereignisse konstituieren, einander nicht wesensmäßig verschieden gegenüberstehen, sondern eher verschiedene Enden eines Kontinuums sind: Es zeichnet die Mediengesellschaft ja gerade aus, dass alles als wichtig inszeniert wird, und dass man oft nicht mehr sagen kann, ob das mediale Arrangement oder das Geschehen selbst zentral ist oder zuerst da war.

Medienereignissen *können also ein* reales Geschehen aufnehmen, sie müssen es aber nicht. Vermutlich lässt sich in einer Gesellschaft wie der unseren, in der die Medien für das Denken, Wissen, die Vorstellungen und Gefühle der Menschen immer mehr von Bedeutung werden, in der sich Alltag und soziale Beziehungen, Kultur und Gesellschaft längs medialer Potenziale und Bruchstellen organisieren, kaum noch sagen, was durch Medien zustande kommt und was nicht – genau dies ist es, was die Mediatisierungsthese in diesem Fall besagt.

Damit können wir uns nun der obigen dritten Fragestellung zuwenden. Dabei handelt es sich einfach um eine weitere Differenzierung: Der französische Nationalfeiertag durchbricht die üblichen Programmschemata und schlägt sich im Fernsehen durch Berichte und Übertragungen von Militärparaden nieder, aber er feiert zugleich ein reales Geschehen, das lange vorbei ist. Die Bastille existiert nicht mehr, und ob deren Eroberung wirklich der zentrale Schritt in die republikanische Bürgergesellschaft war oder ob die Bürgergesellschaft sich hier erst im Nachhinein ein Symbol erkoren hat, an dem sich viele Vorstellungen festmachen können, bleibt eine offene Frage.

Faktisch haben wir hier eine mehrschichtige Beziehung des Medienereignisses zur extramedialen Wirklichkeit, die einmal darin besteht, dass an diesem Tag etwas geschieht, was live übertragen wird, nämlich die Militärparade oder das Feuerwerk, sodass darüber ein Bezug zur Französischen Revolution entsteht – dieser Bezug interpretiert offensichtlich diese Revolution, indem dieser Tag mit einer Militärparade gefeiert wird.

Wie vielschichtig derartige Relationen sein können, zeigt die folgende Übersicht aus einer Studie über den Deutschen Nationalfeiertag, den 3. Oktober. Als die Bundesrepublik Deutschland durch den Beitritt der fünf neuen Bundesländer 1990 um ein Drittel wuchs und der Beitrittstag zum neuen Nationalfeiertag erkoren wurde, wurde dessen Inszenierung untersucht (Krotz/Wiedemann 1991), aber noch ohne auf den Begriff des Medienevents zurückzugreifen. Welche komplexe Situation für die Art und die Bedeutung dieses unzweifelhaften Media Events eine Rolle spielte, zeigt die im Folgenden angegebene graphische Übersicht.

Abbildung 5:   Medienereignis Deutscher Nationalfeiertag.

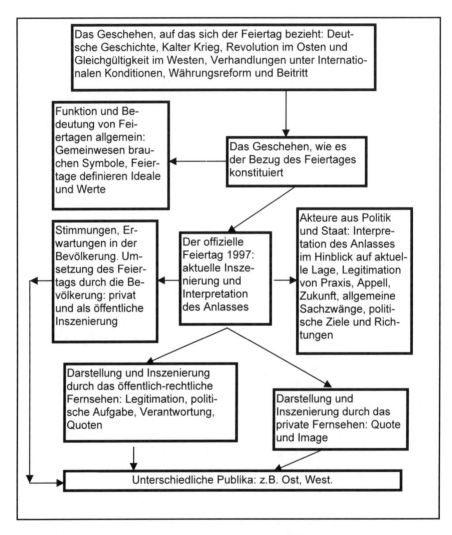

Der Eventcharakter des 3. Oktobers 1990 im Sinne der Theorie von Dayan und Katz ist nicht zweifelhaft. Zugleich war aber auch schon damals klar, dass dieser Tag seinen Charakter als Medienereignis nicht würde behalten können – zu dünn war das, was überhaupt medial inszeniert werden konnte: An diesem Tag geschah ja nichts als das In-Kraft-Treten einer Reihe von Verwaltungsakten, die die neue, größere Bundesrepublik konstituierten. So war es bekanntlich auch von Helmut Kohl geplant, der weder die friedliche Revolution der Ostdeutschen noch irgendein anderes Datum haben wollte (Krotz/Wiedemann 1991). Dementsprechend zeigte sich in einer Wiederholungsuntersuchung von 1998, dass der 3. Oktober dann in der Tat kein Medienereignis mehr war. (vgl. hierzu auch Früh/Hasebrink/Krotz/Kuhlmann/Stiehler 1998) – weder die Medien inszenierten ihn so, noch nahm das Publikum das Geschehen als Medienereignis wahr.

Die komplexen Beziehungen der verschiedenen Akteure sind deshalb bei der Analyse realer Medienereignisse sorgfältig in den Blick zu nehmen. *Medienereignisses können verschiedene Bezüge zu anderem Geschehen aufweisen*: Wir unterscheiden hier mögliche *zeitliche Bezüge* im Hinblick auf früheres (etwa bei Gedenktagen) oder gleichzeitiges Geschehen (die eigentliche Beerdigung von Lady Diana war im Fernsehen nicht zu sehen, machte aber den eigentlichen Anlass des in den Medien inszenierten Geschehens aus) von möglichen *räumlichen Bezügen* zu Geschehen an dem Ort, von dem berichtet wird, zu anderen Orten oder ortlosen Geschehnissen (wie dem Beginn des Jahrs 2000). Schließlich sind auch *soziale und kulturelle Bezüge* bei einer Analyse zu berücksichtigen, die über den sozialen Sinn hergestellt werden, die aber auch oft nur spezifische Milieus betreffen.

Das leitet nun über zu der vierten Fragestellung, der sozial konstituierten Wirklichkeit von Medienereignissen, die letztlich dadurch zustande kommt, dass das Publikum eine mediale Inszenierung zum Medienereignis und es so ‚wirklich' macht. Dazu muss der Prozess der Mediatisierung berücksichtigt werden.

6.3.7 Medienereignisse und Mediatisierung

Zu einem wirklichen Ereignis, so kann man sagen, wird ein Geschehen heute nur dann, wenn es auch medial zur Kenntnis genommen wird. Wenn nur einige Bewohner Alaskas bemerken, dass ein UFO gelandet, aber leider gleich in einer riesigen Gletscherspalte versunken ist, und sie es nicht weitererzählen, weil sie es nicht für relevant halten, so wird daraus auch kein Ereignis. Klar ist auch, dass wir im Zeitalter einer mediatisierten Gesellschaft davon ausgehen müssen, dass sich mediale und nicht mediale Geschehnisse hoffnungslos und untrennbar miteinander verschränken.

Für diese Entwicklung hatte der Medienwissenschaftler und Medienkritiker Daniel Boorstin in den achtziger Jahren den Begriff des Pseudoevents generiert: „Wenn vor zweihundert Jahren ein großer Mensch auftrat, so suchte das Volk Gottes Absichten in ihm zu erkennen: heutzutage suchen wir nach seinem Presseagenten", so schreibt er (Boorstin 1987:77). Er spricht von Pseudoevent, wenn ein Geschehen einfach nur berichtet wird, um vorhandenen Platz zu füllen oder aus sonstigen sekundären Motiven wie um mehr Leser-Blattbindung herzustellen. „Ich möchte die neue Art jener synthetischen Nettigkeit, die unsere Erlebnisse überflutet hat, ‚Pseudo-Ereignisse' nennen." (Boorstin 1987:34).

Wir finden hier eine Art umgedrehter Sichtweise, die wir aber als Bestätigung verwenden können: Boorstin geht es in seinem Text um eine Kritik an den Funktionsweisen moderner Medien, die stets hinreichend viele Ereignisse produzieren müssen, um ihr Angebot abzurunden und den Erwartungen der Publika zu entsprechen; derartige Ereignisse nennt er Pseudoereignisse und meint damit rein mediengenerierte, eigentlich belanglose Ereignisse. Eine spezifische Klasse solcher Ereignisse nennt er personale Pseudoereignisse, also die Präsentation von Menschen (in unserer Terminologie im Rahmen von Erzählungen), die als besonders zur Kenntnis genommen werden sollen.

Gerade die letzten Überlegungen zu Boorstins Pseudoereignis stellen eine gute Überleitung dar, noch einmal festzuhalten, dass Medienereignisse vor allem als Genre der Mediengesellschaft gesehen werden sollten. Auch deshalb, weil sich heute niemand mehr daran stört, wenn die Medien ein Ereignis kreieren und groß darüber berichten. Die Hoffnung, die Medien würden nur Relevantes oder gar Wahres berichten, kann man im Zeitalter der Medien als Profitcenter ohnehin aufgeben. Aber auch die Flut der unterschiedlichen Medien, die alle mit Inhalten Aufmerksamkeit erregen wollen, verlangt, dass man sie hoch selektiv nutzt. Es überrascht nicht, dass in einer Zeit, in der jeder Pseudopromi schon zum kultigen Megastar stilisiert wird, die Medien immer wieder versuchen, ihren Geschäftszweck mit Medienereignissen zu erreichen. Wichtig ist dabei, dass in der Mediengesellschaft Medien die zentralen Produzenten von Sinn sind – nicht mehr die Wissenschaften, nicht mehr die Kirchen. Die Ängste Adornos und Horkheimers waren (1969) waren in dieser Hinsicht nicht überflüssig, auch wenn sie in ihrer Radikalität ziemlich weit gingen.

Mit der Digitalisierung ändert sich auch, was ein Medienereignis ist und wie es inszeniert und verwendet wird. Während einerseits der Radius der Medien breiter wird, wird andererseits die Homogenität der Publika geringer – Medienereignisse werden sich deshalb zunehmend an Subkulturen wenden. Zu erwarten ist aber auch, dass die digitalen Medien wie z.B. die mobilen Telefone ebenso wie das Internet in die Konstitution von Media Events einbezogen werden. Die Medien werden auch versuchen, neue Formen der Partizipation über Medien zu arrangieren – Fussball-Handy-TV ist ein Vorgeschmack darauf. Es wird bei den Medienleistungen der Zukunft von daher weniger um die Möglichkeit eines medial vermittelten Beobachtens als um einen medial vermittelten emotionalen Einbezug des Publikums gehen.

7 Neue Medien und soziale Ungleichheiten: Zur Kritik des Konzepts der digitale Spaltung

Das folgende Kapitel beschäftigt sich kritisch mit dem Konzept der Digitalen Spaltung[40]. Einerseits steht hinter diesem Konzept zwar ein wichtiger emanzipatorischer Anspruch, nämlich der, dass die digitalen Medien keine neuen sozialen Ungleichheiten begründen dürfen, sondern bestehende eher reduzieren sollen. Andererseits wird versucht, diesen Anspruch mit schlichten modernisierungstheoretischen Ansätzen empirisch zu begründen und auf dieser Basis dann Schlussfolgerungen zu ziehen – das geht schief, wie ich zeigen werde. Dazu wird in 7.1 zunächst die Logik der These der Digitalen Spaltung skizziert, dann in 7.2 im Detail dargestellt und kritisch auf ihre Schwachpunkte hinterfragt. In 7.3 wird als Alternative der Ansatz von Pierre Bourdieu eingeführt und diskutiert: In den Gesellschaften von heute sind demnach nicht nur finanzielle Kapitale von Bedeutung, wie sie Marx untersucht hat, sondern aufgrund ihrer Akkumulationsfähigkeit und ihres Tauschwertes auch kulturelle, also Bildungskapitale sowie soziale Vernetzungskapitale. Hier kann und muss eine Theorie und Empirie möglicher sozialer Ungleichheiten in der „Medien- und Informationsgesellschaft" ansetzen.

7.1 Das Problem, auf das der Ansatz der Digitalen Spaltung Antwort geben soll

Der Metaprozess der Mediatisierung greift mehr oder weniger massiv in die Formen des Zusammenlebens der Menschen ein. Die digitalen Medien, die auf einer neuen Basistechnologie und deren Verknüpfung mit anderen Technologien beruhen, verändern die Handlungsbedingungen und die Handlungsvollzüge der Menschen und alles, was damit zusammenhängt, langfristig auf grundlegende Weise. Eine Frage, die sich im Zusammenhang damit stellt ist die danach, was das für die zentrale Kategorie einer Wissenschaft von der Gesellschaft, nämlich

---

[40] Der folgende Text ist zu großen Teilen von Krotz 2006a und 2006b übernommen.

Macht und soziale Ungleichheit besagt. Das ist das Thema des Ansatzes der Digitalen Spaltung und das Thema des vorliegenden Kapitels.

Der Metaprozess Mediatisierung ist in seiner heutigen Form durch das Aufkommen der digitalen Medien und deren Folgen für die Struktur der Gesellschaft, für Macht und Ungleichheit, für Kultur und Alltag gekennzeichnet. Das wird wohl niemand bestreiten, auch wenn die Frage, was da alles passiert und wohin die Entwicklung insgesamt geht, keineswegs beantwortet ist. Die digitalen Medien dringen in ganz unterschiedliche Bereiche vor und verändern sie – in Job und Arbeit ebenso wie in Bereiche des Lernens, der Freizeit und der menschlichen Beziehungen aller Art, um nur einige der zahlreichen Felder zu nennen, auf denen die Digitalisierung den Menschen neue kommunikative Potenziale anbietet. Zu Beginn waren die Erwartungen zunächst einmal groß, dass die digitalen Medien einen quasi eingebauten Mechanismus besäßen, durch den soziale Ungleichheiten in ihrer Bedeutung entschärft würden. Mittlerweile geht man realistischer Weise davon aus, dass Medien technische Hilfsmittel sind, deren Bedeutung für Kultur und Gesellschaft erst durch die Art der gesellschaftlichen Verwendung entsteht. Medien sind dementsprechend, wenn sie nicht technizistisch verabsolutiert werden, Potenziale, die Handlungs- und Lebenschancen bereitstellen (Krotz 2001), die die Menschen auf ihre Weise verwenden (oder auch nicht). Damit stellt sich aber auch die Frage danach, was sie für die Gesellschaft im Hinblick auf Macht und soziale Ungleichheiten für eine Rolle spielen: ob sie alte verändern, und ob sie neue erzeugen.

Damit beschäftigt sich bekanntlich der Ansatz der Digitalen Spaltung („digital divide"). Digitale Spaltungen lassen sich zwischen einzelnen Kulturen und Nationalstaaten konstatieren, sie existieren aber auch innerhalb der einzelnen Kulturen und Staaten. Wir beschränken uns im Folgenden auf die Darstellung und Kritik des Konzepts der digitalen Spaltung in einem Land. Man kann diesen Ansatz als aus vier „Argumenten" zusammen gesetzt darstellen:

- Zunächst beschreibt die Theorie der Diffusion von Innovationen, wie die digitalen Medien sich aufgrund der Vorteile, die sie mit sich bringen, im Laufe der Zeit in der Bevölkerung eines Landes verbreiten.
- Dabei lässt sich beobachten, dass manche Menschen oder Organisationen die digitalen Medien verwenden und andere nicht; zwischen ihnen entsteht so eine Grenze, die als digitale Spaltung bezeichnet wird. Die so erzeugten Ungleichheiten in der Bevölkerung werden negativ bewertet, insbesondere werden die Menschen „auf der falschen Seite" der so entstehenden Kluft als Problem behandelt.
- Empirische Untersuchungen dienen dazu, diese entstehenden Ungleichheiten zu verschiedenen Zeitpunkten zu beschreiben, nach Gründen dafür zu

suchen und Konzepte zu entwickeln, die das Problem beheben und deren Erfolg zu messen. Dies geschieht empirisch so, dass man die Menschen befragt, was sie warum mit dem PC und dem Internet machen, sofern sie dazu Zugang haben, und was nicht und warum nicht bzw. warum sie keinen Zugang haben. Derartige Daten werden in der Logik des Ansatzes offensichtlich vor allem durch standardisierte Befragungen erhoben. Hinter derartigen Erhebungen steht aber die implizite These, dass Befragte allenfalls dafür kompetent sein können, ihre eigenen Lage und ihre eigenen Motive zu beschreiben. Die Gründe, warum manche Bürgerinnen und Bürger die digitalen Medien nicht oder nicht so nutzen, wie es den Experten als erwünscht gilt, erscheinen unter diesen Annahmen dann aber als individuelle Entscheidungen, die dann, um Gesamtaussagen machen zu können, aggregiert werden müssen.

- Wenn damit Gründe dafür gefunden sind, warum eine derartige Kluft entsteht, so kann man sich nun mit der Frage beschäftigen, wie erreicht werden kann, dass sich ein möglichst großer Teil der Gesellschaft auf der „richtigen" Seite befindet oder wenigstens in absehbarer Zeit dahin will. In der Folge konzentriert sich die öffentliche bzw. die wissenschaftliche Diskussion darauf, dass manchen Menschen entweder die richtige Motivation oder die notwendige Medienkompetenz fehlt. Diese sollen deshalb an Schulen, Volkshochschulen und weiteren Institutionen vermittelt werden.

Diese vier Basiselemente werden nun im Folgenden genauer beschrieben und dann diskutiert.

7.2 Die Logik der These der Digitalen Spaltung

7.2.1 Der Prozess der Verbreitung von PC und Internet im Licht der Theorie der Diffusion von Innovationen

Ausgangspunkt der These der Digitalen Spaltung ist also die Notwendigkeit, dass sich die digitalen Medien nach ihrer Erfindung und Marktreife in Wirtschaft und Gesellschaft verbreiten müssen. Diese Verbreitung lässt sich mit dem Forschungsansatz der Diffusion von Innovationen beschreiben, der vor allem von dem kürzlich verstorbenen US-amerikanischen Wissenschaftler Everett Rogers (1995a) vertreten wird. Er wurde schon im Zusammenhang mit früheren Medieninnovationen angewandt, in Deutschland beispielsweise von Michael Jäckel (1990) im Zusammenhang mit der Einführung des Satellitenfernsehens.

Die Diffusionstheorie ist im Grunde ein modernisierungstheoretischer Forschungsansatz (Lerner 1962). Ausgangspunkt ist eine vorgegebene Innovation
mit einem festen Zweck, die gegenüber früheren Problemlösungen bestimmte
Vorteile aufweist. Typische Beispiele dafür sind neue Medikamente, die Krankheiten besser bekämpfen können und von Ärzten verschrieben werden sollten,
oder ein neues Saatgut, das etwa den Vorteil hat, gegen bestimmte Schädlinge
resistent zu sein oder höhere Erträge zu erbringen – in diesem Fall bestünde die
zu untersuchende Population aus den Landwirten einer Region.

Derartige Innovationen breiten sich aufgrund ihrer Vorteile im Laufe der
Zeit aus (wobei dazu natürlich bestimmte Informationskanäle vorhanden sein
müssen, über die die relevanten Populationen erreicht werden können). Wie
diese Ausbreitung stattfindet, beschreibt dann die Theorie der Diffusion von
Innovationen (siehe Abbildung 6): Sie verbreiten sich im Laufe der Zeit nach
einem charakteristischen Muster in Form einer S-Kurve, wobei die Gruppen, die
die Innovation in bestimmten Teilphasen übernehmen, auf bestimmte Weise
bezeichnet werden: In der ersten Zeit sind es die „Innovators", die eine Neuerung
übernehmen, ihnen folgen die „Early Adopters". Die Innovation erreicht dann
die so genannte „Early Majority" und mit der darauf folgenden Beteiligung der
„Late Majority" hat dann bereits die überwiegende Mehrheit die Innovation
übernommen – nur noch die „Laggards" fehlen noch, die dann als letzte Gruppe
die Verbreitung der Innovation abschließen; es wird dann von „Sättigung"
gesprochen.

Die Kurve macht deutlich, dass es zu jedem Zeitpunkt eine mehr oder weniger große Restmenge von Menschen gibt, die von der Innovation nicht erreicht
wird – nicht alle Haushalte haben die Innovation „Fernsehgerät" übernommen
und nur etwa zwei Drittel der deutschen Haushalte haben sich die Innovation
„Videorecorder" zu eigen gemacht: Innovationen können eine Gesellschaft also
auch nach Abschluss ihrer Verbreitung spalten[41].

---

[41]   Es zeigt sich im Übrigen, dass die Verbreitung einer Innovation auch von ihrer Art abhängt.
Denn die Diffusion von auf menschliche Interaktion angelegten Kommunikationsmedien wie
des Telefons oder des Internets starten langsamer, haben dann aber einen steileren Verlauf als
etwa die von PCs ohne Internetanschluss (vgl. Rogers 1995b). Dies ist einleuchtend, denn es
macht ja umso mehr Sinn, sich ein Telefon anzuschaffen, je mehr Telefone es schon gibt.

Abbildung 6: Die S-Kurve der Verbreitung von Innovationen (x-Achse: Zeit, y-Achse: Prozentzahl der Bevölkerung, der die Innovation übernommen hat.

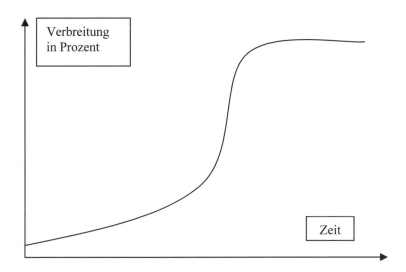

Spaltungen im Hinblick auf eine Innovation in einer Population – und darauf kommt im vorliegenden Argumentationskontext ja an – sind in der Perspektive der Diffusionstheorie entweder vorübergehend, weil der Diffusionsprozess noch im Gange ist. Oder sie sind dauerhaft, wenn sie nach Ende der Verbreitungsphase noch bestehen. Das heißt dann aber offensichtlich, dass ein Teil der Bevölkerung die Innovation nicht übernimmt.

An dieser Stelle wird nun eine Grundannahme der Innovationstheorie wichtig: Wenn man wie bei Modernisierungstheoretikern üblich annimmt, dass Innovationen einen objektiv messbaren Vorteil bieten, ist dieses Verhalten irrational: Wenn Ärzte ein besseres Medikament nicht verschreiben, sondern bei traditionellen Heilmethoden bleiben, wenn Bauern ein resistenteres Saatgut nicht übernehmen, sondern weiter ihre alten Maissorten züchten, so ist dies im Hinblick auf die Effektivität problematisch, irrational und unsinnig. Denn entweder können die Menschen dann ihren objektiven Vorteil nicht erkennen oder sie können diese Erkenntnis nicht umsetzen - weil ihnen Wissen oder Macht fehlen, weil Traditionen sie hindern, weil sie zu arm sind oder der Staat ihnen nicht hilft.

Die Theorie der Diffusion von Innovationen ist verführerisch, weil sie einen klaren Prozess behauptet, der sich in bestimmten Grenzen auch steuern lässt.

Damit kann man obendrein den Fortschritt in einem Land im Hinblick auf eine Innovation messen, und damit lassen sich auch verschiedene Länder miteinander vergleichen. Allerdings ist Entwicklungshilfe, wenn sie sich auf solche modernisierungstheoretischen Überlegungen gestützt hat, immer wieder gescheitert, weil sie die Komplexität sozialer und kultureller Lebensbedingungen ignoriert und sich stattdessen an einseitigen und funktionalen Lösungen orientiert hat. Warum die Argumentation der Diffusionstheorie auch im Fall der Nutzung von PC und Internet nicht funktioniert, werden wir hier noch genauer begründen.

7.2.2 Die Wissensklufthypothese

Der Ansatz der Diffusion von Innovationen dient der Beschreibung der Verbreitung einer Innovation, im hier besprochen Fall der digitalen Medien PC und Internet. Diese Medien gelten als für die Zukunft der Menschen wie des ganzen Landes von zentraler Bedeutung, und sowohl ihre zu langsame Verbreitung als auch eine dauerhafte Spaltung schädigen, so heißt es, die Zukunftsfähigkeit eines Landes oder einer Region. Während Öffentlichkeit und Wissenschaft also beispielsweise bei den Innovationen „Computerspiel" und „Handy" zwar auch Klüfte diagnostizieren könnten, es aber nicht tun, werden Spaltungen im Hinblick auf PC und Internet nicht nur konstatiert, sondern als negativ bewertet. Für diese negative Bewertung finden sich eine naive und eine komplexere Begründung.

Die *naive Position* besagt auf Evidenzniveau, dass das schlecht ist, weil PC und Internet für die Zukunft per se stehen. Auf dieser Basis ist verlangt, dass eigentlich jeder Haushalt möglichst schnell über PC und Internet verfügen müsse. Die *komplexere Begründungslinie* für die negative Bewertung digitaler Klüfte im obigen Sinn kommt letztlich zu dem gleichen Ergebnis, argumentiert aber mit der in der Kommunikationswissenschaft entwickelten Wissensklufthypothese (vgl. insgesamt: Bonfadelli 1994).

Die *Theorie der wachsenden Wissenskluft* stammt eigentlich aus der Kampagnenforschung. Gesundheitskampagnen der WHO, Kampagnen zur Veränderung traditioneller Anbaumethoden zur Sicherung der Ernährung von Populationen oder Kampagnen im Vorfeld einer Volksabstimmung sind in dieser Perspektive immer Veranstaltungen, die Informationen in die Bevölkerung tragen und auf deren Verarbeitung und Anwendung hoffen. Dabei spielen die Medien als Transmissionsriemen eine wichtige Rolle. Die Theorie der wachsenden Wissenskluft macht nun auf ein Paradoxon aufmerksam: Es ist möglich, dass die Medien zwar viel Information verbreiten, dass sich damit aber die Kluft zwischen denen, die gut informiert sind, und denen, die es nicht sind, trotzdem vergrößert.

Solche Effekte treten zum Beispiel auf, weil die Menschen unterschiedlich gebildet sind und weil sie unterschiedliche Medien benutzen, um sich zu informieren: Wer besser ausgebildet ist oder sich mehr für ein Thema interessiert, ist in der Regel schneller informiert als jemand, auf den das nicht zutrifft. Und wer sich über die Printmedien informiert und an die Darstellung darin gewöhnt ist, bei dem kommen Argumente schneller an als bei jemandem, der sich lieber des Fernsehens bedient – Informationen werden immer medienspezifisch kodiert und dementsprechend unterschiedlich dekodiert und verarbeitet. Mit derartigen Zusammenhängen und deren empirischer Untersuchung beschäftigt sich die Wissenskluftforschung.

Klar, dass solche Informationsdifferenzen im Falle einer Gesundheitskampagne oder im Hinblick auf politische Partizipation negativ zu beurteilen sind. Im Falle der sogenannten digitalen Spaltung weiß man aber zunächst nur, dass es Spaltungen gibt. Die offene Frage ist: Wofür genau sind sie nachteilig – machen sie dumm oder krank, behindern sie politische Partizipation? Und: Wenn jede Internetnutzung positiv zu bewerten ist, weil man damit Erfahrungen auf der richtigen Seite der digitalen Kluft macht – sind dann Jugendliche, die stundenlang durch das Netz surfen, viel Zeit in Chats aller Art verbringen oder Online-Spiele spielen, besser für die Notwendigkeiten der kommenden Informationsgesellschaft gerüstet als andere, die statt dessen lieber lesen? Kaum jemand würde dies so sagen – die Frage liegt damit aber auf der Hand: Die negative Bewertung dieser Spaltungen müsste im Hinblick auf fundamentale Nachteile theoretisch begründet und dann empirisch nachgewiesen werden. Auf diesen Punkt weist beispielsweise auch Mirko Marr (2004a, 2004b) hin. Solche Untersuchungen liegen aber bisher nicht vor. Deshalb muss man sagen, dass die negative Bewertung digitaler Klüfte zunächst einmal von der negativen Bewertung von Wissensklüften übernommen wurde, was offensichtlich schon die Wortwahl nahe legt. Wir werden dies weiter hinten genauer diskutieren.

7.2.3 Fehlende Medienkompetenz als Ursache für digitale Spaltungen?

Wenn man derartige Spaltungen als nachteilig ansieht, muss man natürlich auch danach fragen, warum es sie gibt und wie sie zu beheben sind. Ursachen dafür können in gesellschaftlich-kulturelle und in individuelle unterschieden werden. *Gesellschaftlich-kulturelle Ursachen* liegen vor, wenn die Bevölkerung eines Landes grundsätzlich gegen Innovationen ist (was ja gerade eine dieser in ihrer Allgemeinheit unsinnigen deutschen Selbstanklagen ist), wenn ein Teil der Bevölkerung aus kulturellen Bedingungen heraus gegen eine bestimmte Innovation argumentiert, weil etwa tief verwurzelte Traditionen dagegen stehen (wenn etwa

mexikanische Bauern nicht auf weißen Hybridmais umstellen, sondern weiterhin
arbeitsintensiv erzeugten gelben Mais verwenden wollen) oder wenn die Einführung einer Innovation mit Nachteilen verbunden ist, die die Vorteile überwiegen,
weil die Verwendung neuer digitaler Medien soziale Gruppierungen zersetzt – all
dies sind ja achtbare Gründe, mit Innovationen vorsichtig umzugehen. Derartige
Ursachen liegen natürlich auch dann vor, wenn der Staat Risiken, die mit einer
Einführung verbunden sind, nicht abfedert, weil er zum Beispiel keine Rechtssi-
cherheit herstellt oder seine Rahmenregelungskompetenz nicht vernünftig einsetzt, aber auch, wenn er ignoriert, dass dafür notwendige Geräte und Dienstleistungen überteuert angeboten werden.

Solche strukturellen Gründe werden aber kaum diskutiert. Vielmehr stehen
fast ausschließlich *individuenbezogene Ursachen für digitale Spaltungen* im
Vordergrund. Dazu zählen vor allem Unwissenheit und Unkenntnis, fehlende
finanzielle Mittel, aber auch fehlender Zugang und fehlendes Selbstvertrauen der
einzelnen Menschen. Auf derartige Schlüsse laufen auch die einschlägigen empirischen Untersuchungen hinaus, in denen freilich auch vorrangig nur nach solchen individuellen Merkmalen gefragt wird[42]. Hinzu kommen Randgruppen,
Desinteressierte oder solche, die sich der Entwicklung verweigern wollen oder
dem immer wieder in den Medien transportierten Bild des Internet als eines
rechtlichen Dschungels aufsitzen, in dem meistens Abzocker und Gewalttäter
unterwegs sind. Von Bedeutung ist natürlich auch, dass Alte, Frauen und weniger gebildete Menschen mit solchen technisch komplexen Geräten angesichts der
nach wie vor nutzerunfreundlichen Technik und der unverbindlichen Gewähr-
leistung Schwierigkeiten haben.

Derartige individuelle Gründe gelten für die digitale Spaltung als von ent-
scheidender Bedeutung, obwohl sie durch ein methodologisch zu diskutierendes
Problem induziert sind: Wenn man empiristisch und quantitativ die Individuen
befragt, so bekommt man deren Meinungen – und wenn man ihnen nicht die
Kompetenz einräumt, über generelle soziale und kulturelle Sachverhalte zu sprechen, sondern sie nur für ihre persönlichen Lage für kompetent hält, so kann man
auch nur ihre Motive, Einstellungen und Begründungen für ihr eigenes Handeln
als Ergebnis einer Befragung zurückbekommen. Gründe werden individualisiert
und zum persönlichen Defizit: „Ich habe kein Geld", „ich interessiere mich
nicht", „ich verstehe das nicht", soziale und kulturelle Kontexte sowie strukturelle Ursachen werden ausgeblendet. Die gesammelten individuellen Defizite werden dann als empirisch gesicherte Ursachen für digitale Spaltungen unter dem
Aspekt der fehlenden Medienkompetenz operativ zusammengefasst – jeder „ver-

---

[42] Vgl. auch Arnhold (2003), Eimeren et al. (2003), Kubicek/Welling (2000), Norris (2001),
Perillieux et al, (2000), Stewart (2000).

nünftige Mensch" wird dann einsehen, dass sie umgehend bekämpft werden müssen. Staat und Wirtschaft versuchen auf dieser Basis gemeinsam den Menschen Zugang zu PC und Internet verschaffen, ihr Selbstvertrauen in dieser Hinsicht zu stärken und auch deutlich zu machen, was man damit alles machen kann – beispielsweise in Schulen und Volkshochschulen, wobei wie immer der Staat ordert und bezahlt, die Firmen spektakulär ein paar Geräte spenden und ansonsten teuer und schnell zu erneuernde Hard- und Software sowie überteuerte Netzzugänge liefern.

Dieses Vorgehen deckt die Wissenschaft mit ihren Theorien über Medienkompetenz ab, die die Menschen brauchen, um in der Informationsgesellschaft handlungsfähig zu werden. Der schillernde Begriff der Medienkompetenz wird in diesem Zusammenhang allerdings in ganz unterschiedlicher Weise benutzt (vgl. z. B. Buckingham 1993; Backe 1996; Meyrowitz 1998; Potter 1999). Wie wir noch sehen werden, ist dieses Konzept jedoch keineswegs hinreichend entwickelt[43].

7.2.4 Digitale Spaltungen und die zugehörigen empirischen Untersuchungen

Es ist offensichtlich, dass das mit digitalen Spaltungen beschäftigte Theoriekonvolut empirisch geprüft werden muss. Deshalb finden sich mittlerweile zahlreiche Untersuchungen auch im deutschsprachigen Raum dazu (z.B. Jäckel 1999; Kubicek/Welling 2000; Perillieux/Bernnat/Maurer 2000; Norris 2001; Arnhold 2002; Marr 2003). Im Großen und Ganzen konzentrieren sich diese Untersuchungen dabei auf die Frage, wer in Abhängigkeit von welchen soziodemographisch fassbaren Bedingungen zu welchen digitalen Medien, und zwar insbesondere PC und Internet, Zugang hat. Nur wenige Untersuchungen wie Marr (2003) gehen darüber hinaus und fragen danach, wer diese Medien für welche Zwecke tatsächlich nutzt. Dementsprechend werden im Allgemeinen einerseits Zugangs-, andererseits Nutzungsklüfte voneinander unterschieden. Die Forschung konstatiert dann mehr oder weniger pauschal Lücken wie die zwischen den Geschlechtern und zwischen Alt und Jung etc. und schließt daraus, dass beispielsweise die Alten oder die Frauen den Anschluss an das Internetzeitalter zu verpassen drohen.

Damit bleibt die für die These der Digitalen Spaltung relevante empirische Forschung weit hinter dem zurück, was eigentlich notwendig ist. Sie kann die Verbreitung im Sinne der Zugangsmöglichkeiten über die Zeit hinweg und dar-

---

[43] Ob die faktische Umsetzung in einzelnen Kursen in der Schule mit diesen Theoriediskussionen etwas zu tun hat, kann ich nicht beurteilen – Zweifel sind jedoch erlaubt. .

auf aufbauend die tatsächliche Nutzung beschreiben, also ermitteln, ob jemand eher Information, Unterhaltung, Spiele oder Dienstleistungen konsumiert, wobei sie hier eher allgemein bleiben muss. Sie kann so allerdings weder theoretisch noch empirisch begründen,

- dass die Grundannahmen der Theorie der Diffusion von Innovationen erfüllt sind, um brauchbar angewandt zu werden.
- dass Menschen, die heute keinen Zugang zu PC oder Internet haben bzw. diese Medien heute nicht nutzen, für die Zukunft schlechter gerüstet sind als Menschen, die einen solchen Zugang haben bzw. sie nutzen.
- dass die Vermittlung von Medienkompetenz, wie sie in Schulen und Volkshochschulen tatsächlich stattfindet, gegen die behauptete Benachteiligung tatsächlich Abhilfe leistet.

Diese Kritik soll nun genauer begründet werden.

7.3 Die Problematik einer Anwendung der Theorie der Diffusion von Innovationen auf die Innovation „Medium"

Die Theorie der Diffusion von Innovationen ist eine typische Modernisierungstheorie. Sie unterstellt, dass Innovationen zugänglich sind und genutzt werden können, dass sie einen festgelegten Zweck und, darin angelegt, einen objektiven Vorteil besitzen und dass es deswegen irrational ist, sie nicht zu verwenden. Ungleichheiten entstehen in dieser Perspektive dadurch, dass Individuen oder Gruppen diese Innovation aus ihrer Motivlage heraus nicht nutzen.

Die Frage ist dann allerdings, in welchen Fällen dies eine gültige Argumentation ist – von einer technisch vorgegebenen Innovation „PC" oder „Internet" mit fest definierten Vor- und Nachteilen kann nämlich nicht die Rede sein. Die Geschichte der Medien zeigt allgemein, dass Medien in ihrer Funktionalität nicht technisch festgelegt sind, *sondern von Menschen gemacht und im Laufe ihrer Existenz immer weiter entwickelt werden.* Beispielsweise wurden Telefone erfunden, um Musik an Endverbraucher zu übermitteln, oder der T-Online-Vorläufer Teletext war für die Geschäftskommunikation entwickelt worden. Beide Medien haben sich aber für ganz andere Zwecke durchgesetzt (vgl. Krotz 1998, Höflich/Gebhardt 2002).

Erst recht hängen Zweck und Vorteil, den ein PC hat bzw. bietet, davon ab, wann man die Frage danach stellt. Ein PC hatte 1980 keine Festplatte, sondern nur ein Kassettenlaufwerk als Speicher. Sein Bildschirm war schwarz-weiß und konnte nur Zeichen darstellen, und einen Internetanschluss besaß er auch nicht.

Sein propagierter Zweck bestand im Programmieren zur Lösung von spezifischen Aufgaben und in der Anwendung weniger, eher simpler Standardprogramme wie für das Schreiben einfacher Texte. Auch in den Schulen war der aufkommende Informatikunterricht darauf angelegt, programmieren zu lernen. 2005 dagegen hat faktisch jeder verkaufte PC einen Internetanschluss, ist eine Entertainmentmaschine mit einer graphischen Bedienungsoberfläche zum Spielen, Filme ansehen und Musikhören. Das Gerät ist obendrein weniger als Maschine denn als „persönlicher Computer" angelegt, den Besitzerin oder Besitzer im Alltag für alles Mögliche benutzen sollen. Die Antwort auf die Frage, was ein PC ist und warum man ihn nutzen soll, hat sich dementsprechend in 25 Jahren radikal geändert, und auch heute ist sie nicht abschließend zu beantworten (wenn dies überhaupt jemals der Fall sein sollte). Zwischen damals und heute wurde der PC als mit wieder anderen ganz unterschiedlichen Vor- und Nachteilen versehen verstanden.

Auch der Zweck, warum man das Internet benutzen soll, hat sich in den zwei Jahrzehnten von dessen Existenz rapide gewandelt – es hat sich von einem Wissenschaftsnetz über ein Netz für Freaks zu einem riesigen Einkaufsladen und einer unerschöpflichen Quelle von Unterhaltung entwickelt. Hinzu kommt, dass der Sinn der Nutzung eines Mediums auch von der Existenz und Art der konkurrierenden Medien als funktionellen Alternativen abhängt: Vor allem die immer leistungsfähiger werdenden mobilen Telefone, die ja auch nichts anderes als kleine, spezialisierte PCs sind (vgl. Krotz 2005a, Krotz/Schulz 2006), beeinflussen die Besonderheit des Internet maßgeblich – ein auf dem Handy laufendes GPS-System ist sicher hilfreicher als eines auf einem Schreibtisch-PC mit Modem-Anschluss, das man nicht mitnehmen kann.

Das heißt zusammenfassend, dass sowohl die Nutzer, die PC oder Internet in Alltag, Kultur und Gesellschaft integrieren, als auch die Technik als auch die sich im Laufe der Zeit verändernden Medienumgebungen der Menschen es kaum zulassen, den Prozess der Verbreitung eines Mediums als Diffusionsprozess *einer einheitlichen Innovation* zu denken. Damit werden sämtliche Schlussfolgerungen aus dem Theorieansatz der Diffusion von Innovationen problematisch. Man muss sagen, *dass die Theorie der Diffusion von Innovationen unterkomplex und damit eigentlich nicht anwendbar ist.*

Stattdessen müsste man vielleicht *von unterschiedlichen digitalen Spaltungen in Abhängigkeit von unterschiedlichen Funktionen* ausgehen, die Medien als Potenziale beinhalten und die für Menschen wichtig sein können und die sich gegenseitig beeinflussen. „Digitale Spaltung" müsste also mindestens als dynamisches Mehrebenenkonzept verstanden werden: Hinter der Digitalisierung von Daten, Geräten und Netzen, die den Menschen heute zugänglich sind, steht eine neue Basistechnologie, die sich auf immer mehr Bereiche individuellen, sozialen und kulturellen Lebens auswirkt. Die auf Grundlage dieser Basistechnologie sich immer weiter entwickelnden Anwendungen, die je als Medieninnovation verstanden werden können, können deshalb aber nicht als voneinander unabhängige Innovationen gesehen werden. Noch während der PC sich verbreitet, kommen Internet und Handy dazu, und die jeweiligen Zwecke und Bedingungen ihrer Nutzung verändern sich im Kontext der weiteren und parallelen Entwicklungen. Man müsste – in einem allerdings ebenfalls schrägen Bild – von einem Netz von Innovationen sprechen, das sich über die Population hinwegbewegt, und das sich auch in seinen einzelnen Fasern ständig rapide verändert, aber gleichzeitig auch verdichtet und auf immer neue Alltagszwecke erweitert wird. Anders ausgedrückt: Es gibt dynamische digitale Klüfte, die sich durch die Population bewegen, die sich überlagern und vertiefen, vielleicht aber auch ausgleichen.

Die Theorie der Diffusion von Innovationen ist auch deswegen unterkomplex, weil sie *technikzentriert argumentiert.* Denn sie unterstellt, dass eine Innovation sich einfach aufgrund ihrer technisch garantierten objektiven Vorteile verbreitet, obwohl diese doch von sehr viel komplexeren und kontextbezogenen Bedingungen abhängen und sich im Laufe der Zeit verändern. Innovationen besitzen mindestens im Fall der digitalen Medien keine technisch definierbaren, absoluten Vorteile. Stattdessen ist es eher plausibel zu sagen, dass es für jedes Individuum und jede Gruppe zu jedem Zeitpunkt kulturell, sozial und medial definierte Pfade gibt, auf denen eine Ingebrauchnahme eines bestimmten Mediums zu einem bestimmten Zeitpunkt für bestimmte Zwecke sinnvoll sein mag oder nicht. Denn die Bedeutung, die eine Innovation für eine Person zu einem bestimmten Zeitpunkt hat oder haben kann, kann nicht generell definiert werden.

Hinzu kommt, dass jede Innovation immer an *bestimmte Zielgruppen* gerichtet ist. Innovationen werden von verschiedenen gesellschaftlichen Kräften, etwa von der Politik oder Teilbereichen der Wirtschaft, unterstützt und gefördert. Was dabei herauskommt, ist nicht einfach eine Art naturwüchsiger Verbreitung, die irgendwie und in erster Linie von Lust und Laune der einzelnen Individuen abhängt, sondern ein *auf Inklusion und Exklusion spezifischer gesellschaftlicher Gruppen gerichteter Prozess*, der an vorhergehenden Ungleichheiten anknüpft[44].

Das kann man im Hinblick auf die digitalen Medien PC und Internet besonders deutlich am Beispiel der älteren Menschen sehen. PC und Internet sind technisch auf eher jüngere Menschen ausgelegt, die bestimmte feinmotorische Fähigkeiten haben, fix kapieren, gut sehen und sich in die vorhandene Hardware- und Softwaretechnik geschickt einfühlen können, die auch viel Zeit darauf verwenden können. Hardware, die die Verwendung von PC und Internet für ältere

---

[44]   Vgl. hierzu auch die so genannte Domestizierungstheorie, Silverstone/Haddon (1996), Röser (2005), Hartmann (2007).

Menschen mit anderen Wahrnehmungskapazitäten und anderer Feinmotorik vereinfacht, ist selten und, wenn sie existiert, ist sie teuer. Der deutsche Staat hat sich über viele Jahre hinweg dafür entschieden, zwar Schulen mit PCs und Internet auszustatten und demgegenüber öffentliche Bibliotheken und Volkshochschulen in dieser Hinsicht sehr viel schlechter zu behandeln – zum Beispiel im Gegensatz zu den skandinavischen Ländern, die hier andere Strategien umgesetzt haben (vgl. auch Livingstone/Bovill 2001). Auch Seniorennetze im Internet sind vom Staat nur spät und sporadisch unterstützt worden. Dementsprechend kann man die älteren Menschen nur bedingt zur Zielgruppe derer rechnen, für die der Handel Computer anbietet und für die Staat und Wirtschaft Kompetenzförderung betreiben. Alte Menschen gelten als für den Standort Deutschland eher überflüssig. Dass dies natürlich auch eine Frage der verfügbaren finanziellen Ressourcen ist, gerade was alte Menschen angeht, sei ergänzend erwähnt.

Insofern sind sowohl die Art der Umsetzung von Geräten und deren Verwendungszwecke als auch staatliche und institutionelle Unterstützungsmaßnahmen auf eine bestimmte Art der Verbreitung angelegt. Bei der Verbreitung der digitalen Medien entstehen Ungleichheiten, aber nicht weil die Menschen zu blöd sind oder sich nicht schnell genug von als überflüssig angenommenen Traditionen verabschieden, sondern weil diese Technologie auf alte Ungleichheiten stößt und ihre Verbreitung überdies von spezifischen Interessen und Machtverhältnissen geprägt ist.

Derartige Überlegungen passen nicht in technikzentrierte Modernisierungstheorien wie die Diffusionstheorien. Deshalb müssen mediale Entwicklungen wie die Einbettung von PC und Internet in Kultur und Gesellschaft als gesellschaftlich, wirtschaftlich, politisch und kulturell geprägte Prozesse konzipiert werden, die die Grundkategorien der Gesellschaft berühren. Sie sind mit ungleicher Machtverteilung, sozialer Ungleichheit und mit unterschiedlichen Modi der Integration in die Gesellschaft usw. verbunden und tragen zur Förderung spezifischer Gruppen und der Erhöhung von deren Lebenschancen und gleichzeitig zum Ausschluss anderer Gruppen bei. Bedingungen und Effekte sozialer Ungleichheiten in den Gesellschaften von heute – und das wird gerade dann deutlich, wenn man die diffusionstheoretisch konzipierte These der digitalen Spaltung genauer untersucht – sind zudem nicht durch Zugang und Nutzungsweise gegeben, sondern müssen durch die Analyse der hegemonialen Strukturen der kommunikativen und kulturellen Wirklichkeit, in die Innovationen eingeführt werden, herausgearbeitet werden.

Die daran anschließende Frage ist nun: Woraus entsteht eigentlich genau welcher Nachteil, wenn man sich auf der falschen Seite der von PC und Internet definierten, so genannten Digitalen Spaltung befindet? Den Ansätzen der Diffusionstheorie und des Digital Divide fehlen offensichtlich empirische Untersuchungen wie auch theoretische Konzeptionen im Hinblick auf die Frage, worauf es sich denn langfristig auswirkt, wenn diese oder jene Bevölkerungsgruppe zu den digitalen Medien von heute keinen Zugang hat oder haben will bzw. sie für diesen oder jenen Zweck nicht nutzt oder spezifische abweichende Aneignungsweisen entwickelt.

Ausgangspunkt für diese Kritik ist die bereits notierte Tatsache, dass sich empirische Untersuchungen auf den Zugang zu PC bzw. Internet und auf die Nutzung vergleichsweise oberflächlicher Dienste beschränken. Sind männliche Jugendliche, die in manchen Sozialisationsphasen täglich viele Stunden Computerspiele spielen, für die so genannte Informationsgesellschaft besser gerüstet als die Mädchen, die stattdessen mehr interpersonal kommunizieren und mehr lesen? Sind nicht eher Erwachsene, die sich dem Mobiltelefon verweigern, in der Informationsgesellschaft von Veralten bedroht, wenn dieses Gerät zum universellen Instrument weiterentwickelt wird, über das sich Termine, Post, Geld etc. abwickeln lassen? Wer ein mobiles Telefon und einen PDA benutzt, ist vielleicht unter bestimmten Bedingungen ebenso auf der sicheren Seite für die Zukunft wie jemand, der mit Notebook und Internetanschluss durchs Leben geht, aber das alles nur zum Schreiben von Texten und Versenden von E-Mails verwendet und ansonsten überwiegend fernsieht und per Festnetz telefoniert. Die Vertrautheit mit Tastatur und Bildschirm allein ist in einer Geschäftswelt, in der die Basistechnologie Computer immer weiter vordringt, für die Sicherung eines Arbeitsplatzes nicht mehr ausreichend. Wenn man sich also durch festgelegte und nicht mehr veränderte Nutzungsweisen auf Dauer von den internetspezifischen Formen des Kommunizierens, Kaufens und Verkaufens ausschließt, wenn man GPS und Spielsysteme, digitale Fotografie und Mobiltelefone mit Zahlungsfunktion (vgl. Höflich/Gebhardt 2002; Mattern 2002) oder das Brennen von DVDs nicht beherrscht, so handelt es sich im Einzelfall vielleicht um Kenntnisse und Kompetenzen, die auf Dauer keine besondere Rolle spielen. Insgesamt ist damit aber dennoch bereits vielleicht ein Ausstieg aus der Weiterentwicklung der digitalen Medien vollzogen, der irgendwann in ein qualitatives Zurückbleiben umschlägt. Aber dies ist weder theoretisch geklärt noch empirisch untersucht und wird von den vorliegenden empirischen Untersuchungen nicht eingefangen.

Wenn man also über eine Bewertung vorhandener Spaltungen nachdenkt, muss man im Falle der digitalen Medien sehr viel komplexere Muster funktionaler Dienste unterscheiden und die Art der intentionalen Aneignung dieser Dienste in ihrer Bedeutung herausarbeiten. Dabei müsste man auch die oben beschriebene Dynamik der Digitalisierung berücksichtigen und die Basisbedingungen der Sozialität technischer Geräte sowie Inklusion/Exklusion ihrer Konzeption und Einführung in den Blick nehmen.

In dieser Hinsicht ist auch der Begriff der Medienkompetenz eher irreführend und ideologisch, wie ich in dieser Hinsicht abschließend skizzieren möchte.

- Theoretisch zerfällt der Begriff der Medienkompetenz[45] in eine Vielfalt von Konzepten, die nur unklare Gemeinsamkeiten und Zusammenhänge aufweisen. Oder aber der Begriff wird so allgemein gefasst, dass er die relevanten Kompetenzen für alle Arten kommunikativen Handelns umfasst, unabhängig von Internet oder PC, die dann allerdings relativ abstrakt bleiben. In beiden Fällen wird zum Beispiel nicht darauf eingegangen, dass das Internet in seiner heutigen Form vor allem ein Markt ist, der vom Nutzerin und Nutzer Kompetenzen als Konsument verlangt.

- Praktisch wird in den meisten Kursen und in den Schulen Medienkompetenz so operationalisiert, dass die Menschen die elementaren Umgangsweisen mit PC und Internet erlernen und eventuelle Scheu verlieren – es geht vor allem um technische Kenntnisse. Die immer wieder geäußerte These, die Beherrschung der digitalen Medien sei eine neue Basiskompetenz wie Lesen oder Schreiben, erscheint im Lichte dieser Praktiken als eine Überhöhung.

- Notwendig wäre vielmehr eine breitere Diskussion um die Frage „Medienkompetenz als Ideologie". Weil die hier nachgezeichnete Argumentationslinie der These von der Digitalen Spaltung es zwingend macht, dass alle Menschen die digitalen Medien erlernen, machen die Programme zur Entwicklung von Medienkompetenz in der Bevölkerung stattdessen gelegentlich den Eindruck, dass hier eine Art Zurichtung der Menschen ins Auge gefasst ist, die für individuelle Entscheidungen und subjektiv geprägte Gestaltungen kaum Raum lässt.

Das heißt zusammenfassend, dass es mit der Sicherung des Zugangs zu Computer und Internet und irgendeiner Art von Nutzung nicht getan ist, wenn man die Entwicklung zur Informationsgesellschaft (so problematisch dieser Begriff ist, vgl. Kleinsteuber 1999) demokratisch und mit Chancen für alle gestalten will. Es ist nicht klar, welche Kompetenzen tatsächlich zukunftsträchtig sind – vermutlich ist es insbesondere erforderlich, Computer und Telekommunikation immer

---

[45] Vergleiche hierzu auch die Diskussion in Krotz/Hasebrink 2003. Zwei Definitionen: „...die Fähigkeit, Medien zu handhaben, sich in der Medienwelt zurechtzufinden, Medieninhalte aufzunehmen und zu bearbeiten und gestalterisch in den Medienprozess einzugreifen" (Bundestag 1999). Einige „Dimensionen" dieses Konzepts in Erweiterung des Buches von Potter (1999): angemessenes Wissen, elementare Kenntnisse im Umgang, komplexe Kenntnisse für die Verwendung, emotionale Kompetenz, Infos verstehen und auswerten, für verschiedene Zwecke zwischen Medien und anderen Angeboten differenzieren können, soziale Kompetenz, Konsumentenkompetenz.

weiter mit den Praxen eines immer komplexer werdenden Alltags zu verbinden, und in diesem Rahmen ständig neue Kompetenzen zu erwerben. Es wäre deshalb dringend zu untersuchen: Welche Medien muss man in Zukunft in welchen Kombinationen tatsächlich beherrschen? Welche Kombination von welchen digitalen Medien ist zukunftssicher? Wofür genau? Wie lange noch? Und für welche Zukunft? Polemisch ließe sich sogar sagen, dass das ganze Gerede vom digitalen Graben nur die Schulen veranlassen soll, den PC zusammen mit Telekommunikationsdiensten einzuführen, der dann letztlich genauso sinnlos herumsteht wie in vielen Schulen das aufwendige technische Sprachlabor. Stattdessen sind die Jugendlichen dann aufgrund des Unterrichts vielleicht eher dafür gerüstet, im Internet zu konsumieren.

7.4 Ein anderer Ansatz: die Kapitalsorten nach Bourdieu und die neuen Medien

Die Analyse der Grundlagen der These von der Digitalen Spaltung macht insgesamt deutlich, dass die damit bezeichneten, für die Sozial- und Systemintegration der Bevölkerung relevanten Phänomene insgesamt eher auf der Erscheinungsebene und ohne tiefer gehenden theoretischen Anspruch bearbeitet werden. In vielerlei Hinsicht wird die so skizzierte Forschung auf der Basis gut gemeinter, aber oft zweifelhafter und zum Teil nicht hinreichend reflektierter Annahmen durchgeführt. Daraus folgt dann vor allem, dass die behauptete Bedeutung der heute erkennbaren sozialen Klüfte medieninduzierter Art für die Zukunft auf nicht weiter diskutierten Annahmen beruht und so ganz unklar ist, welche der medieninduzierten Spaltungen der Gesellschaft auf Dauer überhaupt Bestand und Bedeutung haben werden.

Die mit der Einführung von PC und Internet verbundene These von der digitalen Spaltung kann all diese Probleme nicht lösen. Es geht nicht um ein mehr oder weniger selbst verschuldetes Zurückbleiben bestimmter Bevölkerungskreise aufgrund kultureller Gründe wie Traditionen oder individueller Unpässlichkeiten, sondern um einen komplexen Prozess der Einführung digitaler Medien, der manche Bevölkerungskreise berücksichtigt und sie integriert, andere aber ignoriert und ausschließt, und der dadurch in einem empirisch feststellbaren Bezug zu kulturellen Voraussetzungen sowie zu „vordigitalen" Ungleichheiten steht. Darauf weisen auch vergleichende Untersuchungen hin (vgl. z.B. Livingstone/Bovill 2001; Krotz/Hasebrink 2003).

Mit den obigen Argumenten soll allerdings nicht gesagt sein, dass der ganze Theorie- und Empiriekorpus, von dem hier die Rede ist, unsinnig ist. Es gibt ernst zu nehmende Anzeichen und Argumente dafür, dass manche digitalen Spaltungen von gravierender Bedeutung sind (vgl. hierzu etwa Neverla 1998; Krotz 1998; Turkle 1998; Castells 2001, 2002, 2004). Hier wird aber ein weiteres Desiderat an die Kommunikationswissenschaft als Sozialwissenschaft deutlich: Die Frage, welche Rolle Medien für die Formen des menschlichen Zusammenlebens und der Gesellschaft spielen, mit der sich von ihrem Anspruch her die Mediumstheorie beschäftigt (Meyrowitz 1995, Krotz 2001, 2003), müsste als Rahmentheorie viel umfassender entwickelt und auf spezifische Fragestellungen wie die, die im Zusammenhang mit den digitalen Medien entstehen, angewandt werden.

In einer mediensoziologischen Perspektive muss man also die ganze Begründung von Digital Divide in Frage stellen, auch wenn nicht bezweifelt werden kann, dass sich dahinter ein Problem verbirgt, das die Soziologie mit ihrer Grundkategorie der gesellschaftlichen Macht und Ungleichheit angeht. In der hier vorgetragenen Radikalkritik ist aber auch ein Vorschlag für eine bessere Theorie angelegt.

Positiv formuliert: Wer steinreich ist, steht, wie immer man die Kategorie Zukunftsfähigkeit definiert, sicher auf der richtigen Seite. Ebenso, wer umfassend gebildet ist oder wer die richtigen Freunde hat, die ihm im Zweifelsfall weiterhelfen. Das heißt, dass die Verbreitung von Computer, Internet und digitalen Medien nicht für alle die gleichen Fragen und Probleme aufwirft: die Menschen sind nicht als abstrakte Individuen oder Durchschnittswesen, sondern als handelnde Subjekte und Individuen in der Gesellschaft von der Einführung neuer Medien betroffen, und wie diese Betroffenheit dann aussieht, ist durch die ökonomischen, sozialen, kulturellen und Alltagsstrukturen und auch durch Machtverhältnisse geprägt, in denen sie leben.

An dieser Stelle können wir nun an die Theorien Pierre Bourdieus (1997, vgl. auch 1972) anknüpfen. In seinen Konzepten lassen sich die Folgen der Mediatisierungsprozesse von heute zumindest zum Teil *als Wandel ökonomischen, kulturellen und sozialen Kapitals* begreifen: Diese verschiedenen Kapitalarten, über die ein Individuum in je unterschiedlichem Ausmaß verfügt, bleiben im Rahmen eines Wandels kapitalistischer Gesellschaften von Bedeutung, es ändert sich aber möglicher Weise, worin derartige Kapitale bestehen, wofür sie wichtig sind und „was man dafür bekommt". Deshalb ist es möglich und hilfreich, den Wandel von Medien, Kultur und Gesellschaft in Bezug auf die Verfügung über derartige Kapitalsorten zu analysieren. Dies werde ich im Folgenden ausführen.

Zunächst ist es wichtig, dass man diese Begriffe nicht mit dem funktionalistischen Konzept ‚Humankapital' verwechselt, womit man bezeichnet, dass in Unternehmen Mitarbeiterinnen und Mitarbeiter primär im Hinblick auf ihre ökonomische Verwertbarkeit im Produktionsprozess beurteilt werden. Überhaupt sollte man im Blick haben, dass die Bourdieuschen Kapitalkonzepte nicht den Kapitalbegriff für universell erklären oder ausdehnen wollen. Es handelt sich vielmehr um eine Art hypothetischer Konstrukte, die dazu dienen sollen, relevante Phänomene aus dem Bereich der Gesellschaft in Hinblick auf ihre gesellschaftliche Rolle zu fassen. Dabei eignet sich der Kapitalbegriff vor allem aus drei Gründen:

- Es handelt sich bei „Kapital" um einen Begriff, der ein Vermögen der Menschen im Kapitalismus ausdrückt: finanziell als Geldvermögen, kulturell als Bildung, die Handlungskompetenzen herstellt, und sozial als Verfügung über geeignete und nutzbare soziale Beziehungen.
- Kapitale der drei Arten sind über die Zeit akkumulier- und so vergrößerbar, können aber natürlich auch verspielt und verschleudert werden. Es handelt sich dabei also prinzipiell um Formen eines Vermögens, das sich in der Zeit ändert und in diesem Sinn ja auch gepflegt und eingesetzt werden kann und soll.
- Die hier betrachteten Kapitalsorten lassen sich außerdem ineinander überführen, indem man etwa für Geld Bildung kauft oder soziale Beziehungen für Geldeinkommen, etwa um einen Job zu bekommen, einsetzt. Sie hängen also zusammen und bezeichnen zusammen Potenziale, die in ihnen angelegt sind, und über die Gesellschaft unter kapitalistischen Bedingungen auf spezifische Weise funktioniert. Ergänzend spricht Bourdieu von symbolischem Kapital, nämlich Ehrungen, Orden etc., die natürlich ebenfalls eine Rolle spielen, wie etwa die Nobelpreise deutlich machen; diese Kapitalsorte wird hier aber nicht weiter berücksichtigt.

Der Begriff des *ökonomischen Kapitals*, also Vermögen, das in Geld und Sachwerten, gesammelten Schuldscheinen, Zins- und Gewinneinkommen und äquivalenten Formen vorliegt, war bekanntlich das Thema von Karl Marx. Ich weiß nicht, ob die Eigner von ALDI, die zu den reichsten Menschen der Welt gehören, einen PC bedienen oder im Internet surfen können. Wenn sie es nicht können, können sie sich aber einen Bediensteten leisten, der sie betreut oder mindestens berät. Dass sie die Vorteile von PCs und deren Vernetzung in ihren Unternehmungen da nutzen lassen, wo es sich lohnt, kann wohl niemand bezweifeln. Sie können sogar einer Universität einen Hörsaal bauen lassen, der dann ALDI-Süd-Hörsaal heißt und vermutlich dazu beitragen soll, dass ALDI geeignete Mitarbeiter, also kulturelles Kapital bekommt.

Den Begriff des *kulturellen Kapitals* hat Bourdieu in seinen bekannten Untersuchungen des Erziehungssystems entwickelt und verwendet. Kulturelles Kapital entsteht nicht nur, aber im Wesentlichen im Bildungssystem und wird dort mit einem Abschluss zertifiziert, es entsteht aber auch, wie etwa die PISA-Studien gezeigt haben, in den Haushalten und im familiären Sozialisationsprozess. Kulturelles Kapital ist zum Teil auch von Medien abhängig – wer Lesen kann, ist besser dran. Wer über kulturelles Kapital verfügt, kann es in ökonomisches Kapital, sprich in Einkommen umwandeln – jedenfalls dann, wenn er einen Abnehmer findet. Es liegt auf der Hand, dass Menschen, die gut ausgebildet sind und ihr Wissen und ihre Kompetenzen weiter entwickeln und erhalten, die also über hohes kulturelles Kapital verfügen und dieses pflegen und weiter entwickeln, auch in der Lage sind, technische Hilfsmittel wie die Denkmaschine Computer zu verwenden bzw. den Umgang damit zu lernen. Sogar die Mehrheit der Universitätsprofessoren hat dies ja bekanntlich geschafft.

Nach Bourdieu besteht kulturelles Kapital – Bourdieu nennt es an anderer Stelle auch Bildungskapital – aus drei Sorten: Inkorporiertes Bildungskapital ist über die Zeit hinweg erworben und Teil einer Person geworden – beispielsweise Erfahrungen, Kompetenzen, Wissen. Wenn jemand es verwerten will, der nicht mit der Person identisch ist, muss er folglich den Menschen „kaufen" – etwa eine Sekretärin einstellen, die Stenografie und Schreibmaschine beherrscht, oder eine, die einen Computer zu bedienen weiß. Objektiviertes Kulturkapital drückt sich in der Verfügung über kulturelle Artefakte aus – es kann juristisch besessen werden, man kann es sich aber nur auf der Basis inkorporierten Kulturkapitals aneignen und nutzen, weil man Bilder anschauen, Bücher in einer Bibliothek finden und ihre Inhalte verstehen können muss, wenn man dieses objektivierte Kulturkapital nicht nur als Illustration des eigenen ökonomischen Kapitals missbrauchen will. Schließlich gibt es nach Bourdieu institutionalisiertes Kulturkapital, das in Form „kollektiver Magie" bei Aufnahmeprüfungen, Titeln etc. von Bildungsinstitutionen vergeben wird.

Den Begriff des *sozialen Kapitals* gab es schon lange vor Bourdieu, es ist deshalb auch nicht verwunderlich, dass dieser Begriff in unterschiedlichen Formen verwendet wird[46]. Bourdieu meint damit „die Gesamtheit der aktuellen und potenziellen Ressourcen, die mit dem Besitz eines dauerhaften Netzes von mehr oder weniger institutionalisierten *Beziehungen* gegenseitigen Kennens oder Anerkennens verbunden sind; oder, anders ausgedrückt, es handelt sich dabei um Ressourcen, die auf der *Zugehörigkeit zu einer Gruppe* beruhen." (Bourdieu 1997: 63). Typischer Weise denkt Bourdieu hier an den Adel oder an durch Familiennamen gekennzeichnete Personen, aber auch an die französischen Eliten, die den Abschluss an einer Elitehochschule vorweisen können und damit lebenslang einer sich wechselseitig weiterhelfenden Gruppierung angehören, deren Mitglieder füreinander ansprechbar sind. Ein wesentliches Kennzeichen für die Begriffsverwendung von Bourdieu ist damit, dass er die Kapitalsorten und so

---

[46]   Vgl. hierzu insbesondere auch den verdienstvollen Aufsatz von Arnold/Schneider (2007).

auch soziales Kapital als individuell verfügbar begreift. Sie müssen freilich nicht individuell erworben sein, auch sie können vererbt werden.

Robert Putnam und mit ihm Claus Offe und andere[47] verwenden demgegenüber einen Begriff des sozialen Kapitals, der ein kollektives Gut einer Gesellschaft bezeichnet, ein Konzept, das in der Form aus dem Bereich kommunitaristischer Überlegungen stammt (Braun 2002). Soziales Kapital ist in dieser Perspektive der Kitt, der Gesellschaft zusammenhält, das, was in einer sonst kalten und funktionalistischen Gesellschaft Solidarität und wechselseitige Hilfe genannt wird. Auch Theorien des so genannten dritten Sektors spielen hierbei eine Rolle (Zimmer 2002).

Putnams bekanntestes Beispiel ist das „bowling alone", also eine Tendenz in der US-amerikanischen Gesellschaft, dass soziale Vereine und Verbände zugunsten individueller Aktivitäten zerfallen. Dies zeigt er paradigmatisch an der Entwicklung des Bowlings als eines US-amerikanischen Volkssports auf. Auch andere Untersuchungen Putnams weisen immer wieder darauf hin, welche Bedeutung soziales Kapital in diesem Sinn für die funktionierende Demokratie noch der fünfziger Jahre des 20. Jahrhunderts hatte. Es drückte sich in einer Vielfalt zivilgesellschaftlicher Aktivitäten aus, heute zeigen jedoch alle Maßzahlen, dass dieser soziale Kitt durch die allgemeinen Lebensbedingungen, beispielsweise die hohe Mobilität bröckelt (Putnam 1993).

Natürlich kommen bei solchen Theorien auch die Medien in Generalverdacht. Putnam jedenfalls stellt zur Rolle des Fernsehens anscheinend unterschiedliche Thesen auf, wie Franzen (2003) berichtet: Sein Erfolg korreliere mit einem Rückgang sozialen Engagements; später sah er dies wohl differenzierter. Auch das Internet wirft diese Frage erneut auf, wie etwa die Studie von Nie und Erbring (2000) zeigt – die empirischen Ergebnisse insgesamt sind hier nicht einheitlich[48] (vgl. auch Wellmann/Haythornthwaite 2002).

Im Folgenden werden wir uns aber ausschließlich auf die Konzepte Bourdieus beziehen. Die zentrale These, die wir begründen wollen, lautet: *Die Entstehung und der Erfolg der digitalen Medien ist für das kulturelle und soziale Kapital von Individuen (auf unterschiedliche Weise) von Bedeutung. Dabei sind wieder nicht in erster Linie die technischen Gegebenheiten relevant, sondern die kulturelle und soziale Einbettung und Kontextualisierung dieser Medien, also die Tatsache, dass sich im Laufe ihrer Einbettung die Kommunikations- und Hand-*

---

[47] Vgl. hierzu die Beiträge in Putnam (2001).

[48] Mit dem Siegeszug des wirtschaftlichen Denkens tritt dem durch Gemeinsinn und auf universalistische Verantwortlichkeit geprägten Handeln der Menschen in der griechisch-christlichen Tradition ein anderes Wertesystem gegenüber, das immer mächtiger wird – derartige Überlegungen werden in diesem Zusammenhang allerdings nicht angestellt.

lungspotenziale etc. der Menschen und damit auch Ökonomie, Demokratie, Alltag und Identität der Menschen verändern.

Generell muss man danach also den durch neue Medientechniken ausgelösten Innovationsschub im Hinblick darauf untersuchen, ob vorhandene kulturelle und soziale Kapitale entwertet werden und ob neue Bildungsinhalte und Vernetzungsprozesse in Gang kommen und Bedeutung gewinnen. Dabei ist ein Wandel durch für interpersonale Kommunikation verwendete Medien eher im Hinblick auf soziale Kapitale zu erwarten, weil sie neue Kommunikationsräume und darin entstehende Beziehungsnetze ermöglichen. Ein Wandel der Medien, die für die Rezeption standardisierter, allgemein adressierter Medien verwendet werden, wirkt sich demgegenüber eher auf kulturelle Kapitale aus, weil darüber – etwa durch Bücher oder E-Learning – traditioneller Weise kulturelle Kapitale vermittelt werden und sich nun die Gewichtung ihres Einsatzes und ihre Bedeutung ändern können. Das Aufkommen interaktiver Medien kann für beide Kapitalsorten relevant sein, weil einerseits neue Lern- und Bildungsprozesse möglich und damit verbunden, neue Kompetenzen notwendig werden und weil andererseits darüber neue Vernetzungsstrukturen in Gang kommen können. Insgesamt sind hier komplexe Untersuchungen anzustellen – zum Beispiel gut tippen zu können, ist heute Teil kulturellen Kapitals, macht aber etwa auch in Chats das Aufnehmen und Erhalten sozialer Kontakte leichter.

Generell kann man sagen, dass *neue Medientechniken einmal neue Fähigkeiten ihrer Bedienung* verlangen. Dabei entstehen neue Möglichkeiten kultureller Kapitalbildung, während alte Fähigkeiten ihre Bedeutung verlieren können. Die These von dem Verschwinden des Lesens, d. h. von dessen zunehmender Disfunktionalität und Bedeutungslosigkeit wäre dem zuzurechnen. Aber auch Kenntnisse in Kurzschrift, die meist zum Stenographieren verwendet wurden, sind heute nicht mehr besonders gefragt, während andererseits auch Sachbearbeiter heute wieder eine Tastatur bedienen können müssen. Andererseits benötigen die Menschen immer mehr visuelle Kompetenzen oder Kompetenzen, sich Informationsfluten zu verweigern – und diese müssen sie erst mühsam erwerben.

Medien standardisierter, allgemein adressierten Typs wie das Buch und in den fünfziger und sechziger Jahren das Fernsehen schaffen Zugang zu neuen Wissensbeständen und zu neuen Urteilsgrundlagen und beinhalten damit die Möglichkeit, dass sich individuelle kulturelle Kapitale von Nutzern genau dieser Medien vergrößert. Das gilt heute etwa für Websites, aber zum Beispiel auch für die neuen Möglichkeiten des E-learnings oder des mobilen Lernens per Handy. Umgekehrt ist es natürlich auch möglich, dass Medien mit standardisierten und allgemein adressierten Inhalten substitutiv kulturelles Kapital vernichten, insofern sie verhindern, dass sich andere Kapitale angeeignet werden – zu viel Fernsehen und zu viel Computerspielen können beispielsweise kontraproduktiv für Lernen sein.

Neue Medien der interpersonalen Kommunikation wie mobiles Telefon, E-Mails, Chats oder Internet mailing lists machen es möglich, dass man soziale Kontakte leichter pflegt und erhält. Sie können insofern zur Bildung und Erhaltung persönlichen sozialen Kapitals beitragen. Chats oder mailing lists können sogar zu neuen sozialen Beziehungen führen, wie wir in Kapital 5 argumentiert haben. Andererseits sind aber auch diese Effekte nicht eindeutig – man kann soziale Beziehungen dadurch auch verlieren. Ähnlich uneindeutig ist die Rolle *interaktiver Medien*. Sie sind heute noch viel zu wenig verbreitet, um verlässlich Aussagen machen zu können. Vermutlich verändern sie den Wert vorhandener Kapitale ebenso in Abhängigkeit davon, wie sie eingesetzt werden, ins positive oder negative. Computerspiele können – zum Beispiel – simple Ballerspiele sein, die nur manuelle Geschicklichkeiten vergrößern, sie können aber auch wie Simulationsspiele einer Einführung in das Spekulieren im Kapitalismus oder in Aufbau und Verwaltung einer Stadt dienen.

Medienwandel induziert also grundsätzlich einen Wandel des Wertes vorhandener kultureller und sozialer Kapitale, wobei hier unterschiedliche Richtungen denkbar sind. Es liegt natürlich nahe, erst einmal die Formen kulturellen und sozialen Kapitals sekundäranalytisch aus vorhandenen Studien zu bestimmen und das dann mit Mediennutzungsweisen in Beziehung zu setzen – wir haben das versucht auf der Basis des Allbus 2005[49], der sich schwerpunktmäßig (auch auf meinen Vorschlag) mit der Mediennutzung und insbesondere den digitalen Medien beschäftigt. Bei dem Entwurf der Fragen stand allerdings noch die These der digitalen Spaltung auf dem Programm. Diese Bemühungen waren jedoch nicht von Erfolgen gekrönt. Das lag an der Art der Daten ebenso wie an theoretischen und konzeptionellen Unklarheiten. Dem ist hinzuzufügen, dass Arnold und Schneider (2007) mit ähnlichen Versuchen ebenfalls nicht erfolgreich waren. Möglicher Weise hat das aber auch einen systematischen Grund, auf den hier zu verweisen wäre und der vielleicht ein relevantes Ergebnis solcher Anstrengungen ist: Bezieht man in den heutigen medienreichen Umgebungen spezifische Mediennutzungsarten, ganz gleich ob nach der Art oder der Menge, auf sozialstrukturelle Gegebenheiten wie kulturelles und soziales Kapital, so kann man eben nur geringe Teile von Varianzen sozialer und kultureller Kapitale erklären. Denn die in der Gesellschaft tief verwurzelten Strukturen, die damit angesprochen werden, sind für *alle* sozialen Regelmäßigkeiten von Bedeutung, insbesondere die, die die empirische Sozialforschung überhaupt erkennen kann – sie bleibt aufgrund ihrer

---

[49]   Ich danke Marcel Rebenack für seine hilfreiche Unerstützung bei diversen Auswertungs- und Interpretationsversuchen.

Orientierung an Verhaltensdaten ja letztlich eher oberflächlich. Am Beispiel: Bekanntlich ist zwar Fernsehnutzung messbar – wenn jemand im gleichen Zimmer mit einem laufenden Fernsehgerät ist – aber Fernsehrezeption ist nicht messbar. Auf sie kann allenfalls aus Nutzung und Wirkung geschlossen werden. Wenn also Messergebnisse zumindest in diesem Fall nur so eingeschränkte Sachverhalte erfassen, so ist nicht zu erwarten, dass sie so fundamentale Entitäten wie soziales oder kulturelles Kapital angemessen abbilden können.

Dem sind allerdings zwei wichtige Anmerkungen hinzuzufügen. Einmal macht diese Überlegung deutlich, dass eine demokratische Einführung neuer Medien, die nicht einfach vorhandene Ungleichheiten ignoriert und damit an sie anknüpft, sich nicht auf die Frage beschränken kann, ob jemand Zugang zum Internet hat oder nicht – das Konzept der Digitalen Spaltung kann die Nachteile, die in einem solchen Fall angeblich entstehen, nicht nachweisen. Zum anderen ist damit nicht ausgeschlossen, dass neue Medien wie die digitalen nicht trotzdem fundamentale Veränderungen in die Formen des menschlichen Zusammenlebens bringen. Dazu bedarf es aber vielleicht weiterer, kongenialer Entwicklungen wie Globalisierung oder Individualisierung. Zudem finden solche Entwicklungen möglicher Weise nicht auf der Ebene statt, auf der kulturelle und soziale Kapitale wirksam werden, sondern noch viel mehr im Vorfeld – auf der Ebene der Wahrnehmung, des Erlebens, der Erinnerung, und, vor allem, auf der Ebene der Gültigkeit von Normen, in die hinein Menschen aufwachsen.

Further Research is necessary, ist auch hier die entscheidende Schlussfolgerung. Das leitet über auf das kurze letzte Kapitel, das aus diesem Grund mit Zwischenbemerkungen überschrieben ist: Viele Fragen sind offen.

8 Schluss: Zwischenbemerkungen im Hinblick auf Mediatisierungsforschung

Wir haben nun in den letzten vier Kapiteln Forschungsergebnisse meist zur mikrosozialen Ebene einer prozessbezogenen Theorie der Mediatisierung vorgestellt, wobei wir uns längs der drei Arten von medienbezogener Kommunikation orientiert haben. Dem gingen drei Kapitel voraus, die zusammen mit den Bemerkungen in der Einleitung die bisher vorliegenden Rahmenüberlegungen zu Mediatisierung neu aufbereitet und im Vergleich zu meiner Publikation von 2001 weiter entwickelt haben.

Hinzuweisen ist in diesem Rahmen darauf, dass viele der Schritte zu einer Theorie der Mediatisierung, die in dem Band von 2001 zu finden waren, in dem vorliegenden Band nicht mehr aufgeführt sind. Auf einige inhaltlich interessante Punkte soll hier noch einmal kurz verwiesen werden, damit, wer darüber weiter arbeitet, weiß, was dazu bereits publiziert ist.

Die Kapitel 4, 5 und 6 der Publikation von 2001 befassten sich insgesamt mit einer ausführlichen Darstellung des DFG-geförderten Projekts „Fernsehen im Öffentlichen Raum", das für mich den wesentlichen Zugang zum Thema Mediatisierung von Alltag gebildet hat. Im vorliegenden Band werden davon in Teilkapitel 6.2 nur einige zusammenfassende Ergebnisse rekapituliert. Das Thema wurde nun unter verschiedenen Aspekten in den letzen Jahren immer häufiger untersucht: Gemeinsame Fernsehnutzung in allen möglichen Typen von Restaurants, Cafes, Kneipen etc. und von ganz unterschiedlichen Formaten, etwa von Folgen des TATORTs oder der LINDENSTRASSE. Sport kann in immer mehr Kneipen gesehen werden, als Public Viewing war es geradezu eine Welle zur Fußballweltmeisterschaft 2006, und auch die zukünftigen digitalen Kinos werden ihre Kosten mit neuen Angeboten senken und etwa Übertragungen von Sport, Musicals, Theatern und Shows anbieten. All dies macht die wachsende Bedeutung dieses Thema erkennbar. Auch die Untersuchung von Handynutzung auf öffentlichen Plätzen, mit der sich Joachim Höflich beschäftigt, oder die Frage, wie Laptops als Unterhaltungsmedien beim Zugfahren oder im Flugzeug verwendet werden, wirft in diesem Zusammenhang Fragen auf.

Vielfältige Fragen entstehen auch im Zusammenhang mit interkulturell vergleichender Fernsehforschung wie auch im Rahmen von Forschung zum Wandel durch zunehmende Kommerzialisierung und die Veränderung öffentlicher Räume. Auch die Frage, wie denn nun der Einsatz von Medien für kommerzielle Zwecke lokale Kulturen beeinflusst, muss weiter untersucht werden.

Im Übrigen sind in Teil III des Bandes von 2001 eine Reihe weiterer empirischer und theoretischer Bezüge zu lesen. Kapitel 8 des Bandes von 2001 hat im Wesentlichen theoretische Konzepte dargestellt und im Zusammenhang mit dem Metaprozess Mediatisierung diskutiert: Zunächst die Theorien Marshall McLuhans und die seiner postmodernistischen Nachfolger Baudrillard, Virilio und Flusser. McLuhan und sein Vorgänger Harold Innis waren diejenigen, die zwar in monokausaler technizistischer Enge, aber gleichwohl mit wesentlichen Beiträgen Menschheitsgeschichte als Mediengeschichte zu entwickeln versucht haben – eine Arbeit, die in modifzierter Weise längst fortgeführt gehört. Ein zweites behandeltes Thema ist der Zusammenhang zwischen dem Individualisierungsdiskurs der Soziologie, namentlich in Bezug auf die Theorien Ulrich Becks, und dem Mediatisierungsprozess. Ein dritter, allerdings auch 2001 nur knapp skizzierter Diskurs ist der des (Meta-)Prozesses „Zivilisation" in der Version von Norbert Elias, bekanntlich eine der wenigen empirischen und gleichwohl theoretisch fruchtbaren Langzeituntersuchungen der Soziologie. Elias hat bekanntlich Medien, nämlich Benimmbücher aus verschiedenen Jahrhunderten untersucht und daraus Schlussfolgerungen auf die Lebensbedingungen von damals gezogen. Er hat zugleich aber, und das ist das ganz besondere seines Ansatzes, eine Theorie des Verhältnisses von Mensch und Gesellschaftsform entwickelt, deren Affinität zu psychoanalytischen Gesellschaftskonzeptionen erkennbar, aber bisher kaum ausgearbeitet ist: Sozio- und Psychogenese fallen zusammen, die Menschen müssen sich selbst so sozialisieren, dass sie den Lebensbedingungen, unter denen sie leben müssen, gewachsen sind. Erst das, so Elias, hat die Welt friedlicher und mittelbarer gemacht. Dass hier viele Fragen für die Rolle der Medien aufkommen, ist offensichtlich.

Schließlich ist in Kapitel 7 des Bandes von damals eine geordnete Synopse von Ausdrucksformen und Folgen des Metaprozesses Mediatisierung zu finden, die aus den bisher vorliegenden kommunikationswissenschaftlichen Forschungen zur Massenkommunikation abgeleitet werden können. Dies umfasst zunächst das, was in einschlägigen Lehrbüchern (insbesondere McQuail 1994) als langfristige Folgen der Medien dargestellt wird. Dann geht es um einen Überblick über die sich verändernden Medienumgebungen von Menschen durch den derzeitigen Medienwandel, die in den Begriffen von Komplexität, Spezialisierung und Ökonomisierung beschrieben werden. In einem dritten Abschnitt werden dann die zunehmende Bedeutung parasozialer Beziehungen als Folge der zunehmenden Bedeutung von Medienrezeption herausgearbeitet, der darauf folgende Abschnitt beschäftigt sich mit dem Zusammenhang zwischen Medien, sich wandelnden Wissensbeständen und kommunikativen Orientierungen – all dies wird dort allerdings nur knapp skizziert. Die weiteren Teilkapitel beschäftigen sich mit der sich wandelnden „Wirkung" von Massenmedien im Hinblick auf Gemeinschaftsverständnis und Integration sowie mit der Rolle der Massenmedien als Agenten einer Homogenisierung, weil sich Tagesabläufe in Kulturen langfristig angleichen, und einer Heterogenisierung, weil die Vielfalt der Medienangebote zunimmt und Wahlen dementsprechend zunehmend verschiedenartiger getroffen werden. Ein weiteres Teilkapitel befasst sich mit dem Wandel von Identität und Sozialcharakter, ein Thema, das ich seither auch in verschiedenen weiteren Publikationen aufgenommen und ausgeführt habe (z. B. Krotz 2003b, 2004). Ebenso habe ich den Zusammenhang zwischen Mediatisierung und Globalisierung (Hepp/Krotz/Win-ter 2004) sowie zwischen Mediatisierung und Ökonomisierung (Krotz 2001a) diskutiert

Natürlich sind in diesem Zusammenhang nicht nur meine eigenen Schriften lesenswert; mittlerweile beschäftigen sich – unter dem Titel der Mediatisierung oder nicht – vielfältige Untersuchungen mit dem Wandel der Medien und Kommunikationsformen und deren Konsequenzen. Hoffentlich gelingt es hier eine Theorie zu entwickeln, die es der Zivilgesellschaft und der Demokratie gestattet, die Entwicklungen zu gestalten und ihnen nicht einfach zu folgen.

Literatur

Abels, Heinz (1998): Interaktion, Identität, Präsentation. Kleine Einführung in interpretative Theorien der Soziologie. Opladen/Wiesbaden: Westdeutscher.

Alexander, Alison/Fry, Virginia H. (1986): Interpreting Viewing: Creating an Acceptable Context. In: Studies in Communication. Vol. 4, S. 236-243.

Alexander, Jeffrey C./Steven Seidmann (1990): Culture and Society. Contemprary Debates. Cambridge: Cambridge University Press.

Altrogge, Michael/Aman, Rolf (1991): Videoclips: die geheimen Verführer der Jugend? Berlin: Vistas.

Ameln, Falko von/Gerstmann, Ruth/Kramer, Josef (Hrsg.) (2004): Psychodrama. Berlin u.a.: Springer.

Ang, Ien (1986): Das Gefühl Dallas, Bielefeld: Daedalus.

Ang, Ien (1991): Desperately Seeking the Audience. London/New York: Routledge.

Angerer, Marie-Luise (1994): "Was, wenn nur der Hund fernsieht?". In: Medienjournal 1 (1994), S. 3-9.

Arbeitsgruppe Bielefelder Soziologen (Hrsg.) (1973): Alltagswissen, Interaktion und gesellschaftliche Wirklichkeit. 2 Bände. Reinbek bei Hamburg: Rowohlt.

Arnhold, Katja (2003): Digitale Divide. Zugangs- oder Wissenskluft? München: Reinhard Fischer.

Arnold, Katrin/Schneider, Beate (2007): Interdisziplinärer Theorietransfer in der Kommunikatinswissenschaft am Beispiel des sozialen Kapitals. In: Winter, Carsten/Hepp, Andreas/Krotz, Friedrich (Hrsg.): Theorien der Kommunikationswissenschaft. 2 Bände. Wiesbaden: Westdeutscher.

Asimov, Isaak (2002): Meine Freunde, die Roboter. Erzählungen. Überarbeitete Neuausgabe. 2. Auflage. München: Heyne.

Baacke, Dieter (1996): Medienkompetenz als Netzwerk. In: Medien praktisch, 40. Jahrgang, Heft 2, S. 4-10.

Bartlett, B./Estivill-Castro, V./Seymon, S. (2004): Dogs or Robots: Why do Children see them as Robotic Pets rather than Canine Machines? In: Cockburn, A. (Hrsg.): Conference papers to the 5th Australasian User Interface Conference, Dunedin. Conferences in Research and Practice in Information Technology. Vol. 28, S. 7-14.

Barton, A. H. (1955): The concept of Property-Space in Social Research, in: Lazarsfeld, Paul F. /Rosenberg, Morris: The Language of Social Research, New York, 40 - 53.

Baudry, Jean-Louis (1994): Das Dispositiv: Metapsychologische Betrachtungen des Realitätseindrucks. In: Psyche 48. Heft 11, S. 1047-1074.

Baumgart, Ralf/Eichener, Volker (1991): Norbert Elias zur Einführung, Hamburg: Junius.

Bauriedl, Thea (1980): Beziehungsanalyse. Frankfurt am Main: Suhrkamp.

Bausinger, Hermann (1984): Media, technology and daily life. In: Media, Culture and Society 6 (1984), S. 343-351.

Bausinger, Hermann (1994): Ist der Ruf erst ruiniert ... Zur Karriere der Unterhaltung. In: Bosshart, Louis/Hoffmann-Riem, Wolfgang (Hrsg.): Medienlust und Mediennutz. Unterhaltung als öffentliche Kommunikation. München: Ölschläger, S. 15-27.

Baym, Nancy K. (1999): Tune in, Log on. Soaps, Fandom, and Online Community. Thousand Oaks: Sage.

Beck, Klaus (1989): Telefongeschichte als Sozialgeschichte. In: Forschungsgruppe Telekommunikation (Hrsg.): Telefon und Gesellschaft. Berlin: Spieß, 45-75.

Beck, Klaus (1994): Medien und die soziale Konstruktion von Zeit: über die Vermittlung von gesellschaftlicher Zeitordnung und sozialem Zeitbewußtsein. Opladen: Westdeutscher.

Beck, Klaus (2005): Computervermittelte Kommunikation im Internet. München: Oldenbourg.

Beck, Ulrich (1983): Jenseits von Stand und Klasse?. In: Kreckel, Reinhard (Hrsg.): Soziale Ungleichheiten. Soziale Welt. Sonderband 2. Göttingen, S. 35-74.

Beck, Ulrich (1986): Risikogesellschaft, Frankfurt am Main: Suhrkamp.

Beck, Ulrich (1994): The Debate on the "Individualization Thory" in Today's Sociology in Germany. In: Soziologie. Special Edition 3 (1994). Journal of the Deutsche Gesellschaft für Soziologie, S. 191-200.

Beck, Ulrich/Beck-Gernsheim, Elisabeth (1993): Nicht Autonomie, sondern Bastelbiographie. In: Zeitschrift für Soziologie 22, S. 178-187.

Beck, Ulrich/Beck-Gernsheim, Elisabeth (Hrsg.) (1994): Riskante Freiheiten. Individualisierung in modernen Gesellschaften. Frankfurt am Main: Suhrkamp.

Bente, Gary/Backes, Margitta (1996): Vielsehen, parasoziale Interaktion und zwischebnemenschliche Verständigung. Eine explorative Studie zum Zusammenhang von Fernsehkonsum, Sozialverhalten und noverbalem Kommunikationsverhalten jugendlicher Zuschauer. In: Vorderer, Peter (Hrsg): Fernsehen als Beziehungskiste. Opladen: Westdeutscher, S. 181-202

Bente, Gary/Fromm, Bettina (1997): Affektfernsehen. Opladen: Leske und Budrich.

Berger, Peter L./Luckmann, Thomas (1980): Die gesellschaftliche Konstruktion der Wirklichkeit. Frankfurt am Main: Fischer.

Bieber, Christoph/Leggewie, Claus (Hrsg.) (2004): Interaktivität. Ein transdisziplinärer Schlüsselbegriff. Frankfurt: Campus.

Bilandzic, Helena/Trapp, Bettina (2000): Die Methode des lauten Denkens : Grundlagen des Verfahrens und die Anwendung bei der Untersuchung selektiver Fernsehnutzung bei Jugendlichen. In: Paus-Haase, Ingrid/Schorb, Bernd (Hrsg.) (2000): Qualitative Kinder- und Jugendmedienforschung: Theorie und Methoden. München: KoPäd-Verl., S. 183-210.

Blumer, Herbert (1972): Sociological Analysis and the "Variable". In: Lazarsfeld, Paul F./Pasanella, Ann K./Rosenberg, M. (Hrsg.) (1972): Continuities in the Language of Social Research. New York: Free Press, S. 157-165.

Bochenski, I. M. (1980): Die zeitgenössischen Denkmethoden. 1. Aufl. (1954). Bern: Francke.

Bonfadelli, Heinz (1981): Die Sozialisationsperspektive in der Massenkommunikationsforschung. Berlin: Spiess.

Bonfadelli, Heinz (1994): Die Wissenskluft-Perspektive. Konstanz: UVK/Ölschläger.

Boorstin, Daniel J. (1987): Das Image: der amerikanische Traum. Reinbek: Rowohlt.

Bourdieu, Pierre (1987): Die feinen Unterschiede. Kritik der gesellschaftlichen Urteilskraft. Frankfurt am Main: Suhrkamp.

Bourdieu, Pierre (1997): Die verborgenen Mechanismen der Macht. Herausgegeben von Margarete Steinrücke. Nachdruck der ersten Auflage. Hamburg: VSA.

Bourdieu, Pierre (1998): Über das Fernsehen. Frankfurt/Main: Suhrkamp.

Braun, Sebastian (2002): Soziales Kapital, sozialer Zusammenhalt und soziale Ungleichheit. www.bpd.de/publikationen/6ME8WR.html (13. 12. 2005)

Bromley, Roger/Göttlich, Udo/Winter, Carsten (Hrsg.) (1999): Cultural Studies. Grundlagentexte zur Einführung. Lüneburg: zu Klampen.

Brosius, Hans-Bernd/Esser, Frank (1998): Mythen in der Wirkungsforschung: Auf der Suche nach dem Stimulus-Response-Modell. In: Publizistik 43 (1998) 4, S. 341-361.

Bucher, Hans-Jürgen (2004): Online-Interaktivität – ein hybrider Begriff für eine hybride Kommunikationsform. In: Bieber, Christoph/Leggewie, Claus (Hrsg.): Interaktivität. Frankfurt: Campus, S. 132-167.

Buckingham, David (1993): Children Talking Television. The Making of Television Literacy. London: The Falmer Press.

Bullinger, Hans-Jörg/Broßmann, Michael (Hrsg.) (1997): Business Television. Beginn einer neuen Informationskultur in den Unternehmen. Stuttgart: Schäfer-Poeschel Verlag.

Burkart, Roland (1995): Kommunikationswissenschaft: Grundlagen und Problemfelder: Umrisse einer interdisziplinären Sozialwissenschaft. 2. Auflage. Köln: Böhlau.

Burkart, Roland/Hömberg, Walter (1997): Massenkommunikation und Publizistik: Eine Herausforderung für die kommunikationswissenschaftliche Modellbildung. In: Fünfgeld Hermann/Mast, Claudia (Hrsg.): Massenkommunikation: Ergebnisse und Perspektiven. Festschrift für Gerhard Maletzke. Opladen: Wiesbaden, S. 71-88.

Burkhard, Günter (1993): Individualisierung und Elternschaft - Das Beispiel USA. In: Zeitschrift für Soziologie 22 (1993), S. 159-177.

Burkitt, Ian (1991): Social Selves. London: Sage.

Cagle, Van M. (1989): The Language of Cultural Studies. In: Studies in Symbolic Interaction 10, S. 301-313.

Cantril, Hadley (1955): The Invasion from Mars. In: Schramm, W.(Hrsg.): The Process and Effects of Mass Communication. Urbana: University of Illinois Press, S. 411-423.

Cantril, Howard S. (1973): Krieg der Sterne. In: Prokop, Dieter (Hrsg.): Massenkommunikationsforschung. Bd. 2.: Konsumption. Frankfurt am Main: Fischer, S. 198-213 *(sowie gegebenenfalls die Originalpublikation)*

Carey, James W. (1975): Canadian Communication Theory: Extensions and Interpretations of Harold Innis. In: Robinson, Gertrude J./Theale, Donald: Studies in Canadian Communications. Montreal: Grad. Prog. in Communications Mc Gill, S. 29-59.

Carey, James W. (1989): Communication as Culture. Essays on Media and Society. Boston: Unwin Hyman.

Carey, James W. (1998): Political ritual on television: episodes in the history of shame, degradation and excommunication. In: Liebes, Tamar/Curran, James (Hrsg.) (1998): Media, ritual and identity. London: Routledge, S. 42-70

Cassirer, Ernst (1994): Philosophie der symbolischen Formen. Nachdruck der 10. Auflage von 1953. Darmstadt: Wissenschaftliche Buchgesellschaft.

Cassirer, Ernst (1994): Wesen und Wirkung des Symbolbegriffs. Darmstadt: Wissenschaftliche Buchgesellschaft.

Castells, Manuel (2001-2004): Das Informationszeitalter. Drei Bände. Opladen: Leske & Budrich.

Charlton, Michael (1996): Massenkommunikation aus der Sicht der 'Masse' - ein handlungstheoretischer Ansatz. In: Hasebrink, Uwe/Friedrich Krotz (Hrsg.) (1996): Die Zuschauer als Fernsehregisseure? Zum Verständnis individueller Nutzungs- und Rezeptionsmuster, Baden-Baden/Hamburg: Nomos, S. 76-95.

Charlton, Michael (1997): Rezeptionsforschung als Aufgabe einer interdisziplinären Medienwissenschaft. In: Charlton, Michael/Schneider, Silvia (Hrsg.): Rezeptionsforschung: Theorien und Untersuchungen zum Umgang mit Massenmedien. Opladen: Westdeutscher, S- 16-39.

Charlton, Michael/Neumann, Klaus (1988): Mediensozialisation im Kontext. In: Publizistik 33, S. 297-315.

Charlton, Michael/Neumann, Klaus (1990): Medienrezeption und Identitätsbildung. Kulturpsychologische und kultursoziologische Befunde zum Gebrauch von Massenmedien im Vorschulalter, in Zusammenarbeit mit Barbara Brauch, Waltraud Orlik und Ruthild Rapp, Tübingen: Gunter Narr.

Charlton, Michael/Schneider, Sylvia (Hrsg.) (1997): Rezeptionsforschung. Theorien und Untersuchungen zum Umgang mit Massenmedien. Opladen: Westdeutscher.

Charon, Joel M. (1979): Symbolic Interactionism. Englewood Cliffs: Prentice-Hall.

Cicourel, Aaron Victor (1970): Methode und Messung in der Soziologie. Frankfurt am Main: Suhrkamp.

Cooley, Charles H. (1950): The Significance of Communication. In: Berelson, Bernard/Janowitz, Morris (Hrsg.): Reader in Public Opinion and Communication. Glencoe, Illinois, S. 145-153. (Reprinted from Social Organization, 1909).

Curran, James/Liebes, Tamar (1998): Media, ritual and Identity. London: Routledge.

Dayan, Daniel/Katz, Elihu (1994): Media Events. The Live Broadcasting of History. Cambridge, Mass.: Harvard University Press (2. Printing).

Decker, Michael (1997): Perspektiven der Robotik. Überlegungen zur Ersetzbarkeit des Menschen. 2., unveränderte Auflage. Bad Neuenahr-Ahrweiler: Europäische Akademie.

Decker, Michael (1999a): Einleitung. In: Decker, Michael (Hrsg.) (1999): Robotik. Einführung in eine interdisziplinäre Diskussion. Europäische Akademie zur Erforschung von Folgen wissenschaftlich-technischer Entwicklungen. Bad Neuenahr-Ahrweiler GmbH. Graue Reihe, Heft 16. Bad Neunnahr-Ahrweiler: Europäische Akademie, S. 7-16.

Decker, Michael (Hrsg.) (1999): Robotik .Einführung in eine interdisziplinäre Diskussion. Europäische Akademie zur Erforschung von Folgen wissenschaftlich-technischer Entwicklungen Bad Neuenahr-Ahrweiler GmbH. Graue Reihe, Heft 16, Bad Neuenahr-Ahrweiler.

Decuir, John D./Kozuki, Todd/ Matsuda, Victor/ Piazza, Jon (2004): A Friendly Face in robotics: Sony's AIBO Entertainment Robot as an Educational Tool. In: ACM Computers in Entertainment, 2(2), article 04.

Denzin, Norman K. (1987): On Semiotics and Symbolic Interactionism. In: Symbolic Interaction 10, 1, S. 1-19.

Denzin, Norman K. (1994): Symbolic Interactionism and Cultural Studies: The Politics of Interpretation. Cambridge/Oxford: Blackwell.

Descartes, René (1986): Ausgewählte Schriften. Ausgewählt und mit einer Einleitung versehen von Ivo Frenzel, 1. Aufl. (1960). Frankfurt/Main: Fischer.

Deutscher Bundestag (13. Wahlperiode) (1998): Drucksache 13/11004: Schlußbericht der Enquete-Kommission „Zukunft der Medien in Wirtschaft und Gesellschaft – Deutschlands Weg in die Informationsgesellschaft" Bonn.

Dewey, John (1930): Human Nature and Conduct. An Introduction to Social Psychology. New York: Random House.

Dillmann, Rüdiger (1999): Stand der Forschung auf dem Gebiet Humanoider Roboter und geplante Anwendungsszenarien. In: Decker, Michael (Hrsg.) (1999): Robotik. Einführung in eine interdisziplinäre Diskussion. Europäische Akademie zur Erforschung von Folgen wissenschaftlich-technischer Entwicklungen. Bad Neuennahr-Ahrweiler GmbH. Graue Reihe, Heft 16. Bad Neunnahr-Ahrweiler: Europäische Akademie, S. 67-78.

Dorer, Johanna (1997): Gendered Net: Ein Forschungsüberblick über den geschlechtsspezifischen Umgang mit neuen Kommunikationstechnologien. In: Rundfunk und Fernsehen 45, S. 19–29.

Döring, Nicola (2003): Sozialpsychologie des Internet. 2., vollständig überarbeitete und erweiterte Auflage. Göttingen: Hogrefe.

Dörner, Andreas (1996): Politischer Mythos und symbolische Politik. Reinbek: Rowohlt

Drabczynski, Michael (1982): Motivationale Ansätze in der Kommunikationswissenschaft. Berlin: Spiess.

Dreier, Hardy/ Kubisch, Susanne/Lampert, Claudia. (2000): Komm' schnapp' sie dir. Das Phänomen Pokémon. In: tv diskurs, H. 14, S. 74-79.

Düvel, Caronline/Hepp, Andreas (2001): Der „Maschendrahtzaun" als populäres Medienevent. In: M.press, Zeitschrift der Medienstudiengänge an der Technischen Universität Ilmenau, 1/2001, 12-13.

Easter, David (1998): Recapturing the Audience: An Interpretive Political Economy of Channel One. Paper presented to the 48th Annual Conference of the International Communication Association, Jerusalem, Israel.

Eastman, Susan Tyler/Riggs, Karen E. (1994): Televised Sports and Ritual: Fan Expertises. In: Sociology of Sports Journal 11, S. 249-274.

Eastman, Susan Tyler/Land, Arthur M. (1995): The best of both Worlds: Sports Fans find good Seats at the Bar. Resubmitted to the Journal of Sport & Social Issues. Ms.

Eastman, Susan Tyler/Newton, Gregory D. (1995): Delineating Grazing: Observations of Remote Control Use. In: Journal of Communication 45 (1995) 1, S. 77-95.

Edelin, Katherine H. unter www.mimitchi.com, abgefragt im April 2003.

Edelman, Murray J. (1976): Politik als Ritual. Frankfurt am Main: Campus.

Eimeren, Birgit van/Gerhard, Heinz/Frees, Beate (2003): Internetverbreitung in Deutschland: Unerwartet hoher Zuwachs. Media Perspektiven. 8/2003, S. 338-358.

Elias, Norbert (1972): Über den Prozeß der Zivilisation. 2 Bände. 2. Auflage. Frankfurt am Main. Suhrkamp.

Elias, Norbert (1987): On Human Beings and Their Emotions: A Process-Sociological Essay. In: Theory, Culture and Society. Vol. 4, S. 2-3; 339-361.

Elias, Norbert (1989): The Symbol Theory: An Introduction. Part One. In: Theory, Culture & Society 6 (1989), S. 169-217. Part Two. In: Theory, Culture & Society 6 (1989), S. 339-383. Part Three. In: Theory, Culture & Society 6 (1989), S. 499-537.

Elias, Norbert (1993): Was ist Soziologie? 7. Auflage. Weinheim/München: Juventus.

Elias, Norbert (1994): Die Gesellschaft der Individuen. 2. Auflage. Frankfurt am Main: Suhrkamp.

Erikson, Erik H. (1984): Identität und Lebenszyklus. Frankfurt am Main: Fischer.

Europäische audiovisuelle Informationsstelle (Hrsg.) (2001): Statistisches Jahrbuch 2001. Strassburg: Europäische audiovisuelle Informationsstelle.

Featherstone, Mike (1987): Norbert Elias and Figurational Sociology: Some prefatory remarks. In: Theory, Culture & Society 4, S. 197-212.

Ferguson, Marjorie (1992): The Mythology about Globalization. In: European Journal of Communication 7, S. 69-93

Feyerabend, Paul (1979): Wider den Methodenzwang. Frankfurt am Main: Suhrkamp.

Fischer, Hans (1992): Feldforschung. In: Fischer, Hans (Hrsg.) (1992): Ethnologie: Einführung und Überblick. 3., veränderte und erweiterte Auflage. Berlin: Reimer, S. 79-100.

Fiske, John (1990): Introduction to Communication Studies. 2. Auflage. London/New York: Routledge.

Fiske, John (1994): Radical shopping in Los Angeles: race, media and the sphere of consumtion. In: Media, Culture and Society 16, S. 469-486.

Flechtner, Hans-Joachim (1984): Grundbegriffe der Kybernetik. Eine Einführung, München: dtv.

Flusser, Vilém (1990): Die Macht des Bildes. in: Amelunxen, Hubertus von/Ujica, Andrei (Hrsg.): Television/Revolution. Das Ultimatum des Bildes. Marburg: Jonas, S. 125-132.

Flusser, Vilém (1992): Automation und künstlerische Kompetenz. In: Dencker, Klaus Peter (Hrsg.) (1992): Interface. Bd. 1: Elektronische Medien und künstlerische Kreativität. Hamburg: Hans-Bredow-Institut, S. 148-160.

Franzen, Axel (2003): Social Capital and the New Communication Technologies. In: Katz, James E. (Hrsg.): Machines that become us: the social context of personal communication technology. New Brunswick: Transaction, S. 105-116.

Freud, Sigmund (1990): Abriß der Psychoanalyse. Frankfurt am Main: Fischer.

Friedmann, Batya/Kahn, Peter H./Hagman, Jennifer (2003): Hardware Companions? – What Online AIBO Disclussin forums reveal about Human-Robotic relationship. In: Letters CHI 5, 1, S. 173-280.

Friedrichs, Jürgen (1973): Methoden empirischer Sozialforschung. Reinbek bei Hamburg: Rowohlt.

Friedrichs, Jürgen (1974): Situation als soziologische Erhebungseinheit. In: Zeitschrift für Soziologie 3, S. 44-53.

Fritz, Angela (1991): Handeln in Kommunikationssituationen. Versuch einer induktiven Modellbildung. In: Publizistik 36 (1991) 1, S. 5-21.

Fritz, Jürgen/Fehr, Wolfgang (Hrsg.) (1997): Handbuch Medien: Computerspiele. Bonn: Bundeszentrale für politische Bildung.

Früh, Werner/Hasebrink, Uwe/Krotz, Friedrich/Kuhlmann, Christoph/Stiehler, Hans-Jörg (1999): Ostdeutschland im Fernsehen. TLM Schriftenreihe Band 5. München: Kopäd, S. 317-367.

Fry, Virginia H./Alexander, Alison/Fry, Donald I. (1989): The Stigmatized Self as Media Consumer. In: Studies in Symbolic Interaction 10, S. 339-350.

Geertz, Clifford (1991): Dichte Beschreibung. 2. Auflage. Frankfurt am Main: Suhrkamp.

Gehlen, Arnold (1967): Anthropologische Forschung. Zur Selbstbegegnung und Selbstentdeckung des Menschen. Hamburg: Rowohlt.

Giddens, Anthony (1996): Konsequenzen der Moderne. Frankfurt am Main: Suhrkamp

Giessen, Hans W. (2001): "Kommunikation" als Schlüsselbegriff zum Verständnis der Menschheitsgeschichte? In: Medien & Kommunikationswissenschaft 50, 2, S. 261-273.

Glaser, Barney G./Strauss, Anselm Leonard (1967): The Discovery of Grounded Theory. New York: Aldine Publ.

Glasersfeld, E. v. (1985): Einführung in den Radikalen Konstruktivismus. In: Watzlawick, P. (Hrsg.) (1985): Die erfundene Wirklichkeit. 2. Auflage. München: Piper, S. 16-38.

Goertz, Lutz (1995): Wie interaktiv sind die Medien? Auf dem Weg zu einer Definition von Interaktivität. In: Rundfunk und Fernsehen 43 (1995) 4, S. 477-493.

Goffman, Erving (1971): Interaktionsrituale. Über Verhalten in direkter Kommunikation, Frankfurt/Main: Suhrkamp.

Goffman, Erving (1973): Interaktion: Spaß am Spiel/Rollendistanz. München: Piper.

Goffman, Erving (1974): Das Individuum im öffentlichen Austausch. Frankfurt am Main: Suhrkamp.

Goffman, Erving (1977): Stigma. 2. Auflage. Frankfurt am Main: Suhrkamp.

Goffman, Erving (1980): Rahmen-Analyse. Ein Versuch über die Organisation von Alltagserfahrungen. Frankfurt/Main: Suhrkamp.

Göttlich, Udo/Nieland, Jörg-Uwe (1997) Alltagsdramatisierung und Daily Soaps. In: Göttlich, Udo/Nieland, Jörg-Uwe/Schatz, Heribert (Hrsg.): Kommunikation im Wandel. Zur Theatralität der Medien. Köln: Halem, S. 36-53.

Göttlich, Udo/Winter, Carsten (1999): Wessen Cultural Studies? Die Rezeption der Cultural Studies im deutschsprachigen Raum. In: Bromley, Roger/Göttlich, Udo/Winter, Carsten (Hrsg.) (1999): Cultural Studies. Grundlagentexte zur Einführung. Lüneburg: zu Klampen, S. 25-39.

Göttlich, Udo/Krotz, Friedrich/Paus-Haase, Ingrid (Hrsg.) (2001): Daily Soaps und Daily Talks im Alltag von Jugendlichen. Opladen: Leske und Budrich.

Gramsci, Antonio (1991): Marxismus und Kultur. Ideologie, Alltag, Literatur, herausgegeben von Sabine Kebir. 3. Auflage. Hamburg: VSA.

Grassmuck, Volker (1998): Osu, ugoku, ureshii. Elektronische Spiele in Japan. In: Scholz-Cionca, Stanca (Hrsg.): Japan. Reich der Spiele. München: iudicium, S. 399-438.

Green, Leila (2001) Communication, Technology and Society. Thousand Oaks: Sage.

Groeben, Norbert (1986): Handeln, Tun, Verhalten als Einheiten einer verstehend-erklärenden Psychologie. Tübingen: Francke.

Groeben, Norbert (1989): Das Konzept der Text-Leser-Interaktion in der Empirischen Literaturwissenschaft. In: SPIEL (Siegener Periodikum für Internationale Empirische Literaturwissenschaft) 8 (1989) 2, S. 255-273.

Haase, Henning (2003): Spiel. In: Hügel, Hans-Otto (Hrsg.): Handbuch populäre Kultur. Stuttgart. Weimar: J.B. Metzler, S. 416-421.

Habermas, Jürgen (1987): Theorie kommunikativen Handelns. 2 Bände. 4. Auflage, Frankfurt am Main: Suhrkamp.

Habermas, Jürgen (1990): Strukturwandel der Öffentlichkeit. 2. Auflage. Frankfurt am Main: Suhrkamp.

Habermas, Jürgen (1994): Individuierung durch Vergesellschaftung. In: Beck, Ulrich/Beck-Gernsheim, Elisabeth (Hrsg.) (1994): Riskante Freiheiten. Individualisierung in modernen Gesellschaften. Frankfurt am Main: Suhrkamp, S. 437-446.

Hakken, David (1999): Cyborg@Cyberspace : an ethnographer looks to the future. London: Routledge.

Halas, Elisabeta (1985): The Contextual Character of Meaning and the Definition of the Situation. In: Symbolic Interactionism 6, S. 149-165.

Hall, Stuart (1980): Encoding/Decoding. In: Hall, Stuart/Hobson, D. et al. (Hrsg.): Culture, Media, Language. London: University of Birmingham Press, S. 128-138.

Hammersley, Martyn/Atkinson, Paul (1995): Ethnography. Principles in Practice. 2. Auflage. London und New York: Routledge.

Handelman, Don (1990): Models and Mirrors: Towards an anthropology of Public Events. Cambridge: Cambridge University Press.

Harman, Lesley D. (1986): Sign, Symbol, and Metalanguage: Against the Integration of Semiotics and Symbolic Interactionism. In: Symbolic Interaction 9, 1, S. 147-160.

Hartmann, Maren (2007, im Druck): Domestizierung 2.0: Grenzen und Chancen eines Medienaneignungskonzeptes. In: Winter, Carsten/Hepp, Andreas/Krotz, Friedrich (Hrsg.): Theorien der Kommunikation im Wandel der Medien, Bd. 1. Wiesbaden: VS, im Druck.

Hasebrink, Uwe/Krotz, Friedrich (1991): Das Konzept der Publikumsaktivität in der Kommunikationswissenschaft. In: SPIEL (Siegener Periodikum für Internationale Empirische Literaturwissenschaft) 10 (1), S. 115-139.

Hasebrink, Uwe/Krotz, Friedrich (1992): Individuelle Fernsehnutzung. Zum Stellenwert von Unterhaltungssendungen. In: Rundfunk und Fernsehen 40, Heft 3, S. 398-411.

Hasebrink, Uwe/Krotz, Friedrich (1993a): Muster individueller Fernsehnutzung: Sekundäranalyse von Daten aus der kontinuierlichen Zuschauerforschung, Projektbericht, Hamburg (MS).

Hasebrink, Uwe/Krotz, Friedrich (1993b): Wie nutzen Zuschauer das Fernsehen. In: Media Perspektiven 11-12 (1993), S. 515-527.

Hasebrink, Uwe/Krotz, Friedrich (1994a): Individuelle Nutzungsmuster von Fernsehzuschauern. Vorüberlegungen zu Sekundärauswertungen telemetrischer Zuschauerdaten und eine erste Pilotstudie. In: Hickethier, Knut (Hrsg.) (1994): Aspekte der Fernsehanalyse. Methoden und Modelle. Münster/Hamburg: LIT-Verlag, S. 219-251.

Hasebrink, Uwe/Krotz, Friedrich (1994b): Zum Stellenwert von Unterhaltungssendungen im Rahmen individueller Nutzungsmuster. Vortrag bei der DGPuK-Tagung 1992 in Fribourg. In: Bosshart, Louis/Hoffmann-Riem, Wolfgang (Hrsg.): Medienlust und Mediennutz, München: Ölschläger, S. 267-283.

Hasebrink, Uwe/Krotz, Friedrich (Hrsg.) (1996): Die Fernsehzuschauer als Regisseure. Individuelle Muster der Fernsehnutzung. Baden-Baden: Nomos.

Heeter, Carrie (1989): Implications of new interactive technologies for conceptualizing communication. In: Salvaggio, J.L./Bryant, J. (Hrsg.): Media Use in the Information Age. Hillsdale, NJ: Earlbaum, S. 217-235.

Hegel, Georg W. F. (1968): Wer denkt abstract? In: Hegel Studien. Bd 5. Bonn.

Helle, Horst Jürgen (1977): Verstehende Soziologie und Theorie der Symbolischen Interaktion. Stuttgart: Teubner.

Hellmann, Kai-Uwe/Klein, Arne (Hrsg.): Unendliche Weiten ... Star Trek zwischen Unterhaltung und Utopie. Frankfurt: Fischer.

Hempel, Carl Gustav (1974): Philosophie der Naturwissenschaften. München: dtv.

Hepp, Andreas (1998): Fernsehaneignung und Alltagsgespräche. Fernsehnutzung aus Perspektive der Cultural Studies. Opladen/Wiesbaden: Westdeutscher.

Hepp, Andreas (2001): Medienwandel als kulturelle Differenzierung von Artikulationen: Zur Mediatisierung des emotionalen Erlebens am Beispiel des Medien-Events "Titanic". In: Hess-Lüttich, Ernest W.B. (Hrsg.): Medien, Texte und Maschinen: angewandte Mediensemiotik. Wiesbaden: Gabler, S. 67-90.

Hepp, Andreas (2006c): Transkulturelle Kommunikation. Konstanz: UVK (UTB).

Hepp, Andreas/Krotz, Friedrich/Winter, Carsten (Hrsg.) (2005): Globalisierung und Medien. Eine Einführung. Wiesbaden: VS.

Hepp, Andreas/Krotz, Friedrich/Moores, Shaun/Winter, Carsten (Hrsg.) (2006): Netzwerke, Konnektivitäten, Flüsse. Wiesbaden: VS.

Hepp, Andreas/Vogelgesang, Waldemar (Hrsg.) (2003): Populäre Events. Opladen: Leske und Budrich.

Hepp, Andreas/Winter, Rainer (Hrsg.) (1997): Kultur - Medien - Macht. Cultural Studies und Medienanalyse. Opladen: Westdeutscher Verlag,

Hickethier, Knut (1995): Dispositiv Fernsehen. In: montage/AV 4, 1 (1995), S. 63-83.

Hickethier, Knut (1997): Das Erzählen der Welt in den Fernsehnachrichten. In: Rundfunk und Fernsehen 45, S. 5–18.

Hickethier, Knut (1998): Geschichte des deutschen Fernsehens. Unter Mitarbeit von Peter Hoff. Stuttgart: Metzler.

Himmelweit, Hilde T./Oppenheim, A. N./Pamela Vince (1958): Television and the child. An empirical study of the effect of television on the young. London: Oxford University Press.

Hine, Christine (2000): Virtual Ethnograhy. Thousand Oaks: Sage.

Hippel, Clemens (1992): Parasoziale Interaktion. Bericht und Bibliographie. In: Montage/AV 1, S. 135-150.

Hippel, Clemens (1993): Parasoziale Interaktion als Spiel. In: Montage/AV 2, S. 127-145.

Hodge, Robert/Kress, Gunther (1991): Social Semiotics. 2. Auflage. Cambridge: Polity Press.

Hoffmann-Riem, Christa (1980): Die Sozialforschung einer interpretativen Soziologie - Der Datengewinn. In: KZfSS 32, S. 339-372.

Höflich, Joachim (1992): Fernsehen als regelgeleitetes soziales Geschehen. Zum Beitrag einer „regelorientierten Kommunikationsperspektive" bei der Analyse der Rezeptionssituation. In: Publizistik 37, S. 166-182.

Höflich, Joachim (1994): Der Computer als "interaktives Massenmedium". In: Publizistik 39, S. 389-408.

Höflich, Joachim (1995): Vom dispersen Publikum zu "elektronischen Gemeinschaften". In: Rundfunk und Fernsehen 43, S. 518–537.

Höflich, Joachim (1996). Technisch vermittelte interpersonale Kommunikation. Grundlagen – organisatorische Medienverwendung – Konstitution "elektronischer Gemeinschaften". Opladen: Westdeutscher Verlag.

Höflich, Joachim (2004): Mensch, Computer und Kommunikation. Theoretische Verortungen und empirische Befunde. Franfurt am Main: Peter Lang.

Höflich, Joachim R. (1997): Zwischen massenmedialer und technisch vermittelter interpersonaler Kommunikation – der Computer als Hybridmedium und was die Menschen damit machen. In: Beck, Klaus/Vowe, Gerhard (Hrsg.) (1997): Computernetze – ein Medium öffentlicher Kommunikation?. Berlin: Spiess, S. 85-104.

Höflich, Joachim R./Gebhardt, Julian (Hrsg.) (2002): Vermittlungskulturen im Wandel. Frankfurt am Main: Peter Lang.

Höflich, Joachim/Rössler, Patrick (2001): Mobile schriftliche Kommunikation - oder E-Mail für das Handy. Die Bedeutung elektronischer Kurznachrichten (Short Message Service) am Beispiel jugendlicher Handynutzer. In: Medien & Kommunikationswissenschaft 29, S. 437-461

Holler, Regina (1994): 20. Juli 1944: Vermächtnis oder Alibi? München: K. G. Saur.

Hollows, Joanne/Jancovich, Mark (Hrsg.) (1995): Appraoches to popular Film. Manchester and New York: Manchester University Press.

Holly, Werner/Püschel, Ulrich (Hrsg.) (1993): Medienrezeption als Aneignung. Methoden und Perspektiven qualitativer Medienforschung. Opladen: Westdeutscher.

Hömberg, Walter/Schmolke, Michael (Hrsg.) (1992): Zeit Raum Kommunikation. München: Ölschläger.

Hörisch, Jochen (2004): Eine Geschichte der Medien. Frankfurt am Main: Suhrkamp.

Horkheimer, Max/Adorno, Theodor W. (1971): Dialektik der Aufklärung. Frankfurt am Main: Fischer.

Horton, David/Wohl, R. R. (1956): Mass Communication and Para-Social Interaction. In: Psychiatry 19 (1956) 3, S. 215-229.

Horton, Donald/Strauss, Anselm (1957): Interaction in Audience-Participation Shows. In: American Journal of Sociologiy 62(6), S. 579-587.

Huizinga, Johan (1956): Homo Ludens. Vom Ursprung der Kultur im Spiel. Reinbek: Rowohlt.

Hunzicker, Peter (1988): Medien, Kommunikation und Gesellschaft. Darmstadt: Wissenschaftliche Buchgesellschaft.

Hutchings, Peter (1995): Genre Theory and Criticism. In: Hollows, Joanne/Jancovich, Mark (eds.) (1995): Appraoches to popular Film. Manchester and New York: Manchester University Press, S. 59-77.

Hütter, Bernd-Otto (2001): Natürliche Inteligenz: Konzepte, Entwicklung und Messung. In: Christaller, Thomas/Decker, Michael (Hrsg.) (2001): Robotik. Perspektiven für menschliches Handeln in der zukünftigen Gesellschaft. Materialienband. Bad Neuenahr-Ahrweiler: Europäöische Akademie, S. 74-121.

Ichbiah, Daniel (2005): Roboter. Geschichte – Technik – Entwicklung. München: Knesebeck.

Innis, Harold A. (1950): Empire and Communications. Oxford: Clarendon Press.

Innis, Harold A. (1951): The Bias of Communication. Toronto: University of Toronto Press.

Innis, Harold A. (1997): Kreuzwege der Kommunikation. Ausgewählte Texte. Wien/New York: Springer.

Jahoda, Maria/Lazarsfeld, Paul/Zeisel, Hans (1980): Die Arbeitslosen von Marienthal. 3. Auflage. Frankfurt am Main: Suhrkamp.

Janich, Peter (1999): Substitution kommunikativer Kompetenz? In: Decker, Michael (Hrsg.) (1999): Robotik. Einführung in eine interdisziplinäre Diskussion. Europäische Akademie zur Erforschung von Folgen wissenschaftlich-technischer Entwicklungen Bad Neuennahr-Ahrweiler GmbH. Graue Reihe. Heft 16. Bad Neunnahr-Ahrweiler: Europäische Akademie, S. 17-31.

Jarren, Otfried/Krotz, Friedrich (Hrsg.) (1998): Öffentlichkeit unter „Vielkanalbedingungen". Baden-Baden: Nomos.

Jäckel, Michael (1990): Reaktionen auf das Kabelfernsehen. München: R. Fischer.

Jäckel, Michael (1995): Interaktion: Soziologische Anmerkungen zu einem Begriff. In: Rundfunk und Fernsehen 43 (4), S. 463-476.

Jäckel, Michael (1996): Wahlfreiheit in der Fernsehnutzung. Eine soziologische Analyse zur Individualisierung der Massenkommunikation. Opladen: Westdeutscher Verlag.

Jäckel, Michael (1999): Inklusion und Exklusion durch Mediennutzung? In: Honegger, Claudia/Hradil, Stefan/Traxler, Franz (Hrsg.): Grenzenlose Gesellschaft? Verhandlungen des 29. Kongresses der Deutschen Gesellschaft für Soziologie u.a. in Freiburg i. BR.. Teil 1. Opladen: Leske & Budrich, S. 692-706.

Jäckel, Michael/Peter, Jochen (1997): Cultural Studies aus kommunikationswissenschaftlicher Perspektive. Grundlagen und grundlegende Probleme. In: Ruf 45, 1, S. 46-68.

Jenks, Chris (1993): Culture. London: Routledge.

Jensen, Klaus Bruhn (1996): Superthemen der Rezeption: Von Fernsehnachrichten zum Fernsehflow. In: Hasebrink, Uwe/Krotz, Friedrich (Hrsg.): Die Zuschauer als Fernsehregisseure. Baden-Baden: Nomos, S. 178-196.

Jensen, Klaus Bruhn/Rosengren, Karl Erik (1990): Five Traditions in Search of the Audience. In: European Journal of Communications 5, S. 207-238.

Joas, Hans (1974): Die gegenwärtige Lage der soziologischen Rollentheorie. Frankfurt am Main: Akademische Verlagsgesellschaft.

Joas, Hans (1988): Das Risiko der Gegenwartsdiagnose. In: Soziologische Revue 11, Heft 1 (1988), S. 1-6.

Joas, Hans (1988): Symbolischer Interaktionismus. In: Kölner Zeitschrift für Soziologie und Sozialpsychologie 3 (1988), S. 417-446.

Joas, Hans (1989): Praktische Intersubjektivität. Die Entwicklung des Werkes von G. H. Mead. Frankfurt/Main: Suhrkamp.

Jurga, Martin (1999): Fernsehtextualität und Rezeption. Opladen: Westdeutscher Verlag.

Kahn, Peter H./Friedman, Batya/Perez-Granados, Deanne R./Freier, Nathan G. (2004): Robotic Pets in the Lives of Preschool Children. In: CHI 2004 (Kongreßberichte), S. 1449-1452.

Kellner, Douglas (1995): Media Culture. Cultural Studies, identity and politics between the modern and the postmodern. London/New York: Routledge.

Kent, Raymond (Hrsg.) (1994): Measuring Media Audiences. London: Routledge.

Keppler, Angela (1994). Tischgespräche. Über Formen kommunikativer Vergemeinschaftung am Beispiel der Konversation in Familien. Frankfurt am Main: Suhrkamp.

Kepplinger, Hans Matthias (1999): Die Mediatisierung der Politik. In: Wilke, Jürgen (Hrsg.) (1999): Massenmedien und Zeitgeschichte. Konstanz: UVK Medien, S. 55-63.

Kerber, Harald (1998): Erfahrung. In: Grubitzsch, Siegfried/Weber, Klaus: Psychologische Grundbegriffe. Ein Handbuch. Reinbek bei Hamburg: Rowohlt, S. 132-133.

Kleinginna, P.R. jr./Kleinginna, A.M. (1981): A categorized list of emotiom definitions, with suggestions for a consensual definition. In: Motivation und Emotion 5, S. 345-379.

Kleining, Gerhard (1982): Umriss zu einer Methodologie qualitativer Sozialforschung. In: KZfSS 34, S. 224 - 253.

Kleining, Gerhard (1994): Qualitativ-heuristische Sozialforschung. Hamburg: Rolf Fechner.

Kleining, Gerhard (1995): Lehrbuch Entdeckende Sozialforschung, Bd. 1: Von der Hermeneutik zur qualitativen Heuristik. Weinheim: Beltz.

Kleinsteuber, Hans (1999): Die Informationsgesellschaft – eine Gesellschaft ohne Information über sich selbst? Einige Thesen. In: Donges, Patrick/Jarren, Otfried/Schatz, Heribert (Hrsg.): Globalisierung der Medien? Wiesbaden: Westdeutscher, S. 21-38.

Kleinsteuber, Hans J. (1992): Zeit und Raum in der Kommunikationstechnik: Harold A. Innis' Theorie des "technologischen Realismus". In: Hömberg, Walter/Schmolke, Michael (Hrsg.): Zeit, Raum, Kommunikation. München: Ölschläger, S. 319-336.

Klimmt, Christoph (2001): Ego Shooter, Prügelspiel, Sportsimulation? Zur Typologisierung von Computer- und Videospielen. In: Medien und Kommunikationswissenschaft 49 (4), S. 480-497.

Klook, Daniela (1995): Von der Schrift- zur Bild(schirm)kultur. Analyse aktueller Medientheorien. Berlin: Spieß.

Korte, Hermann (1990) (Hrsg): Gesellschaftliche Prozesse und individuelle Praxis. Bochumer Vorlesungen zu Norbert Elias' Zivilisationstheorie. Frankfurt am Main: Suhrkamp.

Krämer, Sibylle (1997): Vom Mythos „Künstliche Intelligenz" zum Mythos „Künstliche Kommunikation" oder: Ist eine nicht-anthropomorphe Beschreibung von Internet-Interaktionen möglich? In: Münker, Stefan/Roesler, Alexander (Hrsg.): Mythos Internet. Frankfurt am Main: Suhrkamp, S. 83-107.

Krappmann, Lothar (1975): Soziologische Dimensionen der Identität. 4. Auflage. Stuttgart: Ernst Klett.

Krotz, Friedrich (1990): Lebenswelten in der Bundesrepublik Deutschland. Eine EDV-gestützte qualitative Analyse quantitativer Daten. Opladen: Leske und Budrich.

Krotz, Friedrich (1991): Lebensstile, Lebenswelten und Medien: Zur Theorie und Empirie individuenbezogener Forschungsansätze des Mediengebrauchs. In: Rundfunk und Fernsehen 39, S. 317-342.

Krotz, Friedrich (1992): Handlungsrollen und Fernsehnutzung. Umriss eines theoretischen und empirischen Konzepts. In: Rundfunk und Fernsehen 40, 2, S. 222-246.

Krotz, Friedrich (1992a): Kommunikation als Teilhabe. Der "Cultural Studies Approach", in: Rundfunk und Fernsehen 40 (1992), S. 412-431.

Krotz, Friedrich (1992c): Die Rekonstruktion individueller Handlungsstrategien bei der Auswahl von Fernsehprogrammen und Sendungen. Vortrag auf dem Soziologentag der DGS in Düsseldorf im Rahmen der Sektion Medien- und Kommunikationssoziologie. In: Meulemann, Heiner/Elting-Camus (Hrsg.): Lebensverhältnisse und soziale Konflikte im neuen Europa. Opladen: Westdeutscher, S. 205-208.

Krotz, Friedrich (1994): Alleinseher im "Fernsehfluß": Rezeptionsmuster aus dem Blickwinkel individueller Fernsehforschung. In: Media Perspektiven 10 (1994), S. 505-516.

Krotz, Friedrich (1994a): Eine Schule am Marktplatz des globalen Dorfes? Eine Diskussion des Konzepts 'Globalisierung' im Hinblick auf europäisches Bildungsfernsehen. In: Publizistik 39, S. 409-427.

Krotz, Friedrich (1995): Elektronisch mediatisierte Kommunikation. In: Rundfunk und Fernsehen 43, 4, S. 445-462.

Krotz, Friedrich (1995a): Modernisierung als Individualisierung und Konsequenzen für die Medien. In: Vesting, Thomas/Krotz, Friedrich (1995): Die Gemeinwohlbindung des Rundfunks im Zeichen der Veränderung der Telekommunikation, Abschlußbericht an die VW-Stiftung.

Krotz, Friedrich (1995b): Was machen die Menschen mit dem Fernsehen? Individuenbezogene Nutzungsforschung als Ergänzung zur Bestimmung von Quoten. In: Niesel, Manfred (Hrsg.): Tendenzen der Medienforschung. Offenburg: Burda, S. 39-46.

Krotz, Friedrich (1995c): Fernsehrezeption kultursoziologisch betrachtet. In: Soziale Welt 46/3, S. 245-265.

Krotz, Friedrich (1995d): ...oh Mann. Wie eine erotisch gemeinte Gameshow Männerrolle und Geschlechterverhältnis konstituiert. In: Montage/AV, 4, Heft 2, S. 63-84.

Krotz, Friedrich (1996a): Parasoziale Interaktion und Identität im elektronisch mediatisierten Kommunikationsraum. In: Vorderer, Peter (Hrsg.): Fernsehen als "Beziehungskiste". Parasoziale Beziehungen und Interaktionen mit TV-Personen. Opladen: Westdeutscher, S. 73-90.

Krotz, Friedrich (1996b): Der symbolisch-interaktionistische Beitrag zur Untersuchung von Mediennutzung und -rezeption. In: Hasebrink, Uwe/Friedrich Krotz (Hrsg.) (1996): Die Zuschauer als Fernsehregisseure? Zum Verständnis individueller Nutzungs- und Rezeptionsmuster. Baden-Baden/Hamburg: Nomos, S. 52-75.

Krotz, Friedrich (1996c): Nutzung und Akzeptanz des Comenius-Systems. Bericht über die Auswertung der Nutzungsdaten des Berliner Comenius-Projekts, in: COMENIUS. Abschlußbericht der wissenschaftlichen Begleitung, MS, Berlin: FWU, München.

Krotz, Friedrich (1996d): Zur Konzeption einer Stiftung Medientest. In: Rundfunk und Fernsehen 44 (1996) 2, S. 214-229.

Krotz, Friedrich (1997a): Hundert Jahre Verschwinden von Raum und Zeit? Kommunikation in den Datennetzen in der Perspektive der Nutzer. In: Vowe, Gerhard/Beck, Klaus (Hrsg.): Computernetze - ein Medium öffentlicher Kommunikation? Berlin: Spiess, S. 105-126.

Krotz, Friedrich (1997b): Das Wohnzimmer als unsicherer Ort. In: Montage/AV 6, 1, S. 97-105.

Krotz, Friedrich (1997c): Gesellschaftliches Subjekt und kommunikative Identität: Zum Menschenbild der Cultural Studies. In: Hepp, Andreas/Winter, Rainer (Hrsg.) (1997): Kultur – Medien – Macht. Cultural Studies und Medienanalyse. Opladen: Westdeutscher, S. 117-126.

Krotz, Friedrich (1997d): Kontexte des Verstehens audiovisueller Kommunikate. In: Charlton, Michael/Schneider, Silvia (Hrsg.): Rezeptionsforschung. Opladen: Westdeutscher, S. 73-89.

Krotz, Friedrich (1998): Digitalisierte Medienkommunikation. Veränderungen interpersonaler und öffentlicher Kommunikation. In: Neverla, Irene (Hrsg.): Das Netz-Medium. Opladen: Westdeutscher, S. 113-136.

Krotz, Friedrich (1998a): Öffentlichkeit aus Sicht des Publikums. In: Jarren, Otfried/Krotz, Friedrich (Hrsg.): Öffentliche Kommunikation unter Vielkanalbedingungen. Baden-Baden: Nomos, S. 95-117.

Krotz, Friedrich (1998b): Media, Individualization, and the Social Construction of Reality. In: Giessen, H. W. (Hrsg.): Long Term Consequences On Social Structures Through Mass Media Impact. Saarbrücken: Vistas, (Reihe der LAR) S. 67-82.

Krotz, Friedrich (1998d): Kultur, Kommunikation und der Mensch. In: Saxer, Ulrich (Hrsg.): Publizistik Sonderheft 2/1998 „Medienkulturkommunikation", S. 67-85.

Krotz, Friedrich (1999): Anonymität als Chance und Glaubwürdigkeit als Problem. Überlegungen zu einigen elementaren Eigenschaften von Kommunikation unter den Bedingungen und Möglichkeiten im Internet. In: Rössler, Patrick/Werner Wirth (Hrsg.): Glaubwürdigkeit im Internet. München: Reinhard Fischer, S. 125-140.

Krotz, Friedrich (1999a): Computervermittelte Medien im Medienalltag von Kindern und Jugendlichen in Europa. In: Roters, Gunnar/Klingler, Walter/Gerhards, Maria (Hrsg.): Mediensozialisation und Medienverantwortung. Baden-Baden: Nomos, S. 155-172.

Krotz, Friedrich (2001): Die Mediatisierung kommunikativen Handelns. Wie sich Alltag und soziale Beziehungen, Kultur und Gesellschaft durch die Medien wandeln. Wiesbaden: Westdeutscher Verlag.

Krotz, Friedrich (2001a): Die Übernahme öffentlicher und individueller Kommunikation durch die Privatwirtschaft. Über den Zusammenhang zwischen Mediatisierung und Ökonomisierung. In: Karmasin, Matthias/Knoche, Manfred/Winter, Carsten (Hrsg.): Medienwirtschaft und Gesellschaft 1. Auflage. Münster: LIT, S. 197-217.

Krotz, Friedrich (2002): Die Welt im Computerspiel. In: Kemper, Peter/Sonnenschein, Ulrich (Hrsg.): Globalisierung im Alltag. Frankfurt am Main: Suhrkamp Taschenbuch, S. 114-128.

Krotz, Friedrich (2003): Kommunikation mittels und mit digitalen Maschinen. Inhaltliche und methodologische Überlegungen aus Sicht der Kommunikationswissenschaft. In: Kumbruck, Christel/Dick, Michael/Schulze, Hartmut (Hrsg.): Arbeit – Alltag – Psychologie. Über den Bootsrand geschaut. Festschrift für Harald Witt. Heidelberg: Asanger, S. 315-330.

Krotz, Friedrich (2003): Metaprozesse sozialen und kulturellen Wandels und die Medien. In: Medien Journal. 27. Jg., S. 7-19.

Krotz, Friedrich (2003a): Interaktives. In: Hügel, Hans-Otto (Hrsg.): Handbuch Populäre Kultur. Stuttgart: Metzler, S. 266-269.

Krotz, Friedrich (2003b): Medien als Ressource der Konstitution von Identität. Eine konzeptionelle Klärung auf der Basis des Symbolischen Interaktionismus. In: Winter, Carsten/Thomas, Tanja/Hepp, Andreas (Hrsg.): Medienidentitäten. Identität im Kontext von Globalisierung und Medienkultur. Köln: Herbert von Halem, S. 27-48.

Krotz, Friedrich (2004): Mediatisierte soziale Beziehungen und ihr Beitrag zur kommunikativen Konstitution von Identität. In: Medien und Erziehung 48(6), S. 32-46.

Krotz, Friedrich (2005): Neue Theorien entwickeln. Köln: von Halem.

Krotz, Friedrich (2005a): Der AIBO als Medium und wie er funktioniert. Ergebnisse eines Forschungsprojekts. In: Fischer, Ludwig (Hrsg.): Programm und Programmatik. Konstanz: UVK, S. 400-411.

Krotz, Friedrich (2005b): Medienwandel, Mediatisierung und Mythos: Einige konzeptionelle Anmerkungen. In: Rössler, Patrick/Krotz, Friedrich (Hrsg.): Mythos Mediatisierung? Konstanz: UVK, S. 9-32.

Krotz, Friedrich (2005c): Mobile Communication, the Internet and the net of social relations. In: Nyíri, Kristóf (Hrsg.): A Sense of Place. The Global and the Local in Mobile Communication. Wien: Passagen Verlag, S. 447-459.

Krotz, Friedrich (2006a): Zur Kritik des Konzepts "Digitale Spaltung": Welchen Zweck hat das Internet, und welche Nutzungsarten sind zukunftsträchtig? In: Rath, Mathias et al. (Hrsg.): Jugend – Werte – Medien: Der Diskurs. Weinheim und Basel: Beltz, S. 31-44.

Krotz, Friedrich (2006b): Das Konzept "Digitale Spaltung" – ein modernisierungstheoretisch begründeter Ansatz, der an der Wirklichkeit vorbeigeht? In: Imhof, Kurt/Bonfadelli, Heinz/Blum, Roger/Jarren, Otfried (Hrsg.): Demokratie in der Mediengesellschaft. Beiträge zum Mediensymposion Luzern 2004: VS, S. 341-359.

Krotz, Friedrich /Hasebrink, Uwe/Lindemann, Thomas /Reimann, Fernando /Rischkau, Eva (1999): Kinder und Jugendliche und neue und alte Medien in Deutschland. Tabellen aus einem internationalen Projekt zu Deutschland. Hamburg, Ms.

Krotz, Friedrich/Eastman, Susan (1999): Orientations Toward Television Outside the Home in Hamburg and Indianapolis. Journal of Communication 49 (1), S. 5-27.

Krotz, Friedrich/Hasebrink, Uwe (2003): Computer in Schulen in Deutschland und Japan. Ein Forschungsbericht. Hamburg: Hans-Bredow-Institut.

Krotz, Friedrich/Schulz, Iren (2006): Vom mobilen Telefon zum kommunikativen Begleiter in neu interpretierten Realitäten: Die Bedeutung des Mobiltelefons in Alltag, Kultur und Gesellschaft. In: Ästhetik und Kommunikation 135, Jg. 37, S. 59-66.

Krotz, Friedrich/Wiedemann, Dieter (Hrsg.) (1991): Der 3. Oktober 1990 im Fernsehen und im Erleben der Deutschen. Hamburg: Hans-Bredow-Institut.

Kubicek, Herbert/Schmid, Ulrich/Wagner, Heiderose (1997): Bürgerinformation durch „neue" Medien? Analysen und Fallstudien zur Etablierung elektronischer Informationssysteme im Alltag. Opladen: Westdeutscher.

Kubicek, Herbert/Welling, Stefan (2000): Vor einer digitalen Spaltung in Deutschland? In: Medien und Kommunikationswissenschaft. 48. Jg., S. 497-517.

Kübler, Hans-Dieter (1994): Kommunikation und Massenkommunikation. Ein Studienbuch. Münster: LIT.

Kuhn, Thomas S. (1978): Die Struktur wissenschaftlicher Revolutionen. 3. Auflage. Frankfurt am Main: Suhrkamp.

Kutschera, Franz v. (1972): Wissenschaftstheorie I, II. München: Teubner.

Lamnek, Siegfried (1993): Qualitative Sozialforschung, Bd. 1, Bd. 2, 2. überarbeitete Auflage. Weinheim: Belz.

Langer, Susanne (1992): Philosophie auf neuem Wege. Das Symbol im Denken, im Ritus und in der Kunst. Frankfurt/Main: Fischer.

Lazarsfeld, Paul F. (1972b): Qualitative Analysis. Historical and Critical Essays. Boston: Allyn/Bacon.

Lazarsfeld, Paul. F. (1967): Methodische Probleme der empirischen Sozialforschung. in: Hartmann, H. (Hrsg.): Moderne amerikanische Soziologie, Stuttgart: Thieme.

Lee, Kwan Ming/Park, Namkee/Hayeon Song (2005): Can a Robot be Perceived as a Developing Creature? In: Human Communication Research 31, Heft 4, 538-563.

Lemish, Dafna (1982a): The Rules of Viewing Television in Public Places: An Ethnography. Ph. D. Diss, The Ohio State University.

Lemish, Dafna (1982b): The Rules of Viewing Television in Public Places. In: Journal of Broadcasting 26, S. 758-781.

Lenzen, Manuela (2002): Natürliche und Künstliche Intelligenz. Einführung in die Kognitionswissenschaft. Frankfurt/Main: Campus.

Lerg, Winfried B. (1981): Verdrängen oder ergänzen die Medien einander? Innovation und Wandel in Kommunikationssystemen. In: Publizistik 26, S. 193-201.

Lerner, Daniel (1962): The Passing of Traditional Society. Glencoe: The Free Press.

Lindesmith, Alfred R./Strauss, Anselm Leonard (1983): Symbolische Bedingungen der Sozialisation. Eine Sozialpsychologie. 2 Bände. Frankfurt am Main/Berlin/Wien: Ullstein.

Linton, Ralph (1974): Gesellschaft, Kultur und Individuum. Interdisziplinäre sozialwissenschaftliche Grundbegriffe. Frankfurt/Main: Fischer.

Livingstone, Sonia/Bovill, Moira (2001): Children and their Changing Media Environment. A European Comparative Study. Mahwah/New Jersey: Lawrence Earlbaum.

Löffelholz, Martin (Hrsg.) (1993): Krieg als Medienereignis. Grundlagen und Perspektiven der Medienkommunikation. Opladen: Westdeutscher.

Luhmann, Nicklas (1996): Die Realität der Massenmedien. Opladen: Westdeutscher.

Lull, James (1990): Inside family viewing. Ethnographic research on television's audiences. London/New York: Routledge.

Lutter, Christina/Reisenleitner, Markus (1998): Cultural Studies: eine Einführung. Wien. Turia + Kant.

MacCannell, Dean (1986): Keeping Symbolic Interaction safe from Semiotics: A Response to Harmann. In: Symbolic Interaction 9, 1, S. 161-168.

Maletzke, Gerhard (1972, zuerst 1963): Psychologie der Massenkommunikation. Theorie und Systematik. Neudruck. Hamburg: Hans-Bredow-Institut.

Markham, Annette N. (1998): Life Online. Researching real experience in virtual Space. Walnut Creek u.a.: Sage.

Marr, Mirko (2003): Soziale Differenzen im Zugang und in der Nutzung des Internets. Aktuelle Befunde aus der Schweiz. Medienheft vom 27. Juni 2003. „www.medienheft.ch/dossier/bibliothek/d19_MarrMirko.html" (25.11.2003).

Marr, Mirko (2004a): Wer hat Angst vor der digitalen Spaltung? : zur Haltbarkeit des Bedrohungsszenarios. In: Medien & Kommunikationswissenschaft; 52 (2004) 1, S. 76-94.

Marr, Mirko (2004b): Die Domestizierung des Internets als politisches Informationsmedium. Vortrag, gehalten auf dem Mediensymposion Luzern 2004.

Marr, Mirko/Stiehler, Hans-Jörg (1995): „Zwei Fehler sind gemacht worden, und deshalb sind wir nicht mehr im Wettbewerb". Erklärungsmuster der Medien und des Publikums in der Kommentierung des Scheiterns der deutschen Nationalmannschaft bei der Fußballweltmeisterschaft 1994. In: Rundfunk und Fernsehen 43, S. 330-349.

Mattern, Friedemann (2002): Vom Handy zum allgegenwärtigen Computer. Ubiquitous Computing: Szenarien einer informatisierten Welt. Analysen der Friedrich-Ebert-Stiftung zur Informationsgesellschaft. Nr. 6/2002. Herausgegeben von der Stabsabteilung der Friedrich-Ebert-Stiftung, Bonn.

McAllister, Matthew P. (1996): The Commercialization of American Culture. New Advertising, Control and Democracy. Thousand Oaks: Sage.

McLuhan, Marshall (1992, zuerst 1964): Die magischen Kanäle. Düsseldorf: ECON.

McLuhan, Marshall/Bruce R. Powers (1995): The Global Village. Der Weg der Mediengesellschaft in das 21. Jahrhundert. Paderborn: Jungfermann.

McMillan, Sally J. (2004): Exploring Models of Interactivity from Multiple Research Traditions: Users, Documents and Systems. In: Lievrouw, Leah A./Livingstone, Sonia (Hrsg.) (2004): Handbook of New Media. Social Shaping and Consequences of ICTs. (Reprint of 2002). London: Sage, S. 163-183.

McQuail, Denis (1994): Mass Communication Theory. 3. Auflage. London u. a.: Sage.

Mead, George Herbert (1969): Philosophie der Sozialität. Franfkurt am Main: Suhrkamp

Mead, George Herbert (1973a): Geist, Identität und Gesellschaft. Frankfurt am Main: Suhrkamp

Mead, George Herbert (1973b): Die objektive Realität von Perspektiven. In: Steinert, Heinz (Hrsg.): Symbolische Interaktion. Stuttgart: Klett, S. 336-343.

Meehan, Eileen R. (1994): Conceptualizing Culture as Commodity: The Problem of Television. in: Newcomb, Horage (Hrsg) (1994): Television. The Critical View, New York/Oxford: Oxford University Press, S. 563-572.

Melcik, Dunja (2001): Erlebnis. In Vladimir Biti: Literatur- und Kulturtheorie. Ein Handbuch gegenwärtiger Begriffe. Reinbek: Rowohlt, S.179

Merten, Klaus (1977): Kommunikation. Eine Begriffs- und Prozeßanalyse. Opladen: Westdeutscher.

Merten, Klaus (1995): Konstruktivismus als Theorie für die Kommunikationswissenschaft. Eine Einführung. In: Medien Journal 4 (1995), S. 3-20.

Merten, Klaus/Schmidt, Siegfried J./Siegfried Weischenberg (Hrsg.) (1994): Die Wirklichkeit der Medien. Eine Einführung in die Kommunikationswissenschaft, Opladen: Westdeutscher.

Mettler-Meibohm, Barbara (1987): Soziale Kosten der Industriegesellschaft. Frankfurt am Main: Fischer.

Meyrowitz, Joshua (1990a): Die Fernsehgesellschaft. 2 Bd. Weinheim/Basel: Beltz.

Meyrowitz, Joshua (1990b): Using Contextual Analysis to Bridge the Study of Mediated and Unmediated Behavior. In: Ruben, Brent D./Lievrouw, Leah A. (Hrsg.): Mediation, Information, and Communication, Vol. 3, Information and Behavior. New Brunswick: Transaction, S. 67-94.

Meyrowitz, Joshua (1995): Medium Theory. In: Crowley, David J./Mitchell, David (Hrsg.): Communication Theory today. Cambridge: Polity Press, S. 50-77.

Meyrowitz, Joshua (1997): Shifting Worlds of Strangers: Medium Theory and Changes in "Them" Versus "Us". In: Sociological Inquiry, 67 (1997) 1, S. 59-71.

Meyrowitz, Joshua (1998): Multiple Media Literacies. In: Journal of Communication, Nr. 48. Winter 1998, S. 96-108.

Miebach, Bernhard (1991): Soziologische Handlungstheorie. Opladen: Westdeutscher.

Mikos, Lothar (1994): Fernsehen im Erleben der Zuschauer. Berlin/München: Quintessenz Verlagsgesellschaft.

Mikos, Lothar (1997): Die Rezeption des Cultural Studies Approach im deutschsprachigen Raum. In: Hepp, Andreas/Winter, Rainer (Hrsg.) (1997): Kultur – Medien – Macht. Cultural Studies und Medienanalyse. Opladen: Westdeutscher, S. 159-169.

Moores, Shaun (1990): Texts, Readers and Contexts of Readings. Developments in the Study of Media Audiences, in: Media, Culture and Society, 12, S. 9-29.

Moores, Shaun (1993): Interpreting Audiences. Ethnography of Media Consumption, London: Sage.

Moragas Spa, Miguel de/Rivenburgh, Nancy K./Larson, James F. (Hrsg.) (1999): Television in the Olympics. London: Libbey.

Moreno, Jacob L. (1967): Die Grundlagen der Soziometrie. 2. Aufl., Opladen: Westdeutscher Verlag.

Morley, David (1980): The 'Nationwide' Audience. London: British Film Institute.

Morley, David (1986). Family Television: Cultural Power and Domestic Leisure. London: Comedia.

Morley, David (1990): Behind the Ratings: The Politics of Audience Research. In: Willis, Janet H. (Hrsg.): The neglected audience, London: BFI, S. 5-14.

Morley, David (1992). Television, Audiences and Cultural Studies. London: Routledge.

Morley, David (1992a): Electronic communites and domestic rituals: Cultural consumption and the production of European cultural identities. In: Skovmand, Michael/Schröder, Kim Christian (Hrsg.): Media cultures: Reappraising transnational media, London: Routledge, S. 65-83.

Morley, David (1994): Television and Gender. In: Newcomb, Horage (Hrsg.) (1994): Television. The Critical View, New York/Oxford: Oxford University Press, S. 474-497.

Morley, David (1996): Medienpublika aus der Sicht der Cultural Studies. In: Hasebrink, Uwe/Friedrich Krotz (Hrsg.) (1996): Die Zuschauer als Fernsehregisseure? Zum Verständnis individueller Nutzungs- und Rezeptionsmuster. Baden-Baden/Hamburg: Nomos, S. 37-51.

Morley, David (1997): Where the global meets the local: Aufzeichnungen aus dem Wohnzimmer. In: montage/av 6 (1997) 1, S. 5-35.

Morley, David/Silverstone, Roger (1990): Domestic communication - technologies and meanings. In: Media, Culture and Society, Vol. 12, S. 31-55.

Neuberger, Christoph (2004): Interaktivität, Interaktion, Internet. Münster, MS.

Neverla, Irene (Hrsg.) (1998): Das Netz-Medium. Opladen: Westdeutscher.

Newcomb, Horace M./Hirsch, Paul M. (1986): Fernsehen als kulturelles Forum. In: Rundfunk und Fernsehen 34 (1986), S. 177-191.

Nie, Norman H./Erbring, Lutz (2000): Internet and Society. A preliminary Report. Stanford Institute für the Quantitative Study of Society.

Noelle-Neumann, Elisabeth/Schulz, Winfried/Wilke, Jürgen (Hrsg.) (1994): Fischer Lexikon Publizistik, Massenkommunikation. Aktualisierte, vollständig überarbeitete Neuausgabe. Frankfurt am Main: Fischer.

Norris, Pippa (2001): Digital Divide. Cambridge u.a: University Press.

Nyiri, Kristóf (Hrsg.) (2003): Mobile Communication. Essays on Cognition and Community. Vienna: Passagen.

Nyiri, Kristóf (Hrsg.) (2003a): Mobile Learning. Essays on Philosophy, Psychology and Education. Vienna: Passagen.

Nyiri, Kristóf (Hrsg.) (2005): A sense of Place. The Global and the Local in Mobile Communication. Vienna: Passagen.

Ofner, Helmut (2001): Zurechnung von Roboterhandlungen im Bereich der privatrechtlichen Haftung. In: Christaller, Thomas/Decker, Michael (Hrsg.) (2001): Robotik. Perspektiven für menschliches Handeln in der zukünftigen Gesellschaft. Materialienband. Bad Neuenahr-Ahrweiler: Europäische Akademie, S. 122-149.

Ong, Walter J. (1995): Orality and Literacy. The Technologizing of the World. London/New York: Routledge.

Onnen, Onno (1995): Robotik und Mechatronik. In: Klaus Peter Dencker (Hrsg.): Interface. Elektronische Medien und künstlerische Kreativität. Hamburg: Hans-Bredow-Institut, S. 99-103.

Opp, Karl-Dieter (1984): Wissenschaftstheoretische Grundlagen der empirischen Sozialforschung. In: Roth, Erwin (Hrsg.) 1984: Sozialwissenschaftliche Methoden: Lehr- und Handbuch für Forschung und Praxis. München u. a: Oldenbourg.

Opp, Klaus-Dieter (1976): Methodologie der Sozialwissenschaften. Reinbek bei Hamburg: Rowohlt.

Palmgreen, Philipp/Wenner, Lawrence A./Rosengren, Karl Erik (1985): Uses and Gratifications Research: The Past Ten Years. In: Rosengren, Karl Erik/Wenner, Lawrence A./Palmgreen, Philipp (Hrsg.): Media Gratifications Research: Current Perspectives, London: Sage, S. 11-37.

Paus-Haase, Ingrid/Hasebrink, Uwe/Mattusch, Uwe/Keunecke, Susanne/Krotz, Friedrich (1999): Talkshows im Alltag von Jugendlichen. Opladen: Leske und Budrich.

Perillieux, René/Bernnat, Rainer/Bauer, Marcus (2000): Digitale Spaltung in Deutschland. Studie von Booz, Allen&Hamilton. „http://www.tauss.de/sys_files/1030028087.54/ Digitale-Spaltung-2000-Studie-BA-H" (19.11.2003).

Pias, Claus/Vogl, Joseph/Engell, Lorenz/Fahle, Oliver/Neitzel, Britta (Hrsg.) (2000): Kursbuch Medienkultur. Die maßgeblichen Theorien von Brecht bis Baudrillard. 2. Auflage. Stuttgart: DVA.

Pomezny, Waltraud (1996): Tagesablauf 1981 und 1992: Freizeitaktivitäten im Wandel. In: Statistische Nachrichten 9 (1996), S. 695-705.

Potter, W. James (1999): Media literacy. Thousand Oaks: Sage.

Prommer, Elizabeth/Vowe, Gerhard (Hrsg.) (1998): Computervermittelte Kommunikation. Öffentlichkeit im Wandel. Konstanz: UVK Medien.

Putnam, Hilary (1994): Geist und Maschine. In: Zimmerli, Walther Ch./Wolf, Stefan (Hrsg.): Künstliche Intelligenz: Philosophische Probleme. Stuttgart: Philipp Reclam Junior, S. 146-183.

Putnam, Robert D. (1995): Bowling A: America's Declining social Capital. In: Journal of Democracy 6, 2, S. 65-78.

Putnam, Robert D. (Hrsg.) (2001): Gesellschaft und Gemeinsinn. Gütersloh: Bertelsmann Stiftung.

Quiring, Oliver/Wolfgang Schweiger (2006): Interaktivität – ten years after. Bestandsaufnahme und Analyserahmen: In Medien- und Kommunikationswissenschaft 54(1), S. 5-24.

Rafaeli, Sheizaf (1988): Interactivity: from new media to communication. In: Hawkins, R. P./Wiemann, J.M./Pingree, S. (Hrsg.): Advancing Communication Science: Meging Mass and Interpersonal Process. Newbury Park: Sage, S. 110-134.

Rammert, Werner/Böhm, Wolfgang/Olscha, Christa/Wehner, Josef (1991): Vom Umgang mit Computern im Alltag: Fallstudien zur Kultivierung einer neuen Technik. Opladen: Westdeutscher.

Rapp, Uri (1973): Handeln und Zuschauen. Darmstadt/Neuwied: Luchterhand.

Real, Michael (1989): Super Media. A Cultural Studies Approach. Newbury Park: Sage.

Renckstorf, Karsten/McQuail, Denis (1996): Social Action Perspectives in Mass Communication Research. In: Communications 21 (1996) 1, S. 5-25.

Rheingold, Howard (1993): The Virtual Community. Homersteading on the Electronic Frontier. Reading: Addison—Wesley.

Richards, Barry (1994): Disciplines of Delight. The Psychoanalysis of Popular Culture. London: Free Association Books.

Ritter, Helge (1999): Perspektiven intelligenter Mensch-Maschine-Kommunikation. In: Decker, Michael (Hrsg.) (1999): Robotik. Einführung in eine interdisziplinäre Diskussion. Europäische Akademie zur Erforschung von Folgen wissenschaftlich-technischer Entwicklungen Bad Neunahr-Ahrweiler GmbH. Graue Reihe. Heft 16. Bad Neunenahr-Ahrweiler: Europäische Akademie, S. 103-120.

Rogers, Everett M. (1995a): Diffusion of Innovations. 4. Auflage. New York: The Free Press.

Rogers, Everett M. (1995b): Diffusion of Innovations: Modifications of a Model for Telecommunications. In: Stoetzer, Matthias-W./Mahler, Alwin: Die Diffusion von Innovationen in der Telekommunikation. Berlin u.a.: Springer, S. 25-38.

Rogge, Jan-Uwe/Jensen, Klaus Bruhn (1986): Über den Umgang mit Medien. Betrachtungen über alte Probleme und neue Belastungen im Alltag. In: Aus Politik und Zeitgeschichte. B 3/86, S. 11-25.

Rosengren, Karl Erik (1996): Inhaltliche Theorien und formale Modelle in der Forschung über individuelle Mediennutzung. In: Hasebrink, Uwe/Krotz, Friedrich (Hrsg.): Die Zuschauer als Fernsehregisseure? Baden-Baden/Hamburg: Nomos, S. 13-36.

Rosengren, Karl Erik/Wenner, Lawrence A./Palmgreen, Philipp (Hrsg.) (1985): Media Gratifications Research. London: Sage.

Röser, Jutta (2005): Das Zuhause als Ort der Aneignung digitaler Medien: Domestizierungsprozesse und ihre Folgen. In: Merz – Medien & Erziehung. Zeitschrift für Medienpädagogik, Jg. 49, Nr. 5/2005, S. 36-96.

Rössler, Patrick/Krotz, Friedrich (Hrsg.)(2005): Mythos Mediatisierung? Konstanz: UVK.

Rothenbuhler, Eric W. (1988): The Living Room Celebration of the Olympic Games. In: Journal of Communication 38, S. 61-81.

Rothenbuhler, Eric W. (1998): Ritual communication: from everyday conversation to mediated communication: London: Sage.

Rott, Armin/Schmitt, Stefan (2001): Wirkungen von Programmereignissen auf die Zuschauernachfrage. In: Media Perspektiven 5/200, S. 258-263.

Rubin, Alan M. (1986). Uses, Gratifications, and Media effects research. In: Bryant, Jennings/Zillmann, Dolf (Hrsg.): Perspectives on Media effects. Hillsdale, New Jersey: Lawrence Erlbaum associates, S. 281-302.

Rubin, Alan M. (1994): Media uses and effects: A Uses-and-Gratifications perspective. In: Bryant, Jennings/Zillmann, Dolf (Hrsg.): Media effects: advances in theory and research. Hillsdale: Lawrence Earlbaum Associates, S. 417-436.

Rubin, Rebecca B./McHugh, Michael P. (1987): Development of Parasocial Interaction Relationships. In: Journal of Broadcasting/Electronic Media 31, S. 279-282.

Sader, Manfred (1986): Rollenspiel als Forschungsmethode. Opladen: Westdeutscher.

Sarcinelli, Ulrich (1987): Symbolische Politik. Opladen: Westdeutscher.

Sassen, Saskia (2002): Digitale Netzwerke und Macht. In: Kemper, Peter/Sonnenschein, Ulrich (Hrsg.): Globalisierung im Alltag. Frankfurt am Main: Suhrkamp, S. 102-113.

Savigny, Eike v. (1971): Grundkurs im wissenschaftlichen Definieren. 2. Auflage. München: DTV.

Schiller, Herbert I. (1989): Culture, Inc.: The coporate takeover of public expression. New York: Oxford University Press.

Schischkoff, Georgi (Hrsg.) (1965): Philosophisches Wörterbuch. Siebzehnte Auflage. Begründet von Heinrich Schmidt, durchgesehen ergänzt und herausgegeben von Georgi Schischkoff. Stuttgart: Alfred Kröner.

Schmidt, Siegfried J. (Hrsg.) (1992): Der Diskurs des radikalen Konstruktivismus, 5. Auflage. Frankfurt am Main: Suhrkamp.

Schneider, Reto U. (2001): Roboter zum Liebhaben. In: Merian (2001): Japan, S. 102-106.

Schraft, Rolf Dieter (1999): Roboter im medizinischen Bereich. Beispiele und Chancen. In: Decker, Michael (Hrsg.) (1999): Robotik. Einführung in eine interdisziplinäre Diskussion. Europäische Akademie zur Erforschung von Folgen wissenschaftlichtechnischer Entwicklungen Bad Neunahr-Ahrweiler GmbH. Graue Reihe. Heft 16. Bad Neuenahr-Ahrweiler: Europäische Akademie, S. 88.

Schulz, Winfried (1989): Massenmedien und Realität. Die "ptolemäische" und die "kopernikanische" Auffassung. In: Kaase, Max/Schulz, Winfried (Hrsg.): Massenkommunikation. Sonderheft 30 der KZfSS, S. 135-149.

Schütz, Alfred (1971): Gesammelte Aufsätze. 2 Bände. Den Haag: Nijhoff.

Schwabhäuser, Wolfram (1971): Modelltheorie I. Mannheim/Wien/Zürich: Bibliographische Institut Wissenschaftsverlag.

Schwabhäuser, Wolfram (1972): Modelltheorie II. Mannheim/Wien/Zürich: Bibliographische Institut Wissenschaftsverlag.

Seiffert, Helmut (1975): Einführung in die Wissenschaftstheorie. 2 Bände. 8. Auflage, München: C.H.Beck.

Sennett, Richard (2000): Der eindimensionale Mensch. München: Siedler.

Shannon, Claude E./Weaver, Warren (1949): The Mathematical Theory of Communication, Illinois: University of Illinois Press.

Shibutani, Tamotsu (1955): Reference Groups as Perspectives. American Journal of Sociology LX, S. 562–569. (auch in: Manis, J. G./Meltzer, Bernard N. (Hrsg.) (1967): Symbolic Interaction. A Reader in Social Psychology, Boston, S. 159-170.)

Silbermann, Alphons (1982): Handwörterbuch der Massenkommunikation und Medienvorschung. Berlin: Spiess.

Silverstone, Roger/Haddon, Leslie (1996): Design and the Domestication of Information and Communication Technologies: Technical Change and Everyday Life. In: Mansell, Robin/Silverstone, Roger (Hrsg.): Communication by Design. The Politics of Information and Communication Technologies. Oxford: Oxford University Press, S. 44-74.

Stephenson, Neal (1996): Snow Crash. München: Blanvalet.

Stewart, James (2000): The Digital Divide in the UK: A Review of Quantitative Indicators and Public Policies. Unveröff. Manuskript.

Stryker, Sheldon (1976): Die Theorie des Symbolischen Interaktionismus. In: Auwärter, Manfred/Kirsch, Edit/Schröter, Klaus (Hrsg.): Seminar: Kommunikation, Interaktion, Identität. Frankfurt/Main: Suhrkamp, S. 257-274.

Sturm, Hertha (1984): Wahrnehmung und Fernsehen. Die fehlende Halbsekunde. In: Media Perspektiven 1 (1984), S. 58-65.

Sturm, Hertha (1988): Medienwirkungen – ein Produkt der Beziehungen zwischen Rezipient und Medium. In: Fröhlich, Werner D./Franzmann, Bodo et al. (Hrsg.): Die verstellte Welt. Frankfurt am Main: Fischer Taschenbuch Verlag, S. 115-130.

Sturm, Hertha (1989): Medienwirkungen – ein Produkt der Beziehungen zwischen Rezipient und Medium. In: Groebel, Jo/Winterhoff-Spurk, Peter (Hrsg.): Empirische Medienpsychologie. München: Psychologie Verlagsunion, S. 33-44.

Teichert, Will (1973): 'Fernsehen' als soziales Handeln (2). In: Rundfunk und Fernsehen 23 (1973), S. 356-382.

Thomas, William I./Thomas, Dorothy S. (1973): Die Definition der Situation. In: Steinert, Heinz (Hrsg.): Symbolische Interaktion. Stuttgart: Klett, S. 333-335.

Thompson, Edward Palmer (1987): Die Entstehung der englischen Arbeiterklasse. 2 Bände. Frankfurt am Main: Suhrkamp.

Thwaites, Tony/Davis, Lloyd/Mules, Warwick (2002): Introducing Cultural and Media Studies. A Semiotic Approach. London: Palgrave.

Turing, Alan M. (1994): Kann eine Maschine denken? In: Zimmerli, Walther Ch./Wolf, Stefan (Hrsg.): Künstliche Intelligenz: Philosophische Probleme. Stuttgart: Philipp Reclam Junior, S. 39-77.

Turkle, Sherry (1998): Leben im Netz: Identität in Zeiten des Internet. Reinbek: Rowohlt.

Van der Loo, Hans/van Reijen, Willem (1992): Modernisierung. Projekt und Paradox. München: dtv.

Vesper, Sebastian (1998): Das Internet als Medium. Auftrittsanalyse und neue Nutzungsoptionen. Bardowick: Wissenschaftlicher Verlag.

Virilio, Paul (1993): Krieg und Fernsehen. München: Hanser.

Vogelgesang, Waldemar (1991): Jugendliche Videocliuen. Opladen: Westdeutscher.

Vogelgesang, Waldemar (1996): Jugendmedien und Jugendszenen. In: Rundfunk und Fernsehen 44, S. 346-364.

Vogelgesang, Waldemar (2004): Jugend – Medien – Kultur. Wiesbaden: VS.

Völker, Klaus (2003): Androide. In: Hügel, Hans-Otto (Hrsg.): Handbuch populäre Kultur. Stuttgart/Weimar: J.B. Metzler, S. 109-114.

Vorderer, Peter (1992). Fernsehen als Handlung: Fernsehfilmrezeption aus motivationspsychologischer Perspektive. Berlin: Ed. Sigma.

Vorderer, Peter (Hrsg.) (1996): Fernsehen als "Beziehungskiste". Opladen: Westdeutscher.

Vorderer, Peter/Groeben, Norbert (1992): Audience research: What the humanistic and the social science approaches could learn from each others. Poetics 21, S. 361-376.

Weber, Max (1976): Wirtschaft und Gesellschaft. 2 Halbbände, 5. revidierte Auflage, Tübingen: Mohr.

Weber, Max (1978): Soziologische Grundbegriffe. 4., durchgesehene Auflage. Tübingen: Mohr.

Weichert, Stephan Alexander (2006): Die Krise als Medienereignis. Über den 11. September im deutschen Fernsehen. Köln: von Halem.

Weichert, Stephan:-Alexander (1999): Der Tag der Deutschen Einheit im Fernsehen. Magisterarbeit an der Universität Hamburg.

Weizenbaum, Joseph (1982): Die Macht der Computer und die Ohnmacht der Vernunft. 3. Auflage. Frankfurt am Main: Suhrkamp.

Wellmann, Barry/Haythornthwaite, Caroline (2002): The Internet in Everyday life. 2. Auflage. Malden: Blackwell.

Wenner, Lawerence A. (1996): Masculinity alcohol, sports and the mediation of public space. In: S. J. Drucker/Gumpert, G. (Hrsg.): Voices in the street. Exporations in gender, media and public space. Cresskill, NJ: Hampton Press, S. 71-100.

Wenner, Lawrence A. (1993): In Search of the Sports Bar: Masculinity, Alcohol, Sports, and The Mediation of Public Space, Paper presented at the annual meeting of the North American Society for the Sociology of Sport, Ottawa, Ontario, Canada, November 1993.

Whorf, Benjamin Lee (1963): Sprache, Denken, Wirklichkeit. Reinbek bei Hamburg: Rowohlt.

Williams, Raymond (1958): Culture and Society. New York: Chattu and Windus.

Williams, Raymond (1974): Television. Technology and Cultural Form. London: Fontana.

Williams, Raymond (1981): The Sociology of Culture. London: Fontana.

Williams, Raymond (1983): Innovationen. Über den Prozeßcharakter von Literatur und Kultur, hrsg. von H. Gustav Klaus. Frankfurt am Main: Suhrkamp.

Williams, Raymond (1983a): Kreativität – Wahrnehmung – Kommunikation. Zu einigen grundlegenden Vorgängen in Kunst und Literatur. In: Williams, Raymond (1983): Innovationen. Über den Prozeßcharakter von Literatur und Kultur. Frankfurt am Main: Suhrkamp, S. 9-44.

Williams, Raymond (1983b): Theorie und Verfahren der Kulturanalyse. In: Williams, Raymond: Innovationen. Über den Prozeßcharakter von Literatur und Kultur. Frankfurt am Main: Suhrkamp, S. 45-73.

Williams, Raymond (1983c): Zur Basis-Überbau-These in der marxistischen Kulturtheorie. In: Williams, Raymond: Innovationen. Über den Prozeßcharakter von Literatur und Kultur, Frankfurt am Main: Suhrkamp, S. 183-201.

Wilson, Thomas P. (1973): Theorien der Interaktion und Modelle soziologischer Erklärung. In: Arbeitsgruppe Bielefelder Soziologen (Hrsg.) (1973): Alltagswissen, Interaktion und soziale Wirklichkeit. Bd. 1. Reinbek bei Hamburg, S. 54-79.

Winter, Rainer (1994): Filmsoziologie. München: Quintessenz.

Winter, Rainer (1995): Der produktive Zuschauer. München: Quintessenz.

Winter, Rainer (2005): Interpretative Ethnographie. In: Mikos, Lothar/Wegener, Claudia (Hrsg.): Qualitative Medienforschung. Konstanz: UVK, S. 553-561.

Winterhoff-Spurk Peter (1999): Medienpsychologie. Eine Einführung. Stuttgart: Kohlhammer.

Zimmer, Annette (2002): Dritter Sektor und Soziales Kapital. Arbeitspapier der Arbeitsstelle Aktive Bürgerschaft. WWU Münster.

Zimmerli, Walther Ch./Wolf, Stefan (Hrsg.) (1994): Künstliche Intelligenz: Philosophische Probleme. Stuttgart: Philipp Reclam Junior.

Index

Medien – Kultur – Kommunikation

Medien und Journalismus

Klaus-Dieter Altmeppen / Thomas
Hanitzsch / Carsten Schlüter (Hrsg.)
**Journalismustheorie:
Next Generation**
Soziologische Grundlegung und
theoretische Innovation
2007. ca. 300 S. Br. ca. EUR 24,90
ISBN 978-3-531-14213-5

Hans-Bredow-Institut (Hrsg.)
Medien von A bis Z
2006. 411 S. Br. EUR 24,90
ISBN 978-3-531-14417-7

Jürgen Grimm / Peter Vitouch /
Roland Burkart (Hrsg.)
**Europäischer Kriegs- und
Krisenjournalismus**
Empirische Befunde – Politische Kontexte
– Handlungsperspektiven
2007. ca. 300 S. Br. ca. EUR 24,90
ISBN 978-3-531-15294-3

Claudia Grimmer
**Journalismus pur:
Albtraum oder Traumjob**
Für Praktiker von Praktikern,
für Journalisten von Journalisten
2006. 264 S. Br. EUR 22,90
ISBN 978-3-531-14763-5

Jürgen Heinrich / Christoph Moss
Wirtschaftsjournalistik
Grundlagen und Praxis
2006. 334 S. Br. EUR 26,90
ISBN 978-3-531-14209-8

Friederike Herrmann (Hrsg.)
Unter Druck
Die journalistische Textwerkstatt;
Erfahrungen, Analysen, Übungen
2006. 212 S. Br. EUR 19,90
ISBN 978-3-531-14223-4

Thomas Morawski / Martin Weiss
Trainingsbuch Fernsehreportage
Reporterglück und wie man es macht –
Regeln, Tipps und Tricks
2007. 200 S. Br. ca. EUR 17,90
ISBN 978-3-531-15250-9

Holger Wormer (Hrsg.)
Die Wissensmacher
Profile und Arbeitsfelder von Wissen-
schaftsredaktionen in Deutschland
2006. 338 S. Br. EUR 29,90
ISBN 978-3-531-14893-9

Erhältlich im Buchhandel oder beim Verlag.
Änderungen vorbehalten. Stand: Januar 2007.   **www.vs-verlag.de**

VS VERLAG FÜR SOZIALWISSENSCHAFTEN

Abraham-Lincoln-Straße 46
65189 Wiesbaden
Tel. 0611.7878-722
Fax 0611.7878-400